Übergang zur
Elternschaft

Der Mensch als soziales und personales Wesen

Herausgegeben von
Lothar Krappmann,
Klaus A. Schneewind,
Laszlo A. Vaskovics

Die Reihe „Der Mensch als soziales und personales Wesen" versteht sich als innovatives Forum für die Sozialisationsforschung. In interdisziplinärer Zusammenarbeit analysieren Autorinnen und Autoren der Bände wichtige Träger von Sozialisation wie Familie, Schule, Betrieb und Massenmedien, deren Veränderung im Rahmen gesellschaftlicher Entwicklungen, wechselseitige Einflüsse zwischen diesen Einrichtungen sowie ihre sozialisatorischen Wirkungen auf Kinder, Jugendliche und Erwachsene. Die veröffentlichten Arbeiten enthalten kritische Bestandsaufnahmen des Forschungsstandes, entwickeln fachübergreifende Konzepte und bereiten Untersuchungen zu Lücken in der Forschungsthematik vor. Themen und Darstellung richten sich nicht nur an Fachwissenschaftler in Forschung und Lehre, sondern sollen darüber hinaus die an den Sozialwissenschaften interessierte Öffentlichkeit ansprechen.

Band 16

Übergang zur Elternschaft

Aktuelle Studien zur Bewältigung
eines unterschätzten Lebensereignisses

Herausgegeben von
Barbara Reichle und Harald Werneck

Unter Mitarbeit von

M. Anwer Karim
C. Bleich
M. El-Giamal
A. Engfer
C. Ettrich
K.-U. Ettrich
S.-H. Filipp
W.E. Fthenakis
G. Gloger-Tippelt
S. Jurgan
B. Kalicki

L. Montada
H. Nickel
G. Peitz
C. Quaiser-Pohl
B. Rollett
H. Rost
K. Ruge
K.A. Schneewind
N. Schneider
W. Sierwald
W. Wicki

36 Abbildungen · 20 Tabellen

Ferdinand Enke Verlag Stuttgart 1999

Herausgeber:
Dr. rer. nat. Barbara Reichle, Dipl.-Psych.
Universität Trier, Fachbereich I – Psychologie
Universitätsring 15, D-54286 Trier

Univ. Ass. Mag. rer. nat. Dr. phil. Harald Werneck
Universität Wien, Institut für Psychologie
Abteilung für Entwicklungspsychologie und Pädagogische Psychologie
Liebiggasse 1/5, A-1010 Wien

Die Deutsche Bibliothek – CIP-Einheitsaufnahme
Übergang zur Elternschaft : Aktuelle Studien
zur Bewältigung eines unterschätzten Lebensereignisses /
hrsg. von: Barbara Reichle u. Harald Werneck. – Stuttgart : Enke, 1999
  (Der Mensch als soziales und personales Wesen ; 16)
  ISBN 3-432-30931-7

Das Werk, einschließlich aller seiner Teile, ist urheberrechtlich geschützt. Jede Verwertung ist ohne Zustimmung des Verlages außerhalb der engen Grenzen des Urheberrechtsgesetzes unzulässig und strafbar. Das gilt insbesondere für Vervielfältigungen, Übersetzungen, Mikroverfilmungen und die Einspeicherung und Verarbeitung in elektronischen Systemen.

© 1999 Ferdinand Enke Verlag, P.O. Box 30 03 66, D-70443 Stuttgart
Printed in Germany
Druck: Gruner Druck GmbH, D-91058 Erlangen

Geleitwort

„Hocherfreut und glücklich" zeigen in Deutschland jedes Jahr Tausende von Paaren die Geburt ihres ersten Kindes an, und in der Tat gilt dieses Ereignis als eines, das von intensiven positiven Emotionen begleitet ist, das Visionen eines anderen (besseren?) Lebens weckt und insgesamt den Blick in die Zukunft weitet. Doch wir kennen auch die Zahlen der Bevölkerungswissenschaftler und das Lamento der Politiker: Immer weniger Paare werden Eltern, sehr viel weniger Kinder als früher werden geboren. Wer wird später die Renten zahlen? Wer wird sich um die Alten kümmern? Wie soll der Generationenvertrag noch mit Leben erfüllt werden, wenn doch kein Leben nachkommt? Solche und ähnliche Sorgen werden formuliert, und Erklärungen für diesen demographischen Sachverhalt folgen auf der Stelle – oft voreilig formuliert, oft unerbeten und von persönlichen Ideologien genährt: Von einer hedonistischen Lebenseinstellung „der" jungen Leute ist da die Rede, die keinen Raum für Kinder lasse; von dem Egoismus „der" Frauen, die das Streben nach Selbstverwirklichung vor den Wunsch nach eigenen Kindern stellten; von der mangelnden Verantwortung für das Gemeinwesen; vom Fluch der „Pille" und so weiter und so fort. Aber auch jenseits persönlicher Ideologien oder unzulässiger Verallgemeinerungen wissen wir von Gründen, die die Entscheidung für Kinder nicht gerade fördern; die Vereinbarkeit von Familien- und Erwerbstätigkeit ist für Frauen (wie für Männer!) bis heute nicht wirklich realisiert, die Arbeitswelt ist in ihrem Selbstverständnis „nichts für Kinder", und dies angesichts der Tatsache, daß viele Frauen durch eigene Erwerbstätigkeit zum Familieneinkommen beitragen wollen und müssen; Ehepaare mit Kindern sind gegenüber in Ausbildung und Berufsstatus vergleichbaren Paaren ohne Kinder gravierend ökonomisch benachteiligt, was als „horizontale Verteilungsungerechtigkeit" umschrieben und nicht selten gar als Armutsrisiko formuliert wurde. Doch nicht nur die Arbeitswelt, auch die Welt des Verkehrs, die Welt der Medien und die räumlich-dingliche Nahumwelt, in der Kinder leben und die sie erobern wollen, all diese Welten verdienen wohl in den seltensten Fällen das Prädikat „kindertauglich" oder gar „kinderfreundlich". So ist denn auch im Fünften Familienbericht der Bundesregierung (1996) von der „strukturellen Rücksichtslosigkeit" unserer Gesellschaft gegenüber Familien mit Kindern die Rede, und je länger man seine Aufmerksamkeit diesen oder ähnlichen Argumenten widmet, um so mehr ist man erstaunt, daß es überhaupt noch so viele Geburten in unserem Lande gibt.

Nun wissen wir auf der anderen Seite aus der „value of children"-Forschung, daß Kinder einen ihnen eigenen Wert für Paare haben, der offensichtlich all die erwähnten Nachteile aufzuwiegen in der Lage ist und wohl die zentrale Größe in der Herausbildung des Kinderwunsches darstellt. Viele Paare wollen ein Kind, die Schwangerschaft ist erwünscht, man freut sich auf die Geburt des ersten Kindes, gesund und kräftig kommt es zur Welt, „hocherfreut und glücklich" zeigt man die Geburt an ... und dann das: Aus dem Paar wurde ein Elternpaar, doch das „Eheglück" scheint getrübt, die Beziehung verschlechtert sich, das Kind als „Störenfried" in der Paarbeziehung, Kind gleich Krise? Genau von dieser möglichen Entwicklung handelt dieses Buch, und es ist gut, daß es dieses Buch gibt. Denn hier wird aus wissenschaftlicher Sicht die Geburt des ersten Kindes – nein, nicht entzaubert – die Geburt des ersten Kindes wird als ein Ereignis im Lebenslauf von Mann und

Frau und in ihrer gemeinsamen Beziehungsgeschichte abgehandelt, dem sehr wohl das Attribut „kritisch" zukommt. Es ist ein kritisches Lebensereignis, weil es das Passungsgefüge, das die beiden Partner für sich in ihrem Mikrokosmos aufgebaut haben und das ihnen bislang „smooth functioning" ermöglicht hat, attackiert. Kritische Ereignisse stellen tiefgreifende Zäsuren mit dauerhaften Spuren dar: „Wir" meint jetzt nicht nur „wir drei" statt „wir zwei", plötzlich ist auch vieles nicht mehr so, wie es vorher war, der Partner bzw. die Partnerin erscheint in neuem Licht, und selbst das Bild von der eigenen Person erhält neue Konturen. Was als „Gewinn" erwartet und ersehnt worden war, erweist sich zudem nun auch als von Verlusten begleitet. Ein Kind zu haben heißt so eben offensichtlich beides: Eltern sind „glücklich und unausgeschlafen", Kinder sind Quelle von Sorge und Freude, von Erschöpfung und Lebenskraft, sie sind Belastung und Bereicherung zugleich. Gewinn und Verlust kommen also auch hier wie ein unzertrennliches Paar daher! Die Geburt des ersten Kindes ist in dieser Hinsicht offenbar in der Tat ein in seinem Facettenreichtum und seiner Bivalenz „unterschätztes" Ereignis!

Wie gut, daß es dieses Buch gibt; denn hier wird nun differenziert: Wohin schlägt jeweils die Waagschale aus? Wovon hängt es ab, ob sie sich nach der einen oder der anderen Seite neigt? Welche Rolle spielen etwa die gemeinsame Lebensgeschichte der Ehepartner, ihre äußeren Lebensumstände, spielen Merkmale ihrer Persönlichkeit wie auch (tatsächliche oder vermeintliche) Eigenschaften ihres Kindes selbst? Und nicht zuletzt – was bedeutet denn unter den je gegebenen Bedingungen die Geburt des ersten Kindes für die Lebenszufriedenheit der Eltern und ihr „Eheglück"? Es sind solche im Schnittpunkt von Psychologie, Soziologie und Bevölkerungswissenschaft angesiedelte, auf Differenzierung ausgerichtete Fragen, die in diesem Buch gestellt und in insgesamt 13 Kapiteln beleuchtet und beantwortet werden. Die Antworten fallen entsprechend unterschiedlich aus, doch stets sind sie im besten Sinne aufschlußreich, weil auf aussagefähiges Datenmaterial gestützt, durch theoretische Modellvorstellungen angereichert und von renommierten Forscherinnen und Forschern vorgetragen: Längs- und querschnittliche Beobachtungen der Qualität der Paarbeziehung, Vergleiche zwischen Paaren mit Kind und altersgleichen kinderlosen Paaren, erprobte Messungen von „Eheglück" und anderer relevanter Merkmale sowie Wege der Datengewinnung machen den Stoff, aus dem die einzelnen Kapitel geschneidert sind. Aber über diese grundlagenwissenschaftliche Betrachtung hinaus besitzt das Buch insgesamt weitreichende anwendungspraktische Implikationen: Es schärft den Blick dafür, daß Paare sich – über den Erwerb von Fertigkeiten des Wickelns und Fütterns hinaus – auf die Geburt des ersten Kindes auch „innerlich" vorbereiten können und vorbereiten sollten. Kinder brauchen harmonische und verläßliche Umwelten und somit auch Eltern, die in harmonischer und verläßlicher Beziehung miteinander leben und mit kritischen Ereignissen in ihrem Leben konstruktiv umzugehen in der Lage sind. Ganz ohne Zweifel wird man an diese Binsenweisheit erneut durch dieses Buch erinnert, und deshalb – aber nicht nur deshalb – wünscht man ihm auch eine interessierte und geneigte Leserschaft.

Dr. Sigrun-Heide Filipp, Professorin für Psychologie an der Universität Trier
Stellvertretende Vorsitzende des wissenschaftlichen Beirats für Familienfragen des
Bundesministeriums für Familie, Senioren, Frauen und Jugend
der Bundesrepublik Deutschland

Vorwort

Seit gut zehn Jahren hat das Phänomen des Übergangs zur Elternschaft in der deutschsprachigen Entwicklungspsychologie ein ungewöhnlich starkes Interesse gefunden, das sich vorläufig und mangels besseren Wissens nur mit dem Zeitgeist erklären läßt: Auf seiten der Wissenschaft hat uns die moderne Lebensereignisforschung erneut das enorme Entwicklungspotential von Übergängen im Lebensverlauf vor Augen geführt. Menschen verändern sich im Gefolge solcher Übergänge, zum Positiven und zum Negativen (Filipp, 1981). Demoskopie und Massenmedien vermitteln den Eindruck, die Familie selbst sei in die Krise gekommen, an einen Wendepunkt in ihrer Entwicklung, an dem man sich sicherere Prognosen über den weiteren Entwicklungsverlauf wünscht, als man sie mit dem verfügbaren Wissen treffen kann. Da nun mit dem Übergang zur Elternschaft aus einem Paar eine Familie werden kann, könnte die Untersuchung dieses Übergangs Aufschluß geben darüber, was das Familiendasein heute so schwierig macht, daß sich zunehmend weniger Paare für diese Lebensform entscheiden und zunehmend mehr Paare an ihr scheitern. Oder, positiv gewendet: Eine Untersuchung des Übergangs zur Elternschaft könnte Bedingungen und Kompetenzen identifizieren, die günstig sind für eine gelungene Familienentwicklung, für die Zufriedenheit mit der Partnerschaft sowie für die körperliche und seelische Gesundheit der einzelnen Familienmitglieder.

Mit diesen Fragen haben sich die hier versammelten Studien befaßt. Aufgeklärt werden sollte vor allem der häufig irritierende Befund einer abnehmenden Zufriedenheit mit der Partnerschaft nach dem Übergang zur Elternschaft. Insgesamt bestätigt der vorliegende Band diesen Befund, und zwar auf verschiedenen theoretischen Grundlagen, was die Glaubwürdigkeit erhöhen dürfte. Aber er differenziert ihn auch und gibt damit wertvolle Hinweise für praktische und politische Interventionen, die angesichts der aufgezeigten Folgen einer ungünstigen Bewältigung dringend geraten erscheinen.

Mit der Präsentation der Ergebnisse in einem einzigen Buch geht ein lange gehegter Wunsch in Erfüllung. Wir danken allen Autorinnen und Autoren herzlich dafür, daß sie nach Kräften an der Erfüllung dieses Wunsches mitgearbeitet haben, beginnend mit der Präsentation der Projekte auf der 13. Tagung Entwicklungspsychologie im September 1997 in Wien und der Zustimmung zu unserer Bitte, sich auf die Entwicklung der Partnerschaftszufriedenheit zu konzentrieren. Auf dem Weg zu diesem Buch hat sich jeder Vortrag zu einem völlig neuen Kapitel gewandelt, mitunter nach dem Reviewprozeß auch zu einer dritten Version. Auch dafür und für die dabei aufgebrachte Geduld und Optimierungsbereitschaft gebührt den Autorinnen und Autoren Dank und Anerkennung.

Für die Bereitstellung von Ressourcen der verschiedensten Art danken wir Herrn Univ.-Prof. Dr. Leo Montada und Frau O. Univ.-Prof. Dr. Brigitta Rollett. Ohne ihre Anregungen, ihren Sachverstand, ihr bereitwillig geteiltes Wissen, die Überlassung von Arbeitshilfen und Arbeitserleichterungen wäre dieses Buch nicht entstanden. Daß dieses Buch schließlich als solches erscheint, verdanken wir der wohlwollenden Unterstützung der Reihenherausgeber, insbesondere Herrn Univ.-Prof. Dr. Klaus A. Schneewind, sowie Frau Dr. Kuhlmann vom Verlag Ferdinand Enke. Dank gebührt auch Elke Schröder, die uns bei der Aufgabe des Korrekturlesens mit Akribie, Ausdauer und Freundlichkeit unterstützt hat.

Die Beiträge von Manfred Schmitt und Sonja Werneck-Rohrer lassen sich nicht mit Dank entgelten, vielleicht im Laufe der Zeit mit Kompensation. Jakob und Rosa sowie Tanja und Nina verdanken wir nicht nur eine Menge unschätzbaren Anschauungsunterrichts, sondern auch die schöne Erfahrung des kindlichen Vertrauens dahinein, daß die Mama beziehungsweise der Papa einen auch liebhat, wenn sie oder er wieder einmal zum Bücherwurm mutiert ist.

Trier und Wien, im Februar 1999　　　　　　Barbara Reichle und Harald Werneck

Literatur

Filipp, S.-H. (Hrsg.). (1981). *Kritische Lebensereignisse*. München: Urban & Schwarzenberg (3., neu ausgestattete Aufl. 1995, Weinheim: PsychologieVerlagsUnion).

Inhalt

Barbara Reichle und Harald Werneck
Übergang zur Elternschaft und Partnerschaftsentwicklung: Ein Überblick 1

Partnerschaftsentwicklung als Funktion von Belastungen

Norbert F. Schneider und Harald Rost
Soziologische Aspekte des Übergangs zur Elternschaft 19

Sabine Jurgan, Gabriele Gloger-Tippelt und Karoline Ruge
Veränderungen der elterlichen Partnerschaft in den ersten
5 Jahren der Elternschaft 37

Partnerschaftsentwicklung als Funktion von Belastungen, Bereicherungen und anderen Bedingungs- und Ereignismerkmalen

Horst Nickel
Übergang zur Elternschaft, Familienentwicklung und Generativität
in drei Kontinenten: Ein interkulturelles Forschungsprojekt 55

Claudia Quaiser-Pohl
Kindbezogene Einstellungen, Rollenauffassungen und partnerschaftliche
Zufriedenheit junger Eltern aus Deutschland und Südkorea 77

Klaus Udo Ettrich, Mageda Anwer Karim und Christine Ettrich
Bedeutung sozialer Netzwerke beim Übergang zur Elternschaft in
Ost-Deutschland und der Jemenitischen Arabischen Republik 93

Harald Werneck und Brigitta Rollett
Die Wiener Längsschnittstudie „Familienentwicklung im Lebenslauf (FIL)"
– Ausgewählte Befunde und Implikationen 109

Partnerschaftsentwicklung als Funktion von Unausgeglichenheit, Erwartungs- und Normverletzungen

Bernhard Kalicki, Gabriele Peitz, Wassilios E. Fthenakis und Anette Engfer
Passungskonstellationen und Anpassungsprozesse
beim Übergang zur Elternschaft 129

Partnerschaftsentwicklung als Funktion von Persönlichkeitsmerkmalen

Klaus A. Schneewind und Wolfgang Sierwald
Frühe Paar- und Familienentwicklung: Befunde einer
fünfjährigen prospektiven Längsschnittstudie 149

Partnerschaftsentwicklung als Funktion von Bewältigungskognitionen, -emotionen und -aktionen

Christiane Bleich
Veränderungen der Paarbeziehungsqualität vor und während der
Schwangerschaft sowie nach der Geburt des ersten Kindes 167

Muna El-Giamal
Die Fribourger Zeitstichprobenstudie zum Übergang zur Elternschaft:
Differentielle Veränderungen der Partnerschaftszufriedenheit 185

Barbara Reichle und Leo Montada
Übergang zur Elternschaft und Folgen:
Der Umgang mit Veränderungen macht Unterschiede 205

Werner Wicki
Familiale Ressourcen in der Berner Studie zum Übergang zur Elternschaft:
Was ist darunter zu verstehen und wozu sind sie gut? 225

Autorinnen und Autoren 239

Übergang zur Elternschaft und Partnerschaftsentwicklung: Ein Überblick

Barbara Reichle und Harald Werneck

1 Veränderungen der Partnerschaftsqualität nach der Geburt des ersten Kindes

Kaum ein werdender Vater, kaum eine werdende Mutter erwartet vor der Geburt ihres ersten Kindes eine Verschlechterung der eigenen Beziehungszufriedenheit infolge des Übergangs zur Elternschaft. Ähnlich unerwartet war der Befund einer durchschnittlich reduzierten Partnerschaftszufriedenheit nach dem „freudigen Ereignis" für die Forschung, zuerst einmal kontraintuitiv und folglich stimulierend. In den letzten Jahren hat sich eine Vielzahl von Studien mit dieser Entwicklung beschäftigt. Die Ergebnisse weisen mehrheitlich in die gleiche Richtung: Nach der Geburt des Kindes nimmt die Partnerschaftszufriedenheit ab, längsschnittlich bei erstmaligen Müttern (z. B. Engfer, Heinig & Gavranidou, 1988; Moss, Bolland, Foxman & Owen, 1986; Rollett & Werneck, 1994; Ruble, Fleming, Hackel & Stangor, 1988), bei erstmaligen Eltern (z. B. Belsky & Rovine, 1990; Grant, 1992; Terry, McHugh & Noller, 1991; Vincent, Cook & Brady, 1981), auch in so verschiedenen Kulturen wie Deutschland, Österreich, Georgia und der Republik Korea (Nickel, Quaiser-Pohl, Rollett, Vetter & Werneck, 1995; Yang, Nickel, Quaiser & Vetter, 1994), im querschnittlichen Vergleich erstmaliger Eltern mit kinderlosen Paaren (z. B. Feldman, 1971), bei vorbereiteten Vätern nach 5 Jahren Elternschaft im querschnittlichen Vergleich mit Normdaten (z. B. Petzold, 1991) und im längsschnittlichen Vergleich erstmaliger Eltern mit kinderlosen Paaren (z. B. Cowan et al., 1985; Gloger-Tippelt, Rapkowitz, Freudenberg & Maier, 1995; Rost & Schneider, 1995; Schneewind et al., 1992). Überblicksarbeiten (El-Giamal, 1997; Gloger-Tippelt, 1988; Olbrich & Brüderl, 1995; Reichle, 1994) bestätigen das Bild, so daß man diesen Befund als gut repliziert betrachten darf.

Einige wenige Studien bestätigen diesen Befund nicht, die befragten Ersteltern berichten keine stärkere Reduktion ihrer Partnerschaftszufriedenheit als Kinderlose (Kurdek, 1993; MacDermid, Huston & McHale, 1990; McHale & Huston, 1985; White & Booth, 1985). Nach diesen Berichten könnte die Erklärung des Rückgangs der Partnerschaftszufriedenheit mit der Erstkindgeburt also eine Fehlattribution sein. Für diese Interpretation sprechen auch Befunde aus einer Längsschnittstudie der Partnerschaftsentwicklung Neuvermählter von Markman, Duncan, Storaasli und Howes (1987), nach denen die Partnerschaftszufriedenheit in den ersten drei Ehejahren generell abnimmt.

Belsky und Pensky (1988) haben die Validität der Befunde von McHale und Huston (1985) sowie White und Booth (1985) hinterfragt: In der ersten Studie ist eine spezielle Stichprobe untersucht worden, nämlich Neuvermählte, die Daten der zweiten Studie sind mit der relativ insensitiven Methode der Telefonumfrage gewonnen worden. Wenn man den ersten Einwand gelten lassen möchte, muß man ihn auch gegen die anderen zwei Studien richten: Kurdek (1993) und MacDermid et al. (1990) haben ebenfalls Neuvermählte in den ersten vier beziehungsweise in den ersten zweieinhalb Ehejahren untersucht, bei der von MacDermid et al. (1990) studierten Stichprobe handelt es sich um die Stichprobe von McHale und Huston (1985), die Ehedauer wird zwar kontrolliert, ist jedoch mit maximal zweieinhalb Jahren relativ kurz. Möglicherweise kommt der negative Effekt der Erstkindgeburt auf die Partnerschaftszufriedenheit im Vergleich zu kinderlosen Paaren also erst nach einigen Jahren Partnerschaftsdauer zum Tragen.

2 Erklärungen für Veränderungen der Partnerschaftsqualität im Zuge des Übergangs zur Elternschaft

Nach dem Gesagten läßt sich die Befundlage folgendermaßen zusammenfassen: Betrachtet man *deskriptiv* den Durchschnitt, zeigt sich ein Rückgang der Partnerschaftszufriedenheit nach der Geburt des ersten Kindes. Nähert man sich der Sache *explikativ*, gibt es Varianz, also sowohl Personen, bei denen die Partnerschaftszufriedenheit absinkt, und solche, bei denen sie ansteigt – worauf Feldman bereits 1971 hingewiesen hat. Er konnte die vorgeburtlich praktizierte Rollenverteilung als systematische Varianzquelle der nachgeburtlichen Partnerschaftszufriedenheit identifizieren: Die nachgeburtliche Partnerschaftszufriedenheit stieg bei Paaren an, die bereits vor der Geburt eine segregierte Rollenverteilung nach klassischem Muster praktiziert hatten. Auch die Erhebungsmethode und die Beziehungsdauer scheinen systematische Varianzquellen zu sein, so daß der Befund einer nicht reduzierten Partnerschaftszufriedenheit in den Studien von Kurdek (1993), McDermid et al. (1990) und McHale und Huston (1985) möglicherweise auf die geringen Unterschiede zwischen den Paaren in der Beziehungsdauer zurückgeführt werden kann.

Damit sind wir bei einem Problem angelangt, das im folgenden kurz umrissen werden soll. Erklärungen für eine Veränderung der Partnerschaftszufriedenheit sind häufig nicht durchgängig repliziert. Dies kann eine Folge der hohen Korrelationen sein, die in vielen Untersuchungen zwischen Prädiktoren der Partnerschaftszufriedenheit häufig bestehen. Beispielsweise kann in einer Untersuchung die Beziehungsdauer ein signifikanter Prädiktor der nachgeburtlichen Partnerschaftszufriedenheit sein, und zwar in der Richtung, daß die Partnerschaftszufriedenheit umso geringer ist, je kürzer die Beziehung bestanden hat (z. B. Belsky & Rovine, 1990). In einer anderen Studie mag das Alter der Eltern bei der Geburt des ersten Kindes eine signifikante Beziehung zur Veränderung der Partnerschaftszufriedenheit aufweisen, nicht aber die Beziehungsdauer. Beide Prädiktoren, Alter der Eltern bei der Geburt des ersten Kindes und Beziehungsdauer bei der Geburt des ersten Kindes, sind korreliert. Bereits geringe Unterschiede zwischen Untersuchungen in den verwendeten Meßmethoden (für die gleichen Konstrukte), geringe Reliabilitätsunterschiede der Meßinstrumente, unterschiedliche Teststärken (Stichprobengrößen, Variablenmengen) oder unsystematische Unterschiede im Korrelationsmuster der Meßvariablen können dazu führen, daß in verschiedenen Untersuchungen unterschiedliche Prädiktoren der Partnerschaftszufriedenheit signifikant werden, Effekte also (scheinbar) nicht repliziert werden können. In Weiterführung unseres Beispiels könnte etwa in der einen Untersuchung das Alter der Eltern bei der Geburt des ersten Kindes ein signifikanter Prädiktor der Partnerschaftszufriedenheit sein, nicht aber die Beziehungsdauer, während in der anderen vielleicht die Beziehungsdauer signifikant wäre, das Alter der Eltern jedoch nicht.

Dies ist ein allgemeines regressionsanalytisches Problem, das sich am Fall zweier Prädiktoren folgendermaßen erläutern läßt (vgl. z. B. Cohen & Cohen, 1983; Pedhazur & Schmelkin, 1991): Wenn zwei stark korrelierte Prädiktoren mit einem Kriterium ähnlich hoch korrelieren, fällt das inkrementelle Prognosepotential des geringer mit dem Kriterium korrelierten Prädiktors im Vergleich zum Basis-Prognosepotential des höher korrelierten Prädiktors sehr gering aus, zuweilen so gering, daß die Teststärke nicht ausreicht, den Effekt des zweiten Prädiktors inferenzstatistisch zu sichern, auch wenn er in der Population besteht. Eine inhaltliche Interpretation dergestalt, daß der geringer mit dem Kriterium korrelierte Prädiktor im Vergleich zum höher korrelierten Prädiktor unbedeutend wäre, ist unangemessen. Vielmehr haben beide Prädiktoren gemeinsame Varianz, und diese ist es, die zur Vorhersage des Kriteriums überwiegend beiträgt. Gering sind hingegen die spezifischen Prognosepotentiale *beider* Prädiktoren.

Teilweise lösen läßt sich dieses Problem durch eine Faktorisierung der Prädiktoren und die Verwendung der gemeinsamen Faktoren zur Prognose des Kriteriums oder durch Strukturgleichungsanalysen mit latenten Variablen. Zuverlässige Parameterschätzungen erfordern jedoch Stichprobengrößen, die in der Forschungspraxis häufig nicht zur Verfügung stehen. Auf keinen Fall läßt sich das Problem durch die Zerlegung der multivariaten Zusammenhangsstruktur in viele bivariate Zusammenhänge lösen. Dies wäre ein methodischer Rückschritt, da bivariate Korrelationen keine Auskunft über die korrelative Redundanz des Variablensatzes geben und Interaktionen zwischen den Prädiktoren nicht ersichtlich sind. Auch der Verzicht auf Inferenzstatistik, also die rein deskriptive Analyse der Daten, ist keine überzeugende Alternative. Vielmehr sollte die verfügbare multivariate Information durch multivariate Verfahren maximal auszuschöpfen versucht werden, dabei aber sensibel für die oben genannten Probleme zu bleiben und alternative Regressionsmodelle vergleichend zu betrachten. Erfreulicherweise können wir mit dem vorliegenden Band einige Befunde vorstellen, die mittels anspruchsvoller Auswertungsstrategien gewonnen und somit in hohem Maße vertrauenswürdig sind.

Neben modernen Auswertungsmethoden sollten Replikationen *eine* Lösung sein. Diese Idee hat uns bei der Konzeption des vorliegenden Bandes geleitet. Wenn schon mit dem vorliegenden Material der Königsweg der Replikation lege artis nicht realisierbar ist, vielleicht doch eine Annäherung in Form der Konzentration auf eine einzige abhängige Variable, nämlich die Partnerschaftsqualität. Wir danken unseren Autorinnen und Autoren dafür, daß sie sich auf diese Idee und die möglicherweise daraus resultierende Einschränkung eingelassen haben.

Eine dritte Strategie zur Lösung einiger Probleme im Forschungsfeld besteht in der Realisierung anspruchsvoller Untersuchungsdesigns: Längsschnittlich gewonnene Veränderungsbefunde sind reliabler als querschnittlich gewonnene. Diese Erkenntnis ist erfreulicherweise in den letzten 15 Jahren im Forschungsfeld umgesetzt worden, so daß wir im vorliegenden Band bereits mehrheitlich Längsschnittstudien versammeln konnten.

Die Frage nach dem Rückgang der Partnerschaftszufriedenheit im Zuge der Elternschaft kann zuverlässiger beantwortet werden, wenn man nicht nur auf subjektive retrospektive Einschätzungen der jungen Eltern angewiesen ist, sondern echte Prä-Post-Vergleiche anstellen kann. Erfreulicherweise weist die Mehrzahl der hier vorgelegten Untersuchungen ein solches Design auf, die ersten Befragungen fanden meist in der Schwangerschaft statt. Ob es sich indes um einen bloßen Kontrasteffekt aufgrund einer „Honeymoon-Phase" in der Schwangerschaft handelt, wie die Befunde von Bleich nahelegen, kann nur mit einem Design geklärt werden, das eine erste Messung vor der Schwangerschaft realisiert. Immerhin in zwei der hier vorgelegten Untersuchungen ist ein solches prospektives Design realisiert (Schneewind & Sierwald; Schneider & Rost).

Die Frage, ob der Rückgang der Partnerschaftszufriedenheit nach der Geburt des ersten Kindes nicht nur ein allgemeiner „Erosionseffekt" ist, der in allen Partnerschaften zu beobachten ist und nur irrtümlich der Geburt des ersten Kindes zugeschrieben wird, kann zuverlässiger beantwortet werden, wenn man Vergleiche mit kinderlosen Paaren vornehmen kann. Literaturüberblicke zeigen indes, daß ein solches Design keineswegs selbstverständlich ist, sondern bislang eher den Ausnahmefall darstellte. Vor diesem Hintergrund mag es besonders positiv zu bewerten sein, daß im vorliegende Band ein ungewöhnlich hoher Anteil an Studien mit Kontrollgruppenvergleichen präsentiert werden kann. Nach den Befunden von Bleich, von Jurgan, Gloger-Tippelt und Ruge, von Schneewind und Sierwald sowie von Schneider und Rost handelt es sich beim Rückgang der Partnerschaftszufriedenheit nach der Geburt des ersten Kindes keineswegs nur um einen allgemeinen Erosionseffekt.

Neben methodischen Problemen kann man im Forschungsfeld zum Übergang zur Elternschaft Probleme mit der Theoriebildung ausmachen: Wie bei vielen Anwendungsthemen findet man auch hier ein breites Spektrum theoretischer Hintergründe und sehr unterschiedliche Grade an theoretischer Einbettung. Daß und weshalb eine fehlende theoretische Einbettung problematisch ist, braucht hier nicht dargelegt zu werden, gleichwohl ist dieses Manko in unserem Forschungsfeld noch zu konstatieren (vgl. z. B. das Resümee der Überblicksarbeit von El-Giamal, 1997).

Die identifizierbaren theoretischen Hintergründe sind vielfältig und reichen von umfassenden Bewältigungstheorien und Theorien zur Partnerschaftsentwicklung bis zu Anwendungen grundlagenwissenschaftlicher Partialtheorien, oftmals in einer einzigen Studie eklektizistisch kombiniert. Man kann nun das Problem einer fehlenden Ordnung dieser Theorien beklagen oder auch das Fehlen einer umfassenden Theorie zur Beschreibung, Erklärung, Prognose, Intervention. Stattdessen wagen wir einen Ordnungsversuch – in der Hoffnung, daß eine unzureichende Ordnung besser ist als keine. Mit einer solchen Ordnung sollte das Verständnis des Phänomens „Übergang zur Elternschaft" optimiert werden. Darüber hinaus sollten damit die hier versammelten Studien klassifiziert, eingeordnet und damit auch unterscheidbar werden. Und schließlich sollte eine Ordnung auch heuristische Funktion haben, indem sie den Blick auf wenig erforschte oder gar übersehene Bereiche lenkt.

2.1 Ein Ordnungsrahmen zur Untersuchung des Phänomens „Übergang zur Elternschaft"

Der kleinste gemeinsame Nenner aller Theorien ist wohl die Annahme, daß die Geburt des ersten Kindes eine Belastung darstellt, die von den jungen Eltern bewältigt werden muß. Mitunter wird spezifiziert, worin diese Belastung besteht. In familiensoziologischer Sicht (vgl. zum Überblick Schneewind, 1991) stellt das Einüben der neuen Aufgabe der Versorgung des Kindes eine potentiell belastende Anforderung dar, eine weitere die Integration der alten und neuen Rollen und Aufgaben. Allgemein kann man mit Cowan (1991) im Kontext von kritischen Übergängen im Lebenszyklus zwei Klassen von Veränderungen ausmachen, die es zu bewältigen gilt: qualitative Veränderungen eher äußerlicher Art (Rollenveränderungen, Restrukturierungen der persönlichen Kompetenz zur Lösung der neuen Aufgaben, Reorganisation von Beziehungen) und qualitative Veränderungen im Selbst- und Weltbild des betroffenen Individuums.

Die Bewältigung dieser Veränderungen ist ein Prozeß, den man als Phasenabfolge konzeptualisieren kann. Grob könnten die Phasen (1) Konflikt, Verlust und Unsicherheit, gefolgt von (2) einer Experimentierphase und schließlich (3) einem alten oder neuen Äquilibrium unterschieden werden (vgl. z. B. Parkes, 1971). Insbesondere die ersten beiden Phasen sind in psychologischen Streßtheorien (z. B. Lazarus & Folkman, 1984) und Modellen der Bewältigung kritischer Lebensereignisse (Filipp, 1981) fokussiert worden.

Die Ergebnisse der Bewältigung hängen von einer Reihe von Faktoren ab, die man nach dem „Allgemeinen Modell für die Analyse kritischer Lebensereignisse" (Filipp, 1981) entlang der Zeitachse in sieben Gruppen ordnen kann: Am Ende des Bewältigungsprozesses kann man die Effekte der Bewältigung an *(7) personseitigen Effektmerkmalen* und *(6) kontextseitigen Effektmerkmalen* ablesen. Die uns hier besonders interessierende Partnerschaftszufriedenheit nach dem Übergang zur Elternschaft wäre nach dieser Klassifikation ein personseitiges Effektmerkmal – als Effekt der Bewältigungsbemühungen und anderer Einflußgrößen wird die Partnerschaftszufriedenheit höher oder geringer ausfallen.

Wie sie ausfallen wird, hängt von *(5) Prozessen der Auseinandersetzung mit und Bewältigung des Lebensereignisses*, also Bewältigungsaktivitäten der Person ab. Dies können beispielsweise emotionale Bewältigungsaktivitäten wie Äußerungen von Ärger, Frustration, Depression, oder problembewältigende Aktivitäten wie Informationssuche, Erledigung anstehender Aufgaben sein.

Diese Bewältigungsaktivitäten hängen wiederum ab von *(4) Ereignismerkmalen objektiver und subjektiver Art* sowie von *(3) personalen und (2) kontextuellen Ressourcen* der Person, zusammengefaßt „konkurrenten Bedingungen". Ereignismerkmale objektiver Art wären in unserem Fall zum Beispiel ein weitgehender Aufgabenwechsel, wie man ihn bei Müttern beobachten kann, die von der Vollzeitberufstätigkeit zur Vollzeithausfrau wechseln, oder aber ein weniger umfänglicher Aufgabenwechsel, etwa die Beibehaltung der Vollzeitberufstätigkeit und Delegation der Kinderbetreuung an den Partner oder eine dritte Person. Ereignismerkmale subjektiver Art könnten dann der Grad an Lebensveränderung sein, den die eine oder die andere Mutter bei sich selbst infolge der Geburt ihres Kindes wahrnimmt, also eine sehr tiefgreifende Lebensveränderung versus eine weniger umfassende, der empfundene Belastungsgrad, die empfundene Kontrollierbarkeit und anderes mehr. Beispiele für konkurrente personale Ressourcen sind ein schwaches versus starkes Selbstwertgefühl, Erfahrungen versus keine Erfahrungen mit der Versorgung von Kindern, gesundheitliche Robustheit versus Anfälligkeit. Sie sollen ebenfalls die Bewältigungsaktivitäten beeinflussen. Beispiele für konkurrente kontextuelle Ressourcen sind politische Systemmerkmale wie eine protektive oder aber keine Mutterschutzregelung, gute oder schlechte materielle Ressourcen, ein unterstützendes soziales Netzwerk oder aber das Fehlen eines solchen Netzwerks.

All diese „konkurrenten Bedingungen" sind zeitlich nachgeordnet verbunden mit *(1) vorauslaufenden Bedingungen oder Antezedenzmerkmalen*, die bereits vor dem Ereignis ausgeprägt wurden. Ein solches Antezedenzmerkmal ist beispielsweise die Erfahrung mit der Bewältigung kritischer Lebensereignisse, ein Kinderwunsch oder aber ein Lebensplan ohne Kinder, in der eigenen Herkunftsfamilie erworbene Einstellungen zur Elternschaft, eine hohe oder geringe Partnerschaftszufriedenheit vor der Schwangerschaft.

Zusammenfassend läßt sich also nach diesem Modell das uns interessierende Effektmerkmal der Partnerschaftszufriedenheit nach der Geburt des ersten Kindes vorhersagen mit Antezedenzmerkmalen (z. B. der Erfahrung mit kritischen Lebensereignissen), mit konkurrenten Personmerkmalen (z. B. Selbstwertgefühl, Kontrollüberzeugung), mit konkurrenten Kontextmerkmalen (z. B. politischen Systemmerkmalen, materiellen Ressourcen, sozialem Netzwerk), mit Ereignismerkmalen (z. B. Belastungsgrad, Valenz, Kontrollierbarkeit) und schließlich mit Merkmalen der Auseinandersetzungsprozesse (z. B. problemfokussierten und emotionalen Bewältigungsaktivitäten).

Nach diesem Ordnungsrahmen kann man die theoretischen Ansätze, unter denen die Entwicklung der Partnerschaftszufriedenheit infolge der Geburt des ersten Kindes studiert worden ist, klassifizieren in solche, die sich mit Zusammenhängen der Partnerschaftsqualität einerseits und andererseits Bedingungen (vorauslaufenden, konkurrenten, personseitigen, kontextseitigen), oder Ereignismerkmalen, oder Bewältigungsaktivitäten befassen. Indes gibt es kaum (noch) Studien, die sich lediglich auf Bedingungen und Effekte wie Partnerschaftszufriedenheit beschränken, meist werden auch Ereignismerkmale einbezogen. Unter den Studien, die Bewältigungsaktivitäten und Effekte zum Thema haben, finden sich kaum Arbeiten, die nur Bewältigungsaktivitäten untersuchen und Bedingungen und Ereignismerkmale ausklammern. Also werden wir im weiteren zwei große Gruppen von Untersuchungen unterscheiden, nämlich solche, die (1) die Partnerschaftsentwicklung als Funktion von Bedingungs- und Ereignismerkmalen studieren und solche, die (2) die Partnerschaftsentwicklung als Funktion von Bewältigungsaktivitäten, Bedingungs- und Ereignismerkmalen konzipieren.

2.2 *Partnerschaftsentwicklung als Funktion von Bedingungs- und Ereignismerkmalen*

Studien, die sich mit Zusammenhängen zwischen Bedingungs- und Ereignismerkmalen auf der einen und dem Effektmerkmal der Partnerschaftsqualität auf der anderen Seite beschäftigen, sind naturgemäß mehrheitlich in der Soziologie beheimatet. Wir geben im folgenden einen kurzen Überblick mit dem Ziel, die theoretischen Ansätze zu illustrieren, einige ausgewählte Befunde exemplarisch darzustellen und schließlich die neueren deutschsprachigen Studien einzuordnen und vorzustellen, die im vorliegenden Band versammelt sind. Für ausführlichere Überblicke über frühere Studien verweisen wir auf bereits vorliegende Überblicksarbeiten (El-Giamal, 1997; Gloger-Tippelt, 1988; Olbrich & Brüderl, 1995; Reichle, 1994; Werneck, 1998).

2.2.1 Belastungstheorien

Die frühesten Theorien im Forschungsfeld kommen aus der Soziologie und lassen sich vielleicht am treffendsten als *Belastungstheorien* bezeichnen. Untersucht werden Sammlungen von potentiellen Belastungen als unabhängige und die Partnerschaftszufriedenheit als abhängige Variable, psychologische Annahmen über die Verbindung von Ursache und Effekt sind meist eher implizit. Die Grundannahme ist, daß Belastungen im Kontext des Übergangs zur Elternschaft zu vermehrtem Krisenerleben und geringerer Partnerschaftszufriedenheit führen. Die ersten Untersuchungen unter diesem Paradigma haben LeMasters (1957), Dyer (1963) und Hobbs (1965) vorgelegt. Als Belastungsfaktoren mit signifikanten Effekten auf die Partnerschaftszufriedenheit wurden unter anderem ein niedriges Familieneinkommen, geringe formale Bildung (Belsky & Rovine, 1990), Unvorbereitetheit (Shereshefsky & Lockman, 1973), ungeplante Schwangerschaft (Bickelmann, 1979; Dyer, 1963; Miller & Sollie, 1986; Russell, 1974; vgl. jedoch den entgegengesetzten Befund bei Belsky & Rovine, 1990), ein schwieriges kindliches Temperament (Belsky & Rovine, 1990) und mangelnde Kompetenz in der neuen Elternrolle (Belsky & Rovine, 1990; vgl. zur Theorie Gloger-Tippelt, 1988, S. 101, 107-110) identifiziert.

Diese Theoriengruppe ist im vorliegenden Band repräsentiert durch die Untersuchung soziologischer Aspekte des Übergangs zur Elternschaft von Schneider und Rost. Elternpaare eines ersten und weiterer Kinder werden über 6 Jahre hinweg verglichen mit kinderlosen Paaren. In beiden Gruppen werden Zusammenhänge zwischen ehelicher Zufriedenheit und antezedenter Ehedauer, Schulbildung, Alter bei der Eheschließung sowie Geschlecht untersucht. Besonderheiten der Studie sind eine sehr große repräsentative Stichprobe sowie ein langer Längsschnitt über 6 Jahre mit echten Prä-Post-Vergleichen.

Die Studie, die Jurgan, Gloger-Tippelt und Ruge im vorliegenden Band veröffentlichen, steht als Beispiel für den belastungstheoretischen Ansatz auf psychologischer Basis. Die Autorinnen haben deskriptiv den Verlauf der Partnerschaftsqualität von der Frühschwangerschaft bis ins 6. Jahr der Elternschaft studiert und zum letzten Meßzeitpunkt mit einer Kontrollgruppe Kinderloser verglichen. Die Partnerschaftsqualität wird in Zusammenhang gebracht mit nachgeburtlichen potentiellen Belastungsvariablen (kritischen Lebensereignissen, Anzahl weiterer Kinder, Verteilung von Hausarbeiten). Besonderheiten sind der Vergleich mit einer Kontrollgruppe, echte Prä-Post-Vergleiche und ein ungewöhnlich langer längsschnittlicher Verlauf.

2.2.2 Belastungen, Bereicherungen und andere Bedingungs- und Ereignismerkmale

Etwa 15 Jahre nach den ersten Belastungsuntersuchungen hat man begonnen, neben den Belastungen auch Bereicherungen in den Fokus zu nehmen (Russell, 1974), allerdings ohne die naheliegende Verbindung zur sozialpsychologischen Equity-Theorie zu ziehen. In diesem Kontext sind auch die sogenannten VOC-Theorien (Value of Children) anzusiedeln, die den Wert von Kindern als Einflußfaktor auf die Partnerschaftszufriedenheit sehen. Die Grundannahme läßt sich so umreißen, daß die Partnerschaftszufriedenheit umso höher sein sollte, je wertvoller ein Kind erscheint und je weniger es als Belastung empfunden wird. Der Wert von Kindern wird häufig differenziert in Einzelvariablen wie beispielsweise Kinder als Erfüllung einer moralischen Norm, als kontinuierliche Quelle von Zuneigung, als Lebensbereicherung, als Machtquelle und vieles andere mehr (vgl. Hoffman & Hoffman, 1973).

Zu dieser Theoriengruppe versammelt der vorliegende Band vier Arbeiten: Die grundlegende Abhandlung von Nickel über das von ihm initiierte Verbundprojekt Elternschaft im Kulturvergleich, die kulturvergleichende Studie von Quaiser-Pohl über Elternschaft in Westdeutschland und Südkorea, die kulturvergleichende Studie von Ettrich, Anwer Karim und Ettrich über Elternschaft in Ostdeutschland und Jemen, sowie die Studie von Werneck und Rollett an österreichischen Paaren.

In den Kapiteln von Nickel und Quaiser-Pohl werden der ökopsychologische Ansatz der Studie dargelegt, die Problematik kulturvergleichender Untersuchungen erörtert und ausgewählte empirische Befunde berichtet. Beziehungen zwischen konkurrenten konservativen versus egalitären Rolleneinstellungen, Einstellungen zum Wert von und zur Belastung durch Kinder, generativem Verhalten (Anzahl eigener Kinder) und Partnerschaftsqualität im 6. Schwangerschaftsmonat und 3. Monat der Elternschaft von erstmaligen Eltern und Eltern eines zweiten und weiteren Kindes in Deutschland, Österreich, Georgia (USA) und Südkorea werden untersucht. Besonderheiten sind die Kulturvergleiche unter dem ökosystemischen Ansatz Bronfenbrenners, echte Prä-Post-Vergleiche über ein halbes Jahr sowie Vergleiche zwischen Erst- und Mehrfacheltern.

Ettrich, Anwer Karim und Ettrich vergleichen die sozialen Netze werdender Erst- und Zweit-Eltern in Ostdeutschland und im Jemen. Konkurrente personale (Bedeutung von Beruf, Freizeit und Familie; Freizeitaktivitäten mit dem Partner) und kontextuelle Ressourcen (z. B. Größe des Haushaltes, Unterstützung durch Eltern und Verwandte) werden mit dem Effektmerkmal der Partnerschaftszufriedenheit in Beziehung gesetzt.

Werneck und Rollett berichten über Entwicklungsverläufe elterlicher Einstellungen, Rollenaufteilungen und der Partnerschaftsqualität von Erst-, Zweit- und Dritteltern vom 6. Schwangerschaftsmonat zum 3. Monat und zum 3. Jahr nach der Geburt. Antezedente und postpartale Einstellungen zur Elternschaft und elterliche Rollenaufteilungen, Geschlecht des Kindes, spezifische konkurrente Belastungen sowie Kombinationen von innerpartnerschaftlichen Einstellungs-Aufteilungs-Typen und die Partnerschaftsentwicklung werden quer- und längsschnittlich in Zusammenhang gebracht. Besonderheiten sind ein relativ langer Längsschnitt mit echten Prä-Post-Vergleichen, Vergleiche zwischen Erst-, Zweit- und Dritteltern und elaborierte Auswertungsmethoden.

2.2.3 Unausgewogenheit, Erwartungs- und Normverletzungen

Unausgeglichenheiten, Erwartungs- oder Normverletzungen sind in den achtziger Jahren relativ häufig als Prädiktoren der Partnerschaftszufriedenheit untersucht worden. Auch hier wurde der naheliegende Bezug zur sozialpsychologischen Equity-Theorie nur selten explizit vorgenommen – eine Beziehung ist ausgeglichen, wenn die persönlichen Kosten-Nutzen-Bilanzen der Beteiligten ausgeglichen sind, unausgewogene Kosten-Nutzen-Bilanzen führen zu Unbehagen, Belastung, Unzufriedenheit und infolgedessen Versuchen, die Ausgewogenheit wiederherzustellen (Walster, Walster & Berscheid, 1978). Die Norm wäre dann Ausgewogenheit, Unausgewogenheit sollte zu einer verminderten Partnerschaftszufriedenheit führen.

Eine Reihe von Untersuchungen basiert auf der Annahme, daß verletzte Normen und Erwartungen zu Unzufriedenheit führen. Verletzte oder zwischen den Partnern divergierende Erwartungen oder Normen der verschiedensten Arten haben sich dann erwartungsgemäß als mehr oder weniger potente Prädiktoren der Partnerschaftsunzufriedenheit erwiesen (Belsky, Lang & Huston, 1986; Belsky, Ward & Rovine, 1986; Reichle, 1994; Rollett & Werneck, 1994; Ruble et al., 1988; Terry et al., 1991; Yang et al., 1994).

Die Untersuchung, die Kalicki, Peitz, Fthenakis und Engfer in unserem Band vorlegen, läßt sich in diesen theoretischen Kontext einordnen. Beschrieben wird der Verlauf der Partnerschaftszufriedenheit von erstmaligen und Zweit-Eltern vom letzten Schwangerschaftstrimester zum 3. bis 4. Monat nach der Geburt und weiter bis zum 18. Monat. Überprüft wird ein Modell, nach dem die aktuelle Partnerschaftszufriedenheit von der antezedenten Partnerschaftszufriedenheit, der antezedenten emotionalen Bewertung der Schwangerschaft abhängen solle sowie von der antezedenten Verantwortungsübernahme für den Eintritt der Schwangerschaft, der konkurrenten Zufriedenheit mit der Elternrolle und mit der Aufgabenverteilung, der Berufstätigkeit der Frau, der beruflichen Zufriedenheit des Mannes und einer Reihe von Kontrollvariablen. Besonderheiten sind der Vergleich zwischen Erst- und Zweiteltern sowie echte Prä-Post-Vergleiche über nahezu 2 Jahre.

2.3 Partnerschaftsentwicklung als Funktion von Bewältigungsaktivitäten, Bedingungs- und Ereignismerkmalen

Neben der großen Gruppe von Studien, in denen Zusammenhänge zwischen Bedingungs- und Ereignismerkmalen einerseits und der Partnerschaftsentwicklung andererseits berichtet werden, gibt es eine Gruppe von Untersuchungen, die auch konkretes Verhalten erfragen und mit der Partnerschaftsentwicklung in Zusammenhang bringen. Diese Gruppe läßt sich nach den theoretischen Hintergründen ordnen in persönlichkeitspsychologisch orientierte, kognitiv-emotionspsychologische und kommunikations- und lernpsychologisch fundierte Ansätze.

2.3.1 Partnerschaftsentwicklung als Funktion von Persönlichkeitsmerkmalen

Bestimmte Persönlichkeitszüge im Sinne überdauernder, von Person zu Person in ihrer Ausprägung variierender Eigenschaften können Anpassungsleistungen im Kontext von Lebensereignissen erleichtern beziehungsweise erschweren. Für den Bereich der Bewältigung von Übergängen im Familienzyklus hat Wicki (1997) folgende erleichternde Persönlichkeitseigenschaften zusammengetragen: Selbstwirksamkeit, Optimismus, Sinn für Humor, persönliche Reife, Sensitivität, hohes Selbstwertgefühl. Hingegen fand Brüderl (1989) keine Unterschiede im Bewältigungsverhalten junger Eltern in Abhängigkeit von deren Handlungs- und Lageorientierung.

Persönlichkeitstypen sind auch auf Systemebene konzeptualisiert worden. Im derzeit wohl prominentesten Modell, dem Circumplex-Modell von Olson und Mitarbeitern (z. B. Olson & Lavee, 1989) werden aus den Kombinationen verschiedener Ausprägungen der Systemdimensionen Adaptabilität (rigide bis chaotisch) und Kohäsion (niedrig bis hoch) unterschiedliche Typen von Paar- und Familiensystemen konstruiert. Rigidität als Personeigenschaft findet man auch in etlichen klinischen Abhandlungen als potentiellen Risikofaktor, auch mangelnde Ambiguitätstoleranz und Labilität (z. B. Simoni, 1998), empirische Belege stehen allerdings weitgehend noch aus.

In unserem Band repräsentiert die große Studie, über die Schneewind und Sierwald berichten, den persönlichkeitspsychologisch orientierten Ansatz, da neben vielen anderen Variablen die Beziehungspersönlichkeit untersucht wird. Die Autoren untersuchen die Partnerschaftsentwicklung von der Schwangerschaft bis. ins 4. Jahr der Elternschaft und stellen Vergleiche mit kinderlos bleibenden Paaren an. Zusammenhänge zwischen antezedenten Erfahrungen und Beziehungsgeschichten der Partner, konkurrenten Persönlichkeitsmerkmalen, Beziehungsmerkmalen, Kindmerkmalen, Lebensumständen (beispielsweise Formen der Kinderbetreuung, Vereinbarkeit von Familie und Beruf) und Erwartungen an die kindliche Entwicklung, die Entwicklung der elterlichen Kompetenz sowie des Lebensstils werden in Zusammenhang mit der Partnerschaftsentwicklung gebracht, und zwar vergleichend für Eltern und kinderlose Paare. Besonderheiten sind ein ungewöhnlich großes Variablennetz, echte Prä-Post-Vergleiche sowie Vergleiche zwischen kinderlosen und Elternpaaren.

2.3.2 Partnerschaftsentwicklung als Funktion von Bewältigungskognitionen, -emotionen und -aktionen

Im Unterschied zu Persönlichkeitsmerkmalen, die nicht als Reaktionen auf bestimmte situative Anforderungen konzeptualisiert sind, sucht die Bewältigungsforschung Aktivitäten im Kontext von Anpassungserfordernissen zu identifizieren. Solche Bewältigungsaktivitäten sind im Vergleich zu Persönlichkeitsmerkmalen meist spezifischer gefaßt. Mitunter wird in Analogie zu Persönlichkeitsmerkmalen Stabilität angenommen und belegt, etwa bei habituellen Umgangsformen mit Ärger (Ärgerunterdrückung versus Ausagierung), Repression versus Sensitization, oder auch bei den mehrdimensionalen Bewältigungsstilen „depressiver Stil" und „Attributionsstil". Situativ, also nicht habituell konzeptualisiert sind hingegen problemfokussierte versus emotionsfokussierte Bewältigungsstrategien (vgl. zum Überblick Laux & Weber, 1990). Die erste größere Untersuchung des Übergangs zur Elternschaft im deutschen Sprachraum hat solche Bewältigungsstrategien fokussiert und mit Ereignismerkmalen in Beziehung gesetzt (Brüderl, 1989).

Im vorliegenden Band sind vier Studien versammelt, in denen neben Bedingungs- und Ereignismerkmalen Bewältigungsaktivitäten untersucht werden: Bleich studiert Veränderungen von antezendeten Bewältigungskompetenzen des Paarsystems (Adaptabilität und Kohäsion) und Zufriedenheitseinschätzungen (Glück, Zufriedenheit mit dem gemeinsamen Sexualleben und Paar-Belastung) von der Zeit vor der Geburt des ersten Kindes zum Zeitpunkt nach der Geburt des ersten Kindes. Besonderheiten der Untersuchung sind echte Prä-Post-Vergleiche und Vergleiche mit einer kinderlosen Kontrollgruppe, die auf einen Schwangerschafts-Honeymoon hindeuten.

El-Giamal identifiziert für beide Geschlechter clusteranalytisch differentielle Verläufe der Partnerschaftszufriedenheit. Diese Verlaufscluster analysiert sie sodann hinsichtlich antezedenter und konkurrenter Persönlichkeits- und Situationsvariablen sowie nachgeburtlich erlebter Belastungen und Bewältigungsaktivitäten. Besonderheiten der Untersuchung sind das ungewöhnlich differenzierte Variablennetz vor allem der Bewältigungsaktivitäten, echte Prä-Post-Vergleiche und nachgeburtliche Verlaufsinformationen auf der Basis von drei Meßzeitpunkten sowie eine sehr alltagsnahe und differenzierte Belastungs- und Bewältigungsmessung mittels eines Streßtagebuchs.

Reichle und Montada untersuchen die Partnerschaftszufriedenheit im 3., 5. und 50. Elternschaftsmonat. Überprüft wird ein Modell, nach dem die Partnerschaftszufriedenheit quer- und längsschnittlich abhängen soll von konkurrenten Belastungsvariablen, antezedenten und konkurrenten Veränderungen in der Erfüllung von Bedürfnissen, antezedenten und konkurrenten kognitiven und emotionalen Bewertungen dieser Veränderungen sowie Bewältigungsaktionen. Besonderheiten sind die Kontrastierung von Quer- und Längsschnittvergleichen sowie ein relativ langer Längsschnitt über mehr als 4 Jahre.

Wicki untersucht kausale Zusammenhänge zwischen antezedenten und konkurrenten familialen Ressourcen (Familienzusammenhalt, Konfliktneigung, emotionaler Partnerunterstützung), konkurrenten finanziellen Ressourcen, Aufgabenverteilungen und konkurrenter sowie zeitlich nachgeordneter elternschaftsbezogener Belastungsbewältigung, Häufigkeit von Sorgen und negativer Stimmung vom ersten Halbjahr der Erstelternschaft bis ins erste Halbjahr des zweiten Elternschaftsjahres (1 Jahr später). Besonderheiten sind eine relativ große Stichprobe, eine elaborierte Theorie und Auswertungsmethodik.

2.3.3 Partnerschaftsentwicklung als Funktion von positiver vs. negativer Kommunikation

An der lerntheoretischen Partnerschaftsforschung ausgerichtete Theoretiker postulieren eine Verschlechterung der Partnerschaftszufriedenheit infolge der gestiegenen Anzahl erlebter Unstimmigkeiten. Zu Konflikten zwischen erstmaligen Eltern sollte es infolge von *Aufgabensegregierung und nachfolgender Entfremdung* der beiden Elternpersonen voneinander kommen, die Konfliktbereitschaft sollte durch einen labilisierten Allgemeinzustand erhöht werden (Cowan et al., 1985). Noch differenzierter ist die Theorie von Worthington und Buston (1987), nach welcher vier Prozesse zu Partnerschaftsproblemen beitragen sollen: Erstens reduziere das Hinzukommen eines neuen Mitglieds die Anzahl positiver Interaktionen zwischen den Eltern. Da die positive Valenz einer Beziehung hauptsächlich durch den Austausch sozialer Verstärker zustandekomme, werde die Beziehung nun als weniger belohnend erlebt als zuvor. Zweitens sei die Kommunikation zwischen den Eltern durch ein Kind erschwert und werde häufiger gestört: Durch das Kind veränderten sich die Kommunikationsinhalte, Problemlösestrategien müßten schneller zu Lösungen führen und veränderten sich somit ebenfalls. Beides produziere Streß in der Beziehung. Drittens komme es häufiger zu Bestrafungen in der partnerschaftlichen Kommunikation aufgrund unaufschiebbarer Entscheidungen, die ohne eine vorherige Einigung zwischen den beiden Eltern getroffen werden müßten. Viertens komme es zu dysfunktionalen Attributionen der Kausalität – der normale Streß von Geburt und Elternschaft werde als intern verursacht gesehen, statt, funktionaler, als extern verursacht. Diese Theorie ist bislang nur ansatzweise empirisch untersucht. So haben Vincent et al. (1981) vom ersten zum zweiten Lebensmonat des Kindes einen signifikanten Anstieg in Vergeltungen negativen und positiven Verhaltens des Partners gefunden. Gleichzeitig steigt der Einfluß von kurz zuvor beobachteten Verhaltensweisen des Partners auf die Partnerschaftszufriedenheit – die Partner reagieren also unmittelbarer und grundsätzlicher auf das Verhalten des anderen.

Unabhängig vom spezifischen Ereignis der Geburt des ersten Kindes hat sich die Partnerschaftsforschung auf *lern- und kommunikationstheoretischem Hintergrund* mit derartigen Kommunikationsverschlechterungen beschäftigt (s. Hahlweg, 1991, zum Überblick). „Überspitzt formuliert sind es nicht Differenzen zwischen den Partnern, die eine Ehe zum Scheitern bringen, sondern die Art, wie die Partner mit diesen Differenzen umgehen", resümiert Hahlweg (1991, S. 156). *Wie* dies im zeitlichen Verlauf geschieht, hat Gottman (1994) in differenzierter Weise dargelegt. Er konnte die kommunikations- und lerntheoretischen Annahmen belegen, nach denen eine fortgesetzte negative Kommunikation zwischen Partnern zwar kurzfristig zu den gewünschten Veränderungen führt und damit die negativen Umgangsformen bekräftigt, gleichzeitig aber zunehmend stärkere Sanktionen erfordert, da eine Habituation an den negativen Umgang stattfindet, was schließlich zur Beziehungszerrüttung führt.

Im Gegensatz zu den zuvor referierten Ansätzen trifft also der lern- und kommunikationstheoretische Ansatz Annahmen über Entwicklungsprozesse in Partnerschaften. Er kann somit zur Vorhersage von Beziehungsverläufen genutzt werden, wie dies ansatzweise in der vorliegenden Untersuchung von Reichle und Montada realisiert wurde.

3 Das freudige Ereignis birgt Chancen und Risiken

In der Zusammenschau der hier versammelten Befunde ist das freudige Ereignis der Geburt des ersten Kindes für die Partnerschaft der Eltern nicht unproblematisch: Die Verschlechterung der Partnerschaftsqualität im Durchschnitt und über mehrere Jahre hinweg ist eindeutig und stärker als die allgemeine Erosion von Partnerschaften im Verlauf der

Zeit, nicht nur im deutschen Sprachraum, sondern auch im amerikanischen Georgia und in Südkorea (vgl. die Beiträge von Nickel und von Quaiser-Pohl). Besonders betroffen sind die Bereiche von Zärtlichkeit und Sexualität. Nach der Geburt eines zweiten Kindes setzt sich diese Entwicklung fort.

Es gibt aber Varianz, nicht alle Paare sind von dieser Entwicklung in gleicher Weise betroffen. Günstige Ausgangsbedingungen sind insbesondere eine hohe Partnerschaftsqualität vor der Geburt des ersten Kindes. Nach der Geburt des Kindes sind Passungen zwischen Erwartungen sowie Vorstellungen von der nachgeburtlichen Aufgaben- und Rollenverteilung und der realisierten Wirklichkeit hilfreich. Entlastungen in Form von sozialer Unterstützung und einer guten materiellen Absicherung sind von existentieller Bedeutung. Wer Kindern einen hohen Wert beimißt, scheint sicherer vor negativen Belastungseffekten zu sein. Wer ein bewältigbares Gesamtniveau von Belastungen hat, scheint sich besser auf die Bewältigung der neuen Situation konzentrieren zu können. Auch die Persönlichkeit, obschon seltener untersucht, ist von Bedeutung, insbesondere in den sozial relevanten Bereichen, auf seiten des Kindes in Form eines einfachen Temperamentes und auf seiten der Eltern in Form einer verträglichen, einfühlsamen Persönlichkeit. Grundlegende Fähigkeiten zur konstruktiven partnerschaftlichen Auseinandersetzung mit ständig neuen Situationen haben sich schließlich als eine Art Schlüsselqualifikation bei der Bewältigung der umfänglichen Lebensveränderungen erwiesen, die die Geburt des ersten Kindes mit sich bringt. Wer über derartige Ressourcen verfügt, hat gute Chancen, den Wert von Kindern genießen zu können, an der Bewältigung des Übergangs zur Elternschaft zu reifen und zu wachsen, die eigene Partnerschaft den Erfordernissen entsprechend weiterzuentwickeln und dem neuen Familienmitglied gute Entwicklungsbedingungen bieten zu können.

Ungünstige Ausgangsbedingungen führen hingegen deutlich öfter zu nachhaltigen Beeinträchtigungen der Partnerschaft, zu Trennung und Scheidung, Entwicklungsverläufen, die für alle Beteiligten mit hohen Kosten verbunden sind. Einige der genannten Ausgangsbedingungen lassen sich mit pädagogisch-psychologischen Interventionen optimieren: Erwartungen, innerpartnerschaftliche Verteilungen, einige Verteilungen von Belastungen, das soziale Netz, Kommunikations- und Konfliktlösefähigkeiten mit relativ weniger Aufwand, Persönlichkeit mit mehr. Erste Interventionsprogramme bestehen und könnten die bestehende geburtshilfliche Vorbereitung ergänzen (Deutscher Familienverband, in Druck; Reichle, in Druck).

Andere problematische Ausgangsbedingungen sind psychologischen Interventionen nicht zugänglich: Die bisher nur ansatzweise institutionalisierte Eltern- und Familienbildung, die im internationalen Vergleich eher geringe Institutionalisierung außerfamilialer Kinderbetreuung, Benachteiligungen erwerbstätiger Mütter sowie die finanzielle Benachteiligung von Familien mit Kindern, die in den Beiträgen von Schneewind und Sierwald, von Schneider und Rost sowie von Wicki in erschreckender Deutlichkeit aufgezeigt werden, lassen sich nur mit politischen Entscheidungen verändern. Die Psychologie kann nur das Gefahrenpotential dieser Bedingungen aufzeigen, etwa die Folgen unzureichender Angebote zur Kinderbetreuung und Teilzeitbeschäftigung von Eltern (vgl. dazu Schneewind & Sierwald, in diesem Band), die Folgen chronischer Überlastung von Müttern (vgl. Werneck & Rollett, in diesem Band), das überzufällig erhöhte

Trennungs- und Scheidungsrisiko infolge materieller Probleme (vgl. dazu Reichle & Montada sowie Wicki, in diesem Band), und damit vielleicht zur Legitimation entsprechender politischer Umorientierungen beitragen.

4 Literatur

Belsky, J., Lang, M. & Huston, T. L. (1986). Sex typing and division of labor as determinants of marital change across the transition to parenthood. *Journal of Personality and Social Psychology, 50,* 517-522.

Belsky, J. & Pensky, E. (1988). Marital change across the transition to parenthood. *Marriage and Family Review, 12,* 133-156.

Belsky, J. & Rovine, M. (1990). Patterns of marital change across the transition to parenthood: Pregnancy to three years postpartum. *Journal of Marriage and the Family, 52,* 5-19.

Belsky, J., Ward, M. J. & Rovine, M. (1986). Prenatal expectations, postnatal experiences, and the transition to parenthood. In R. Ashmore & D. Brodinsky (Eds.), *Thinking about the family: Views of parents and children* (pp. 119-145). Hillsdale: Erlbaum.

Bickelmann, G. (1979). *Veränderungen in ehelichen Partnerschaften durch die Geburt des ersten Kindes. Eine empirische Kurzzeit-Längsschnittstudie.* Unveröffentlichte Diplomarbeit, Universität Trier, Psychologie.

Brüderl, L. (1989). *Entwicklungspsychologische Analyse des Übergangs zur Erst- und Zweitelternschaft.* Regensburg: Roderer.

Cohen, J. & Cohen, P. (1983). *Applied multiple regression / correlation analysis for the behavioral sciences* (2nd ed.). Hillsdale: Erlbaum.

Cowan, P. A. (1991). Individual and family life transitions: A proposal for a new definition. In P. A. Cowan & E. M. Hetherington (Eds.), *Family transitions* (pp. 3-30). Hillsdale: Erlbaum.

Cowan, C. P., Cowan, P. A., Heming, G., Garrett, E., Coysh, W. S., Curtis-Boles, H. & Boles, A. J., III. (1985). Transitions to parenthood: His, hers, and theirs. *Journal of Family Issues, 6,* 451-481.

Dyer, E. D. (1963). Parenthood as crisis: A restudy. *Marriage and Family Living, 25,* 196-201.

Deutscher Familienverband. (Hrsg.). (in Druck). *Handbuch Elternbildung.* Opladen: Leske + Budrich.

Engfer, A., Heinig, L. & Gavranidou, M. (1988). Veränderungen in Ehe und Partnerschaft nach der Geburt von Kindern: Ergebnisse einer Längsschnittstudie. *Verhaltensmodifikation und Verhaltensmedizin, 9,* 297-311.

El-Giamal, M. (1997). Veränderungen der Partnerschaftszufriedenheit und Streßbewältigung beim Übergang zur Elternschaft: Ein aktueller Literaturüberblick. *Psychologie in Erziehung und Unterricht, 44,* 256-275.

Feldman, H. (1971). The effects of children on the family. In A. Michel (Ed.), *Family issues of employed women in Europe and America* (pp. 107-125). Leiden: E. J. Brill.

Filipp, S.-H. (1981). Ein allgemeines Modell für die Analyse kritischer Lebensereignisse. In S.-H. Filipp (Hrsg.), *Kritische Lebensereignisse* (S. 3-52). München: Urban & Schwarzenberg.

Gloger-Tippelt, G. (1988). *Schwangerschaft und erste Geburt. Psychologische Veränderungen der Eltern.* Stuttgart: Kohlhammer.

Gloger-Tippelt, G., Rapkowitz, I., Freudenberg, I., Maier, S. (1995). Veränderungen der Partnerschaft nach der Geburt des ersten Kindes. *Psychologie in Erziehung und Unterricht, 42,* 255-269.

Gottman, J. M. (1994). *What predicts divorce? The relationship between marital processes and marital outcomes.* Hillsdale: Erlbaum.

Grant, H.-B. (1992). *Übergang zur Elternschaft und Generativität. Eine ökologisch-psychologische Studie über die Bedeutung von Einstellungen und Rollenauffassungen beim Übergang zur Elternschaft und ihr Beitrag zur Generativität.* Aachen: Shaker.

Hahlweg, K. (1991). Störung und Auflösung von Beziehung: Determinanten der Ehequalität und -stabilität. In M. Amelang, H. J. Ahrens & H.-W. Bierhoff (Hrsg.), *Partnerwahl und Partnerschaft. Formen und Grundlagen partnerschaftlicher Beziehungen* (S. 152-171). Göttingen: Hogrefe.

Hobbs, D. F., Jr. (1965). Parenthood as crisis: A third study. *Journal of Marriage and the Family, 27,* 367-372.

Hoffman, L. W. & Hoffman, M. (1973). The value of children to parents. In J. T. Fawcett (Ed.), *Psychological perspectives on population* (pp. 19-76). New York: Basic Books.

Kurdek, L. A. (1993). Nature and prediction of changes in marital quality for first-time parent and nonparent husbands and wives. *Journal of Family Psychology, 6*, 252-265.

Laux, L. & Weber, H. (1990). Bewältigung von Emotionen. In K. Scherer (Hrsg.), *Psychologie der Emotionen, Enzyklopädie der Psychologie, Themenbereich C, Theorie und Forschung, Serie IV, Motivation und Emotion* (Bd. 3, S. 560-629). Göttingen: Hogrefe.

Lazarus, R. S. & Folkman, S. (1984). *Stress, appraisal, and coping*. New York: Springer.

LeMasters, E. E. (1957). Parenthood as crisis. *Marriage and Family Living, 19*, 352-355.

MacDermid, S. M., Huston, T. L. & McHale, S. M. (1990). Changes in marriage associated with the transition to parenthood: Individual differences as a function of sex-role attitudes and changes in the division of household labor. *Journal of Marriage and the Family, 52*, 475-486.

Markman, H. J., Duncan, S. W., Storaasli, R. & Howes, P. (1987). The prediction and prevention of marital distress: A longitudinal investigation. In K. Hahlweg & M. Goldstein (Eds.), *Understanding major mental disorders: The contribution of family interaction research* (pp. 266-289). New York: Family Process Press.

McHale, S. M. & Huston, T. L. (1985). The effect of the transition to parenthood on the marriage relationship. *Journal of Family Issues, 6*, 409-433.

Miller, B. C., & Sollie, D. L. (1986). Normal stresses during the transition to parenthood. In R. H. Moos (Ed.), *Coping with life crises* (pp. 129-138). New York: Plenum.

Moss, P., Bolland, G., Foxman, R. & Owen, C. (1986). Marital relations during the transition to parenthood. *Journal of Reproductive and Infant Psychology, 4*, 57-67.

Nickel, H., Quaiser-Pohl, C., Rollett, B., Vetter, J. & Werneck, H. (1995). Veränderungen der partnerschaftlichen Zufriedenheit während des Übergangs zur Elternschaft. *Psychologie in Erziehung und Unterricht, 42*, 40-53.

Olbrich, E. & Brüderl, L. (1995). Frühes Erwachsenenalter: Partnerwahl, Partnerschaft, Elternschaft. In R. Oerter & L. Montada (Hrsg.), *Entwicklungspsychologie. Ein Lehrbuch* (3., vollständig überarbeitete und erweiterte Auflage, S. 396-422). Weinheim: PsychologieVerlagsUnion.

Olson, D. H. & Lavee, Y. (1989). Family systems and family stress: A family life cycle perspective. In K. Kreppner & R. M. Lerner (Eds.), *Family systems and life-span development* (pp. 165-195). Hillsdale: Erlbaum.

Parkes, C. M. (1971). Psycho-social transitions: a field for study. *Social Science and Medicine, 5*, 101-115.

Pedhazur, E. J. & Schmelkin, L. P. (1991). *Measurement, design, and analysis: An integrated approach*. Hillsdale: Erlbaum.

Petzold, M. (1991). Vorbereitete und unvorbereitete Väter fünf Jahre nach der Geburt des ersten Kindes. *Psychologie in Erziehung und Unterricht, 38*, 263-271.

Reichle, B. (1994). *Die Geburt des ersten Kindes – eine Herausforderung für die Partnerschaft. Verarbeitung und Folgen einer einschneidenden Lebensveränderung*. Bielefeld: Kleine.

Reichle, B. (in Druck). *Wir werden Familie. Ein Kurs zur Vorbereitung auf die erste Elternschaft*. Weinheim: Juventa.

Rollett, B. & Werneck, H. (1994). Veränderungen in der Partnerschaft beim Übergang zur Elternschaft. In H. Janig (Hrsg.), *Psychologische Forschung in Österreich. Bericht über die 1. Wissenschaftliche Tagung der österreichischen Gesellschaft für Psychologie* (S. 183-186). Klagenfurt: Universitätsverlag Carinthia.

Rost, H. & Schneider, N. F. (1995). Differentielle Elternschaft – Auswirkungen der ersten Geburt auf Männer und Frauen. In B. Nauck & C. Onnen-Isemann (Hrsg.), *Familie im Brennpunkt von Wissenschaft und Forschung* (S 117-194). Neuwied: Luchterhand.

Ruble, D., Fleming, A., Hackel, L. & Stangor, C. (1988). Changes in the marital relationship during the transition to first-time motherhood: Effects of violated expectations concerning division of household labor. *Journal of Personality and Social Psychology, 55*, 78-87.

Russell, C. S. (1974). Transition to parenthood: Problems and gratifications. *Journal of Marriage and the Family, 36*, 294-302.

Schneewind, K. A. (1991). *Familienpsychologie*. Stuttgart: Kohlhammer.

Schneewind, K. A., Vaskovics, L. A., Backmund, V., Buba, H., Rost, N., Schneider, N., Sierwald, W. & Vierzigmann, G. (1992). *Optionen der Lebensgestaltung junger Ehen und Kinderwunsch* (Verbundstudie im Auftrag des Bundesministeriums für Familie und Senioren; Schriftenreihe des Bundesministeriums für Familie und Senioren, Bd. 9). Stuttgart: Kohlhammer.

Shereshefsky, P. M. & Lockman, R. F. (1973). Comparison of counseled and non-counseled groups. In P. M. Shereshefsky & L. J. Yarrow (Eds.), *Psychological aspects of a first pregnancy and early postnatal adaptation* (pp. 151-163). New York: Raven.

Simoni, H. (1998). Von der Prä- zur Postnatalzeit – Psychotherapeutische Begleitung im Übergang zur Elternschaft. In K. von Klitzing (Hrsg.), *Psychotherapie in der frühen Kindheit* (S. 32-49). Göttingen: Vandenhoeck & Ruprecht.

Terry, D. J., McHugh, T. & Noller, P. (1991). Role dissatisfaction and the decline in marital quality across the transition to parenthood. *Australian Journal of Psychology, 43*, 129-132.

Vincent, J. P., Cook, N. I. & Brady, L. P. (1981). The emerging family: Integration of a developmental and social learning theory perspective. In J. P. Vincent (Ed.), *Advances in family intervention, assessment and theory* (Vol. 2, pp. 26-45). Greenwich: JAI Press.

Walster, E., Walster, G. W. & Berscheid, E. (1978). *Equity: Theory and research*. Boston: Allyn & Bacon.

Werneck, H. (1998). *Übergang zur Vaterschaft. Auf der Suche nach den „Neuen Vätern"*. Wien: Springer-Verlag.

White, L. K. & Booth, A. V. (1985). The transition to parenthood and marital quality. *Journal of Family Issues, 6*, 435-449.

Wicki, W. (1997). *Übergänge im Leben der Familie. Veränderungen bewältigen*. Bern: Huber.

Worthington, E. L., Jr. & Buston, B. G. (1987). The marriage relationship during the transition to parenthood. A review and a model. *Journal of Family Issues, 7*, 443-473.

Yang, M.-S., Nickel, H., Quaiser, C. & Vetter, J. (1994). Rolleneinstellungen, Einstellungen zum Wert von Kindern und die eheliche Zufriedenheit beim Übergang zur Elternschaft in Korea. *Zeitschrift für Familienforschung, 6*, 80-94.

Partnerschaftsentwicklung als Funktion von Belastungen

Soziologische Aspekte des Übergangs zur Elternschaft

Norbert F. Schneider und Harald Rost

1 Der Übergang zur Elternschaft im gesellschaftlichen Kontext

Der Übergang zur Elternschaft ist, heute mehr denn je, eines der folgenreichsten Ereignisse im menschlichen Lebenslauf. Dies wird gerade auch aus soziologischer Perspektive deutlich. Die Geburt von Kindern, in der Vergangenheit ein beinahe selbstverständliches biographisches Ereignis, ist heute zunehmend in den Bereich individueller Disposition gerückt. Elternschaft hat sich für viele junge Menschen zu einer Option entwikkelt, die nicht selten mit Plänen und Zielen in anderen Lebensbereichen, zu nennen sind hier vor allem Beruf, Freizeit, Konsum, in Konkurrenz tritt. Aus der Problematik, die vielfältigen, sich teilweise wechselseitig ausschließenden Lebenspläne in Einklang zu bringen, erwachsen Gestaltungsaufgaben, die für viele jüngere Menschen in den Mittelpunkt ihrer Lebensführung gerückt sind. Die Bewältigung dieser Aufgaben stellt mittlerweile für viele eines der zentralen persönlichen und partnerschaftlichen Probleme dar. Die aus den Prozessen des Abwägens und Bewertens der Alternativen resultierenden Unsicherheiten im Vorfeld einer Entscheidung für oder gegen Kinder und den geeigneten Geburtszeitpunkt prägen nicht selten viele Jahre des Lebens. Dabei bilden die antizipierten Folgen der Elternschaft eine wichtige Grundlage der Entscheidung. Allerdings, dies sei hier nur erwähnt, kann auch in Zeiten frei zugänglicher und relativ sicherer Antikonzeptiva nicht davon ausgegangen werden, daß Schwangerschaften hauptsächlich geplant zustande kommen. Es liegen Hinweise u. a. aus den USA, der DDR und der Bundesrepublik Deutschland vor, die nahelegen, daß mindestens jede dritte, möglicherweise sogar jede zweite Schwangerschaft ungeplant oder sogar ungewollt entsteht (vgl. Schneider, 1994). Viele Paare antizipieren mit Elternschaft im Kontext der fortdauernden gesellschaftlichen Minderbewertung von Haus- und Erziehungsarbeit und der Unfähigkeit und Unwilligkeit der Arbeitgeberseite bedarfsgerechte (Teilzeit-) Arbeitsplätze in ausreichendem Umfang anzubieten, vielfältige negative Konsequenzen, die häufig zum Aufschub des Übergangs zur Elternschaft führen oder die Paare bewegen, ganz auf Kinder zu verzichten. Diese Situation spiegelt sich auch in soziodemographischen Daten wider, wie folgende Beispiele verdeutlichen:

1. Das durchschnittliche Alter der Frauen bei der ersten Geburt liegt in Westdeutschland gegenwärtig bei über 29 Jahren und damit um mehr als 2 Jahre höher als noch vor 2 Jahrzehnten.
2. In den alten Bundesländern werden mehr als 30 Prozent aller Frauen, die Mitte der 1960er Jahre geboren wurden, keine Kinder bekommen. Der Frauenjahrgang 1945 wies noch einen Anteil von ca. 13 Prozent auf (Dorbritz & Schwarz, 1996). Und auch die Zahl der dauerhaft kinderlosen Ehen steigt. Neueste Projektionen kommen

zu dem Ergebnis, daß etwa 27 Prozent der Ende der 80er Jahre geschlossenen Ehen kinderlos bleiben werden (Dorbritz & Schwarz, 1996; Schneider, 1996). Damit hat Westdeutschland derzeit einen der weltweit höchsten Anteile dauerhaft kinderloser Personen.

Aber nicht nur die Entscheidungsvorbereitung hat einen besonderen Stellenwert im Lebenslauf erlangt, auch die Konsequenzen, die aus der Geburt eines Kindes resultieren, sind hinsichtlich ihrer sozialen Verbindlichkeit, ihrer Dauerhaftigkeit und ihrer Auswirkungen für das Paarsystem sowie für die beiden Elternteile mit kaum einem anderen Ereignis vergleichbar. Dies wird unter anderem daran deutlich, daß die Eltern–Kind–Beziehung in einer sich individualisierenden Gesellschaft als einzige Bindung nicht prinzipiell auflösbar ist. Wer Vater oder Mutter wird, bleibt dies in den meisten Fällen ein Leben lang, während andere eingegangene Bindungen, z. B. die Ehe, heute prinzipiell aufkündbar sind und, wie die steigenden Scheidungsraten zeigen, auch massenhaft aufgelöst werden. Die Folgen des Übergangs zur Elternschaft sind aber nicht nur von Dauer, sie sind in vielen Lebensbereichen auch besonders gravierend. Dies gilt für die psychische Befindlichkeit ebenso wie für viele Aspekte der sozialen Lage. Ein prominentes Beispiel ist hier etwa die Verschlechterung der ökonomischen Situation, die sich bei vielen Familien nach der Geburt eines Kindes zunächst einstellt (vgl. z. B. Schneewind et al., 1996).

Betrachtet man die Folgen des Übergangs zur Elternschaft, ist hervorzuheben, daß die Lebensgestaltung der Frauen durch die Geburt eines Kindes weit stärker beeinflußt wird als jene der Männer. Während der Lebenslauf der Väter durch die Geburt eines Kindes in vieler Hinsicht vergleichsweise wenig tangiert wird – insbesondere besteht ganz im Unterschied zu den Frauen kein Zusammenhang zwischen ihrer Berufstätigkeit und dem Übergang zur Elternschaft – erfahren die Frauen nach der Geburt eines Kindes in den meisten Fällen eine durchgreifende Umgestaltung ihrer Lebensumstände. Dieser Wandel manifestiert sich in der Stabilisierung traditional komplementärer Geschlechterrollen, im Verlust ihrer ökonomischen Unabhängigkeit und in den Einschränkungen bei den außerhäuslichen Freizeitaktivitäten. Wir haben, bezogen auf die ungleichen Konsequenzen des Übergangs zur Elternschaft für Männer und Frauen, an anderer Stelle von „differentieller Elternschaft" gesprochen (Rost & Schneider, 1995).

Die Konkurrenz von Elternschaft und Berufstätigkeit wird daher besonders von Frauen erlebt. Sie sind es, die ihre Berufstätigkeit in aller Regel unterbrechen oder aufgeben, die in erster Linie die Pflege- und Betreuungsleistungen für das Kind übernehmen und die eine dauerhafte Verschiebung der Aufgabenteilung im Haushalt zu ihren Lasten erfahren (vgl. Schneider & Rost, 1998). Eingebettet ist diese Situation in gesellschaftliche Verhältnisse, die besonders in den alten Bundesländern durch die weithin ungebrochen hohe Bedeutung des Normkomplexes *gute Mutter* gekennzeichnet ist. Die Norm der *guten Mutter* basiert heute im Kern auf der Prämisse, daß es für die kindliche Entwicklung am besten ist, wenn es in den ersten Lebensjahren bei seinen Eltern (in der Praxis bedeutet dies: bei seiner Mutter) aufwächst. Daraus leitet sich unmittelbar die Folgerung ab, daß die Mutter zum Kind gehört und außerfamiliale Betreuungskonstellationen stets nur eine weniger gute Lösung darstellen. Die Bedeutung dieser Norm für das

Fremdbild, aber auch für das Selbstbild junger Frauen und Mütter ist in Westdeutschland kaum zu unterschätzen. Hierin ist einer der maßgeblichen Faktoren dafür zu sehen, daß die Folgen des Übergangs zur Elternschaft für Mütter und Väter in der skizzierten Weise differentiell sind.

Elternschaft ist aber nicht nur folgenreicher, sondern in vielen Fällen auch voraussetzungsvoller geworden. Dies liegt nicht allein in den wachsenden Schwierigkeiten der Vereinbarkeit von Familie und Beruf. Eine weitere Ursache gründet in den gestiegenen Anforderungen an die Eltern als Erzieher. Hier spielen Leitbilder eine Rolle, die volkstümlich mit dem ambitionierten Spruch „mein Kind soll es einmal besser haben als ich" angesprochen und auf eine heute kaum mehr zu erreichende Steigerung des Lebensstandards ausgerichtet sind. Weiterhin kommen Leitbilder ins Spiel, die im *Fünften Familienbericht* der Bundesregierung als „Verantwortete Elternschaft" zusammengefaßt sind und beinhalten, daß Kinder, im Rahmen deutlich gestiegener Erziehungsverantwortung der Eltern, nur dann in die Welt gesetzt werden sollten, wenn die eigenen Lebensumstände und Lebensorientierungen dazu geeignet sind, dieser Verantwortung tatsächlich gerecht zu werden (Bundesministerium für Familie und Senioren, 1994, S. 74). Hinzu kommt weiterhin, daß es in einer komplexer und unübersichtlicher werdenden Welt für viele schwieriger geworden ist, den Kindern Orientierungshilfen zu bieten und ihre Persönlichkeitsentwicklung angemessen zu unterstützen.

Vor diesem Hintergrund einiger Aspekte des gesellschaftlichen Kontextes von Ehe und Elternschaft möchten wir im folgenden zunächst das Studiendesign der Panelstudie „Optionen der Lebensgestaltung junger Ehen und Kinderwunsch" und damit auch die Familienentwicklungsprozesse in den ersten sechs Ehejahren unserer ca. 3000 Probanden beschreiben, bevor anschließend anhand des Beispiels *Entwicklung der Ehezufriedenheit* Folgen des Übergangs zur Elternschaft analysiert und im Vergleich zu den kinderlos gebliebenen Paaren diskutiert werden.

2 Studiendesign

2.1 Zielsetzung und theoretisches Modell des Projekts „Optionen der Lebensgestaltung junger Ehen und Kinderwunsch"

Das Projekt „Optionen der Lebensgestaltung junger Ehen und Kinderwunsch" wurde im Jahr 1988 vom damaligen Bundesministerium für Jugend, Familie, Frauen und Gesundheit in Auftrag gegeben und bis 1995 als Verbundprojekt gemeinsam von der Sozialwissenschaftlichen Forschungsstelle der Universität Bamberg (Soziologische Teilstudie) und vom Institut für Psychologie der Universität München (Psychologische Teilstudie) durchgeführt. Das „Bamberger-Ehepaar-Panel" stellt die soziologische Teilstudie des Projekts dar, die primär eine repräsentative Darstellung der Befunde zur Ehe- und Familienentwicklung verfolgte, während die psychologische Teilstudie primär auf eine vertiefende Analyse der einzelnen Entwicklungsverläufe abzielte. Auf diese Weise konnte zwischen den beiden Teilstudien eine wechselseitige Befundabsicherung, aber auch eine komplementäre Ergänzung und Vertiefung der Ergebnisse gewährleistet werden. Grundlegende Fragestellungen und Zielsetzungen dieser Verbundstudie waren:

- Die Beobachtung der Entwicklung des Kinderwunsches, d. h. welchen Stellenwert hat der Wunsch nach leiblichen Kindern in der Lebenskonzeption junger Ehen und welche Bedingungen sind für die Stabilisierung bzw. Veränderung des Kinderwunsches verantwortlich?
- Die wissenschaftliche Begleitung der Familiengründung, d. h. unter welchen Rahmenbedingungen findet der Übergang zur Elternschaft statt und welche Folgen bringt dieser Übergang auch auf längere Sicht mit sich?
- Die Beurteilung des Stellenwertes familienpolitischer Maßnahmen, insbesondere eine Evaluation des damals neu eingeführten Bundeserziehungsgeldgesetzes, d. h. welche Bedeutung haben familienpolitische Maßnahmen – insbesondere Erziehungsgeld und -urlaub – für die (Nicht-)Realisierung des Kinderwunsches und die sich daraus ergebenden Konsequenzen für die weitere Lebensgestaltung junger Ehen?

Der grundlegende theoretische Ansatz der Verbundstudie läßt sich der Gruppe der kontextualistischen Prozeßmodelle zuordnen, wie sie insbesondere in der amerikanischen Familienforschung, aufbauend auf der Familiensystemtheorie und unter Einbezug der Familienentwicklungstheorie und Familienstreßtheorie, von den Forschungsteams um Belsky und dem Ehepaar Cowan entwickelt wurden (vgl. Belsky, 1991; Belsky, Gilstrap & Rovine, 1984; Cowan & Cowan, 1988a, 1988b, 1994; Cowan et al., 1985). Aufbauend auf diesen Modellvorstellungen und erweitert um die zeitliche Perspektive (Vergangenheit-Gegenwart-Zukunft) geht das theoretische Modell der Verbundstudie davon aus, daß die Entscheidung für ein Lebenskonzept mit oder ohne Kind bzw. Kinder von einer Fülle von Einflußgrößen abhängt, die unterschiedliche Lebensbereiche tangieren und in vielfältiger Weise zusammenwirken. Dabei lassen sich im Sinne eines umfassenden kontextualistischen Mehrebenenmodells die folgenden fünf Ebenen unterscheiden:

1. *Sozioökonomische Ebene:* Finanzielle Ressourcen, beruflicher Status, Wohnverhältnisse;
2. *Personebene:* Biographische Entwicklung, Beziehungserfahrungen, Persönlichkeitsdispositionen, individuelle Lebensorientierung, Einstellungen und Zukunftspläne;
3. *Partner- und Eltern-Kind-Ebene:* Entwicklung und Qualität der Partnerschaft bzw. Eltern-Kind-Beziehungen, Rollenverständnis und Aufgabenteilung, gemeinsame Lebensorientierung, Einstellungen und Zukunftspläne;
4. *Soziale Ebene:* Einbindung in das Kontaktnetz von Verwandtschafts-, Freundschafts- und Bekanntschaftsbeziehungen, Nutzungsmöglichkeiten und Unterstützungsleistungen im sozialen Netz;

5. *Gesellschaftliche Ebene:* Allgemeine Norm- und Wertvorgaben, politische und ökonomische Rahmenbedingungen, familienpolitische Unterstützungsmaßnahmen.

Eine Verknüpfung dieser fünf Ebenen zu einem für die gesamte Verbundstudie erkenntnisleitenden theoretischen Modell findet sich in Abbildung 1.

2.2 Fragestellungen des Bamberger-Ehepaar-Panels

Vor dem Hintergrund des grundlegenden Ansatzes und der daraus abgeleiteten generellen Zielsetzung der Verbundstudie und des theoretischen kontextualistischen Prozeßmodells ergaben sich für das Bamberger-Ehepaar-Panel eigene spezifische Fragestellungen, die mittels eines geeigneten Untersuchungsdesigns und einer ausreichenden Datenbasis repräsentative Ergebnisse (für die alten Bundesländer) erbringen sollten. Die Schwerpunkte des Erkenntnisinteresses waren:

2.2.1 Familienentwicklung und Veränderungen des Kinderwunsches

Der Familienentwicklungsprozeß junger Ehepaare sollte in den ersten sechs Ehejahren im Detail abgebildet werden. Hier interessierte u. a., wie viele der zum Zeitpunkt der Eheschließung noch kinderlosen Paare innerhalb dieses Zeitraumes Eltern geworden sind und wann der Übergang zur Erstelternschaft bei jungen Ehepaaren erfolgte. Ein Schwerpunkt lag dabei auf der Analyse der Veränderung des Kinderwunsches, insbesondere auf den Fragen, wie sich der Kinderwunsch junger Ehepaare im Verlauf der Ehe ändert und welche Auswirkungen der Übergang zur Erst- und Zweitelternschaft auf die weiteren Familienpläne der Paare, insbesondere auch im Hinblick auf das dritte Kind hat. Weiterhin wurden die Kinderwünsche der kinderlos gebliebenen Paaren detailliert analysiert, um zu klären, ob es sich um eine dauerhaft gewollte, um eine befristete oder um eine ungewollte Kinderlosigkeit handelt.

2.2.2 Auswirkungen des Übergangs zur Elternschaft

Der Übergang zur Elternschaft hat vielfältige Auswirkungen auf die soziale Lage, die Partnerschaft und die psychische Befindlichkeit der Eltern. Im Mittelpunkt des Interesses standen die Auswirkungen der Elternschaft auf die Partnerschaft (Ehezufriedenheit, innerfamiliale Arbeitsteilung) und auf die soziale Lage des Paares (Freizeitverhalten, soziale Netzwerke und Beziehungen zur Herkunftsfamilie, materielle Situation, Wohnsituation). Durch den Längsschnittcharakter der Studie können kurz- und langfristige Folgen des Übergangs zur Elternschaft sowie die Auswirkungen des Übergangs zur Erst- und zur Zweitelternschaft differenziert werden.

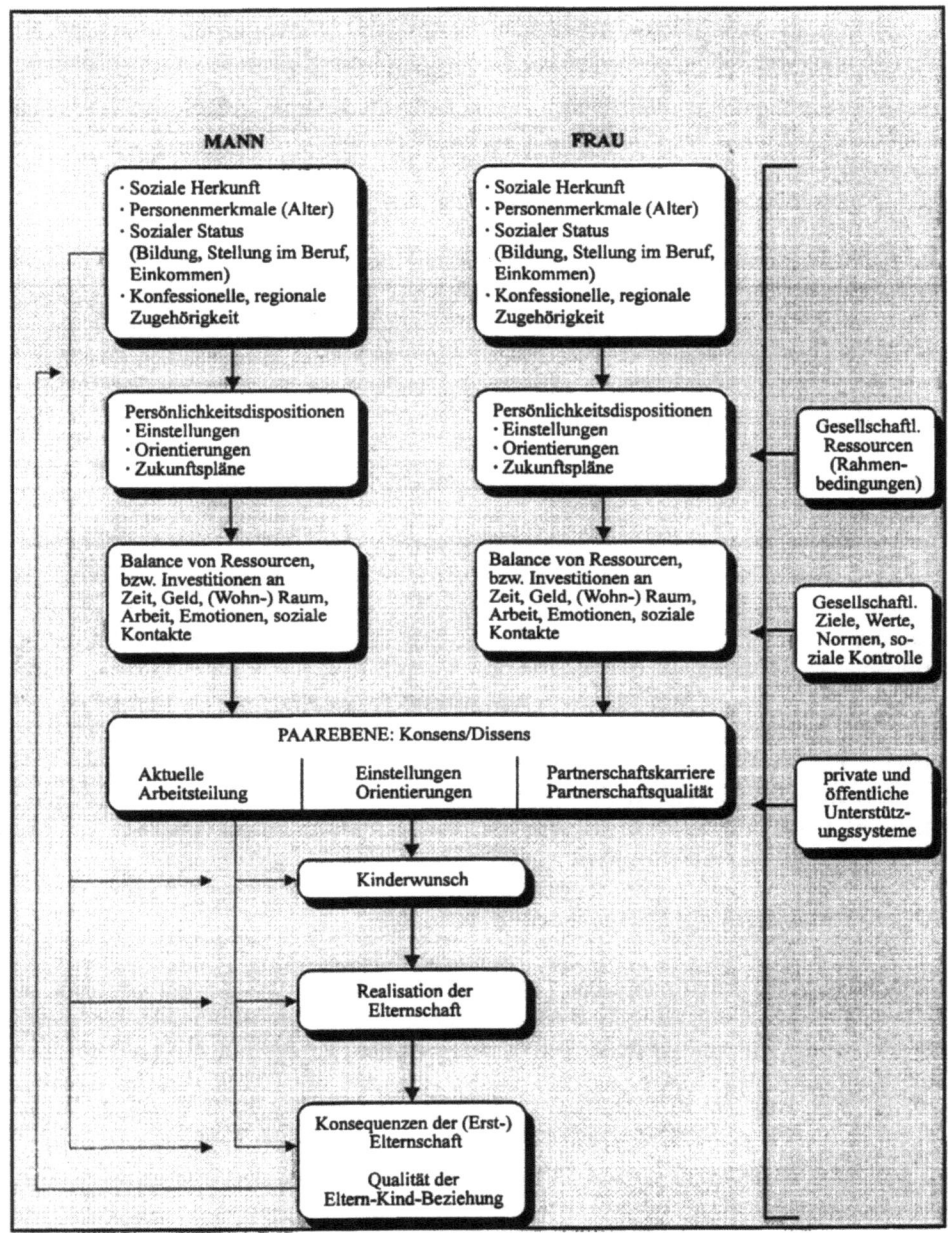

Abbildung 1: Theoretisches Modell der Verbundstudie „Optionen der Lebensgestaltung junger Ehen und Kinderwunsch" (Schneewind et al., 1996).

2.2.3 Elternschaft und Berufstätigkeit

Ein Hauptaugenmerk richtete sich auf die Frage der Vereinbarkeit von Elternschaft und Berufstätigkeit. Hier war eine zentrale Frage, ob der Berufsverlauf von Frauen einen Einfluß auf das Timing des Übergangs zur Elternschaft hat. Da fast ausschließlich die Frauen den Erziehungsurlaub in Anspruch nehmen, war ein weiteres Anliegen, die Berufsverläufe der jungen Mütter genau nachzuzeichnen und, basierend auf einer ausreichend großen Datengrundlage, darzustellen, wieviele Mütter sich in ihrer Berufsbiographie eher an einem Drei-Phasen-Modell orientieren und wie groß der Anteil derjenigen ist, die eine simultane Vereinbarkeit von Kind und Beruf wählen. Ebenso wurde der Frage nachgegangen, warum der Übergang zur Elternschaft kaum Auswirkungen auf den beruflichen Werdegang der Väter hat.

2.2.4 Kinderbetreuung

Unmittelbar zusammenhängend mit der Frage der Vereinbarkeit von Elternschaft und Berufstätigkeit stellt sich auch für viele Eltern die Frage der Kinderbetreuung. Insbesondere bei Eltern mit berufstätiger Mutter fokussierte die Zielsetzung auf die Frage, welche Form der Kinderbetreuung von den Eltern in Anspruch genommen wird, welche Erfahrungen sie damit machen und welche Probleme sich dabei ergeben.

2.2.5 Familienpolitische Maßnahmen

Eine zentrale Zielsetzung des Bamberger-Ehepaar-Panels lag in der Evaluation des 1986 eingeführten Bundeserziehungsgeldgesetzes. Dabei sollten nicht nur die Akzeptanz dieses familienpolitischen Maßnahmepakets und die Beurteilung durch die Zielgruppe analysiert werden, sondern auch der reale Effekt, d. h. in welchem Ausmaß Erziehungsgeld und Erziehungsurlaub für junge Paare effiziente Unterstützungsleistungen darstellen.

2.3 Untersuchungsdesign und Stichprobe des Bamberger-Ehepaar-Panels

Auf der Grundlage des allgemeinen theoretischen Modells und der daraus abgeleiteten Forschungsfragen kam es in der soziologischen und psychologischen Teilstudie des Verbundprojekts zu einer entsprechenden Umsetzung in unterschiedlichen Untersuchungsdesigns und Forschungsmethoden, deren gemeinsamer empirischer Aspekt der Längsschnittcharakter war.

Um der Zielsetzung der Studie sowie dem Prozeßcharakter des Übergangs zur Elternschaft und der familialen Entwicklungsverläufe gerecht zu werden, entspricht das Untersuchungsdesign der soziologischen Teilstudie einem echten Paneldesign (Bamberger-Ehepaar-Panel), d. h. zu unterschiedlichen Meßzeitpunkten werden Merkmale identischer Personen erfaßt, so daß sowohl strukturelle Veränderungen als auch individuelle Prozeßverläufe analysiert werden können. Durch dieses Untersuchungsdesign wird eine

relativ umfassende und detaillierte Dokumentation des Entwicklungsverlaufs junger Ehen möglich. Die folgende Abbildung 2 zeigt im Detail den Panelverlauf und die Entwicklung der Stichprobe des Bamberger-Ehepaar-Panels nach der Zahl der Kinder.[1]
Befragt wurden im Rahmen der ersten Datenerhebung, die 1988 repräsentativ für die alten Bundesländer durchgeführt wurde, unabhängig voneinander jeweils beide Partner aus 1528 Ehen, die folgende Stichprobenkriterien aufweisen:

- die Ehedauer sollte zwischen 3 und 8 Monaten betragen,
- die Paare sollten zum ersten Mal verheiratet und kinderlos sein,
- die weiblichen Ehepartner sollten nicht älter als 35 Jahre sein,
- mindestens ein Partner sollte die deutsche Staatsangehörigkeit haben.

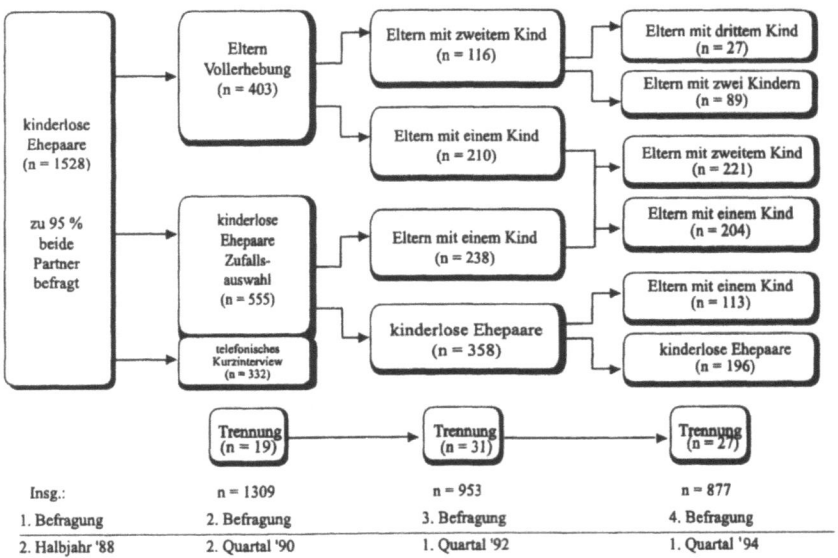

Abbildung 2: Untersuchungsdesign der soziologischen Teilstudie (Bamberger-Ehepaar-Panel).

---

[1] Ausführliche Darstellungen des theoretischen Ansatzes und der Fragestellungen der Studie sowie des Untersuchungsdesigns, der Stichprobe und der Durchführung der einzelnen Erhebungen findet sich in den jeweiligen Projektberichten (vgl. Schneewind et al., 1992; Schneewind et al., 1994; Schneewind et al., 1996).

Durch die Festlegung der Stichprobenkriterien sollte sichergestellt werden, daß die Befragten bei der ersten Erhebung noch keine Erfahrungen mit der Elternschaft hatten, sich mit der neuen Lebensform arrangiert und relativ stabile Alltagsroutinen ausgebildet hatten. Eheschließungszeitpunkt und Höchstaltersgrenze sollten gewährleisten, daß ausreichend viele Paare im Verlauf des Panels den Übergang von der Ehe zur Elternschaft vollziehen; die Eingrenzung hinsichtlich der Staatsangehörigkeit diente zur ausreichenden Verständigungsmöglichkeit während der Befragung, die mittels mündlicher (face-to-face) Interviews erfolgte.

Als Ausgangsbasis für die Gewinnung der Adressen von Ehepaaren mit den oben angeführten Merkmalen konnten die Informationen der Einwohnermeldeämter genutzt werden, da dort die wesentlichen Informationen zur Stichprobenrekrutierung vorliegen und sie – sowohl in Hinblick auf den technischen Vorgang der Adressengewinnung und Adressenweitergabe als auch in bezug auf datenschutzrechtliche Rahmenbedingungen – einen gut realisierbaren Zugang zu den Befragten darstellen. Die Stichprobenziehung geschah zweistufig. Um die Repräsentativität zu erhöhen, erfolgte die Auswahl der Erhebungsorte geschichtet nach Gemeindegrößenklassen. Die Zahl der Gemeinden je Gemeindegrößenklasse wurde so gewählt, daß sich eine der Bevölkerungsverteilung entsprechende Verteilung von Ehepaaren nach Gemeindegrößenklassen ergibt. Weiter wurden – um auch ein eventuell noch vorhandenes Nord-Süd-Gefälle zu erfassen – Erhebungsorte in den Bundesländern Niedersachsen, Hessen und Bayern ausgewählt. Insgesamt wurden 67 Gemeinden in die Erhebung einbezogen. Im Rahmen der zweiten Stufe wurde bei den Großgemeinden aus dem Adreßmaterial die Stichprobe durch systematische Zufallsauswahl in benötigtem Umfang gewonnen. Innerhalb der übrigen Gemeinden wurden alle für den Erhebungszeitraum relevanten Adressen als Ausgangsmaterial in die Erhebung einbezogen. Meist konnte von den Meldeämtern nur ein Teil der für die Auswahl relevanten Kriterien berücksichtigt werden. In der Regel waren dies: Alter, Staatsangehörigkeit, Eheschließungszeitpunkt. In einem zusätzlichen Arbeitsgang mußte daher vor Ort geklärt werden, inwieweit bei den so gewonnenen Adressen die übrigen Kriterien zutrafen oder nicht. Um für die erste Erhebung Adressmaterial in ausreichendem Umfang zu erhalten, wurden insgesamt $N = 4676$ Adressen bearbeitet.

Es folgten im Abstand von etwa 2 Jahren drei Folgebefragungen, so daß die vier durchgeführten Datenerhebungen insgesamt einen Zeitraum von sechs Ehejahren abdecken. Bemerkenswert ist, daß in allen vier Befragungen bei 95 % der Paare beide Ehepartner befragt werden konnten. Nahezu alle Interviews fanden mündlich mittels eines standardisierten Erhebungsinstrumentes statt, nur bei einigen Umzugsfällen erfolgte die Befragung in schriftlicher Form.

Aus Kostengründen mußte die Größe der Stichprobe bei der zweiten Erhebung auf insgesamt 958 befragte Ehepaare begrenzt werden. Um innerhalb dieser Grenzen eine möglichst detaillierte Analyse des Übergangs zur Elternschaft sicherzustellen, wurde folgendermaßen verfahren: Bei den Paaren, die zwischen erster und zweiter Befragung ein Kind bekommen hatten, wurde eine Vollerhebung durchgeführt, aus der Gruppe der kinderlos gebliebenen Ehepaare wurde eine Zwei-Drittel-Stichprobe durch eine systematische Zufallsauswahl gezogen. Bei den nicht befragten, kinderlos gebliebenen Paaren konnten zumindest im Rahmen telefonischer Kurzinterviews wichtige Fakten (Veränderungen in bezug auf Beruf, Wohnen, Einstellungen bezüglich des Kinderwunsches etc.) erhoben werden. Gleichzeitig diente diese Befragung der Panelpflege und sicherte den Adressenbestand für den weiteren Panelverlauf.

Bei der dritten und vierten Befragung wurden wieder alle Ehepaare des Ausgangssamples einbezogen, nach sechs Ehejahren konnten in der vierten Befragung noch 877 Ehepaare befragt werden, dies entspricht einer Netto-Ausschöpfungsquote von 57 %, bezogen auf die erste Befragung. Von denjenigen Paaren, die bei der vierten Befragung ein Interview verweigerten, konnte zumindest der Familienstand und die Kinderzahl in Erfahrung gebracht werden. Analysen ergaben, daß sich die nicht befragten Paare bezüglich dieser Variablen nicht von denen unterscheiden, die bei der abschließenden Befragung teilnahmen, d. h. durch die Ausfälle bei der vierten Befragung entstand, bezogen auf den Familienstand und die Kinderzahl, keine systematische Verzerrung. Diesbezüglich wurde auch überprüft, ob die Paare, die bereits im Verlauf des Panels ausgeschieden sind, sich von den Paaren unterscheiden, die im Panel verblieben sind. Dazu wurde anhand der ersten Befragung getestet, ob sich die soziodemographische Variablen, objektive Rahmenbedingungen, Kinderwunsch und subjektive Einstellungen und Lebensorientierungen der beiden Gruppen in der Ausgangsbefragung unterschieden haben. Die Ergebnisse zeigten keine inhaltlich relevanten Unterschiede, d. h. es kann davon ausgegangen werden, daß keine Verzerrungen durch die Panelausfälle entstanden sind und die Repräsentativität der Ausgangsstichprobe auch im weiteren Panelverlauf weitgehend erhalten geblieben ist.

2.4 Vorteile und Restriktionen des Bamberger-Ehepaar-Panels

Durch das komplexe Untersuchungsdesign des Bamberger-Ehepaar-Panels (vgl. Abb. 2) ergeben sich für den deutschsprachigen Raum bislang einmalige Möglichkeiten zur Analyse des Familiengründungsprozesses. So können zum einen im Zeitablauf systematische Vergleiche zwischen Elternpaaren und kinderlosen Ehepaaren vorgenommen werden, zum anderen kann auch innerhalb der Gruppe der Eltern zwischen Erst- und Zweitelternschaft unterschieden werden. Aufgrund des Befragungsrhythmus kann für die ersten sechs Ehejahre auch nach dem Zeitpunkt des Übergangs zur Elternschaft variiert werden. Somit können Veränderungen der Lebensumstände von jungen Ehepaaren sehr differenziert vergleichend abgebildet werden.

Durch die jeweilige Befragung beider Partner, bei dieser Stichprobengröße ebenfalls ein Novum in der deutschsprachigen sozialwissenschaftlichen Familienforschung, ist zusätzlich noch eine weitere Differenzierungsebene gegeben. So läßt sich zu jedem Zeitpunkt für jede Subgruppe im Panel nicht nur nach dem Geschlecht spezifizieren, sondern es können auch die Einstellungen und Bewertungen der Ehepartner gegenübergestellt und verglichen werden. Somit sind Auswertungen sowohl auf Individual- wie auf Paarebene möglich.

Restriktionen ergeben sich durch die Panelausfälle. Wie bereits beschrieben, unterscheiden sich die ausgeschiedenen Ehepaare nicht hinsichtlich ihrer soziodemographischen Startbedingungen (1. Befragung) von den im Panel verbliebenen, wohl aber ist von differentiellen Entwicklungen der Ehezufriedenheit auszugehen. Auffällig ist, daß im Vergleich zum statistischen Erwartungswert, bezogen auf die amtlichen Ehescheidungsquoten nach Ehejahren, insgesamt nur sehr wenige Fälle im Panel verblieben sind, in denen sich Ehepaare getrennt haben oder geschieden sind. Dies liegt darin begründet, daß entsprechend der ursprünglichen Zielsetzung diese Fälle nicht systematisch weiterverfolgt wurden. So ist davon auszugehen, daß Paare nach der Scheidung oder während des Trennungsprozesses eine höhere Panelmortalität aufwiesen und gegen Ende des Beobachtungszeitraumes unterrepräsentiert sind. Das hat zur Folge, daß im Bamberger-Ehepaar-Panel bei Längsschnittanalysen hauptsächlich nur Ehepaare zur Verfügung stehen, die zumindest in den ersten sechs Ehejahren eine gewisse Stabilität in der Partnerschaft aufweisen. Dies ist insbesondere dann zu berücksichtigen, wenn Ergebnisse interpretiert werden, die sich auf den Bereich der Partnerschaft (wie im folgenden) beziehen.

3 Die Entwicklung der Ehezufriedenheit in den ersten sechs Ehejahren beim Übergang zur Elternschaft und bei kinderlosen Paaren – ein Vergleich

Bis in die 1950er Jahre herrschte die Überzeugung vor, daß die Geburt eines (gewollten) Kindes bei den Eltern langfristig in erster Linie Freude und Erfüllung mit sich bringt (vgl. über diese Position zusammenfassend Cowan & Cowan, 1988a, S. 114). Dieser Sichtweise traten in den 50er und 60er Jahren mehrere Autoren entgegen (Dyer, 1963; Hill, 1949; Hobbs, 1965; LeMasters, 1957), die den Übergang zur Elternschaft vorwiegend als krisenhafte Entwicklung beschrieben (vgl. im Überblick Schneewind, 1983). Auch diese Auffassung gilt heute weitgehend als überholt. Gegenwärtig dominieren Sichtweisen, die den Übergang zur Elternschaft als Entwicklungsaufgabe interpretieren, die von den Eltern Anpassungs- und Gestaltungsleistungen abverlangt, die nicht immer problemlos bewältigt werden (z. B. Cowan & Cowan, 1994; Goldberg, 1988; Miller & Sollie, 1980). Wie die Bewältigung gelingt, das zeigen die Ergebnisse zahlreicher Studien (vgl. im Überblick Gloger-Tippelt, 1985; Schneewind, 1983; Werneck, 1998), variiert in Abhängigkeit von Merkmalen der sozialen Lage der jungen Eltern (Einkommensverhältnisse, Wohnsituation, Alter, Bildung, Integration in soziale Unterstützungsnetze), in Abhängigkeit von Merkmalen der Person (z. B. habituelle und situative Bewältigungsstrategien, Lebenspläne, Werthaltungen), im Zusammenhang mit Merkmalen der Ehe bzw. der Partnerschaft (Höhe der Ehezufriedenheit, Ausmaß, in dem der Partner als unterstützend wahrgenommen wird, Geplantheit der Schwangerschaft) und variiert im Kontext der nach der Geburt gegebenen Lebensumstände (u. a. beeinflußt durch Merkmale und Aktivitäten des Kindes).

Die Bewältigung der durch eine Geburt eintretenden Veränderungen und neu hinzu kommenden Anforderungen gelingt, so kann kurz resümiert werden, in Abhängigkeit von zahlreichen soziologischen und psychologischen Variablen, in differentieller Weise. Trotz dieses vielfach bestätigten Befundes gelangen mehrere, gerade auch neuere und längsschnittlich angelegte familienwissenschaftliche Studien zu dem ebenfalls als gesichert anzusehenden Ergebnis, daß die Ehezufriedenheit nach der Geburt eines Kindes abnimmt (vgl. z. B. Gloger-Tippelt et al., 1995; Petzold, 1991; Reichle, 1994; Schneewind et al., 1996). Vielfach bleibt jedoch aufgrund der Studiendesigns unklar, inwieweit es sich bei diesem Ergebnis um einen Effekt handelt, der in erster Linie auf den Übergang zur Elternschaft zurückgeführt werden kann. Nur in solchen Studien, die systematische Vergleiche mit kinderlosen Paaren herstellen, wie dies Belsky und Pensky (1988) schon vor längerem nachdrücklich gefordert haben, und längere Phasen der Partnerschaftsentwicklung, d. h. nicht nur 1 oder 2 Jahre, in den Blick nehmen, können mögliche Effekte der Partnerschaftsentwicklung von Übergangseffekten isoliert werden. Daß Effekte der Partnerschaftsentwicklung eine Rolle spielen, die zur Verringerung des Übergangseffekts führen, kann aufgrund mehrerer Studienergebnisse angenommen werden (Cowan & Cowan, 1994; Petzold, 1990; Rost & Schneider, 1995). Signifikant unterschiedliche Entwicklungen der Beziehungsqualität von Eltern und kinderlosen Paaren, wie sie z. B. in der Studie von Gloger-Tippelt et al. (1995) festgestellt werden, sind auf wenige ausgewählte Dimensionen der Beziehungsqualität beschränkt (hier besonders auf wechselseitige Zärtlichkeit) und beziehen sich auf einen kurzen Beobachtungszeitraum nach der Geburt, dort elf Monate, in dem, durch Übergangseffekte ausgelöst, spürbare Beeinträchtigungen relativ kurzfristig und *diskontinuierlich* eintreten, während sich solche Veränderungen bei kinderlosen Paaren eher längerfristig und *kontinuierlich* entwickeln und damit nur bei längerer Beobachtungsdauer feststellbar sind.

Resümierend ist festzuhalten, daß zum gegenwärtigen Stand der Forschung nicht zweifelsfrei behauptet werden kann, daß sich die Beziehungsqualität bei Elternpaaren *langfristig und generell* im Vergleich zu kinderlosen Paaren verschlechtert. Ähnliches gilt für die Entwicklung der Ehezufriedenheit bei Männern und Frauen. Hier lassen sich Studien zitieren, die signifikante Unterschiede zwischen Männern und Frauen hinsichtlich der wahrgenommenen Beziehungsqualität feststellen (z. B. Belsky, Lang & Rovine, 1985; Petzold, 1990), während andere Studien keine signifikanten Differenzen ausweisen (z. B. Gloger-Tippelt et al., 1995). Grundsätzlich ist davon auszugehen, daß die Entwicklung der Beziehungsqualität im Verlauf der Ehe bzw. Partnerschaft nicht einheitlich verläuft. Hier dominiert kein Standardmodell, das die Situation der meisten Paare charakterisieren könnte. Ebensowenig ist anzunehmen, daß bestimmte Faktoren oder Übergänge die gleiche einheitliche Wirkung haben. Dies gilt auch für den Übergang zur Elternschaft. Die Folgen dieses Übergangs für die Ehezufriedenheit können bei den einzelnen Paaren sehr unterschiedlich sein. So beeinflußt z. B. die Art des Umgangs der Paare mit den nach einer Geburt auftretenden Einschränkungen der individuellen Handlungsspielräume unmittelbar die Folgen des Übergangs zur Elternschaft (Bauer, 1992). Forschungsziel wäre es vor diesem Hintergrund, verstärkt nach unterschiedlichen Verlaufsmustern zu suchen und, falls sich solche abzeichnen, zu klären, wie Paare in die eine oder andere Entwicklungsdynamik hineingeraten.

In diesem Kontext möchten wir anhand unserer Daten vier Fragen diskutieren:

1. Wie hat sich die Ehezufriedenheit in den ersten sechs Ehejahren bei Eltern und bei kinderlosen Paaren entwickelt?
2. Bestehen Unterschiede in der Zufriedenheit bei Frauen und Männern, Müttern und Vätern, wie sie z. B. von Belsky et al. (1985) berichtet werden?

3. Entwickelt sich die Ehezufriedenheit unterschiedlich in Abhängigkeit von soziodemographischen Merkmalen, v. a. dem Heiratsalter und der Schulbildung?[2]
4. Beeinflußt der Zeitpunkt der Geburt, bezogen auf den Zeitpunkt der Eheschließung, die Entwicklung der Ehezufriedenheit und beeinflußt der Übergang zur Zweitelternschaft die Ehezufriedenheit?

Bevor auf die Ergebnisse im Detail eingegangen wird, möchten wir noch darauf hinweisen, daß die Ehezufriedenheit und die Qualität der Paarbeziehung in unserer Studie keinen zentralen Stellenwert innehatten und die Operationalisierung dieses Komplexes im Vergleich zu einschlägigen psychologischen Untersuchungen nur sehr grob mittels dreier Items erfolgt ist, die sich auf die Messung der Zufriedenheit mit der Ehe (in Form einer 4-stufigen Skala), des emotionalen Wohlbefindens in der Ehe (in Form einer 5-stufigen Skala) und auf die erwartete Stabilität der Ehe richteten (in Form einer 4-stufigen Skala). Für die folgenden Auswertungen wurden nur die Meßergebnisse des Items *Ehezufriedenheit* verwendet.

Als Folge der relativ groben Operationalisierung erwarten wir, daß die festgestellten Veränderungen der Ehezufriedenheit weniger differenziert sind, als sie mit einem sensibleren Instrument hätten gemessen werden können, was die Möglichkeiten der Analyse zu diesem Themenbereich limitiert.

Die Inhalte von Tabelle 1 möchten wir zu folgenden Hauptaussagen zusammenfassen:

1. Unabhängig vom Verlauf der Familienentwicklung findet innerhalb der ersten sechs Ehejahre eine signifikante Zunahme des Anteils der Männer und Frauen statt, die über Beeinträchtigungen ihrer Ehezufriedenheit berichten (allgemeiner Verlaufseffekt).
2. Der Umfang der Zunahme dieses Anteils ist abhängig vom Verlauf der Familienentwicklung. Personen, die in den ersten sechs Ehejahren keine Kinder bekommen, sind insgesamt mit ihrer Ehe zufriedener als Eltern. Allerdings ist einschränkend zu diesem Befund zu bemerken, daß kinderlose Ehen häufiger geschieden wurden und geschiedene Paare in unserer Längsschnittstudie eine höhere Panelsterblichkeit aufwiesen als stabile Ehen. Deshalb ist anzunehmen, daß jener Effekt zum Teil durch die höhere Panelmortalität von besonders unzufriedenen kinderlosen Paaren mitverursacht ist. Durchgängig die geringsten Zufriedenheitswerte haben Männer und Frauen aus Familien mit einem Kind, das im ersten oder zweiten Ehejahr geboren wurde.

---

[2] Im Rahmen der soziologischen Scheidungsforschung handelt es sich hierbei um besonders erklärungskräftige Variable. So ist bspw. vielfach belegt, daß das Heiratsalter die Scheidungswahrscheinlichkeit stark beeinflußt: je niedriger das Heiratsalter desto höher das Scheidungsrisiko (vgl. die Überblicke bei: Schneider, 1994; Wagner, 1997). Daher nehmen wir an, daß auch die Entwicklung der Ehezufriedenheit während der ersten sechs Ehejahre, innerhalb derer laut Amtsstatistik derzeit etwa 40 Prozent aller Scheidungen stattfinden, durch das Heiratsalter differentiell beeinflußt wird.

Tabelle 1: Veränderungen der Ehezufriedenheit während der ersten sechs Ehejahre und Verlauf der Familienentwicklung

Verlauf der Familienentwicklung	Ehedauer							
	ca. ½ Jahr		ca. 2 Jahre		ca. 4 Jahre		ca. 6 Jahre	
	Frauen	Männer	Frauen	Männer	Frauen	Männer	Frauen	Männer
kinderlose Paare ($N = 259$)	31	35	33	41	45	41	46	45
ein Kind, geb. im 1.-2. Ehejahr ($N = 123$)	37	40	52	49	56	63	66	64
ein Kind, geb. im 3.-4. Ehejahr ($N = 150$)	29	32	34	29	41	38	59	52
ein Kind, geb. im 5.-6. Ehejahr ($N = 131$)	28	33	36	32	37	25	56	49
zwei Kinder, erste Geburt im 1.-2., zweite im 3.-4. Ehejahr ($N = 144$)	19	25	40	38	51	48	54	61
zwei Kinder, erste Geburt im 1.-2., zweite im 5.-6. Ehejahr ($N = 165$)	22	26	43	38	52	47	53	50
zwei Kinder, erste Geburt im 3.-4., zweite im 5.-6. Ehejahr ($N = 139$)	44	33	25	21	49	41	67	51
Signifikanz	$p < .05$	n. s.	$p < .05$	$p < .05$	n. s.	$p < .05$	n. s.	n. s.

Anmerkungen: In den Zellen dargestellt sind die Prozentanteile der Personen, die über Beeinträchtigungen ihrer Ehezufriedenheit berichtet haben. Beeinträchtigungen wurden dann unterstellt, wenn die Befragten in der vierstufigen Rangskala nicht den höchsten Zufriedenheitswert angekreuzt hatten.
Andere Verläufe der Familienentwicklung wurden wegen ihrer geringen Fallzahl für diese Auswertung ausgeschlossen.
Die ausgewiesene Signifikanz bezieht sich auf etwaige Unterschiede innerhalb der Spalten; getestet wurde, ob die ehedauerspezifische Zufriedenheit mit der Partnerschaft vom Verlauf des Familienentwicklungsprozesses abhängig ist.

3. Der ehedauerbezogene Zeitpunkt, zu dem Männer und Frauen vermehrt über Beeinträchtigungen ihrer Ehezufriedenheit berichten, ist ebenfalls abhängig vom Verlauf der Familienentwicklung. Auf der Basis des allgemeinen Verlaufseffekts führt die Geburt des ersten Kindes, unabhängig vom Zeitpunkt der Geburt, zu einem deutlichen weiteren Anstieg des Anteils derer, die über Beeinträchtigungen ihrer Ehezufriedenheit berichten. Bei der Geburt eines zweiten Kindes ist dieser Effekt nicht oder nur abgeschwächt zu beobachten. Wir erklären dies dadurch, daß es sich bei diesen Paaren überwiegend um solche handelt, deren Lebensplanung von vornherein auf Mehrfachelternschaft ausgerichtet war und die Familienentwicklung konform mit den gemeinsamen Vorstellungen verlaufen ist. Die Paare sind hier stärker auf kindbedingte Veränderungen eingestellt und die Folgen der Elternschaft sind besser mit den Lebensplänen vereinbar (z. B. in Form des vorher geplanten Ausstiegs der Frauen aus dem Erwerbsleben). Hinzukommt, daß diese Paare zu Beginn der Ehe die höchste Ehezufriedenheit aufweisen – ein Umstand, der die Realisierung eines Kinderwunsches begünstigt.
4. Männer sind kurz nach der Heirat mit ihrer Ehe tendenziell weniger zufrieden als ihre Ehefrauen. Dies ändert sich jedoch im Lauf der ersten sechs Ehejahre. Zu diesem Zeitpunkt sind in 6 der 7 Gruppen die Frauen weniger zufrieden als ihre Männer. Die Unterschiede zwischen Männern und Frauen sind in unserer Studie jedoch in keiner Subgruppe und zu keinem Meßzeitpunkt signifikant.
5. Signifikante Unterschiede bzgl. der Ehezufriedenheit in Abhängigkeit vom Verlauf der Familienentwicklung, bezogen auf die einzelnen Meßzeitpunkte, bestehen nur nach zwei und bei Männern auch nach vier Ehejahren. Wir führen dies darauf zurück, daß sich zu diesen Zeitpunkten viele Eltern in einer Phase kurz nach der Geburt befinden und daher deutlich unzufriedener sind. Nach sechs Ehejahren, d. h. der Übergang zur Elternschaft liegt für viele Paare schon einige Jahre zurück, haben sich die Unterschiede wieder reduziert und sind nicht mehr signifikant. Allerdings ist hierzu anzumerken, daß in allen Fällen die gemessenen Unterschiede nur eine relativ geringe Relevanz besitzen (Cramer's V zwischen .16 und .19).
6. Einen Sonderfall bzgl. der Entwicklung der Ehezufriedenheit stellt jene Gruppe dar, die zwischen dem dritten und sechsten Ehejahr zwei Kinder bekommt. Diese Gruppe weist einen ausgeprägt u-förmigen Verlauf der Ehezufriedenheit auf, den wir zum gegenwärtigen Stand unserer Auswertungen noch nicht befriedigend erklären können.

Darüber hinaus, in Tabelle 1 nicht dargestellt, haben wir auch den Einfluß soziodemographischer Merkmale geprüft. Zusammenfassend ist dazu festzustellen, daß die Entwicklung der Ehezufriedenheit (hier bezogen auf den Indikator über alle entsprechenden Items) nicht durch die von uns systematisch geprüften Merkmale *Schulbildung, Alter bei der Eheschließung* und *Geschlecht* beeinflußt wird. Allerdings ergeben sich, bezogen auf einzelne Merkmale der Beziehungsqualität, zum Teil sehr signifikante Unterschiede. Am Beispiel *Schulbildung* möchten wir dies kurz ausführen. Hauptschulabsolventen geben signifikant häufiger als Abiturienten an, daß es seit der Geburt in ihrer Partnerschaft häufiger Auseinandersetzungen wegen des Kindes gibt ($p < .01$; Cramer's V = .12), dagegen beklagen Abiturienten signifikant häufiger, daß es seit der Geburt kaum mehr genügend Zeit für die Partnerschaft gibt ($p < .01$; Cramer's V = .17). Dies scheint sowohl auf die differentielle Art des Bewältigungsverhaltens in den Subgruppen wie auch auf differentielle Formen der Wahrnehmung bzw. der Bewertung bestimmter Entwicklungen in der Ehebeziehung zu verweisen.

Abschließend möchten wir zusammenfassend festzuhalten:

1. Im Kontext eines als allgemeinen Verlaufseffekt zu bezeichnenden Rückgangs der Ehezufriedenheit bei allen Paaren erfahren Eltern innerhalb von ca. 1 bis 2 Jahren nach dem Übergang zur Erstelternschaft einen starken, diskontinuierlich verlaufenden Rückgang der Ehezufriedenheit. Dieser schubartige Anstieg des Anteils unzufriedener Partner erfolgt weitgehend unabhängig vom Zeitpunkt der Geburt (bezogen auf die Ehedauer).
2. Zwischen Männern und Frauen sind keine signifikanten Unterschiede feststellbar.
3. Ebenfalls konnten wir in Abhängigkeit vom Heiratsalter und von der Schulbildung der Partner keine signifikant unterschiedlichen Entwicklungen der Ehezufriedenheit nachweisen.
4. Die Entwicklung der Ehezufriedenheit ist vom Übergang zur Zweitelternschaft nicht markant beeinflußt. Insbesondere findet bei den meisten Paaren kein zweiter diskontinuierlicher Rückgang der Ehezufriedenheit statt.

4 Literatur

Bauer, M. (1992). Übergang zur Elternschaft. Erlebte Veränderungen. *Psychologie in Erziehung und Unterricht, 39*, 98-108.

Belsky, J. (1991). Ehe, Elternschaft und kindliche Entwicklung. In A. Engfer, B. Minsel & S. Walper (Hrsg.), *Zeit für Kinder! Kinder in Familie und Gesellschaft* (S. 134-159). Weinheim: Beltz.

Belsky, J., Gilstrap, B. & Rovine, M. (1984). The Pennsylvania infant and family development project I. Stability and change in mother-infant and father-infant interaction in a family setting at one, three and nine months. *Child Development, 55*, 692-705.

Belsky, J., Lang, M. & Rovine, M. (1985). Stability and change in marriage across the transition to parenthood: a second study. *Journal of Marriage and the Family, 47*, 855-865.

Belsky, J. & Pensky, E. (1988). Marital change across the transition to parenthood. In R. B. Palkovitz & M. B. Sussman (Eds.), *Transitions to parenthood* (pp. 133-156). New York: Haworth Press.

Bundesministerium für Familie und Senioren (Hrsg.). (1994). *Familie und Familienpolitik im geeinten Deutschland – Zukunft des Humanvermögens. Fünfter Familienbericht.* Bonn: Autor.

Cowan, C. P. & Cowan, P. A. (1988a). Changes in marriage during the transition to parenthood: must we blame the baby? In G. Y. Michaels & W. A. Goldberg (Eds.), *The transition to parenthood* (pp. 114-154). Cambridge: Cambridge University Press.

Cowan, C. P. & Cowan, P. A. (1988b). Who does what when partners become parents: Implications for men, women, and marriage. *Marriage and Family Review, 12*, 105-131.

Cowan, C. P. & Cowan, P. A. (1994). Wenn Partner Eltern werden. Der große Umbruch im Leben des Paares. München: Piper.

Cowan, C. P., Cowan, P. A., Heming, G., Garett, E., Coysh, W. S., Curtis-Boles, H. & Boles, A. J. III. (1985). Transition to parenthood: His, hers, and theirs. *Journal of Family Issues, 6*, 451-481.

Dorbritz, J. & Schwarz, K. (1996). Kinderlosigkeit in Deutschland – ein Massenphänomen? *Zeitschrift für Bevölkerungswissenschaft, 21*, 231-251.

Dyer, E. (1963). Parenthood as crisis: A re-study.

Marriage and Family Living, 25, 196-201.
Gloger-Tippelt, G. (1985). Der Übergang zur Elternschaft. Eine entwicklungspsychologische Analyse. *Zeitschrift für Entwicklungspsychologie und Pädagogische Psychologie, 18*, 53-92.
Gloger-Tippelt, G., Rapkowitz, I., Freudenberg, I. & Maier, S. (1995). Veränderungen der Partnerschaft nach der Geburt des ersten Kindes. Ein Vergleich von Eltern und kinderlosen Paaren. *Psychologie in Erziehung und Unterricht, 42*, 255–269.
Goldberg, W. A. (1988). Perspectives on the transition to parenthood. In G. Michaels & W. Goldberg (Eds.), *The transition to parenthood* (pp. 1-20). Cambridge: Cambridge University Press.
Hill, R. (1949). *Families under stress*. New York: Harper & Row.
Hobbs, D. F. jr. (1965). Parenthood as crisis. A third study. *Journal of Marriage and the Family, 27*, 367-372.
LeMasters, E. E. (1957). Parenthood as crisis. *Marriage and Family Living, 19*, 352-355.
Miller, B. C. & Sollie, D. L. (1980). Normal stresses during the transition to parenthood. *Family Relations, 29*, 459-465.
Petzold, M. (1990). Eheliche Zufriedenheit fünf Jahre nach der Geburt des ersten Kindes. *Psychologie in Erziehung und Unterricht, 37*, 101-110.
Petzold, M. (1991). *Paare werden Eltern*. München: Quintessenz.
Reichle, B. (1994). *Die Geburt des ersten Kindes. – eine Herausforderung für die Partnerschaft*. Bielefeld: Kleine.
Rost, H. & Schneider, N. F. (1994). Familiengründung und Auswirkungen der Elternschaft. *Österreichische Zeitschrift für Soziologie, 19*, 34-57.
Rost, H. & Schneider, N. F. (1995). Differentielle Elternschaft. Auswirkungen der ersten Geburt für Männer und Frauen. In B. Nauck, & C. Onnen-Isemann (Hrsg.), *Familie im Brennpunkt von Wissenschaft und Forschung* (S. 177-194). Neuwied: Luchterhand.
Schneewind, K. A. (1983). Konsequenzen der Ersteltemschaft. *Psychologie in Erziehung und Unterricht, 30*, 161-172.
Schneewind, K. A., Vaskovics, L. A., Backmund, V., Buba, H. P., Rost, H., Schneider, N. F., Sierwald, W. & Vierzigmann, G. (1992). *Optionen der Lebensgestaltung junger Ehen und Kinderwunsch* (Schriftenreihe des Bundesministeriums für Familie und Senioren, Band 9). Stuttgart: Kohlhammer.
Schneewind, K. A., Vaskovics, L. A., Backmund, V., Gotzler, P., Rost, H., Salih, A., Sierwald, W. & Vierzigmann, G. (1994). *Optionen der Lebensgestaltung junger Ehen und Kinderwunsch* (Schriftenreihe des Bundesministeriums für Familie und Senioren, Band 9.1). Stuttgart: Kohlhammer.
Schneewind, K. A., Vaskovics, L. A., Gotzler, P., Hofmann, B., Rost, H., Schlehlein, B., Sierwald, W. & Weiß, J. (1996). *Optionen der Lebensgestaltung junger Ehen und Kinderwunsch. Endbericht* (Schriftenreihe des Bundesministeriums für Familie, Senioren, Frauen und Jugend. Band 128. 1). Stuttgart: Kohlhammer.
Schneider, N. F. (1994). *Familie und private Lebensführung in West- und Ostdeutschland*. Stuttgart: Enke.
Schneider, N. F. (1996). Bewußt kinderlose Ehepaare. *Zeitschrift für Frauenforschung, 14*, 128-137.
Schneider, N. F. & Rost, H. (1998). Von Wandel keine Spur – warum ist Erziehungsurlaub weiblich? In M. Oechsle & B. Geissler (Hrsg.), *Die ungleiche Gleichheit. Junge Frauen und der Wandel im Geschlechterverhältnis* (S. 217-236). Opladen: Leske + Budrich.
Wagner, M. (1997). *Scheidung in Ost- und Westdeutschland. Zum Verhältnis von Ehestabilität und Sozialstruktur seit den 30er Jahren*. Frankfurt / Main: Campus.
Werneck, H. (1998). *Übergang zur Vaterschaft. Auf der Suche nach den „Neuen Vätern"*. Wien: Springer-Verlag.

Veränderungen der elterlichen Partnerschaft in den ersten 5 Jahren der Elternschaft*

Sabine Jurgan, Gabriele Gloger-Tippelt und Karoline Ruge

1 Einleitung

Junge Paare werden heute von vielen Seiten in ihrer Erwartung unterstützt, mit der Geburt ihres ersten Kindes – häufig eines Wunschkindes – werde das Glück in ihrer Beziehung vollkommen. Kaum jemand spricht von der Erschöpfung, Überforderung oder gelegentlichen Enttäuschung in der neuen Elternrolle. Traditionelle Vorbereitungskurse lenken die Aufmerksamkeit werdender Eltern nahezu ausschließlich auf die Geburt selbst und auf die Pflege des Neugeborenen, dabei wird die erste Zeit mit dem Säugling häufig idealisiert. Berichte von übermüdeten, erschöpften Müttern oder Vätern oder auch von solchen Paaren, die mit den besten Absichten in ihrem eigenen Alltag die traditionellen Geschlechterrollen und Arbeitsteilungen überwinden wollten, und die dabei scheiterten, sind hingegen selten.

Dagegen belegen viele aktuelle Untersuchungen – wie auch mehrere Beiträge dieses Buches – eine Verschlechterung der Partnerschaftsqualität nach der Geburt des ersten Kindes. Dieser Befund konnte auch in der hier zusammengefaßten Untersuchung empirisch bestätigt werden. Ziel dieser Darstellung ist es, diejenigen Aspekte unserer Studie zu verdeutlichen, die den bisherigen Kenntnisstand über den Übergang zur Elternschaft als Abschnitt der Familienentwicklung erweitern können. Wir wollen die wichtigsten Merkmale bereits an dieser Stelle kurz umreißen; sie werden im weiteren Verlauf des Kapitels ausführlicher erläutert.

1. Die hier referierte Untersuchung ist eine Längsschnittstudie, die den Zeitraum von der Frühschwangerschaft bis in das fünfte Lebensjahr des Kindes umfaßt und damit Informationen liefert, wie sich die Partnerschaft über den eigentlichen Übergang zur Elternschaft hinaus in der befragten Stichprobe weiterentwickelte.
2. Zu allen Meßzeitpunkten befragten wir die Mütter und die Väter, so daß diese in ihren Einschätzungen der Partnerschaftsqualität längsschnittlich verglichen werden konnten.
3. Als bewährtes Instrument setzten wir den Partnerschaftsfragebogen von Hahlweg (1979, 1996) ein, legten außer den drei verhaltensbezogenen Skalen auch die abschließende Frage zur Einschätzung des allgemein in der Beziehung erlebten Glücks vor. Begründungen für einzelne – scheinbar widersprüchliche – Aussagen

---
* Teile der Längsschnittstudie wurden durch eine Sachbeihilfe der Deutschen Forschungsgemeinschaft an die Zweitautorin gefördert.

der Teilnehmerinnen und Teilnehmer (etwa unverändertes Partnerschaftsglück trotz abnehmender Zärtlichkeit des Partners) bleiben dabei natürlich spekulativ, könnten aber dennoch Impulse für Hypothesen über die Paardynamik junger Eltern geben.

4. Einige Paare entscheiden sich möglicherweise gar nicht erst für ein Kind beziehungsweise schieben dieses „Projekt" auf unbegrenzte Zeit hinaus, um ihr Ideal von einer erfüllten Partnerschaft nicht zu gefährden. Bisher ist wenig darüber bekannt, ob diese kinderlosen Paare ihre Beziehung günstiger beurteilen als die jungen Eltern. Vergleiche mit kinderlosen Paaren erlauben erst eine Aussage darüber, ob die festgestellte Verschlechterung der Paarbeziehung ein Effekt der Ehedauer oder der Geburt des Kindes ist.

2 Fragestellungen und methodische Durchführung

2.1 Fragestellungen

1. Wie verändert sich die Partnerschaftsqualität von der Schwangerschaft bis 5 Jahre nach der Geburt des ersten Kindes aus der Sicht von Frauen und Männern?

Die Designs der meisten längsschnittlichen Studien sehen zwei Meßzeitpunkte vor, von denen der erste in der Regel im letzten Drittel der Schwangerschaft und der zweite in den ersten Lebensmonaten des Kindes liegt. Bei diesen kurzfristigen Längsschnittstudien befindet sich das Paar mitten im Übergang zur Elternschaft und nicht in einer „Beziehungsnormalität"; es bleibt unklar, wie die Partnerschaft vor der Schwangerschaft eingeschätzt wurde und in welcher Weise sie sich nach der Umstellungsphase weiterentwickelt (Belsky & Rovine, 1990). Diese Schwierigkeiten versuchten wir in unserer Studie zu vermeiden, indem wir werdende Eltern bereits in der Frühschwangerschaft, im ersten Lebensjahr des Kindes und 5 Jahre nach der Geburt befragten, nachdem der eigentliche Übergang zur Elternschaft schon vollzogen war.

2. Unterscheiden sich Mütter und Väter in ihrer Einschätzung der Partnerschaftsqualität?

Zu diesem Geschlechtervergleich ist die Datenbasis eher dünn, da viele Studien entweder ausschließlich über die Einschätzungen der Frauen berichten oder keinen längsschnittlichen Vergleich von Frauen und Männern enthalten. Die verbleibenden Studien zeigen bisher widersprüchliche Ergebnisse (z. B. stärkere Abnahme der Partnerschaftszufriedenheit bei den Frauen etwa bei Belsky & Rovine, 1990; Cowan & Cowan, 1988 oder Engfer, Gavranidou & Heinig, 1988). Eine stärkere Abnahme der Zufriedenheit bei den Männern belegten Petzold (1990) und Grant (1992).

3. Welche Faktoren stehen in Zusammenhang mit der Partnerschaftsqualität?

Verschiedene Untersuchungen gehen der Frage nach, welche Einflußgrößen mit der Verschlechterung der Paarbeziehung in Zusammenhang stehen (Gloger-Tippelt & Huerkamp, 1998). Wir haben die hier aufgeführten Faktoren aus folgenden Gründen untersucht:

- *Einfluß kritischer Lebensereignisse*: Kritische Lebensereignisse werden in der Regel höchstens am Rande miterhoben, z. B. in der Studie von Cowan und Cowan (1988), die jedoch keine eindeutigen Ergebnisse ermitteln konnten.
- *Anzahl weiterer Kinder*: Auch zur Bedeutung dieses Faktors liegen wenige Studien vor. Diese deuten darauf hin, daß mit steigender Kinderzahl die Partnerschaftsqualität abnimmt (Brüderl, 1989; Meyer, 1988).
- *Aufteilung der Hausarbeit*: Das Arrangement des Paares hinsichtlich der Hausarbeit wird häufig als wesentliche Einflußgröße auf die Partnerschaftsqualität in Betracht gezogen (z. B. Cowan & Cowan, 1988; MacDermid, Huston & McHale, 1990 oder McHale & Crouter, 1992). Beim Übergang zur Elternschaft, spätestens nach der Geburt des ersten Kindes, kommt es in der Regel zu einer Traditionalisierung der Rollen innerhalb des Paares, d. h., die Partner übernehmen die als geschlechtsspezifisch tradierte Arbeitsteilung. Wir erwarteten daher, daß bei eher „gleicher" Aufteilung der Hausarbeit die Partnerschaftszufriedenheit höher ausfällt. Die Bedeutung dieser geschlechtsspezifischen Arbeitsteilung für die Partnerschaftszufriedenheit der Frauen konnte beispielsweise Reichle (1994, 1996) differenziert zeigen. Nach Reichles Überblick deutet sich – entgegen unserer Hypothese – an, daß bei traditioneller Arbeitsteilung weniger Konflikte entstehen, weil die Väter stärker entlastet werden. Die Partnerschaftszufriedenheit ist bei geschlechtstypischer Aufteilung dann besonders hoch, wenn beide Partner dies auch so wünschten (Reichle, 1996). Unsere Ergebnisse können Reichles Befund also entweder stützen oder widerlegen.

4. Unterscheiden sich Elternpaare von kinderlosen Paaren hinsichtlich der Partnerschaftsqualität?

Dieser Vergleich erschien uns notwendig, da die Verschlechterung der Partnerschaftsqualität auch eine Folge der Partnerschaftsdauer – unabhängig von der Geburt eines Kindes – sein könnte. Dies hatte sich bereits in einer vorhergehenden Studie gezeigt (Gloger-Tippelt, Rapkowitz, Freudenberg & Maier, 1995). White und Booth (1985) berichten von einer Abnahme der Partnerschaftszufriedenheit unabhängig von der Geburt eines Kindes und zwar auch über einen längeren Zeitraum von 3 Jahren. Die Verbundstudie von Schneewind, Vaskovics et al. (1996) fand in der soziologischen Teilstudie ebenfalls ein etwas stärkeres Absinken der Ehezufriedenheit von Elternpaaren im Vergleich zu kinderlosen Paaren. Auch in der psychologischen Teilstudie wurde sowohl für Elternpaare als auch für kinderlose Paare eine Abnahme der Partnerschaftsqualität erwähnt, die allerdings bei den Elternpaaren ausgeprägter war. Diese psychologische Studie verfolgte weniger die mittleren Veränderungen in der Partnerschaft als vielmehr Partnerschaftsverlaufstypen von Eltern und kinderlosen Paaren (Schneewind, Vaskovics et al., 1996). Derartige Ergebnisse unterstreichen die Notwendigkeit einer Kontrollgruppe insbesondere nach dem eigentlichen Übergang zur Elternschaft.

2.2 Methode

2.2.1 Die Stichprobe

Die Elternpaare stammten aus der Umgebung einer süddeutschen Universitätsstadt. Von den ursprünglich 28 Paaren hatten sich bis zum letzten Meßzeitpunkt zwei getrennt. Die Elterngruppe setzte sich damit aus 26 erstmaligen Müttern und 21 Vätern zusammen (fünf Väter beantworteten die Fragebögen nicht). Zu Beginn der Studie lag das durchschnittliche Alter der zukünftigen Mütter bei 28 Jahren, das der Partner bei 33 Jahren; im Durchschnitt betrug die Partnerschaftsdauer zum ersten Meßzeitpunkt in der Schwangerschaft bei den Eltern 6 Jahre (von 6 Monaten bis zu 10 Jahren). Mütter und Väter hatten eine am Bundesdurchschnitt gemessen überdurchschnittliche schulische und berufliche Qualifikation. Diese demographischen Charakteristika entsprechen denjenigen anderer Freiwilligenstichproben. Zum letzten Meßzeitpunkt hatten 14 Elternpaare insgesamt zwei Kinder, sechs Paare drei Kinder; die übrigen sechs Paare hatten nach dem ersten Kind kein weiteres bekommen.

Die *Kontrollgruppe* wurde zum letzten Meßzeitpunkt zusammengestellt. Sie bestand aus 30 Paaren, die keine bzw. noch keine Kinder hatten und seit mindestens 5 Jahren entweder verheiratet oder in einer nicht-ehelichen Lebensgemeinschaft zusammenlebten. Die Partnerschaftsdauer wurde darüber hinaus nicht erfragt. Die Paare wurden im Rahmen der Diplomarbeiten von Ruge (1996) und Jurgan (1998) im Kreis von Universitäts- und Klinikangestellten gesucht. Die Männer der Kontrollgruppe waren geringfügig jünger als die Väter der Elterngruppe; das Durchschnittsalter der Frauen der Kontrollgruppe (33 Jahre) entsprach dem der Mütter zum letzten Meßzeitpunkt. Auch die Kontrollgruppe war schulisch und beruflich überdurchschnittlich qualifiziert, die Frauen wiesen, verglichen mit den Müttern, häufiger ein abgeschlossenes Studium auf. Da die Müttergruppe aber ebenfalls über ein hohes Ausbildungsniveau verfügte, schien uns eine ausreichende Vergleichbarkeit zwischen den Gruppen hinsichtlich Alter, Partnerschaftsdauer und Ausbildung gegeben.

2.2.2 Erhebungsdesign und Erhebungsinstrumente

Die Untersuchung umfaßte für die Elterngruppe fünf Meßzeitpunkte. Davon lag der erste Meßzeitpunkt in der 16. Schwangerschaftswoche; die vier folgenden Befragungen 3, 5 und 13 Monate nach der Geburt sowie im sechsten Lebensjahr des Kindes.

Die Einteilung der Meßzeitpunkte mag unregelmäßig erscheinen; sie ergab sich aus weiteren Fragestellungen, die im Rahmen eines Projekts zur Entwicklung von Bindung in Familien (Gloger-Tippelt & Huerkamp, 1998; Gloger-Tippelt, Ullmeyer & Gomille, 1996) an derselben Stichprobe untersucht wurden.

Die Kontrollgruppe wurde nur einmal und zwar zeitgleich mit dem fünften Meßzeitpunkt der Elterngruppe befragt.

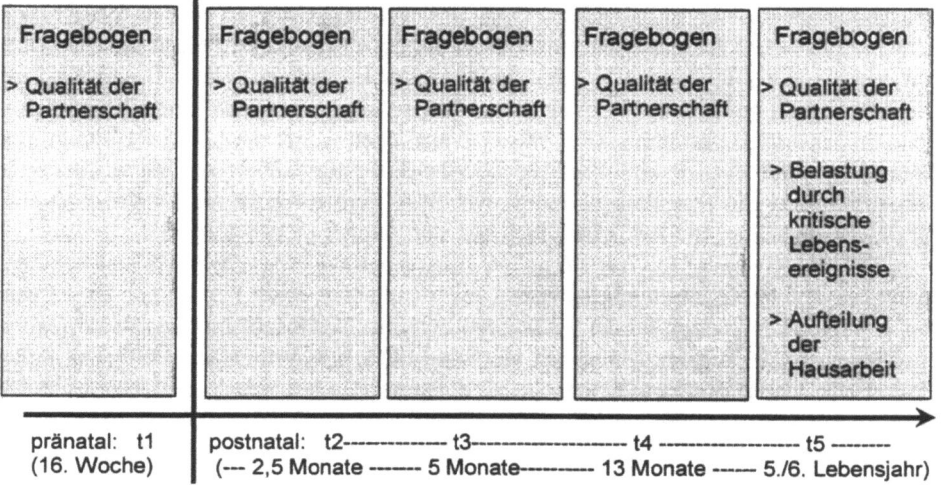

Abbildung 1: Erhebungszeitpunkte und Erhebungsinstrumente.

Die Partnerschaftsqualität erfaßten wir mit dem Partnerschaftsfragebogen (PFB) von Hahlweg (1979, 1996). Dieser Fragebogen besteht aus drei Subskalen zu den drei folgenden Bereichen:

1. *Zärtlichkeit*: Aussagen über den direkten Austausch körperlicher Zärtlichkeiten und sexuelles Verhalten sowie Items zum verbalen Ausdruck von Zuneigung und Wertschätzung des Partners.
2. *Streitverhalten*: Häufigkeit destruktiven Streitverhaltens (wie anschreien, beschimpfen, kritisieren) bei Auseinandersetzungen der Partner.
3. *Gemeinsamkeit / Kommunikation*: Verschiedene Facetten von Kommunikation wie Offenheit in der Kommunikation, gemeinsames Planen oder Wertlegen auf die Meinung des Partners.

Jeder Bereich wird durch zehn Items erfaßt. Diese Items sind als Aussagen über die Häufigkeit konkreter Verhaltensweisen des Partners formuliert; die Frau berichtet also über Verhaltensweisen des Mannes und umgekehrt. Dazu steht eine vierstufige Likertskala mit den Abstufungen „sehr selten/nie", „selten", „oft" bis „sehr oft" zur Verfügung.

In einem weiteren, gesonderten Item wird erhoben, wie glücklich die befragte Person die Beziehung insgesamt momentan erlebt; dazu wird eine sechsstufige Skala (von „sehr unglücklich" bis „sehr glücklich") vorgegeben.

Für die Einschätzung der *Belastung durch kritische Lebensereignisse* stellten wir in Anlehnung an einen Fragebogen von Laewen, Rottman und Ziegenhain (1985) eine modifizierte und an deutsche Verhältnisse angepaßte Version des „Life-Event Inventory" von Cochrane und Robertson (1973) zusammen. Er umfaßt 33 Items aus den Lebensbereichen Arbeitswelt, Krankheit oder Tod im nahen Umfeld sowie ernsthafte partnerschaftliche oder familiäre Auseinandersetzungen. Die befragte Person gibt auf einer Ratingskala von 1 bis 9 an, wie stark sie durch das Ereignis belastet war und wie lang diese Belastung andauerte, wobei ein individueller Belastungsindex unter Berücksichtigung beider Aspekte ermittelt wird. Dieser Fragebogen wurde nur von der Elterngruppe beantwortet, und zwar rückblickend für die 5 Jahre seit der Geburt des ersten Kindes. In der Auswertung des Fragebogens teilten wir die Elternstichprobe am Median (getrennt für die Geschlechter) in niedrig und hoch belastete Mütter bzw. Väter ein.

Wir fragten auch nach *Aufteilung der Hausarbeit am Wochenende* (als einem Zeitraum, bei dem beide Elternteile zu Hause anwesend sind). Jeder Partner gab an, zu wieviel Prozent er sich dann an der Hausarbeit beteiligt. Auch hier bildeten wir orientiert am Median zwei Gruppen: Mütter mit viel und Mütter mit geringerer Beteiligung an der Hausarbeit, wobei der Cut-Off bei 70 %, entsprechend bei den Vätern bei 30 % lag (Jurgan, 1998; Ruge, 1996). Da die Männer und Frauen die Aufteilung der Hausarbeit übereinstimmend als sehr ungleich beurteilten, unterteilten wir nach Angaben beider Partner (16 Frauen und 11 Männer) die Paare, bei denen die Frau mehr als 70 % am Wochenende übernimmt, von den 10 Frauen und 10 Männern, bei denen die Hausarbeit so verteilt ist, daß die Frauen weniger als 70 % der Arbeit übernehmen. Unter der Woche war die Hausarbeit noch ungleicher verteilt als am Wochenende.

2.2.3 Methodik der Auswertung

Zunächst wurde eine multivariate Analyse (MANOVA) mit den Faktoren Geschlecht, Kinderzahl, Verarbeitung kritischer Lebensereignisse und Meßzeitpunkten als Meßwiederholungen mit jeder der vier abhängigen Partnerschaftsvariablen durchgeführt.[1] Im Anschluß setzten wir zur statistischen Prüfung der einzelnen Fragestellungen unifaktorielle und mehrfaktorielle univariate Varianzanalysen mit Meßwiederholung (ANOVAs) ein. Die Analysen wurden im Rahmen des GLM-Ansatzes (dt.: Allgemeines Lineares Modell) durchgeführt. Die Aufteilung der Hausarbeit in ihrer Auswirkung auf die Partnerschaftsmerkmale wurde nur zum letzten Zeitpunkt mit t-Tests geprüft. Die Gruppe der Eltern wurde mit der Kontrollgruppe kinderloser Paare mittels t-Test für unabhängige Stichproben verglichen. Alle Berechnungen wurden mit dem Statistikpaket SAS durchgeführt.

---

[1] Wir danken Dr. K. E. Rogge und Dipl.-Psych. G. Mlynski vom Psychologischen Institut der Universität Heidelberg für die Unterstützung bei diesem Teil der Berechnungen.

3 Ergebnisse

Die multivariate Analyse (MANOVA, mit 2 Geschlecht x 3 Kinderzahl x 2 Verarbeitung kritischer Lebensereignisse x 5 Meßzeitpunkten) mit Meßwiederholung auf jeder der vier abhängigen Partnerschaftsvariablen (AVs), nämlich Zärtlichkeit, Streit, Kommunikation und Glück, ergab signifikante Effekte für die gestuften unabhängigen Variablen (UVs), $F(3, 33) = 367.0$, $p < .01$, für die Meßzeitpunkte, $F(4, 32) = 6.7$, $p < .01$ und für die Interaktion Meßzeitpunkte x gestufte UVs, $F(12, 24) = 6.27$, $p < .01$, sowie für die dreifache Interaktion Meßzeitpunkt x Geschlecht x Kinderzahl, $F(8, 64) = 2.46$, $p < .05$. Die dreifache Interaktion abhängige Variable x Zeit x Kinderzahl erreichte das angegebene Signifikanzniveau, $F(24, 48) = 1.72$, $p = .06$. Es wurden alle Kontraste geprüft, wobei sich vielfältige signifikante Kontraste Zeit x abhängige Variablen ergaben, die unten berichtet werden.

Obwohl sich in der MANOVA kein signifikanter Geschlechtsunterschied als Haupteffekt ergab, werden wir im folgenden zur besseren Übersichtlichkeit und Interpretierbarkeit die Einschätzungen der Partnerschaftsqualität getrennt für die Frauen ($n = 26$) und die Männer ($n = 21$) darstellen.

3.1 Verlauf der Partnerschaftsqualität über die fünf Meßzeitpunkte aus der Sicht von Frauen und Männern der Elterngruppe

Für die Mütter ergaben die Varianzanalysen einen hochsignifikanten Zeiteffekt für die Skala Zärtlichkeit, $F(4, 100) = 10.56$, $p < .01$, mit signifikanten Kontrasten zwischen allen Zeitpunkten. Da im PFB die befragten Personen das Verhalten ihres Partners einschätzen, bedeutet dies hier, daß aus Sicht der Frauen die Männer sich ihrer Partnerin zunehmend seltener zärtlich zuwenden. Demgegenüber nahm das Streitverhalten (der Männer) aus der Sicht der Frauen tendenziell zu, $F(4, 100) = 2.4$, $p = .06$. Die Veränderungen auf der weiteren Skala Gemeinsamkeit / Kommunikation sowie in dem Glück in der Partnerschaft stellen keine statistisch bedeutsamen Verschlechterungen dar.

Auch bei den Vätern erwies sich die Abnahme der Werte auf der Skala Zärtlichkeit über die Zeit als statistisch hoch bedeutsam, $F(4, 80) = 7.19$, $p < .01$, vor allem vom ersten zum fünften Zeitpunkt. Außerdem beurteilten die Väter ihr Glück in der Partnerschaft über die Zeit hinweg statistisch bedeutsam als geringer, $F(4, 80) = 4.80$, $p = .02$.

Abbildung 2 zeigt die eindrucksvolle Abnahme der Partnerschaftsqualität in bezug auf die Variable Zärtlichkeit über die Zeit. In diese Abbildung sind zum fünften Meßzeitpunkt auch die Einschätzungen der Kontrollgruppe eingetragen, die unter 3.3.4 erläutert werden.

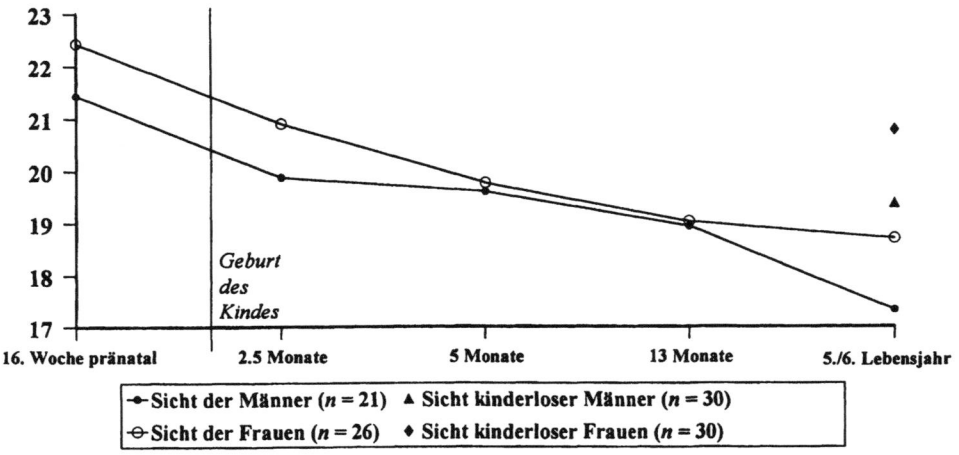

Abbildung 2: Einschätzungen der Mütter und Väter in der Skala Zärtlichkeit des PFB von Hahlweg (1979, 1996) über die fünf Meßzeitpunkte sowie der Kontrollgruppe zum fünften Meßzeitpunkt.

3.2 Vergleich zwischen den Einschätzungen der Frauen und der Männer der Elterngruppe

Die Frauen und Männer der Elterngruppe unterschieden sich nicht in ihren Einschätzungen der vier Partnerschaftsmerkmale des PFB im Verlauf der erfaßten Meßzeitpunkte vom Ende der Schwangerschaft bis zu 5 Jahren nach der Geburt des ersten Kindes.

3.3 Partnerschaftsqualität von Eltern im Zusammenhang mit anderen Faktoren

3.3.1 Belastung durch kritische Lebensereignisse

Stark und weniger stark durch Lebensereignisse belastete Väter unterscheiden sich nicht in ihrer Partnerschaftszufriedenheit. Anders bei den Frauen: Stärker belastete Mütter beurteilten nahezu durchgängig ihre Partnerschaft ungünstiger. Auf der Skala Streitverhalten erwies sich dieser Haupteffekt des Faktors „Belastung durch kritische Lebensereignisse" als signifikant; auf den anderen Skalen nicht, $F(1, 24) = 5.55$, $p < .05$. Stärker belastete Mütter geben häufigeres destruktives Streitverhalten ihrer Partner an als weniger belastete Mütter.

3.3.2 Einfluß der Kinderzahl

Für die 21 Väter konnte diese Frage nicht sinnvoll untersucht werden, hier wären die Teilstichproben zu klein geworden.

Zum letzten Meßzeitpunkt teilten sich die Mütter – wie schon erwähnt – auf in sechs Mütter mit einem Kind, 14 Mütter mit zwei und sechs mit drei Kindern. Überraschenderweise zeigten sich andere Verläufe in den Partnerschaftseinschätzungen als erwartet: Auf allen drei Skalen und im Merkmal Glück in der Partnerschaft gaben nahezu durchgängig die Mütter von drei Kindern die positivsten Einschätzungen ab; die Mütter von einem Kind äußerten sich auf jeder Skala zu jedem Zeitpunkt am ungünstigsten über ihre Partnerschaft. Der Haupteffekt des Faktors „Kinderzahl" erwies sich in der zweifaktoriellen Varianzanalyse (3 Kinderzahl x 5 Meßzeitpunkte) als signifikant für das eingeschätzte Glück in der Partnerschaft, $F(2, 23) = 3.82$, $p < .05$. Interessanterweise bestand diese Diskrepanz zwischen den Gruppen von Anfang an, also auch schon zu den Zeitpunkten, zu denen alle befragten Frauen mit dem ersten Kind schwanger waren und sich hinsichtlich der Kinderzahl noch nicht unterschieden.

In Abbildung 3 sind die Verläufe in der Einschätzung des „Glücks in der Partnerschaft" für die drei Gruppen von Frauen mit unterschiedlicher Kinderzahl dargestellt.

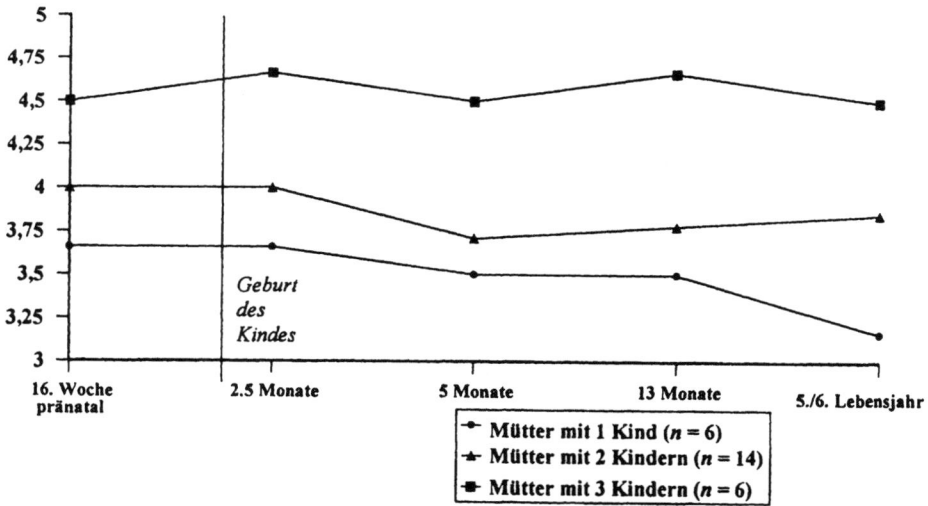

Abbildung 3: Einschätzungen des Glücks in der Partnerschaft aus der Sicht von Müttern mit einem Kind, zwei bzw. drei Kindern aus dem PFB von Hahlweg (1979, 1996) über die fünf Meßzeitpunkte.

3.3.3 Aufteilung der Hausarbeit

Auch hier erbrachten die t-Tests Ergebnisse, die der Hypothese entgegengerichtet sind: Die Frauen, die am Wochenende mehr als 70 % der Hausarbeit übernahmen, schätzten die partnerschaftliche Kommunikation der Tendenz nach positiver ein, $t(24) = 1.76$, $p = .09$. Für die Väter konnten keine Unterschiede ermittelt werden. Damit bestätigt sich eindeutig, daß eine traditionellere Arbeitsteilung mit höherer Partnerschaftsqualität einhergeht.

3.3.4 Vergleich der Elterngruppe mit der Kontrollgruppe kinderloser Paare

Beim Vergleich der Eltern mit den kinderlosen Paaren (jeweils Frauen und Männer zusammengenommen) zeigte sich, daß die Eltern seltener zärtliches und sexuell stimulierendes Verhalten ihrer Partner bzw. Partnerinnen erfahren (Abbildung 2 vergleicht Eltern- und Kontrollgruppen der kinderlosen Frauen und Männer zum letzten Meßzeitpunkt). Allerdings berichten Kinderlose auch häufigeres destruktives Streiten des Partners bzw. der Partnerin. Tabelle 1 gibt einen Überblick über die Einschätzungen der Partnerschaftsmerkmale von Eltern und Kinderlosen jeweils für Frauen und Männer gemeinsam.

Tabelle 1: Mittelwerte, Standardabweichungen und t-Werte der Eltern ($n = 50$) zum fünften Meßzeitpunkt und der Kinderlosen ($n = 60$) in den Partnerschaftsmerkmalen des PFB von Hahlweg

	Eltern		Kinderlose	t-Wert	p
Zärtlichkeit	M SD	18.03 4.58	20.07 4.29	$t(108) = -2.40$	$p = 0.02$*
Streitverhalten	M SD	6.44 3.81	8.40 4.74	$t(108) = -2.36$	$p = 0.02$*
Kommunikation	M SD	20.24 3.96	20.90 4.65	$t(108) = -0.79$	$p = 0.43$
Glück	M SD	3.82 0.87	4.00 0.69	$t(108) = -1.21$	$p = 0.23$

* $p < .05$.

3.4 Zusammenfassung und Diskussion der Ergebnisse

Sicherlich sollten die an einer eher kleinen Stichprobe gewonnenen Ergebnisse nicht überbewertet werden. Das gilt vor allem für die Ergebnisse der Teilstichproben, die wegen des dann geringen Stichprobenumfangs nur eingeschränkt interpretierbar sind. Dies ist bei größeren Stichproben wie z. B. in der Studie von Belsky und Rovine (1990) besser möglich. Klare Vorteile unserer Studie sehen wir in dem Längsschnittdesign über fast 6 Jahre und in der Einbeziehung einer Kontrollgruppe, die die Aussagekraft der Ergebnisse noch unterstützt.

Dennoch bleibt festzuhalten, daß die hier befragte, sozial eher begünstigte Elterngruppe in dem verwendeten Fragebogen im Verlauf der frühen Elternschaft erhebliche Beeinträchtigungen ihrer Partnerschaftsqualität angab.

Auch in unserer Studie hat sich der Partnerschaftsfragebogen PFB von Hahlweg, der im deutschsprachigen Raum häufig zur Einschätzung von Partnerschaftsqualität eingesetzt wird, als veränderungssensibles Instrument bewährt. Als deutlichster Indikator für eine ungünstige Entwicklung der Partnerschaftszufriedenheit hat sich die Einschätzung der körperlichen Zärtlichkeit und Kommunikation sexueller Wünsche an den Partner erwiesen. Frauen und Männer berichteten von einem gravierenden Rückgang im Austausch von Zärtlichkeiten während der Zeit vom Beginn der Schwangerschaft bis zu 5 Jahren nach der Geburt ihres ersten Kindes. Die in den Abbildungen 2 und 3 illustrierten mittleren Verläufe verdeutlichen, daß diese Veränderungen nicht nur in der Zeit des Übergangs zur Elternschaft bis zu den ersten Monaten nach der Geburt bestehen, wie zahlreiche Studien bereits zeigten, sondern auch noch 5 Jahre später. Die Kurvenverläufe für die Zärtlichkeit in der Partnerschaft zeigen ein deutliches Absinken von zärtlichen und sexuellen Interaktionen während des ersten Lebensjahres. Unsere Ergebnisse unterstützten und bestätigten noch einmal gleiche Befunde mit anderen Stichproben (Kalicki, Peitz, Fthenakis & Engfer, in diesem Band).

Interessant ist der deskriptive Befund, der aus einem Vergleich der Kurvenverläufe hervorgeht, daß aus der Sicht der Männer das Nachlassen der Zärtlichkeit ihrer Partnerin einhergeht mit einer Abnahme des eigenen Glücksgefühls in ihrer Beziehung. Bei den Frauen trifft diese Kovariation nicht zu, ihr Glücksgefühl ist nicht beeinträchtigt durch einen zunehmend geringeren Austausch von Zärtlichkeit.

Um diese Ergebnisse insgesamt einordnen zu können, kann man die Werte heranziehen, die Hahlweg (1996) für Personen in glücklicher bzw. in unglücklicher Partnerschaft angibt: Die Elternpaare unserer Stichprobe liegen auch zum fünften Meßzeitpunkt eindeutig im Bereich der glücklichen Paare, wobei der Begriff „glücklich" vermutlich eine gewisse Bandbreite an Einschätzungen umfaßt. Es sollte weiter erwähnt werden, daß die wechselseitige Beurteilung der Partner in diesem Fragebogen, mit der die Erhebung valider, behavioraler Daten begründet wird, auch zu Interpretationsschwierigkeiten der Befunde führen kann. Der Befund z. B. abnehmender Zärtlichkeit aus der Sicht der Frauen beinhaltet, daß die zärtliche Zuwendung ihrer Männer nachläßt. Wünschenswert wäre auch eine Ausdifferenzierung der Zufriedenheit in der Partnerschaft nach verschiedenen Bereichen wie Arbeit, Sexualität, Kinderbetreuung und ähnliches.

Eine kurze Diskussion erfordert der interessante Befund über die unterschiedlichen Ausprägungen des erlebten Glücks in der Partnerschaft von Frauen, die 5 Jahre nach ihrer ersten Geburt ein oder zwei weitere Kinder bekommen hatten.

Die in allen Partnerschaftsmerkmalen positivsten Einschätzungen gaben von Beginn der ersten Schwangerschaft an die Mütter, die am Ende unserer Untersuchung mit ihrem Partner drei Kinder bekommen hatten. Von diesen sechs Müttern waren vier während der ganzen Zeit nicht erwerbstätig und hatten eine traditionelle Arbeitsteilung im Haushalt, eine weitere Mutter begann nach dem 3. Kind eine wissenschaftliche Weiterqualifizierung und eine Mutter war kontinuierlich voll erwerbstätig.

Das Ergebnis der kleinen Stichprobe über hohe Partnerschaftsqualität und Zufriedenheit der Mehrkindmütter wird gestützt durch einen gleichartigen Befund von Vaskovics, Hofmann und Rost (1996, S. 71) in dem soziologischen Teil der Verbundstudie. Auch in der psychologischen Teilstudie bezeichneten die Mehrkind-Eltern ihre Partnerschaften als geglückter und glaubten, daß sie diese wirkungsvoll selbst gestalten können. Hier hatten Väter, die ihre Partnerschaften positiv beschrieben, schneller ein zweites Kind (Schneewind, Gotzler, Schlehlein, Sierwald & Weiß, 1996, S. 211). Dagegen ließ sich in unserer Studie die höhere Zufriedenheit nur für die Mütter untersuchen.

4   Chancen und Risiken

Welche Schlüsse lassen sich also – unter Berücksichtigung der genannten methodischen Grenzen – aus der vorliegenden Studie ziehen?

Die hier zitierten Ergebnisse können dahingehend interpretiert werden, daß es sehr wahrscheinlich mit der Geburt des ersten Kindes zu Veränderungen in der Paardynamik kommt, die sich, um mit den *Risiken* zu beginnen, u. a. in einem deutlichen und anhaltenden Absinken der Zärtlichkeit zwischen den Partnern zeigen. Die Daten der Väter weisen darauf hin, daß infolgedessen aus ihrer Sicht die Partnerschaftszufriedenheit insgesamt häufig abnimmt.

Möglicherweise verschärfen die mit einem Kind unvermeidbar verbundenen Belastungen Konflikte, die schon vor der Geburt zwischen den Partnern vorhanden waren, wie dies beispielsweise Prozeßmodelle von Belsky und Rovine (1990), Belsky, Lang und Rovine (1985), Cowan und Cowan (1988) und Engfer et al. (1988) vorschlagen.

Entscheidend ist, wie die Partner auf diese Veränderung reagieren können. Insofern ließe sich der Übergang zur Elternschaft als ein Lebensereignis auffassen, bei dessen Bewältigung verschiedene Kompetenzen des Paares entscheidend sind: nach Erfahrungen aus der Paartherapie sind dabei kommunikative Fähigkeiten von grundlegender Bedeutung (Hahlweg, Thurmaier, Engl, Eckert & Markman, 1993). Auch die hier befragte Elterngruppe, die im großen und ganzen die Erweiterung zur Familie nur als Abnahme der Partnerschaftsqualität von einem sehr hohen Niveau auf ein niedrigeres Niveau erlebte, verfügte nach den Einschätzungen auf der entsprechenden PFB-Skala über vergleichsweise gute Kommunikationsfähigkeiten. Diese könnten eine Schlüsselstellung in der Bewältigung der Veränderungen erhalten. Die Risiken des Elternwerdens liegen darin, daß Eltern ihre Interessen als Paar, und hier sind aus der Sicht beider Partner besonders die sexuellen Interessen betroffen, zumindest für eine Zeit von 5 Jahren eher zurückstellen und darüber nicht unbedingt einvernehmlich kommunizieren.

Die *Chancen* wollen wir unter den zwei folgenden Aspekten betrachten:

4.1 Chancen durch Wissensvermittlung zum „Übergang zur Elternschaft"

Die Erfahrung, daß die Erweiterung von der Paarbeziehung zur Familie ein sehr vielschichtiger und problembehafteter Prozeß ist, wird für die betroffenen Eltern vor allem dann enttäuschend sein, wenn sie konträr zu ihren Erwartungen verläuft. Nachdem jahrzehntelang von den Medien die Elternschaft in ein rosa Licht getaucht wurde, wird heute selbst von Illustrierten mit Beratungsangeboten ein differenzierteres Bild vermittelt. Eine realistischere Erwartungshaltung junger Paare gegenüber der Elternschaft und der Situation mit einem Neugeborenen könnte bei diesen eine gewisse Bereitschaft wecken, Beratungsangebote mit begleitenden Elterngruppen wahrzunehmen, wie sie z. B. Cowan und Cowan oder das ähnlich angelegte Münchner Projekt („Wenn aus Partnern Eltern werden", Deutscher Familienverband, 1998) oder der Kurs von Reichle (1997) vorsehen.

4.2 Chancen durch das Leben mit Kindern

Auch wenn der Fokus hier auf den konfliktbehafteten Aspekten des Übergangs zur Elternschaft liegt, sollte nicht völlig in den Hintergrund geraten, daß befragte Eltern regelmäßig von den Bereicherungen durch ihre Kinder berichten, die sie auf gar keinen Fall in ihrer Lebenserfahrung missen wollen. Positiv zu bewertende Veränderungen können auch auf der Paarebene stattfinden; hier sei auf unser Ergebnis hingewiesen, wonach Eltern Streit in der Partnerschaft als weniger destruktiv einschätzten als kinderlose Paare mit gleicher Dauer der Partnerschaft. Es ist denkbar, daß die Anwesenheit des Kindes dazu motiviert, Konflikte nicht eskalieren zu lassen. Die Verantwortung für das Kind kann auch ein Anstoß dafür sein, sich über wichtige Fragen der Erziehung und letztendlich über grundlegende Lebensziele auszutauschen. Es liegt vielleicht in einer grundsätzlichen Einstellung der Eltern begründet, ob sie diese Prozesse als nervenaufreibend und konflikthaft empfinden oder als Möglichkeit, den Partner und sich selbst aus einer neuen Perspektive kennenzulernen.

Möglicherweise sind es solche individuellen Bewältigungsstile von Belastungen, die auch bei dem überraschenden Ergebnis des Vergleichs der Mütter mit einem Kind und zwei bzw. drei Kindern eine Rolle spielen. Bei dieser Sichtweise würden die hier befragten Mehrfachmütter von Anfang an die mit dem Kind verbundenen Einschränkungen anders verarbeiten als die Mütter mit nur einem Kind und im Sinne von Reichle (1994) die Belastungen zwar durchaus registrieren, aber als eher vorübergehende Begleitumstände der von ihnen grundsätzlich positiv bewerteten Elternschaft verstehen.

Dabei ist es natürlich nicht unerheblich, welches Ausmaß diese Belastungen und Einschränkungen haben. Ein Risiko, das hier schließlich noch genannt werden soll, liegt sicherlich in der gegenwärtigen wirtschaftlichen Entwicklung, in der sich die finanzielle Situation für Eltern gegenüber kinderlosen Paaren verschlechtert, soziale Leistungen beschnitten und die Einschränkungen damit sehr vielfältig werden. Rollenvielfalt korreliert in der Regel mit der subjektiv empfundenen Zufriedenheit und könnte indirekt auch mit der Partnerschaftsqualität zusammenhängen. Freiräume in Form von organisierter Kinderbetreuung, beruflichen Wiedereinstiegsmöglichkeiten nach der Babypause, finanziellem Ausgleich etc. sollten deshalb nicht als Luxusgut nur für wirtschaftlich gute Zeiten verstanden werden.

5 Literatur

Belsky, J. & Rovine, M. (1990). Patterns of marital change across the transition to parenthood: Pregnancy to three years postpartum. *Journal of Marriage and the Family, 52,* 5-19.

Belsky, J., Lang, M. E. & Rovine, M. (1985). Stability and change in marriage across the transition to parenthood: a second study. *Journal of Marriage and the Family, 47,* 855-865.

Brüderl, L. (1989). *Entwicklungspsychologische Analyse des Übergangs zur Erst- und Zweitelternschaft.* Regensburg: Roderer.

Cochrane, R. & Robertson, A. (1973). The life events inventory: A measure of the relative severity of psycho-social stressors. *Journal of Psychosomatic Research, 17,* 135-139.

Cowan, P. A. & Cowan, C. P. (1988). Changes in marriage during the transition to parenthood: Must we blame the baby? In G. Y Michaels & W. A. Goldberg (Eds.), *The transition to parenthood. Current Theory and Research* (pp. 104-118). Cambridge: Cambridge University Press.

Deutscher Familienverband (Hrsg.). (in Druck). Handbuch Elternbildung. Opladen: Leske + Budrich.

Engfer, A., Gavranidou, M. & Heinig, L. (1988). Veränderungen in Ehe und Partnerschaft nach der Geburt von Kindern: Ergebnisse einer Längsschnittstudie. *Verhaltensmodifikation und Verhaltensmedizin, 9,* 297-311.

Gloger-Tippelt, G. (in Druck). Veränderungen der Partnerschaft durch die Geburt des ersten Kindes. Expertenbrief. Deutscher Familienverband (Hrsg.), *Handbuch Elternbildung.* Opladen: Leske + Budrich.

Gloger-Tippelt, G. & Huerkamp, M. (1998). Relationship change at the transition to parenthood and security of infant-mother attachment. *International Journal of Behavioral Development, 22, 3,* 633-655.

Gloger-Tippelt, G., Rapkowitz, I, Freudenberg, I. & Maier, S. (1995). Veränderungen der Partnerschaft nach der Geburt des ersten Kindes – Ein Vergleich von Eltern und kinderlosen Paaren. *Psychologie in Erziehung und Unterricht, 42,* 255-269.

Gloger-Tippelt, G., Ullmeyer, M. & Gomille, B. (1996). *Attachment models of parents and the quality of their partnership.* Paper presented at XIVth Biennial Conference of the International Society for the Study of Behavioral Development, Quebec.

Grant, H.-B. (1992). *Übergang zur Elternschaft und Generativität. Eine ökologisch-psychologische Studie über die Bedeutung von Einstellungen und Rollenauffassungen zur Elternschaft und ihr Beitrag zur Generativität.* Aachen: Shaker.

Hahlweg, K. (1979). Konstruktion und Validierung des Partnerschaftsfragebogens PFB. *Zeitschrift für Klinische Psychologie, 8,* 17-40.

Hahlweg, K. (1996). *Fragebogen zur Partnerschaftsdiagnostik (FPD).* Göttingen: Hogrefe.

Hahlweg, H., Thurmaier, F., Engl, J., Eckert, V. & Markman, H. (1993). Prävention von Beziehungsstörungen. *System Familie, 6,* 89-100.

Jurgan, S. (1998). *Väter beurteilen ihre Partnerschaft nach der Geburt des ersten Kindes.* Unveröffentlichte Diplomarbeit, Universität Heidelberg.

Laewen, H.-J., Rottman, U. & Ziegenhain, U. (1985). *Fragebogen an die Mutter zu wesentlichen Lebensereignissen in der Familie.* Berlin: Freie Universität, Psychologisches Institut.

MacDermid, S. M., Huston, T. L. & McHale, S. M. (1990). Changes in marriage associated with the transition to parenthood: Individual differences as a function of sex-role attitudes and changes in the division of household labor. *Journal of Marriage and the Family, 52,* 475-486.

McHale, S. M. & Crouter, A. C. (1992). You can't always get what you want: Incongruence between sex-role attitudes and family work roles and its implications for marriage. *Journal of Marriage and the Family, 54,* 537-547.

Meyer, H. J. (1988). Partnerschaft und emotionale Befindlichkeit von Eltern nach der Geburt ihres ersten und zweiten Kindes. In M. Cierpka & E. Nordmann (Hrsg.), *Wie normal ist die Normalfamilie?* (S. 43-62). Berlin: Springer-Verlag.

Petzold, M. (1990). Eheliche Zufriedenheit fünf Jahre nach der Geburt des ersten Kindes. *Psychologie in Erziehung und Unterricht, 37,* 101-110.

Reichle, B. (1994). *Die Geburt des ersten Kindes - eine Herausforderung für die Partnerschaft.* Bielefeld: Kleine Verlag.

Reichle, B. (1996). Der Traditionalisierungseffekt beim Übergang zur Elternschaft. *Zeitschrift für Frauenforschung, 4,* 70-89.

Reichle, B. (1997). *Eins und eins wird drei. Ein Kurs zur Vorbereitung von Paaren auf die erste Elternschaft.* Trier: Universität, Fachbereich I, Psychologie.

Ruge, K. (1996). *Mütter beurteilen ihre Partnerschaft nach der Geburt des ersten Kindes.* Unveröffentlichte Diplomarbeit, Universität Heidelberg, Psychologisches Institut.

Schneewind, K. A., Vaskovics L. A., Gotzler, P., Hofmann, B., Rost, H., Schlehlein, B., Sierwald, W. & Weiß, J. (1996). *Optionen der Lebensgestaltung junger Ehen und Kinderwunsch.* Verbundstudie-Endbericht. Schriftenreihe des Bundesministeriums für Familien und Senioren, Frauen und Jugend, Bd. 128.1. Stuttgart: Kohlhammer.

Schneewind, K. A., Gotzler, P., Schlehlein, B., Sierwald, W. & Weiß, J. (1996). Ergebnisse der psychologischen Teilstudie. In K. A. Schneewind, L. A. Vaskovics, P. Gotzler, B. Hofmann, H. Rost, B. Schlehlein, W. Sierwald & J. Weiß (Hrsg.), *Optionen der Lebensgestaltung junger Ehen und Kinderwunsch.* Verbundstudie-Endbericht. Schriftenreihe des Bundesministeriums für Familie, Senioren, Frauen und Jugend, Band 128.1 (S. 165-265). Stuttgart: Kohlhammer.

Vaskovics, L. A., Hofmann, B. & Rost, H. (1996). Ergebnisse der soziologischen Teilstudie. In K. A. Schneewind, L. A. Vaskovics, P. Gotzler, B. Hofmann, H. Rost, B. Schlehlein, W. Sierwald & J. Weiß (Hrsg.), *Optionen der Lebensgestaltung junger Ehen und Kinderwunsch.* Verbundstudie-Endbericht. Schriftenreihe des Bundesministeriums für Familien und Senioren, Frauen und Jugend. Band 128.1 (S. 37-164). Stuttgart: Kohlhammer.

White, L. K. & Booth, A. (1985). The transition to parenthood and marital quality. *Journal of Family Issues, 6,* 435-449.

Partnerschaftsentwicklung als Funktion von
Belastungen, Bereicherungen und anderen
Bedingungs- und Ereignismerkmalen

Übergang zur Elternschaft, Familienentwicklung und Generativität in drei Kontinenten – Ein interkulturelles Forschungsprojekt

Horst Nickel

1 Grundlagen und Konzeption eines kulturvergleichenden Projektes

1.1 Die Ausgangssituation: Sozialer Wandel und interkulturelle Forschung

Der Übergang zur Elternschaft bildet in den letzten Jahren auch in Deutschland Gegenstand zahlreicher Untersuchungen, die ihre jeweiligen Fragestellungen auf eine Vielzahl unterschiedlicher Teilaspekte ausrichten. Dabei steht aber fast ausschließlich die nationale Sichtweise im Vordergrund, so wie sich auch in der internationalen Forschung die weitaus meisten Arbeiten auf die Perspektive eines bestimmten Landes oder Kulturkreises beschränken. Andererseits beobachten wir aber in den letzten Jahrzehnten weltweit einen sozialen Wandel, der ganz besonders auch den familialen Bereich beeinflußt. Dabei haben sich vor allem auch die Erwartungen im Zusammenhang mit den jeweiligen Rollen und Funktionen von Müttern und Vätern mehr oder weniger tiefgreifend verändert.

Es stellt sich daher die Frage, inwieweit sich diese Veränderungen in den Befunden der verschiedenen nationalen Untersuchungen zum Übergang zur Elternschaft niederschlagen bzw. ob Veränderungen, die bei jungen Eltern eines Landes registriert werden, landesspezifisch geprägt sind oder als Ausdruck jenes weltweiten Umbruchs verstanden werden müssen. Diese Frage läßt sich erst durch einen kulturvergleichenden Untersuchungsansatz beantworten. Darüber hinaus kann dieser auch dazu beitragen, die Ergebnisse aus einzelnen Ländern, z. B. von deutschen Eltern, in ihrer tatsächlichen Bedeutung sowie hinsichtlich der sie bedingenden Faktoren besser zu verstehen.

Den Anstoß für das interkulturelle Forschungsprojekt, über das hier berichtet werden soll, gaben also zwei verschiedene Beobachtungen, die letztlich doch in einem inneren Zusammenhang stehen: Zum einen handelt es sich um den Rollen- und Einstellungswandel junger Eltern, der keineswegs auf die westliche Hemisphäre beschränkt ist. Zum anderen besteht ein offensichtliches Defizit an kulturvergleichenden Untersuchungen, die die Auswirkungen dieses Wandels auf den Übergang zur Elternschaft in unterschiedlichen Ländern bzw. Kulturkreisen erhellen könnten.

Der tiefgreifende Einstellungswandel, der sich in letzter Zeit bei jungen Frauen und Männern vollzieht, wurde schon vor knapp zwei Jahrzehnten in einer Langzeitstudie des Allensbacher Instituts für Demoskopie (1981) aufgedeckt. Er betrifft vor allem den familialen sowie den beruflichen Bereich und manifestiert sich in Deutschland seither in einer Vielzahl von Publikationen, ganz besonders zur Verbindung von Mutterschaft und Beruf sowie zur Rolle der sog. Neuen Väter (Lamb, 1987; Nickel & Ehlert, 1988). Im Zusammenhang mit fortschreitender ökonomischer Entwicklung und sog. Modernisierung ließ sich ein ähnlicher Wandel auch im internationalen Vergleich registrieren, nicht zuletzt bei den industriellen Entwicklungsländern Ostasiens (Cho, 1981; Lee, 1980; Shwalb, Imaizumi & Nakazawa, 1987).

1.2 Der Untersuchungsgegenstand: Einstellungen und generatives Verhalten

Veränderte Rollenauffassungen und Erwartungshaltungen beeinflussen nicht nur die gegenseitigen Beziehungen der Partner, sondern können sich auch tiefgreifend auf deren Auffassung von ihrer Rolle und Funktion als Eltern sowie auf ihre Einstellungen zu Kindern auswirken. Den ersten Untersuchungsgegenstand des vorliegenden Projektes bildeten daher Fragen nach dem Einfluß von Rollenerwartungen und Einstellungen auf das elterliche Verhalten gegenüber Kindern und auf die Beziehung der Eltern zueinander.

Parallel zu dem Einstellungswandel sind auch Änderungen im generativen Verhalten zu registrieren. Diese zeigen sich unter anderem in der wachsenden Zahl kinderloser Frauen und Männer sowie in einer sinkenden mittleren Kinderzahl pro Familie. Nicht nur in Deutschland (West und Ost) sind die Geburtenraten in den letzten Jahrzehnten stark zurückgegangen und teilweise sogar unter die Todesrate gesunken, sondern dieser Trend ist auch weltweit zu registrieren. Das gilt besonders für sog. Schwellenländer bzw. solche mit rapide steigender Industrialisierung. So sank z. B. die Geburtenrate in Südkorea innerhalb von 10 Jahren um 30 % (Miller, 1987). Der Wunsch, mehrere oder gar viele Kinder zu haben, nimmt außerdem mit der Dauer einer Ehe oder Partnerschaft bis zur Geburt des ersten Kindes deutlich ab (Bram, 1985).

Neben sozioökonomischen und sozialkulturellen Bedingungen besitzen auch psychologische Faktoren, insbesondere Einstellungen und Werthaltungen, einen erheblichen Einfluß auf das generative Verhalten junger Paare. Miller (1987) nennt hier neben der generellen Einstellung zur Geburtenhäufigkeit vor allem solche zu Wert und Kosten von Kindern sowie die Art der Partnerbeziehung bzw. ehelichen Interaktion. Der Fragenkomplex, inwieweit die Lebensumwelt junger Familien bzw. die spezifischen Erfahrungen junger Paare sowie ihre Rollenkonzepte für ihr generatives Verhalten bedeutsam sind und ob unterschiedliche Einstellungen und Werthaltungen dabei eine Rolle spielen, bildete einen zweiten Gegenstand dieses Forschungsprojektes.

1.3 Die Planung des Forschungsprojektes im universitären Verbund

Neue Bedingungen im Zusammenhang mit dem sozialen Wandel treten sicher zu verschiedenen Zeitpunkten des Familienlebens auf. Die vorliegenden Untersuchungen konnten sich jedoch aus Gründen einer notwendigen zeitlichen, organisatorischen und finanziellen Eingrenzung zunächst nur auf eine Phase der Familienentwicklung beziehen. Dafür erschien der Zeitabschnitt, der in der neueren Literatur als Übergang zur Elternschaft apostrophiert wird, besonders geeignet. In dieser Phase lassen sich sowohl

Gründe für die Familienbildung als auch die Einflüsse erster Erfahrungen auf junge Eltern am besten erfassen.

Da der soziale Wandel in unterschiedlichen Ländern zumindest teilweise von unterschiedlichen Faktoren ausgeht, ist zu erwarten, daß die Bedingungen, unter denen die Familienentwicklung heute stattfindet, in gewissem Ausmaß länderspezifisch geprägt sind. Andererseits könnte der weltweite Trend auch auf gewisse transkulturelle Übereinstimmungen hinweisen. Um eine Abgrenzung allgemeiner Entwicklungsmerkmale von umgebungsspezifischen Bedingungen zu ermöglichen, wurden die Untersuchungen von Anfang an unter kulturvergleichendem Aspekt angelegt. Dabei sollten in einer ersten Untersuchungsphase zwar verschiedene Länder mit unterschiedlichen Gesellschaftsstrukturen erfaßt werden, aber diese sollten keinen extrem abweichenden Industrialisierungsstand aufweisen, um in dieser Hinsicht eine gewisse Vergleichsbasis zu ermöglichen. Zugleich wurde eine enge Kooperation mit Wissenschaftlern bzw. Universitäten der betreffenden Länder angestrebt. Dafür erwies sich eine Unterteilung in Schwerpunkterhebungen und assoziierte Untersuchungen als sinnvoll.

Das Zentrum des Projektes befand sich am Institut für Entwicklungs- und Sozialpsychologie der Heinrich-Heine-Universität Düsseldorf. Hier wurde unter Leitung des Verfassers und Mitarbeit von Dr. Jürgen Vetter nicht nur das Projekt konzipiert, sondern dort wurden auch alle Untersuchungen koordiniert und nach Vorliegen der Ergebnisse aus den einzelnen Ländern die vergleichenden Analysen durchgeführt.[1]

Die sog. assoziierten Untersuchungen wurden in Zusammenarbeit mit Universitäten der betreffenden Länder im Rahmen eigenständiger Forschungsprojekte durchgeführt. Bisher konnten für diese Kooperation die Universitäten Leipzig (Prof. Dr. Klaus Udo Ettrich), Wien (Prof. Dr. Brigitta Rollett) und Ames / Iowa (Prof. Dr. Peter Martin) gewonnen werden. Insgesamt liegen zwischenzeitlich Ergebnisse aus folgenden Ländern vor: Deutschland (West und Ost), Österreich, Republik Korea sowie aus den US-Bundesstaaten Georgia und Iowa. Eine erste Pilotstudie, die von den o. a. Grundsätzen der Vergleichbarkeit abwich, wurde in der Jemenitischen Arabischen Republik durchgeführt (vgl. Anwer Karim, Ettrich & Krauß, 1996).

2 Das Rahmenkonzept der Untersuchungen

2.1 Theoretischer Hintergrund

Als theoretischer Bezugsrahmen für das Projekt bot sich im Hinblick auf die dargelegten Ausgangsbedingungen und Zielvorstellungen (vgl. 1.2) ein ökologisch-systemischer An-

---

[1] Von hier aus wurden die Erhebungen in folgenden Ländern durchgeführt, ausgewertet und als Einzelbefunde dargestellt: Bundesrepublik Deutschland (Grant, 1992; Nickel, Grant & Vetter, 1996), Republik Korea (Yang, 1990; Yang, Nickel, Quaiser & Vetter, 1994), US-Bundesstaat Georgia (Pesce-Trudell, 1992). In einer zweiten Untersuchungsphase wurden die Daten der drei Länder mittels einer Sekundäranalyse vergleichend ausgewertet, und zwar für Deutschland und Korea (Quaiser-Pohl, 1996; Quaiser-Pohl & Nickel, 1998) sowie für die Mütterdaten aus Georgia vs. Deutschland und Korea (Böttcher, 1998; Böttcher & Nickel, 1998).

satz nach Bronfenbrenner (1981, 1986a und 1986b) an. Dieser erschien am besten geeignet, die Wechselbeziehungen zwischen individuellen Variablen und Umweltfaktoren auf verschiedenen gesellschaftlichen Ebenen bis zum sozial-kulturellen Makrosystem zu erfassen (vgl. Nickel, 1994). Außerdem hatte er sich in seiner speziellen Anwendung auf die Familienentwicklung bereits in Erhebungen zu ähnlichen Fragestellungen bewährt (Nickel, 1988a, 1988b, in Druck; Petzold, 1991). Die Untersuchungen sollten alle Ebenen dieses Öko-Systems und ihre Wechselbeziehungen erfassen (vgl. dazu Nickel & Quaiser-Pohl, in Druck):

1. Das Mikrosystem Familien mit den beiden Elternteilen als ihren wesentlichen Trägern.
2. Das Mesosystem, in diesem Projekt erfaßt als Herkunftsfamilien und Freundeskreis.
3. Das Exosystem, hier repräsentiert durch das Bildungssystem sowie die Berufstätigkeit der Eltern.
4. Das Makrosystem, zum einen im Sinne soziokultureller Gegebenheiten verschiedener Länder, zum anderen aber auch als sozioökonomische und politisch-gesetzgeberische Rahmenbedingungen eines jeden einzelnen Landes.

2.2 Fragestellungen

Hauptgegenstand der Untersuchung sollten einerseits die Rollenauffassungen und Einstellungen werdender Eltern bilden, andererseits ihr generatives Verhalten (vgl. 1.2). Bezogen auf diese beiden Zielsetzungen wurden für das Gesamtprojekt sieben übergreifende Fragestellungen formuliert, die sich auf die Wirkungsweise von drei Kernvariablen beziehen:

1. Rollenerwartungen und kindbezogene Einstellungen;
2. Übergang zur Elternschaft;
3. Generativität.

Die ersten drei Fragestellungen sollen die Bedeutung von Einstellungen zur Mutter- bzw. Vaterrolle und kindbezogener Einstellungen sowie ihre möglichen Veränderungen während des Übergangs zur Elternschaft erfassen, sie lauten:

1. Ändern sich die Rollenerwartungen bzw. Einstellungen zum Kind von Müttern und Vätern beim Übergang zur Elternschaft?
2. Bestehen Zusammenhänge zwischen Rollenerwartungen bzw. kindbezogenen Einstellungen und entsprechenden Verhaltensweisen der Eltern?
3. Lassen sich Zusammenhänge zwischen unterschiedlichen Rollenauffassungen bzw. kindbezogenen Einstellungen und partnerschaftsbezogenen bzw. kindbezogenen Variablen nachweisen?

Drei weitere Fragestellungen betreffen die Bedeutung von Rollenauffassungen bzw. kindbezogenen Einstellungen im Kontext von generativem Verhalten und wurden wie folgt formuliert:

4. Zeigen sich bei Elterngruppen mit unterschiedlicher Generativität auch verschiedene Rollenauffassungen bzw. kindbezogene Einstellungen?
5. Können bei Elterngruppen mit unterschiedlicher Generativität auch Unterschiede in weiteren Variablen nachgewiesen werden, wie z. B. Einstellung zur Elternschaft, Dauer der Ehe/Partnerschaft, sozio-ökonomischem Status, Bildungsstand und Berufstätigkeit der Mütter?
6. Lassen sich Zusammenhänge zwischen Rollenerwartungen bzw. kindbezogenen Einstellungen und generativitätsassoziierten Variablen aufdecken?

Mit der sechsten Frage soll der Versuch unternommen werden, Rollenauffassungen und kindbezogene Einstellungen in ein Netzwerk von Variablen einzubinden, die alle in irgendeiner Weise mit generativen Unterschieden in Beziehung stehen. Generativität läßt sich allgemein durch Variablen definieren, die fördernd oder hemmend auf die Geburt von Kindern wirken. Insbesondere könnte das Ausbrechen aus der traditionellen Rolle, verbunden mit einer möglichen stärker egozentrierten Bewertung von Kindern mit reduzierter Generativität einhergehen.

Die letzte Fragestellung betrifft die interkulturelle Stabilität der Ergebnisse. Unter dieser Thematik soll versucht werden, allgemeine Zusammenhänge von länderspezifischen Befunden zu trennen. Diese für den interkulturellen Ansatz zentrale Frage wurde in knapper Form so formuliert:

7. Fallen einige oder alle Antworten auf die vorangegangenen Fragestellungen länderspezifisch oder transkulturell übereinstimmend aus?

2.3 Methode

2.3.1 Untersuchungsverfahren

Die Untersuchungsinstrumentarien bestanden aus mehreren Gruppen von Fragebögen, die nur teilweise als genormte Testinstrumente vorlagen, in der Mehrzahl mußten sie vielmehr für diese Erhebung an der Universität Düsseldorf neu entwickelt werden. Das gilt insbesondere für die Verfahren zur Erfassung elterlicher Rollenerwartungen und kindbezogener Einstellungen, aber auch für die Fragebögen zur Haushaltsaufteilung, Betreuungssituation und Verbindung von Mutterschaft und Beruf (vgl. Nickel, Grant & Vetter, 1990). Eine besondere Bedeutung kam dabei dem Fragebogen zu Rollenauffassungen und kindbezogenen Einstellungen zu. In entsprechenden Itemanalysen ließen sich in allen beteiligten Ländern drei Skalen identifizieren:

1. Traditionelle/Konservative vs. egalitäre Rolleneinstellungen, wobei eine konservative Einstellung durch hohe Werte auf dieser Skala, eine egalitäre durch entsprechend niedrige zum Ausdruck kommt.
2. Einstellungen zum Wert von Kindern, und zwar ausschließlich im psychologischen Sinne, analog dem „Value-of-children-Ansatz".

3. Einstellungen zur Belastung durch Kinder, sowohl im Sinne einer Einschränkung persönlicher Interessen und Bedürfnisse als auch infolge entsprechender Reaktionen der Öffentlichkeit bzw. Gesellschaft auf Kinder.

Bei deutschen Eltern ergab sich darüber hinaus noch eine vierte Skala, auf der solche Items luden, die die Einstellung zur Verbindung von Mutterschaft und Beruf thematisieren. Dieser Problemkreis besitzt offensichtlich nur für deutsche Eltern einen besonders hohen Stellenwert (vgl. Nickel & Quaiser-Pohl, 1999), darauf wird im folgenden Beitrag beim Vergleich deutscher und koreanischer Eltern noch näher einzugehen sein, dort findet sich auch eine nähere Erläuterung dieser Skalen anhand von Beispiel-Items (vgl. Quaiser-Pohl in diesem Band).

Weitere Fragebögen bezogen sich auf den Schwangerschaftsverlauf, die Haushaltsaufteilung, die Herkunftsfamilien, die Wohnsituation, den Freundeskreis und zum zweiten Meßzeitpunkt (vgl. dazu Kap. 2.3.2) auf die Betreuungssituation und den Umgang mit dem Kind. Insgesamt bestanden die Untersuchungsinstrumente damit aus den nachfolgend zusammengefaßten neun (Gruppen von) Fragebögen:

1. Fragebögen zu Rollenenauffassungen und kindbezogenen Einstellungen (Nickel et al., 1990) mit den vier bzw. drei o. a. Subskalen;
2. Fragebögen zur Haushaltsaufteilung;
3. Fragebogen zur Herkunftsfamilie;
4. Fragebogen zum Freundeskreis;
5. Fragebogen zum Schwangerschaftsverlauf;
6. Fragebögen zur Ambivalenz von Mutterschaft und Beruf;
7. Fragebögen zur Betreuungssituation;
   zur Anpassung an die Situation mit dem Kind,
   zum Umgang mit dem Kind;
8. Fragebögen zur partnerschaftlichen/ehelichen Zufriedenheit:
   Partnerschaftsfragebogen (PFB) von Hahlweg (1979) und
   amerikanische Übersetzung von Pesce-Trudell (1992),
   Marital Satisfaction Scale von Roach, Frazier & Bowden (1977) in der
   koreanischen Version nach Lee (1986);
9. Freiburger Persönlichkeitsinventar, Revidierte Fassung (FPI-R) von Fahrenberg, Hampel und Selg (1984), nur bei den deutschen Stichproben.

Außerdem wurde eine Reihe grundlegender soziodemographischer Merkmale (wie Alter, Religionszugehörigkeit, Schulbildung, Berufstätigkeit, Einkommen und Wohnsituation) erhoben sowie bedeutsame familiale Rahmenbedingungen (wie Familienstand, Kinderzahl, Kinderwunsch, Alter zu Beginn der Partnerschaft, Zustandekommen und Dauer der Beziehung/Partnerschaft/Ehe und Altersunterschied der Partner). Die partnerschaftliche Zufriedenheit wurde ergänzend zu den Fragebögen auch noch durch weitere Befragung mittels gezielter Einzel-Items erfaßt.

Alle Fragebögen und Einzelitems und demographischen Fragen wurden in zwei verschiedenfarbigen Heften für Mütter und Väter zusammengefaßt, und zwar in je einer Version für den ersten und zweiten Meßzeitpunkt (vgl. Kap. 2.3.2).

2.3.2 Der Untersuchungsplan

Der Übergang zur Elternschaft als Zeitspanne, in der ein Paar von einer Stufe der Elternschaft zur nächsten fortschreitet, wurde für die vorliegenden Untersuchungen auf den Zeitraum vom sechsten Schwangerschaftsmonat bis zum dritten Lebensmonat des Kindes begrenzt. Dafür spielten neben der aus praktischen bzw. untersuchungstechnischen Erfordernissen gebotenen zeitlichen Begrenzung der Erhebungen vor allem psychologische Erwägungen eine wichtige Rolle. Nach Gloger-Tippelt (1988) befinden sich die Eltern, ganz besonders die Mütter, im 6. Schwangerschaftsmonat in der sog. Konkretisierungsphase, in der das Bild vom erwarteten Kind auch durch die Wahrnehmung seiner Bewegungen immer deutlichere Gestalt annimmt. Mit dem dritten Lebensmonat des Kindes setzt für die Eltern verstärkt die Phase der Herausforderung und Umstellung ein, in der ihre elterliche Kompetenz besonders gefordert wird und eine Neuordnung der familialen Beziehungsmuster unausweichlich ist. Die vorliegenden Erhebungen erfaßten mit der vorgesehenen Zeitspanne also den wichtigsten Zeitabschnitt des Übergangsprozesses. Dieser sollte über den Elternschaftsstatus zu Beginn der Untersuchungen in folgender Weise variiert werden: Ersteltern (Übergang 0 - 1); Zweiteltern (Übergang 1 - 2) und Dritteltern (Übergang 2 - 3).

Das Alter der Mutter sollte im Bereich zwischen 20 und 38 Jahren liegen. Weiterhin war zunächst beabsichtigt, das Alter der Mutter und die Anzahl der Kinder nach einem vollständigen zweifaktoriellen Versuchsplan mit zwei Meßzeitpunkten zu variieren. Dieser gleichsam ideale Versuchsplan läßt sich in folgender Weise veranschaulichen (vgl. Tabelle 1).

Tabelle 1: Ideal-Versuchsplan zur Erfassung des Übergangs zur Erst-, Zweit- und Dritt-Elternschaft (die einzelnen Stichproben sind mit S und der jeweiligen Nummer gekennzeichnet)

Anz. Kinder	1. Meßzeitpunkt: 6. Schwangerschaftsmonat					2. Meßzeitpunkt: 3. Lebensmonat des Kindes				
	Altersklassen					Altersklassen				
	20-33	24-27	28-30	31-40	35-38	20-33	24-27	28-30	31-40	35-38
0	S1	S2	S3	S4	S5	S1	S2	S3	S4	S5
1	S6	S7	S8	S9	S10	S6	S7	S8	S9	S10
2	S11	S12	S13	S14	S15	S11	S12	S13	S14	S15

Bei der Durchführung der Untersuchungen ergaben sich jedoch eine Reihe von Problemen, durch die wir leider gezwungen wurden, von diesem Idealplan mehr oder weniger große Abstriche zu machen. Der gravierendste betrifft den Umstand, daß es nicht möglich war, in Deutschland infolge des o. a. Wandels im generativen Verhalten (vgl. 1.2) auch nur eine annähernd hinreichende Zahl von Dritteltern zu finden, die den

Einbezug dieser Gruppe in die statistischen Auswertungen gerechtfertigt hätte. Deshalb mußten wir bei den entsprechenden Vergleichen auf eine separate Erfassung des Übergangs von der Zweit- zur Dritt-Elternschaft leider verzichten, bei einzelnen Vergleichen wurden die Zweit- und Dritteltern später zu einer Gruppe der Mehrfacheltern zusammengefaßt (Nickel, 1990).

Weitere Einschränkungen ergaben sich dadurch, daß es nicht möglich war, alle Altersklassen – wie vorgesehen – gleichmäßig zu besetzen sowie den Umfang der Stichprobe in den einzelnen Ländern gleich groß zu halten. Darüber hinaus konnten für Georgia nur Mütterdaten ausgewertet werden, da nicht genügend Väter bereit waren, sich an den Erhebungen zu beteiligen. Der Stichprobenumfang, auf den sich die verschiedenen Vergleiche beziehen, variiert daher nicht nur in den einzelnen Ländern, sondern teilweise auch bei verschiedenen Fragestellungen.

Insgesamt liegt dem Versuchsplan ein Querschnitt-Längsschnitt-Design zugrunde. Dabei kennzeichnen die beiden Meßzeitpunkte (6. Schwangerschaftsmonat und 3. Monat nach der Geburt) den longitudinalen Ansatz, ein Vergleich von Erst- Zweit- und teilweise auch von Dritt-Eltern zum gleichen Meßzeitpunkt die Querschnitt-Betrachtung. Unter den verschiedenen Fragestellungen standen bei der Auswertung jeweils querschnittliche oder längsschnittliche Aspekte im Vordergrund, bzw. beide wurden in einem kombinatorischen Ansatz gemeinsam berücksichtigt.

2.3.3 Stichprobengewinnung und Durchführung der Untersuchung

Für die Rekrutierung der Stichproben wurde in allen beteiligten Ländern in erster Linie auf die Unterstützung durch Geburtskliniken zurückgegriffen, die werdende Mütter zur Vorsorgeuntersuchung aufsuchten. Darüber hinaus konnten auch gynäkologische Arztpraxen sowie Leiter von Familienbildungseinrichtungen bzw. Vorbereitungskursen für werdende Eltern zur entsprechenden Mitarbeit gewonnen werden.

2.3.3.1 Die Schwerpunktuntersuchungen

Die Haupt- bzw. Schwerpunktuntersuchungen wurden von der Heinrich-Heine-Universität Düsseldorf aus koordiniert. In der Bundesrepublik Deutschland erfolgten die Erhebungen in den Jahren 1988-1990 in allen sog. alten Bundesländern. Sie wurden von zwei Mitarbeiterinnen durchgeführt und von der Projektleitung überwacht. Insgesamt konnten unter Beachtung aller vorher festgelegten Ausschlußkriterien (z. B. komplikationsloser Verlauf von Schwangerschaft und Geburt) die Fragebögen von 219 Elternpaaren berücksichtigt werden (vgl. Grant, 1992; Nickel, Grant & Vetter, 1996).

In der Republik Korea – künftig kurz als Südkorea bezeichnet – wurde die Stichprobenrekrutierung durch eine koreanische Doktorandin des Instituts für Entwicklungs- und Sozialpsychologie der Universität Düsseldorf organisiert, die vor Ort von der Kyung-Hee-Universität in Seoul unterstützt wurde. Die Erhebungen erfolgten in den Jahren 1988-1989 schwerpunktmäßig in der Kyung-Hee-Universitäts-Klinik, der Dong-A-Klinik und der Cha-Klinik in Seoul sowie in verschiedenen Kliniken der Hafenstadt Pusan. Außerdem wirkten Studierende des Faches „Home Management" der Kyung-

Hee-Universität bei der Stichprobengewinnung mit (Yang, 1990; Yang, Nickel, Quaiser & Vetter, 1994). Insgesamt beteiligten sich 130 koreanische Eltern an dem Projekt.

Die Stichprobengewinnung in den US-Bundesstaaten Georgia und Iowa erfolgte mit Unterstützung der University of Georgia in Athens sowie der Iowa-State-University in Ames und wurde jeweils von Prof. Peter Martin, Ph.D., vor Ort koordiniert und betreut. In Georgia wurde sie in den Jahren 1991-1992 in Geburtskliniken und Arztpraxen des Raumes Athens durchgeführt und 101 Mütter zur Mitarbeit gewonnen (Pesce-Trudell, 1992). In Iowa konnte in den Jahren 1992-1993 in der Universitätsklinik der Iowa-State-University Ames mit Unterstützung studentischer Hilfskräfte nur noch eine kleine Stichprobe von 12 Elternpaaren für die Beteiligung an dem Projekt interessiert werden, die allerdings lediglich für einen inspizierenden Vergleich geeignet ist.

2.3.3.2 Die assoziierten Projekte

Die Stichproben der assoziierten Untersuchungen im Bereich der ehemaligen DDR und späteren sog. neuen Bundesländer sowie in Österreich wurden jeweils im Rahmen anderer, eigener Projekte der Psychologischen Institute der Universitäten Leipzig (Projektleitung: Prof. Dr. Klaus Udo Ettrich) und Wien (Projektleitung: Prof. Dr. Brigitta Rollett) erhoben, erfolgten aber im wesentlichen auf ähnliche Weise wie hier für das Hauptprojekt dargelegt (Ettrich & Ettrich, 1995; Rollett & Werneck, 1993, 1994, vgl. dazu Nickel & Quaiser-Pohl, in Druck, sowie die entsprechenden Beiträge in diesem Band). Basale Ergebnisse des Hauptprojektes und der assoziierten Untersuchungen wurden zwischenzeitlich auf mehreren wissenschaftlichen Tagungen bzw. Kongressen in gemeinsamen Arbeitsgruppen zur Diskussion gestellt. Für die kindbezogenen Einstellungen werdender Eltern und ihre Veränderungen beim Übergang zur Elternschaft sowie für die Entwicklung der partnerschaftlichen Zufriedenheit während dieses Zeitabschnittes liegen auch erste Publikationen zu gemeinsamen Analysen von Ländern der Hauptuntersuchungen und der assoziierten Projekte vor (Nickel, Quaiser-Pohl, Rollett, Vetter & Werneck, 1995; Werneck, Nickel, Rollett & Yang, 1996). Eine zusammenfassende Publikation aller Teiluntersuchungen einschließlich interkulturell vergleichender Analysen der Ergebnisse findet sich bei Nickel & Quaiser-Pohl (in Druck).

3   Probleme der transkulturellen Äquivalenz

Bei einer vergleichenden Analyse von Daten, die an Stichproben aus unterschiedlichen Gesellschaften bzw. Kulturen erhoben wurden, stellt sich stets die Frage, inwieweit die verwendeten Meßinstrumente sowie die damit erhobenen Merkmale bzw. Merkmalskonstrukte überhaupt vergleichbar sind, d. h. ob in den unterschiedlichen Kontexten wirklich dasselbe erfaßt wird oder — meßtheoretisch ausgedrückt — ob ein solcher Vergleich auf identischen Dimensionen stattfindet. Diese Frage einer Äquivalenz der Untersuchungsverfahren und damit einer Vergleichbarkeit der Ergebnisse bildet ein grundlegendes und keineswegs immer in befriedigender Weise zu lösendes Problem aller interkulturellen Untersuchungen (Nickel, 1994; Petzold, 1992; Trommsdorff, 1989). Solche

Äquivalenzfragen stellten sich in diesem Projekt einerseits in sprachlicher Hinsicht, andererseits im Hinblick auf die jeweilige Funktion der Erhebungsinstrumente.

In sprachlicher Hinsicht ergaben sich Äquivalenzprobleme unter zwei Aspekten: denotativ und konnotativ. Die denotative Äquivalenz betrifft das Problem, daß sich ein Begriff in einer anderen Sprache immer nur näherungsweise wiedergeben läßt. Zur Überprüfung wird in der Regel die Methode der Rückübersetzung verwendet. Dabei kann man durch wiederholtes Hin- und Rückübersetzen der betreffenden Texte, möglichst durch sog. native speaker, eventuelle Bedeutungsunterschiede aufdecken und korrigieren. Dieses Verfahren wurde sowohl zur Überprüfung der denotativen Äquivalenz der koreanischen als auch der englischen Fassung der Fragebögen verwendet.

Wesentlich aufwendiger und problematischer, d. h. in der Regel auch nur näherungsweise möglich, ist die Überprüfung der konnotativen Äquivalenz. Sie betrifft den Umstand, daß Begriffe in anderen Sprachen und sozio-kulturellen Zusammenhängen auch mit anderen Eindrücken, Gefühlen und Wertvorstellungen verbunden sein können. So durfte z. B. der Begriff „Partnerin" in Korea immer nur als „Ehefrau" übersetzt werden; alles andere wäre im vorliegenden Kontext falsch interpretiert worden, weil in Korea entsprechende Beziehungen nur zwischen Ehepartnern gesellschaftlich zulässig sind und freie Partnerschaften nicht gebilligt werden. Noch schwieriger als die Erstellung einer entsprechenden koreanischen Übersetzung erwies sich in dieser Hinsicht die Übertragung in das Arabische für die Pilotstudie im Jemen (Anwer Karim et al., 1996).

Ein noch schwierigeres Problem als die sprachliche Äquivalenz stellt die funktionale Äquivalenz dar. Hier geht es um die Frage, ob ein in einen anderen sozial-kulturellen Kontext übertragenes Meßinstrument noch dasselbe mißt, und ob somit ein Vergleich der Ergebnisse aus beiden unterschiedlichen Stichproben überhaupt zulässig ist. Diese Frage ist nur äußerst schwierig zu überprüfen. In der Literatur wurde sie unter verschiedenen methodischen Aspekten ausführlich diskutiert, u. a. auch hinsichtlich der Möglichkeit ihrer Bearbeitung mit Hilfe von Strukturgleichungsmodellen (Hesse, 1988). In dem vorliegenden Projekt wurde das Problem dadurch gleichsam ausgeklammert, daß auf eine gemeinsame statistische Analyse der Daten aus verschiedenen Ländern weitgehend verzichtet wurde und sich vergleichende Aussagen in erster Linie auf das Aufzeigen von Übereinstimmungen bzw. Differenzen in den Beziehungsmustern beschränkten. Sofern sich dabei stimmige Befunde ergeben, kann dies nach Hesse (1988) durchaus als eine Form der Bestätigung der funktionalen Äquivalenz gewertet werden.

4   Übergreifende Ergebnisse und ihre Einordnung

Da es im Rahmen dieses Überblicks über ein vielschichtiges kulturvergleichendes Projekt aus mehreren Ländern unmöglich ist, die Vielzahl der zwischenzeitlich vorliegenden Ergebnisse auch nur zusammenfassend wiederzugeben, sollen hier lediglich ausgewählte Befunde unter zwei übergreifenden Aspekten dargestellt werden.[2] Dabei beziehe ich mich vorwiegend auf die Befunde der Hauptuntersuchung in der Bundesrepublik

---

[2] Eine Gesamtdarstellung der Ergebnisse der verschiedenen Teiluntersuchungen findet sich bei Nickel und Quaiser-Pohl (in Druck).

Deutschland, Südkorea und dem US-Bundesstaat Georgia. Auf weitere Ergebnisse, insbesondere aus den assoziierten Projekten, wird lediglich an entsprechenden Stellen ergänzend verwiesen. In dem nachfolgenden Beitrag von Quaiser-Pohl werden sodann diese übergreifenden Befunde durch entsprechende Ergebnisse aus dem Vergleich Deutschland-Südkorea spezifiziert. Im übrigen muß auf die zahlreichen bereits angeführten Einzelpublikationen aus diesem Projekt verwiesen werden.

Die beiden Hauptaspekte, unter denen die Ergebnisse hier analysiert werden sollen, beziehen sich auf die eingangs geäußerte Erwartung, daß man mit einer solchen interkulturellen Untersuchung sowohl länderspezifische als auch kulturübergreifende Merkmale des Übergangs zur Elternschaft aufdecken könnte (vgl. 1.3). Diese Annahme wurde durchaus bestätigt und zugleich weiter differenziert. Bei der Auswertung zeigten sich zum einen für bestimmte Variablen erhebliche Unterschiede zwischen den einzelnen Ländern. Das bedeutet, daß es sich dabei um länderspezifische bzw. kulturabhängige Einflüsse handelt. Zum anderen fielen die Befunde bei einigen Variablen aber weitgehend übereinstimmend aus. Hier haben wir es offensichtlich mit länderunabhängigen transkulturellen Gemeinsamkeiten zu tun. Diese könnte man zunächst – wenigstens für die beteiligten Länder – im Sinne sog. universeller Gesetzmäßigkeiten verstehen, wie sie immer wieder in der kulturvergleichenden Forschung postuliert wurden (vgl. Petzold, 1992). Doch auch in solchen Fällen ließen sich bei weiteren Analysen durchaus modifizierende makrosystemische Einflüsse nachweisen, was einer solchen Interpretation wieder deutlich entgegensteht und eher auf die Bedeutung auch geringfügigerer Differenzen in ansonsten ähnlichen sozial-kulturellen Kontexten verweist (vgl. Nickel, 1994). Diese beiden Aspekte sollen nun an jeweils zwei Themenbereichen bzw. Fragestellungen verdeutlicht werden.

4.1 Länderspezifische und transkulturelle Effekte

4.1.1 Einstellungen und partnerschaftliche Zufriedenheit junger Mütter

Als Beispiel für das Nebeneinander von länderspezifischen und transkulturellen Effekten sei zunächst eine vergleichende Auswertung der Erst- und Zweit-Mütter aus Deutschland, Südkorea und Georgia/USA bezüglich ihrer Rollenauffassungen, kindbezogenen Einstellungen und partnerschaftlichen Zufriedenheit herangezogen (Böttcher & Nickel, 1998). Hier zeigte sich, daß von insgesamt vier Variablengruppen die Ergebnisse für zwei Gruppen in allen drei Ländern übereinstimmend, also kulturunabhängig ausfielen. Dies gilt zum einen für die Werteinstellungen gegenüber Kindern und zum anderen für die partnerschaftliche Zufriedenheit. Demgegenüber traten für die beiden anderen Variablengruppen signifikante Unterschiede zwischen den einzelnen Ländern auf, und zwar bei den Rollenauffassungen und bei den Einstellungen, Kinder als Belastung zu erleben. Im einzelnen bedeutet dies folgendes:

In allen drei Ländern sprechen Mütter, die ein zweites Kind erwarten, Kindern einen höheren Wert zu als erstmals Schwangere. Dies wird auch durch Befunde aus anderen Ländern der assoziierten Untersuchungen bestätigt, die ebenfalls darauf hinweisen, daß die Einstellungen zum Wert von Kindern bei der Entscheidung für ein weiteres Kind generell eine wichtige Rolle spielen. Diese Einstellungen sind also offensichtlich unabhängig vom jeweiligen sozial-kulturellen Kontext. Weiterhin läßt sich ebenfalls länderübergreifend eine Abnahme der partnerschaftlichen Zufriedenheit von Müttern mit ansteigender Kinderzahl beobachten. Analoges gilt übrigens auch für Väter und ist in letzter Zeit zunehmend unter dem Aspekt diskutiert worden, ob dieses Phänomen nicht eher als Folge der längeren Partnerschaftsdauer von Zweiteltern zu interpretieren sei. Die bisher dazu vorliegenden Befunde (z. B. von Gloger-Tippelt, Rapkowitz, Freudenberg & Maier, 1995; Schneewind et al., 1992) stützen diese Vermutung aber nicht.

Unter den Hauptergebnissen, die sich als deutlich länderspezifisch erwiesen, fällt ganz besonders die Einstellung zur Belastung durch Kinder auf. Sie steigt ausschließlich bei den deutschen Zweitmüttern signifikant an. Für diese scheint – im Unterschied zu den Zweitmüttern aus Südkorea und Georgia – die Geburt eines zweiten Kindes zumindest subjektiv mit sehr viel größeren Einschränkungen der persönlichen Lebensgestaltung einherzugehen. Dies wird auch durch den im folgenden noch darzustellenden Auswertungsansatz gestützt, daß nämlich junge Eltern aus Deutschland – Mütter und Väter gleichermaßen – hinsichtlich ihrer Einstellungen zur Problematik einer Familiengründung besonders sensitiviert reagieren, und zwar vermutlich als Folge eines spezifischen sozialkulturellen Makrosystems.

Neben dem Belastungserleben erwiesen sich auch die Rolleneinstellungen als deutlich länderspezifisch. Signifikante Unterschiede ergaben sich jedoch nicht – wie zunächst vermutet – in erster Linie für Korea, sondern für Georgia. Hier zeigten Zweitmütter deutlich konservativere Rollenkonzepte als Erstmütter. Auch das läßt sich aus der spezifischen Gesellschaftsstruktur und damit aus dem Makrosystem dieses alten Südstaates der USA erklären. So ergab sich in der multivariaten Analyse, daß sehr konservative Rolleneinstellungen insbesondere bei zwei Untergruppen auftreten, die traditionell zu einer höheren Kinderzahl neigen: zum einen bei bestimmten religiösen Gruppierungen, die in Georgia einen hohen Bevölkerungsanteil stellen, dazu gehören vor allem die sog. Freien Kirchen, und zum anderen bei jungen Frauen aus der höheren Gesellschaftsschicht, die in Georgia ebenfalls stark konservativ geprägt ist (vgl. Böttcher, 1998).

4.1.2 Rollenkonzepte und kindbezogene Werteinstellungen

Hinsichtlich der Rollenkonzepte ließen sich nicht nur bei Müttern deutliche länderspezifische Unterschiede nachweisen, sondern auch bei Vätern, wie andere Analysen ergaben. Umgekehrt weisen die Einstellungen, Kinder eher als Wert zu erleben, für beide Elternteile merkliche länderübergreifende Gemeinsamkeiten auf, die im Sinne transkultureller Effekte interpretiert werden können. Darüber hinaus bestehen zwischen beiden Einstellungen interessante Verflechtungen, die hier an einigen besonders auffallenden Befunden von Eltern aus Deutschland, Österreich und Südkorea demonstriert werden sollen (vgl. Werneck et al., 1996).

Eine Clusteranalyse, getrennt für Mütter und Väter sowie für die drei Länder, über die Skalen „Traditionelle/konservative Rollenauffassungen", „Kinder als Wert" und „Kinder als Belastung" ergab für beide Elternteile zunächst eine klare länderspezifische Klassifizierung nach Rollenkonzepten. Insgesamt wurden vier Cluster ermittelt: durchschnittliche, emanzipierte, deutlich emanzipierte und traditionelle Mütter- bzw. Väterrollen. Die Zuordnung der Eltern aus den drei Ländern erwies sich im Chi-Quadrat-Test als hochsignifikant. Eltern aus Südkorea fielen dabei durch eine vorrangige Zuordnung zum Cluster mit hohem Traditionalismuswert auf, das gilt für Väter mit 84 % noch weitaus stärker als für Mütter. Deutsche und österreichische Eltern finden sich dagegen häufiger in den beiden emanzipierten Clustern, und zwar deutsche mehr als österreichische in dem Cluster „deutlich emanzipiert", dabei Mütter wiederum mehr als Väter.

Die Ergebnisse der Einstellungsskala „Kinder als Wert" lassen global betrachtet in allen beteiligten Ländern eine bedeutsame Zunahme der Wertschätzung von Kindern bei Zweiteltern erkennen, aber auch schon vom ersten zum zweiten Meßzeitpunkt (je 3 Monate vor und nach der Geburt, vgl. 2.3.2) bei denselben Eltern. Diesen Befund kann man deshalb zunächst durchaus im Sinne einer transkulturellen Übereinstimmung werten, wie das für Mütter bereits dargelegt wurde (vgl. 4.1.1); analoge Befunde zeigten sich auch für Väter (Nickel, 1998). Darüber hinaus zeigen sich aber in einigen Analysen zusätzlich noch länderspezifische Differenzierungen, und zwar sowohl bezüglich des Ausmaßes dieses Anstiegs als insbesondere auch dann, wenn man nach den Prädiktoren dieser Werteinstellungen fragt. Dabei wird zugleich eine Wechselbeziehung mit den Rolleneinstellungen sichtbar. So erweisen sich in Südkorea die Rollenauffassungen als beste Prädiktoren für die Wertschätzung von Kindern. Diese ist umso größer, je konservativer die Eltern eingestellt sind; das gilt gleichermaßen für Mütter und Väter (Werneck et al. 1996; Nickel, 1998). Diese Befunde dürften ebenso wie die generell hohen Traditionalismuswerte koreanischer Eltern darauf hinweisen, daß in Südkorea trotz rapider industrieller Modernisierung und eines damit einhergehenden gesellschaftlichen Umbruchs im familialen Bereich die überkommenen konfuzianischen Wertvorstellungen noch deutlich dominieren (vgl. Cho, 1981; Lee, 1980; Yang, 1990). In Deutschland und auch in Österreich lassen sich die kindbezogenen Werteinstellungen dagegen am besten durch den Grad der Bedeutung vorhersagen, die Mütter und Väter Kindern für sich selbst zuschreiben, sowohl im Sinne einer Bestätigung ihrer eigenen Gebär- und Zeugungsfähigkeit als auch hinsichtlich ihrer Stellung in der Familie.

Ein weiterer Unterschied in der Vorhersagbarkeit der Werteinstellungen gilt nur für die Mütter und betrifft deren Einstellung zur Berufstätigkeit. Hier zeigen sich interessante Übereinstimmungen zwischen Müttern aus Deutschland und Südkorea, wo die Einstellung zur Berufstätigkeit einen signifikanten Prädiktorwert für ihre Werthaltungen gegenüber Kindern besitzt, während sich für österreichische Mütter kein entsprechender Einfluß nachweisen läßt. Dies gibt zu der Überlegung Anlaß, ob für österreichische Frauen die Verbindung von Mutterschaft und Beruf entweder kein so wesentliches Thema darstellt oder ob diese aufgrund landesspezifischer Gegebenheiten weniger problematisch zu realisieren ist als in Deutschland und Südkorea. Dabei ist zugleich anzunehmen, daß die makrosystemischen Bedingungen, die in diesen beiden Ländern dem analogen Befund zugrundeliegen, wiederum sehr unterschiedlich sind.

Darüber hinaus weisen die hier dargestellten Befunde darauf hin, daß es eine verkürzte Sichtweise bedeuten würde, wollte man makrosystemische Einflüsse nur in gravierenden sozial-kulturellen Unterschieden vermuten, wie sie zwischen deutlich verschiedenen Kulturen bestehen, hier etwa zwischen Deutschland und Südkorea. Gerade die Tatsache, daß die Befunde aus Österreich nicht in dem Ausmaß, wie vielleicht zunächst vermutet, mit denen aus Deutschland übereinstimmen und sich andererseits von Südkorea unterscheiden, legt die Annahme nahe, daß auch innerhalb solcher Länder, die man zunächst demselben Kulturkreis zuordnet, merkliche Differenzen im sozialkulturellen bzw. politisch-ökonomischen Makrosystem die Ergebnisse familienpsychologischer Untersuchungen deutlich beeinflussen können (Nickel, 1994). Auf diese Wechselbeziehungen zwischen transkulturellen Übereinstimmungen einerseits und dem modifizierenden Einfluß einzelner makrosystemischer Variablen andererseits soll im folgenden an zwei weiteren Teilbefunden des Projektes exemplarisch noch näher eingegangen werden.

4.2 Makrosystemische Einflüsse auf transkulturelle Trends

Lag bisher der Schwerpunkt der Darstellung auf einem Nebeneinander von länderspezifischen Effekten einerseits und länderübergreifenden Gemeinsamkeiten oder sog. transkulturellen Effekten andererseits, so soll in diesem Abschnitt verdeutlicht werden, daß wir auch bei weitgehend übereinstimmenden Befunden in den beteiligten Ländern durchaus noch mit nachhaltigen modifizierenden Einflüssen des jeweiligen landesspezifischen Makrosystems rechnen müssen. Das eine Beispiel betrifft die Anpassung junger Eltern an die Situation mit dem Kind und damit die Art der Bewältigung des Übergangs zur Elternschaft, das andere das Problem der Veränderung der partnerschaftlichen Zufriedenheit.

4.2.1 Die Anpassung junger Eltern an die Situation mit dem Kind

Für alle beteiligten Länder konnten – getrennt nach Erst- und Zweiteltern bzw. Müttern und Vätern – hinsichtlich ihrer Anpassung an die Situation mit dem Kind mittels der hierarchischen Clusteranalyse jeweils mehrere (in der Regel fünf oder sechs) Gruppen ermittelt werden, die eine mehr oder weniger erfolgreiche oder auch erfolglose Bewältigung des Übergangs zur Elternschaft anzeigen. Dabei ergab sich eine weitere grundsätzliche Übereinstimmung über alle beteiligten Länder hinweg derart, daß jeweils ein Cluster jene Mütter und Väter umfaßte, denen die Anpassung an das Kind relativ problemlos gelang, und ein anderes diejenigen, bei denen eher eine mißlungene Bewältigung des Übergangs anzunehmen war. Diese beiden Cluster umfaßten jedoch weniger als die Hälfte aller Eltern, wobei die Zahl derer mit einer gelungenen Anpassung in der Regel etwas größer war. Der weitaus größere Teil der Eltern fand sich in den anderen Clustern, die dadurch gekennzeichnet waren, daß die Bewältigung des Übergangs zwar in einigen Bereichen mehr oder weniger gelungen schien, gleichzeitig aber in anderen noch deutliche Schwierigkeiten bereitete.

Diese zunächst weitgehende transkulturelle Übereinstimmung in den generellen Befunden wird jedoch durch unterschiedliche länder- bzw. kulturspezifische Einflüsse nachhaltig modifiziert, wenn man danach fragt, in welcher Weise verschiedene Einstellungs- und Verhaltensvariablen in diese Bewältigungsmuster eingehen. Dann zeigt sich, daß diese den Anpassungsprozeß in den einzelnen Ländern sehr unterschiedlich beeinflussen. Das sei beispielhaft durch einen Vergleich deutscher und koreanischer Eltern verdeutlicht (Quaiser-Pohl, 1996).

	Variablen	Deutsche Eltern	Südkoreanische Eltern
1.	Rolleneinstellungen	hoch	gering
2.	Einstellungen zu Kindern als Wert	hoch	Mütter: hoch Väter: gering
3.	Einstellungen zu Kindern als Belastung	hoch	Mütter: gering Väter: hoch
4.	Partnerschaftliche Zufriedenheit	hoch	Mütter: gering Väter: hoch
5.	Einstellung zum Problem Mutterschaft und Beruf	hoch	gering
6.	Berufsausübung durch die Mutter	gering	hoch
7.	Haushalts- und Pflegetätigkeit	gering	hoch
8.	Kinderzahl	Mütter: hoch Väter: gering	gering

Abbildung 1: Einflüsse von Einstellungs- und Verhaltensvariablen auf die Bewältigung des Übergangs zur Elternschaft in Deutschland und Südkorea („hoch" zeigt an, daß diese Variable einen bedeutsamen Einfluß auf eine gelungene Bewältigung des Übergangs besitzt, „gering" heißt, daß der Einfluß dieser Variablen unbedeutend ist).

In Abbildung 1 sind die einzelnen Variablengruppen hinsichtlich der Frage aufgeführt, ob ein hoher oder eher ein geringer, unbedeutender Einfluß auf eine gelungene bzw. weniger erfolgreiche Bewältigung der Anpassung an das Kind nachgewiesen werden konnte. Wie die Übersicht zeigt, kommt bei deutschen Eltern in erster Linie den verschiedenen Einstellungsvariablen (1 - 5) ein großer Einfluß zu, während dies bei koreanischen Eltern nur gelegentlich und auch dann jeweils nur bei einem Elternteil (Mutter oder Vater) der Fall ist. Dagegen erwiesen sich in Südkorea vor allem die beiden Variablengruppen 6 und 7 als besonders bedeutsam; sie beziehen sich jedoch nicht auf Einstellungen, sondern auf das tatsächliche Verhalten. Diese Variablen wiederum sind für deutsche Eltern nur von geringer Bedeutung.

Dieser Befund bestätigt außerdem andere Ergebnisse – wie sie u. a. auch bei den verschiedenen Einstellungsskalen auftraten –, daß deutsche Eltern in dieser Hinsicht besonders sensibilisiert zu sein scheinen. Das zeigte sich weiterhin bei der Frage nach der Vereinbarkeit von Mutterschaft und Beruf sowie hinsichtlich der Verteilung der familialen Pflichten und Aufgaben. Bei einer Reihe deutscher Väter konnte zum zweiten Erhebungszeitpunkt (3 Monate nach der Geburt) in diesem Kontext sogar eine ausgesprochene Streßsymptomatik registriert werden bis hin zu psychosomatischen Reaktionen (Grant, 1992; Nickel et al., 1996). Andererseits hatten deutsche Väter in den Einstellungsskalen eine ausgesprochen egalitäre Rollenauffassung bekundet, und zwar am weitaus stärksten von allen untersuchten Ländergruppen. Möglicherweise reagierten sie mit jenen Symptomen nun auf die Erfahrung, daß sie angesichts konkreter Anforderungen ihre bisherigen egalitären Einstellungen praktisch nicht zu realisieren vermochten. Folgerichtig zeigte sich bei deutschen Vätern im Verlauf der weiteren Familienentwicklung auch ein deutlicher Traditionalisierungseffekt, der sich schon in der Zeit zwischen Schwangerschaft und drittem Lebensmonat des Kindes andeutet, dann aber bei Zweitvätern massiv zutage tritt (Nickel & Quaiser-Pohl, 1999).

Die Tatsache, daß solche Einstellungsvariablen für koreanische Eltern nur geringe Bedeutung besitzen und dafür konkrete Alltagserfahrungen mit der Aufteilung der Haushalts- und Pflegetätigkeit sowie der mütterlichen Berufsausübung stärker ins Gewicht fallen, dürfte auch mit der grundsätzlich pragmatischeren Haltung des Konfuzianismus im Zusammenhang stehen. Diese kulturspezifischen Einflüsse im Erleben junger Eltern, die in Südkorea trotz aller Modernisierungstendenzen noch sehr stark von der konfuzianischen Lehre beeinflußt sind, wird Quaiser-Pohl in ihrem nachfolgenden Beitrag noch anhand spezifischer Befunde zur Bedeutung von Rollenauffassungen und kindbezogenen Einstellungen näher analysieren.

4.2.2 Partnerschaftliche Zufriedenheit und ökologisches Netzwerk

Vergleicht man die partnerschaftliche Zufriedenheit von Erst- und Zweiteltern im Sinne einer querschnittlichen Betrachtung, dann kann man in allen beteiligten Ländern eine deutliche Abnahme im Sinne einer transkulturellen Übereinstimmung feststellen (vgl. 4.1.1). Dennoch zeigt sich bei weiteren Analysen, daß das Ausmaß dieses generellen Trends nicht überall gleich groß ausfällt. Mit Abstand am größten erweist es sich in den Ländern der alten Bundesrepublik Deutschland. Dort ist der Rückgang numerisch etwa doppelt so groß wie in Österreich, Korea und Georgia und statistisch hochsignifikant, während er für diese Länder nur auf dem 5 %-Niveau gesichert werden konnte (Nickel et al., 1995).

Diese Befunde weisen insgesamt darauf hin, daß der generelle länderunabhängige Trend eines Rückgangs der partnerschaftlichen Zufriedenheit durchaus von länderspezifischen Einflüssen überlagert wird. Zur Aufdeckung der Konfundierung mit anderen Variablen wurde die univariate Datenauswertung durch eine ökopsychologisch orientierte multivariate Analyse ergänzt. Dafür wurden solche Variablen herangezogen, von denen man annehmen konnte, daß sie sich im Längsschnitt nicht verändern würden. Dazu gehörten zum einen verschiedene Zeitvariablen (z. B. Alter der Frauen zu Beginn der Partnerschaft/Ehe, Dauer bis zum ersten Kind, Altersdifferenz der Partner), zum anderen Merkmale der Herkunftsfamilie (z. B. Geschwisterzahl der Eltern, sozial-emotionales Klima, Berufstätigkeit der eigenen Mutter); ferner gingen die Art der Schulbildung und die Berufstätigkeit als zusätzliche Variablen in die Analyse ein. Für die zu untersuchenden Fragestellungen wurden Pfad- bzw. Strukturgleichungsmodelle formuliert, in denen die partnerschaftliche Zufriedenheit die Zielvariable darstellte; anschließend wurde das Modell nach Ländern getrennt über multiple Regressionsanalysen statistisch überprüft (Nickel et al., 1995). Die Ergebnisse dieses Auswertungsansatzes bestätigten nicht nur die Annahme der Wirkung länderspezifischer Faktoren, sondern sie deckten in den einzelnen Ländern auch die Bedeutung verschiedener interkultureller Einflußvariablen auf. Einige besonders herausragende Befunde seien im folgenden kurz zusammengefaßt:

Auffallend war zunächst die unterschiedliche Komplexität des Beziehungsgefüges in den beteiligten Ländern. Sie war für Deutschland mit Abstand am größten, während sie für Österreich ein mittleres und für Südkorea das weitaus geringste Ausmaß aufwies (Georgia nahm dabei wegen der Beschränkung auf Mütter eine Sonderstellung ein). Hinsichtlich fördernder oder hemmender Einflüsse auf die partnerschaftliche Zufriedenheit ergaben sich für die vier beteiligten Länder neben generellen Übereinstimmungen auch bedeutsame Unterschiede (Nickel, 1996). So nahm Österreich z. B. eine deutliche Sonderstellung bezüglich der Bedeutung der Herkunftsfamilie ein. Sowohl für österreichische Mütter als auch für Väter scheint die eigene familiale Sozialisation – im Unterschied zu den drei anderen Ländern – eine besondere Bedeutung für die partnerschaftliche Zufriedenheit zu besitzen. Dies könnte auf eine Erziehung hinweisen, die sich stark an Familienbindungen orientiert bzw. diesen eine große Bedeutung zugesteht. Weiterhin fielen österreichische Eltern dadurch auf, daß die partnerschaftliche Zufriedenheit des Vaters bedeutsam durch die der Mutter beeinflußt wird, während sich in Südkorea und Deutschland ein umgekehrter Einfluß zeigte. Dies könnte eventuell auf einen Kippeffekt eines ansonsten eher ausgeprägten Traditionalismus in Österreich hinweisen (vgl. 4.1.2).

Recht unterschiedliche länderspezifische Auswirkungen auf die partnerschaftliche Zufriedenheit ergaben sich bezüglich der Berufstätigkeit junger Mütter. In Georgia und Südkorea hat sie einen positiven Einfluß, in Deutschland dagegen einen deutlich negativen, und für Österreich ließ sich weder ein fördernder noch ein hemmender Effekt nachweisen. Dieser Befund muß wohl im Zusammenhang mit einem anderen Ergebnis zur Veränderung der Berufstätigkeit in Abhängigkeit von der Kinderzahl gesehen werden, also bei werdenden Erst- und Zweitmüttern (Nickel, 1996): Während sich für letztere in Georgia und Südkorea keine bedeutsame Veränderung des beruflichen Engagements registrieren ließ, nahm die Berufstätigkeit in Deutschland mit steigender Kinderzahl in dramatischer und statistisch hochsignifikanter Weise ab; für Österreich ergab sich dagegen ein numerisch nicht einmal halb so großer Rückgang, der nur noch auf dem 5 %-Niveau gesichert werden konnte (Nickel et al., 1995). Die negativen Einflüsse dieser Tatsache auf die Partnerschaftsbeziehungen deuten zugleich an, daß junge Eltern in

Deutschland – im Unterschied zu den anderen untersuchten Ländern – subjektiv diese Situation als wenig zufriedenstellend bzw. problematisch erleben (vgl. Nickel & Quaiser-Pohl 1999, vgl. dazu auch den Beitrag von Quaiser-Pohl in diesem Band).

5 Schlußfolgerungen und Ausblick

Der Konzeption des Projektes lag die Annahme zugrunde, daß die Familienentwicklung beim Übergang zur Elternschaft zwar einerseits durch das jeweilige Ökosystem des betreffenden Landes wesentlich beeinflußt wird, daß aber der gegenwärtig zu beobachtende weltweite Rollen- und Einstellungswandel junger Eltern andererseits auch zu länderübergreifenden, quasi transkulturellen Übereinstimmungen führen könnte (vgl. 1.1 u. 1.3). Diese Annahme wurde durch die vorliegenden Ergebnisse weitgehend bestätigt. So ließen sich bei einigen Variablengruppen eindeutige und signifikante länderspezifische Unterschiede erkennen; dies gilt insbesondere für das Ausmaß an Traditionalismus vs. Emanzipation bzw. Egalität in den Rollenkonzepten von Müttern und Vätern sowie für die von ihnen erlebte Belastung durch Kinder, wobei zwischen beiden wiederum merkliche Wechselbeziehungen bestehen. Andere Variablengruppen dagegen erbrachten keine bedeutsamen länderspezifischen Effekte, sondern zeigten über alle untersuchten Länder bzw. sozialkulturellen Makrosysteme hinweg so deutliche transkulturelle Übereinstimmungen, daß es zunächst nahelag, sie als weitgehend kulturunabhängig zu interpretieren. Dies gilt vor allem für die Einstellung, Kinder als Wert zu betrachten, und für den Rückgang der partnerschaftlichen Zufriedenheit mit der Geburt eines ersten oder gar zweiten Kindes.

Weitergehende Analysen, insbesondere ökopsychologisch orientierte multivariate Auswertungsansätze, ergaben jedoch, daß diese Interpretation im Sinne einer transkulturellen Übereinstimmung auch für die betreffenden Variablen nur im Sinne eines generellen Trends haltbar ist und vor allem bezüglich der bedingenden Faktoren modifiziert, wenn nicht gar revidiert werden muß. So waren es in den einzelnen Ländern teilweise sehr unterschiedliche Faktoren des spezifischen Ökosystems, die zu den in der univariaten Auswertung ermittelten Übereinstimmungen führten, bzw. es zeigten sich gerade auf dieser Ebene auch dort gravierende länderspezifische Unterschiede, wo sich zunächst ein transkultureller Entwicklungstrend anzudeuten schien, wie z. B. bei der Abnahme der partnerschaftlichen Zufriedenheit.

Ein weiteres auffallendes Ergebnis dieses Projekts bedarf noch einer besonderen Erwähnung: Unabhängig von den teilweise wechselnden Übereinstimmungen oder Unterschieden zwischen den beteiligten Ländern zeichneten sich die Befunde an deutschen Eltern – und dabei handelt es sich um solche aus der alten Bundesrepublik – in vielen Bereichen durch besonders ungünstige Werte aus (vgl. Nickel & Quaiser-Pohl, 1999). Sie erlebten Kinder nicht nur signifikant stärker belastend als Eltern der anderen Länder, sondern auch die Abnahme der partnerschaftlichen Zufriedenheit war numerisch mehr als doppelt so groß und statistisch hochsignifikant. Gravierende Unterschiede zu den Eltern aller anderen Länder ergaben sich auch in mehreren anderen Bereichen, von der Art der Bewältigung der Rollenaufteilung bis zum Problem der Vereinbarkeit von Mutterschaft und Beruf. Auf die Frage nach den Ursachen dieser auffälligen Befunde bzw. nach Strategien und Maßnahmen, die sich dazu aus gegenwärtiger Sicht als Hilfe zur Bewältigung dieser Problematik anbieten, wird Quaiser-Pohl im Anschluß an eine spezifische Problemanalyse in ihrem nachfolgenden Beitrag noch näher eingehen.

Hier sei abschließend nur noch darauf hingewiesen, daß die Ergebnisse des vorliegenden Projekts zum einen die Notwendigkeit kulturvergleichender Untersuchungen zu diesem Abschnitt der Familienentwicklung vollauf bestätigen, und daß sie zum anderen zeigen, wie ein ökopsychologisch orientierter interkultureller Ansatz ganz wesentlich dazu beitragen kann, die unterschiedlichen mikro- und makrosystemischen Einflußvariablen auf die verschiedenen Aspekte des Übergangs zur Elternschaft im einzelnen näher zu erfassen. Darüber hinaus kann eine interkulturell angelegte Forschung den komplizierten Umstellungs- und Anpassungsprozeß der Familiengründung nicht nur aus einer neuen Perspektive darstellen, sondern sie ermöglicht es auch, über den Vergleich zwischen verschiedenen Ländern die Probleme deutscher Eltern in ihrem vielschichtigen Bedingungsgefüge besser zu verstehen.

6 Literatur

Allensbacher Institut für Demoskopie (1981). Thema Hausmann. *Allensbacher Berichte Nr. 17.*

Anwer Karim, M., Ettrich, K. U. & Krauß, H. (1996). Elternschaft in Ost-Deutschland und der Jemenitischen Arabischen Republik. In K. U. Ettrich & M. Fries (Hrsg.), *Lebenslange Entwicklung in sich wandelnden Zeiten.* (S. 305-313). Landau: Verlag für Empirische Pädagogik.

Böttcher, A. (1998). *Junge Mütter und Familienentwicklung im Kulturvergleich. Kindbezogene Einstellungen, Rollenauffassungen, Berufstätigkeit und partnerschaftliche Zufriedenheit werdender Erst- und Zweitmütter aus Geogia / USA im Vergleich zur Bundesrepublik Deutschland und der Republik Korea – eine ökopsychologische Untersuchung.* Dissertation, Heinrich-Heine-Universität Düsseldorf. (Publiziert unter dem Titel *Wege in die Elternschaft.* St. Augustin: Gardez!-Verlag.)

Böttcher, A. & Nickel, H. (1998). Mütterliche Einstellungen und familiale Veränderungsprozesse beim Übergang zur Elternschaft im Kulturvergleich. *Psychologie in Erziehung und Unterricht, 45,* 92-112.

Bram, S. (1985). Childlessness revisited: a longitudinal study of voluntarily childless couples, delayed parents, and parents. *Lifestyles: a Journal of Changing Patterns, 8,* 46-66.

Bronfenbrenner, U. (1981). *Die Ökologie der menschlichen Entwicklung.* Stuttgart: Klett-Cotta.

Bronfenbrenner, U. (1986a). Ecology of the family as a context for human development: research perspectives. *Developmental Psychology, 22,* 723-742.

Bronfenbrenner, U. (1986b). Recent advances on the ecology of human development. In R. K. Silbereisen, K. Eyferth & G. Rudinger (Eds.), *Development as action in context* (pp. 287-309). Berlin: Springer-Verlag.

Cho, H. (1981). Modern society and the family. *Seminar reports of the Korean committee of UNESCO.* Seoul: Kyung-Hee University.

Ettrich, C. & Ettrich, K. U. (1995). Die Bedeutung sozialer Netzwerke und erlebter sozialer Unterstützung beim Übergang zur Elternschaft – Ergebnisse einer Längsschnittstudie. *Psychologie in Erziehung und Unterricht, 42,* 29-39.

Fahrenberg, G., Hampel, R. & Selg, H. (1984). *Das Freiburger Persönlichkeitsinventar FPI: revidierte Fassung FPI-R* (4. revidierte Aufl.). Göttingen: Hogrefe.

Gloger-Tippelt, G. (1988). *Schwangerschaft und erste Geburt. Psychologische Veränderungen der Eltern.* Stuttgart: Kohlhammer.

Gloger-Tippelt, G., Rapkowitz, I., Freudenberg, I. & Maier, G. (1995). Veränderungen der Partnerschaft nach der Geburt des ersten Kindes – ein Vergleich von Eltern und kinderlosen Paaren. *Psychologie in Erziehung und Unterricht, 42,* 255-269.

Grant, H.-B. (1992). *Übergang zur Elternschaft*

und *Generativität. Eine ökopsychologische Studie über die Bedeutung von Einstellungen und Rollenauffassungen beim Übergang zur Elternschaft und ihr Beitrag zur Generativität.* (Dissertation, Heinrich-Heine-Universität Düsseldorf.) Aachen: Shaker.

Hahlweg, K. (1979). Konstruktion und Validierung des Partnerschaftsfragebogens PFB. *Zeitschrift für Klinische Psychologie, 8,* 17-40.

Hesse, H.-G. (1988). Methodische Probleme des Kulturvergleichs psychometrischer Daten und Möglichkeiten ihrer Bearbeitung mit Hilfe von Strukturgleichungsmodellen. *Zeitschrift für internationale erziehungs- und sozialwissenschaftliche Forschung, 5,* 119-140.

Lamb, M. E. (Ed.). (1987). *The father's role: cross-cultural perspectives.* Hillsdale: Erlbaum.

Lee, H.-Y. (1980). Traditional family and it's transformation. In S.-J. Park (Ed.), *Economic development and social change in Korea* (pp. 301-314). Frankfurt / Main: Campus.

Lee, L. S. (1986). *An assessment of the validity of the marital satisfaction scale – MSS of Roach, Frazier & Bowden.* Seoul: Kyunghee University.

Miller, B. C. (1987). Marriage, family and fertility. In M. B. Sussman & S. K. Steinmetz (Eds.), *Handbook of marriage and the family* (pp. 565-595). New York: Plenum Press.

Nickel, H. (1988a). Familien-Entwicklungspsychologie als Prototyp einer etappenorientierten ökologischen und systemischen Forschung. In H. Pätzolt & K. Funke (Hrsg.), *Zur psychischen Entwicklung der Persönlichkeit im Kindes- und Jugendalter* (S. 30-47). Oberlungwitz: VEB Kongreß- und Werbedruck.

Nickel, H. (1988b). The role of the father in care-giving and the development of the infant. In P. G. Fedor-Freybergh & V. M. L. Vogel (Eds.), *Prenatal and Perinatal Psychology and Medicine* (pp. 101-121). Casterton Hall / Lances: Partenon Publishing.

Nickel, H. (1990). Elterliche Rolleneinstellungen während des Übergangs zur Elternschaft - eine interkulturelle Untersuchung. In D. Frey (Hrsg.), *Bericht über den 37. Kongreß der DGPs in Kiel, Band 1* (S. 600-601). Göttingen: Hogrefe.

Nickel, H. (1994). Zur Bedeutung der soziokulturellen Makrostruktur für die Persönlichkeitsentwicklung – Dargestellt an Befunden einer interkulturellen Vergleichsstudie mit jungen Eltern. In H.-J. Roth (Hrsg.), *Integration als Dialog* (S. 111-133). Baltmannsweiler: Schneider Verlag Hohengehren.

Nickel, H. (1996). Sozial-kulturelle Faktoren der Familienentwicklung beim Übergang zur Elternschaft – Ausgewählte Ergebnisse eines interkulturellen Forschungsprojektes aus drei Kontinenten. In W. Edelstein, K. Kreppner & D. Sturzbecher (Hrsg.), *Familie und Kindheit im Wandel* (S. 255-270). Potsdam: Verlag für Berlin-Brandenburg.

Nickel, H. (in Druck). Väter von Säuglingen und Ungeborenen. Empirische Befunde zum Übergang zur Vaterschaft aus nationaler und kulturvergleichender Perspektive. In H. Walter (Hrsg.), *Männer als Väter.* Konstanz: Universitätsverlag Konstanz.

Nickel, H. & Ehlert, U. (1988). Neue Väter: Ergebnisse und Perspektiven der Vaterforschung in der Bundesrepublik Deutschland. *Die Frau in unserer Zeit, 3,* 2-7.

Nickel, H., Grant, H.-B. & Vetter, J. (1990). *Fragebogen zur Elternschaft.* Düsseldorf: Heinrich-Heine-Universität, Institut für Entwicklungs- und Sozialpsychologie.

Nickel, H., Grant, H.-B. & Vetter, J. (1996). *Faktoren familialer Veränderungsprozesse bei deutschen Eltern während des Übergangs zu Erst- und Zweitelternschaft.* Vortrag auf dem 40. Kongreß der DGPs, München.

Nickel, H. & Quaiser-Pohl, C. (1999). Ist der Übergang zur Elternschaft für Paare in Deutschland besonders problematisch? Konsequenzen kulturvergleichender Untersuchungen. In W. Hacker (Hrsg.), *Bericht über den 41. Kongreß der DGPs in Dresden 1998.* Göttingen: Hogrefe.

Nickel, H. & Quaiser-Pohl, C. (Hrsg.). (in Druck). *Junge Eltern im kulturellen Wandel. Untersuchungen zur Familiengründung in drei Kontinenten.* Weinheim: Juventa.

Nickel, H., Quaiser-Pohl, C., Rollett, B., Vetter, J. & Werneck, H. (1995). Veränderungen der partnerschaftlichen Zufriedenheit während des Übergangs zur Elternschaft. *Psychologie in Erziehung und Unterricht, 40,* 40-53.

Pesce-Trudell, A. M. (1992). *Role attitudes and maternal satisfaction during the transition to parenthood: Primaparous and multiparous mothers and early / late pregnancy.* Unveröffentlichte Dissertation, University of Georgia, Athens.

Petzold, M. (1991). *Paare werden Eltern. Eine familienentwicklungspsychologische Längs-*

schnittstudie. München: Quintessenz.
Petzold, M. (1992). Kulturvergleichende Sozialisationsforschung. *Psychologie in Erziehung und Unterricht, 39,* 301-314.
Quaiser-Pohl, C. (1996). *Übergang zur Elternschaft und Familienentwicklung in Deutschland und Südkorea.* (Dissertation, Heinrich-Heine-Universität Düsseldorf). Münster: Waxmann.
Quaiser-Pohl, C. & Nickel, H. (1998). Sozialökologische Faktoren der Familiengründung in Korea und Deutschland: ein Kulturvergleich. *Zeitschrift für Soziologie der Erziehung und Sozialisation, 18,* 282-301.
Roach, A. J., Frazier, L. P. & Bowden, S. R. (1977). The marital satisfaction scale: development of a measure of intervention research. *Journal of Marriage and the Family, 39,* 537-545.
Rollett, B. & Werneck, H. (1993). *Die Bedeutung von Rollenauffassungen junger Eltern für den Übergang zur Elternschaft.* Wien: Universität Wien, Institut für Psychologie, Abteilung für Entwicklungspsychologie und Pädagogische Psychologie.
Rollett, B. & Werneck, H. (1994). Die Bewältigung des Übergangs zur Elternschaft: Ergebnisse eines Forschungsprojekts. In K. Pawlik (Hrsg.), *Bericht über den 39. Kongreß der DGPs, Bd. 2* (S. 586). Hamburg: Psychologisches Institut I der Universität Hamburg.
Schneewind, K. A., Vaskovics, L. A., Backmund, V., Buba, H.-P., Schneider, N.,

Sierwald, W. & Vierzigmann, G. (1992). *Optionen der Lebensgestaltung junger Eltern und Kinderwunsch (Verbundstudie). Studie im Auftrag des Bundesministeriums für Familie und Senioren* (Schriftenreihe des BMFuS, Bd. 9). Stuttgart: Kohlhammer.
Shwalb, D. W., Imaizumi, N. & Nakazawa, J. (1987). The modern Japanese father: Roles and problems in a changing society. In M. E. Lamb (Ed.), *The father's role: Cross-cultural perspectives.* (pp. 247-269). Hillsdale: Erlbaum.
Trommsdorff, G. (1989). *Sozialisation im Kulturvergleich.* Stuttgart: Enke.
Werneck, H., Nickel, H. Rollett, B. & Yang, M.-S. (1996). Kinder als Wert oder Belastung? Einstellungen deutscher, österreichischer und südkoreanischer Eltern im Vergleich. In K. U. Ettrich & M. Fries (Hrsg.), *Lebenslange Entwicklung in sich wandelnden Zeiten* (S. 298-305). Landau: Verlag für Empirische Pädagogik.
Yang, M.-S. (1990). *Die Bedeutung von Rollenauffassungen bei koreanischen Eltern, ihre Stabilität beim Übergang zur Elternschaft und ihr Beitrag zur Generativität.* Unveröffentlichte Dissertation, Heinrich-Heine-Universität Düsseldorf.
Yang, M.-S., Nickel, H., Quaiser, C. & Vetter, J. (1994). Rolleneinstellungen, Einstellungen zum Wert von Kindern und eheliche Zufriedenheit beim Übergang zur Elternschaft in Korea. *Zeitschrift für Familienforschung, 6,* 80-94.

Kindbezogene Einstellungen, Rollenauffassungen und partnerschaftliche Zufriedenheit junger Eltern aus Deutschland und Südkorea

Claudia Quaiser-Pohl

1 Einleitung

Im Rahmen des Forschungsprojekts „Junge Eltern im Kulturvergleich" ließen sich – wie im Beitrag von Nickel in diesem Band bereits ausgeführt – einerseits zahlreiche transkulturelle Gemeinsamkeiten für den Übergang zur Elternschaft nachweisen, es konnten aber andererseits auch eine Reihe von kultur- bzw. länderspezifischen Besonderheiten beobachtet werden. Diese Ergebnisse sollen nun am Beispiel Südkoreas ausführlicher dargestellt werden, und zwar hinsichtlich der Veränderungen der Einstellungen zu Kindern, bei den Rollenauffassungen (Rolleneinstellungen und Rollenverhalten) und bei der partnerschaftlichen Zufriedenheit. Der Vergleich Deutschlands mit Südkorea, einer alten, allmählich gewachsenen Kultur, die sich im rasanten Wandel zu einer hochmodernen Industriegesellschaft entwickelt hat, eröffnet dabei für zukünftige Forschungen zum Übergang zur Elternschaft aber auch für familienpolitische Überlegungen einige interessante Perspektiven.

2 Elternschaft in Südkorea

Die Republik Korea, der südlich gelegene und westlich orientierte Staat auf der Halbinsel Korea, ist bedingt durch Industrialisierungs- und Modernisierungsprozesse in den letzten Jahrzehnten einem immensen gesellschaftlichen und sozialen Wandel unterworfen gewesen (vgl. Jacobs, 1985). Die Verbesserung der medizinischen Versorgung verursachte ein rapides Bevölkerungswachstum, eine damit verbundene Verstädterung und damit einhergehend tiefgreifende Veränderungen der gesamten Lebensverhältnisse. Es vollzog sich ein Wandel der traditionellen Familienstruktur, und dabei veränderte sich die Stellung der Frau in Familie und Gesellschaft ebenfalls in bezeichnender Weise (vgl. Korean Overseas Information Service, 1994; Machetzki & Pohl, 1988).

Auf der anderen Seite ist Südkorea ein Land mit einer sehr alten, vom jahrhundertelangen Einfluß des Konfuzianismus nachhaltig geprägten Kulturtradition, die sich in den Wertvorstellungen und dem Denken der Koreaner bis heute widerspiegelt. Der Konfuzianismus stellt weniger eine Religion als vielmehr eine Philosophie und Staatslehre dar, die auf den Lehren des Konfuzius (koreanisch: *Kongja*) beruht, nach denen die zwischenmenschlichen Beziehungen durch eine Art Verhaltenskodex geregelt sind und sich aus die die Gesellschaft ordnenden, immer als beiderseitige Verpflichtungen zu verstehenden „fünf menschlichen Beziehungen" ableiten lassen. Es sind dies die Pietät oder Kindespflicht, also der unbedingte Gehorsam und Respekt eines Kindes gegenüber seinen Eltern, der Gehorsam der Ehefrau gegenüber dem Ehemann, der Respekt des Jüngeren für den Älteren, das Vertrauen unter Freunden und die Loyalität gegenüber der Obrigkeit (Pak, 1985; Sich, 1982). Vor dem Hintergrund dieser Verhaltensregeln erklärt sich die unter dem Einfluß des konfuzianischen Denkens entstandene große Bedeutung der Familie im Leben von Koreanern. Aus ihr entwickelte sich das sogenannte konfuzianische „Familiendenken", die bis heute zu beobachtende Tendenz des Koreaners, seine persönlichen Interessen den Bedürfnissen der Familie unterzuordnen (Kuh, 1991). In Hinblick auf die Familiengründung besteht dieses Familiendenken z. B. in der immer noch praktizierten traditionellen Form der Partnervermittlung weiter. Partnerschaften bzw. Ehen werden bis heute zu einem großen Prozentsatz von meist weiblichen Verwandten vermittelt. So waren in der vorliegenden Untersuchung immerhin 20 % der Ehen allein durch die Vermittlung anderer zustandegekommen, bei weiteren 37 % waren sowohl Vermittlung als auch die eigene Initiative ausschlaggebend gewesen, während nicht mehr als 53 % der Paare angaben, sich ohne Mitwirkung anderer kennengelernt zu haben. Auch eine Reihe von vorgefundenen spezifischen Rahmenbedingungen für die Familiengründung, die sich von den Gegebenheiten in Deutschland erheblich unterscheiden, bestätigen den bleibenden Einfluß traditioneller Werte (Quaiser-Pohl, 1996; Quaiser-Pohl & Nickel, 1998).

Die traditionelle Familienform in Korea war und ist patrilinear und patriarchalisch, was sich unter anderem im noch immer praktizierten Ahnenkult (vgl. Maull & Maull, 1987) widerspiegelt und im Hinblick auf die Familiengründung impliziert, daß vor allem männlichen Nachkommen eine große Bedeutung beigemessen wird. Das Verhältnis zwischen Mann und Frau wird durch das traditionelle Prinzip der „klugen Mutter und guten Frau" (*Hyjonmo-Yangtscho*) und durch das konfuzianische Leitbild der weiblichen Geschlechterrolle „*Samjongjido*" bestimmt, demzufolge eine Frau gemäß den Prinzipien von Treue und Pflichterfüllung als Mädchen ihrem Vater, als Ehefrau ihrem Mann und als Mutter ihrem Sohn dienen muß (vgl. Kim, 1979; Pak, 1985). Wenn die Industrialisierungs- und Modernisierungsprozesse der letzten Jahrzehnte vor allem durch verbesserte Bildungschancen die Rolle der koreanischen Frauen in Beruf und Gesellschaft auch gravierend verändert haben, so finden sich jedoch im Geschlechterrollenverständnis weiterhin tiefe Spuren dieses traditionellen Denkens (Kang & Lenz, 1992).

Auch Schwangerschaft und Geburt wurden bis zu Beginn der 80er Jahre von Ritualen und Volksglauben stark beeinflußt (vgl. Sich, 1982). Bis heute kommt der ersten Schwangerschaft aufgrund der konfuzianischen Kindespflicht, also der Verpflichtung eines jungen Ehepaares möglichst in den ersten beiden Jahren nach der Eheschließung einen Nachkommen zu gebären, eine besondere Bedeutung zu. Ist dann eine Schwangerschaft eingetreten, versucht die gesamte Verwandtschaft der Frau das Leben so angenehm wie möglich zu machen. Diese Verhaltensnorm entspringt wiederum dem traditionellen Glauben an eine „intrauterine Erziehung" (*Taegyo*), der Vorstellung, daß bereits das Ungeborene durch Erfahrungen und Emotionen der Mutter in seinem Charakter geprägt wird. Schwangere dürfen danach z. B. nur bestimmte Speisen und Medikamente zu sich nehmen und sollen sich um einen ausgeglichenen emotionalen Zustand bemühen (vgl. Hur & Hur, 1989).[1]

Die Wertvorstellungen der Bevölkerung Südkoreas sind also auch gegenwärtig noch tief im Konfuzianismus verwurzelt, obwohl sich dies oft nur schwer mit den sozialen und gesellschaftlichen Gegebenheiten einer modernen, nach westlichen Maßstäben organisierten Industriegesellschaft vereinbaren läßt (Cho, 1981; Macdonald, 1990). Aus diesem Grund befindet sich der Koreaner mit seinen Werten und Normen in einer erheblichen Konfliktsituation, die dadurch verursacht ist, daß sich traditionellostasiatische Wertvorstellungen mit neuen westlichen Strömungen vermischen (Kuh, 1991). Eine Reihe von Befunden des folgenden Vergleichs von Einstellungen und Einstellungsveränderungen südkoreanischer und deutscher Paare beim Übergang zur Elternschaft sind als Ausdruck dieses Wertekonflikts zu verstehen.

3   Stichprobe und Erhebungsverfahren

Die im folgenden dargestellten Ergebnisse sind Teilbefunde des Projekts „Junge Eltern im Kulturvergleich" (vgl. den Beitrag von Nickel in diesem Band) und basieren auf einer Stichprobe von 130 koreanischen (76 Erst- und 54 Zweiteltern) und 210 deutschen Elternpaaren (152 Erst- und 58 Zweiteltern), die zu zwei verschiedenen Untersuchungszeitpunkten, im sechsten Schwangerschaftsmonat (T1) und 3 Monate nach der Geburt des Kindes (T2), befragt wurden (Grant, 1992; Yang, 1990).

Anhand des mit Hilfe der Rückübersetzungsmethode ins Koreanische übertragenen faktorenanalytisch auf transkulturelle Äquivalenz überprüften Elternfragebogens (Nikkel, Grant & Vetter, 1990) ließen sich für beide Länderstichproben mehrere Einstellungsdimensionen identifizieren. Davon erfaßte eine Skala mit Items wie „Ein Leben ohne Kinder stelle ich mir langweilig und eintönig vor" oder „Kinder geben einer Partnerbeziehung erst ihren eigentlichen Sinn" die Einstellungen zu Kindern als Wert. Über eine weitere Skala wurden ebenfalls kindbezogene Einstellungen, allerdings im Sinne von durch Kinder antizipierte bzw. wahrgenommene Belastungen operationalisiert. Die Items „Kinder schränken die Eltern stark ein" und „Kinder schaffen Probleme mit Nachbarn, auf Reisen und in der Öffentlichkeit" sind Beispiele für diese Einstellungsdimension. Eine dritte Skala erfragte die elterlichen Rolleneinstellungen mit Items wie „Füttern, Wickeln, Babybaden macht Müttern mehr Spaß als Vätern" oder „Ich glaube, daß eher der Vater Vorbild für einen Sohn sein sollte als die Mutter". Ein hoher Wert auf dieser Skala war somit Ausdruck eines konservativen Rollenverständnisses, während ein niedriger Wert auf egalitäre Rolleneinstellungen hinwies.

Weitere Skalen zum tatsächlich praktizierten Rollenverhalten, die sich zum einen auf die Aufteilung der Haushaltstätigkeiten unter den Partnern bezogen und zum anderen auf die Beteiligung des Vaters und der Mutter an der Säuglingspflege – jeweils durch den anderen Partner eingeschätzt –, wurden analog mit Hilfe dieser Vorgehensweise er-

---

[1] Durch die westeuropäische und amerikanische pränatale Entwicklungsforschung des letzten Jahrzehnts konnte die dahinterstehende Annahme einer wechselseitigen psychologischen Beeinflussung von Mutter und ungeborenem Kind übrigens bestätigt werden (Blum, 1993; Schindler, 1987).

mittelt (Quaiser-Pohl, 1996). Ferner wurden die Werte für die partnerschaftliche Zufriedenheit erhoben, gemessen für die deutsche Stichprobe mit dem Partnerschaftsfragebogen PFB von Hahlweg (1979) und für die koreanische Stichprobe durch die Marital Satisfaction Scale MSS von Roach, Frazier und Bowden (1977) erfaßt. Alle Skalen konnten anhand ihrer Faktorwerte in Hinblick auf Einstellungs- und Verhaltensänderungen beim Übergang zur Elternschaft längsschnittlich und in bezug auf längerfristige Veränderungen im Verlauf der Familienentwicklung querschnittlich verglichen und varianzanalytisch ausgewertet werden. Die beobachteten Veränderungen wurden dann im Ländervergleich getrennt nach mütterlichen und väterlichen Einstellungen analysiert und sollen im folgenden auch entsprechend dargestellt werden.

4 Veränderung elterlicher Einstellungen: ein Ländervergleich

Wie im gesamten Forschungsprojekt, das außerdem Daten aus Österreich und Georgia (USA) einbezog, zeigten sich auch zwischen den südkoreanischen und den deutschen Eltern eine Reihe von transkulturellen Gemeinsamkeiten. So waren im Verlauf der Familienentwicklung speziell im Bereich der partnerschaftlichen Zufriedenheit und bei den Einstellungen zu „Kindern als Wert" in Südkorea und Deutschland analoge Veränderungen zu beobachten. Länderspezifische Besonderheiten fanden sich hingegen vor allem bei den Einstellungen zu „Kindern als Belastung" sowie bei den Rolleneinstellungen und beim Rollenverhalten.

4.1 Partnerschaftliche Zufriedenheit

Eine deutliche transkulturelle Übereinstimmung zeigte sich, wie gesagt, hinsichtlich der Veränderung der partnerschaftlichen Zufriedenheit (vgl. Abb. 1a und 1b). Sowohl in Deutschland als auch in Südkorea wurden die Paare im Verlauf der Familienentwicklung mit ihrer Partnerschaft zunehmend unzufriedener, d. h. Zweiteltern waren generell weniger zufrieden als Ersteltern. Die stärkste Abnahme der Partnerschaftszufriedenheit vollzog sich aber in beiden Ländern nach der Geburt des ersten Kindes. Eine Ausnahme bildeten hier lediglich die koreanischen Mütter; ihre partnerschaftliche Zufriedenheit sank beim Übergang zur Elternschaft nicht. Dies ist vermutlich Ausdruck der Tatsache, daß ihnen gerade durch die Erfüllung der konfuzianischen Kindespflicht in Form des Gebärens eines Nachkommens, in der Großfamilie, aber auch in den Augen ihres Partners ein gestiegenes Ansehen zukommt.

In der deutschen Stichprobe ergaben sich ferner unterschiedliche Entwicklungen auf den einzelnen Skalen des PFB (Hahlweg, 1979). Die Zufriedenheit mit der Partnerschaft sank vor allem im Bereich der „Zärtlichkeit" vom ersten zum zweiten Kind. Ein paralleler Trend fand sich auch von der Schwangerschaft bis 3 Monate nach der Geburt des Kindes, allerdings nur bei den Ersteltern.

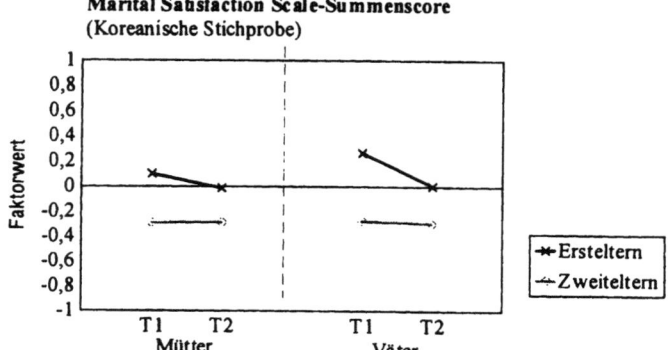

Abbildung 1a: Partnerschaftliche Zufriedenheit in der koreanischen Stichprobe (MSS); Varianzanalyse: Haupteffekt *Elterngruppe* (Erst- und Zweiteltern) tendenz. bei den Müttern ($p = .10$) und sign. bei den Vätern ($p = .038$); tendenz. Haupteffekt *Zeitpunkt* (T1, T2) bei den Vätern ($p = .087$).

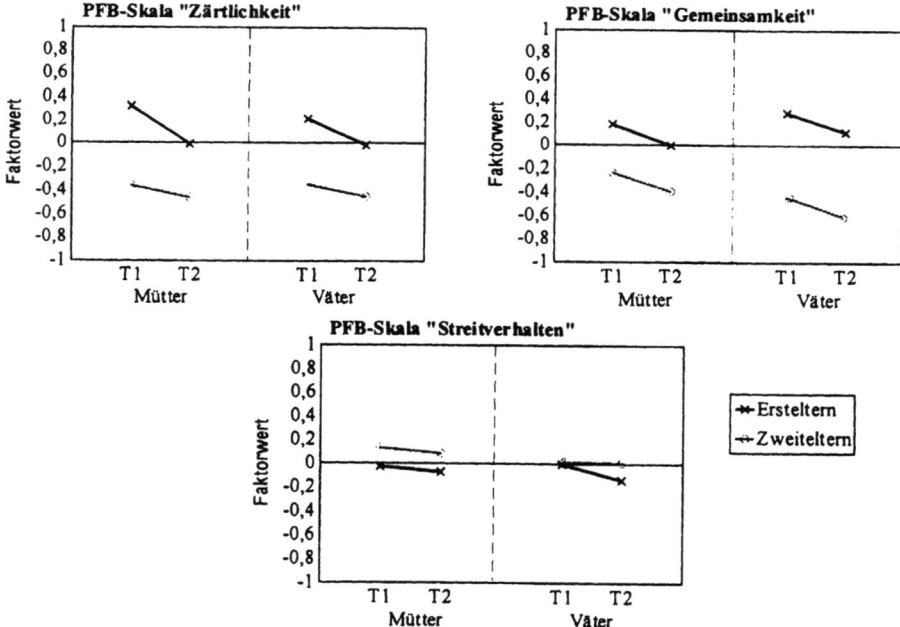

Abbildung 1b: Partnerschaftliche Zufriedenheit in der deutschen Stichprobe (PFB-Skalen); Varianzanalyse: sign. Haupteffekte *Zeitpunkt* (T1;T2) und *Elterngruppe* (Erst- und Zweiteltern) für „Zärtlichkeit" und „Gemeinsamkeit" bei Müttern ($p \leq .001$) und Vätern ($p \leq .01$), sign. Wechselwirkung *Zeitpunkt x Elterngruppe* für „Zärtlichkeit" bei den Müttern ($p \leq .05$); „Streitverhalten": keine sign. Effekte.

Auch konstatierten deutsche Mütter und Väter im Verlauf der Familienentwicklung immer weniger „Gemeinsamkeiten" mit dem Partner. Bezüglich des „Streitverhaltens" waren hingegen keine signifikanten Veränderungen zu beobachten (vgl. Abb. 1b).

4.2 Einstellungen zu Kindern

4.2.1 „Kinder als Wert"

Für die Einstellungen zu „Kindern als Wert" waren in Deutschland und Südkorea sowohl langfristig, also zwischen Erst- und Zweitmüttern, als auch kurzfristig von der Schwangerschaft bis zum 3. Monat nach der Geburt des Kindes Veränderungen bzw. Unterschiede in der Richtung nachzuweisen, daß Zweiteltern zum ersten Untersuchungszeitpunkt Kindern generell einen höheren Wert beimaßen als Ersteltern (vgl. Abb.2).

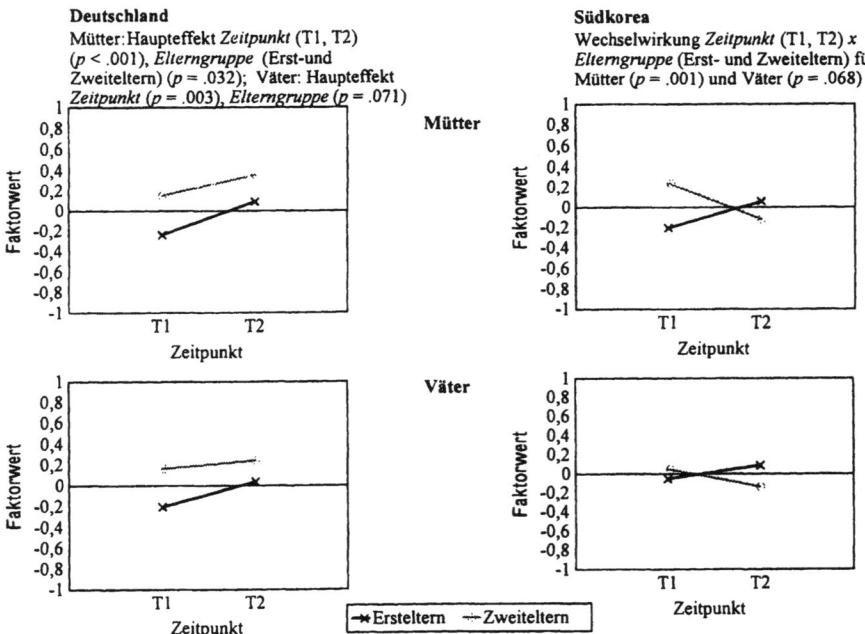

Abbildung 2: Veränderungen auf der Einstellungsdimension „Kinder als Wert" bei Müttern und Vätern in Deutschland und Südkorea; Ergebnisse der Varianzanalysen.

Auch stieg der Wert von Kindern bei Erstmüttern und -vätern beider Länder vom ersten zum zweiten Untersuchungszeitpunkt an. Allerdings traf dies in Südkorea nicht für die Zweiteltern zu; hier ließ sich im gleichen Zeitraum vielmehr eine Abnahme der Werteinschätzung von Kindern beobachten. Dies spiegelt den Einfluß konfuzianischen Denkens auf elterliche Einstellungen und Generativitätsentscheidungen wider. Im Gegensatz zu vielen anderen Entwicklungsländern ist nämlich für Südkoreaner nicht Kinderreichtum allgemein ein erstrebenwertes Ziel, sondern zur Erfüllung der Pflichten gegenüber der Ahnenfamilie reicht die Geburt eines männlichen Nachkommens aus. Dies bestätigten auch weiterführende Datenanalysen, die die Einstellungsveränderungen nach dem Geschlecht des Kindes differenzierten (vgl. Quaiser-Pohl, 1996). Auf dem Hintergund dieser Tatsache läßt sich auch der vergleichsweise große Erfolg gezielter bevölkerungspolitischer Programme zur Senkung der Geburtenrate in Südkorea erklären (Chung, Palmore, Lee & Lee, 1972; Mauldin, 1988).

4.2.2 „Kinder als Belastung"

Von den zahlreichen länderspezifischen Phänomenen und somit interkulturellen Unterschieden beim Übergang zur Elternschaft waren bei der vergleichenden Betrachtung der südkoreanischen und der deutschen Stichprobe die durch Kinder empfundenen Belastungen besonders auffällig (vgl. Abb. 3).

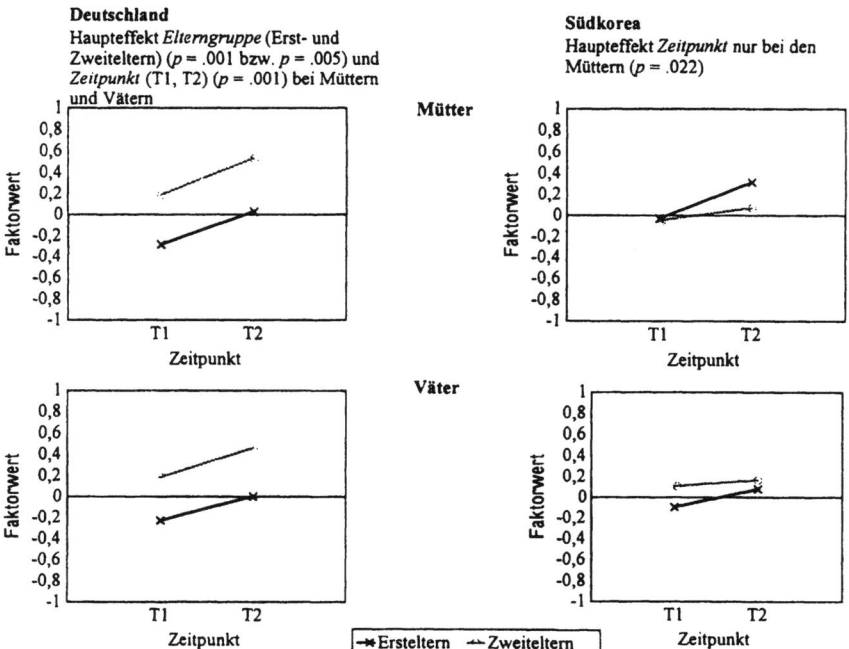

Abbildung 3: Veränderungen auf der Einstellungsdimension „Kinder als Belastung" bei Müttern und Vätern in Deutschland und Südkorea; Ergebnisse der Varianzanalysen.

Sowohl kurzfristig als auch längerfristig war auf dem Faktor „Kinder als Belastung" im Gegensatz zu Südkorea, aber auch im Vergleich zu den meisten anderen untersuchten Ländern (Böttcher, 1998; Böttcher & Nickel, 1998; Rollett & Werneck, 1993) bei den deutschen Eltern eine bedeutsame Zunahme zu verzeichnen. Von den deutschen Eltern wurden also Kinder im Verlauf der Familienentwicklung zunehmend stärker als Belastung empfunden, während bei den südkoreanischern Eltern und auch bei den anderen Länderstichproben keine signifikanten Veränderungen der Belastungseinschätzung zu beobachten waren. Lediglich die koreanischen Erstmütter gaben nach der Geburt des Kindes eine höhere Belastung an als noch während der Schwangerschaft, was sicherlich vor allem auf deren Mehrarbeit durch die Säuglingspflege zurückzuführen ist, die ja von ihnen nach der mit der Vorstellung einer „intrauterinen Erziehung" verbundenen traditionellen Schonungsphase während der Schwangerschaft als besonders belastend empfunden werden muß.

4.3 Rollenverhalten und Rollenauffassungen

Die größten Länderunterschiede ergaben sich für die elterlichen Rolleneinstellungen und für das Rollenverhalten bzw. für die diesbezüglichen Veränderungen (vgl. Abb. 4).

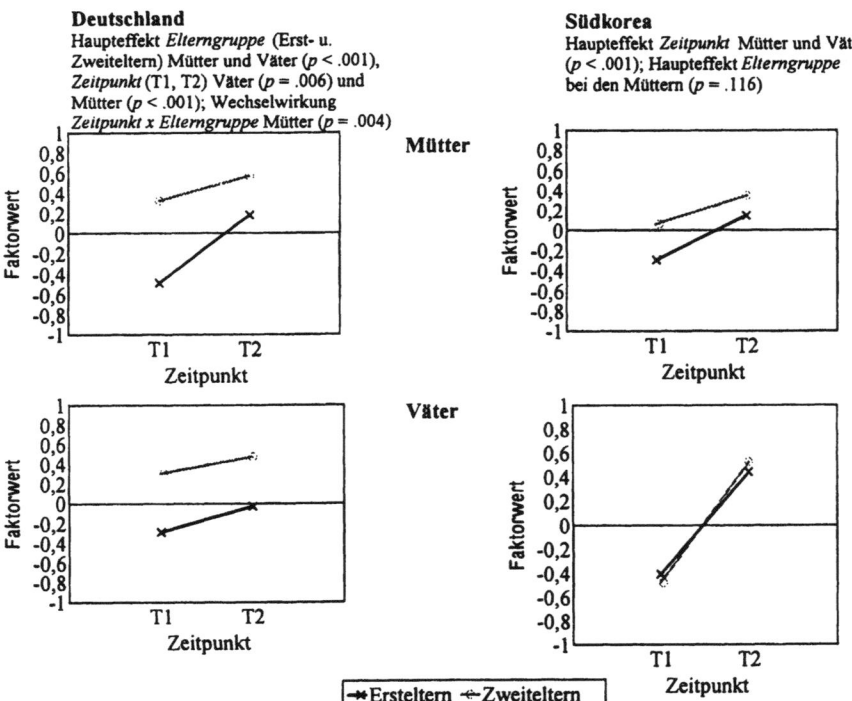

Abbildung 4: Anteil der Mutter an den „traditionell weiblichen Haushaltstätigkeiten" in Deutschland und Südkorea; Ergebnisse der Varianzanalysen.

Während in Deutschland den Zweitmüttern an den traditionell weiblichen Haushaltstätigkeiten im Vergleich zu den Erstmüttern ein besonders hoher Anteil zukam, dieser Traditionalisierungseffekt aber auch kurzfristig beim Übergang zur Elternschaft zu beobachten war, gaben die südkoreanischen Mütter keine Zunahme ihres Anteils an solchen Tätigkeiten an. Die koreanischen Väter hingegen, und zwar sowohl Erstväter als auch Zweitväter, schätzten nach der Geburt den diesbezüglichen Anteil ihrer Frauen erheblich höher ein als vorher. Auch dieser Befund läßt sich als Hinweis auf die Schonung werten, die südkoreanische Frauen während der Schwangerschaft durch alle Familienangehörigen genießen, die jedoch in den Einschätzungen ihrer Ehemänner stärker zum Ausdruck kommt als in ihren eigenen.

Parallele Unterschiede zwischen Erst- und Zweiteltern, die sich als Traditionalisierung interpretieren lassen, zeigten sich bei der Aufteilung der Säuglingspflegetätigkeiten, die anhand zweier faktorenanalytisch konstruierter Skalen („Beschäftigen" und „Sorgen und Pflegen") erfaßt wurden (vgl. Abb. 5). In der deutschen Stichprobe schätzten die Zweiteltern den Anteil der Mutter bei beiden Tätigkeitsbereichen höher ein als die Ersteltern, während sich in der Einschätzung der koreanischen Mütter und Väter, bei denen nur eine Skala nachweisbar war, die Aufteilung der Pflegetätigkeiten vom ersten zum zweiten Kind nicht wesentlich unterschied.

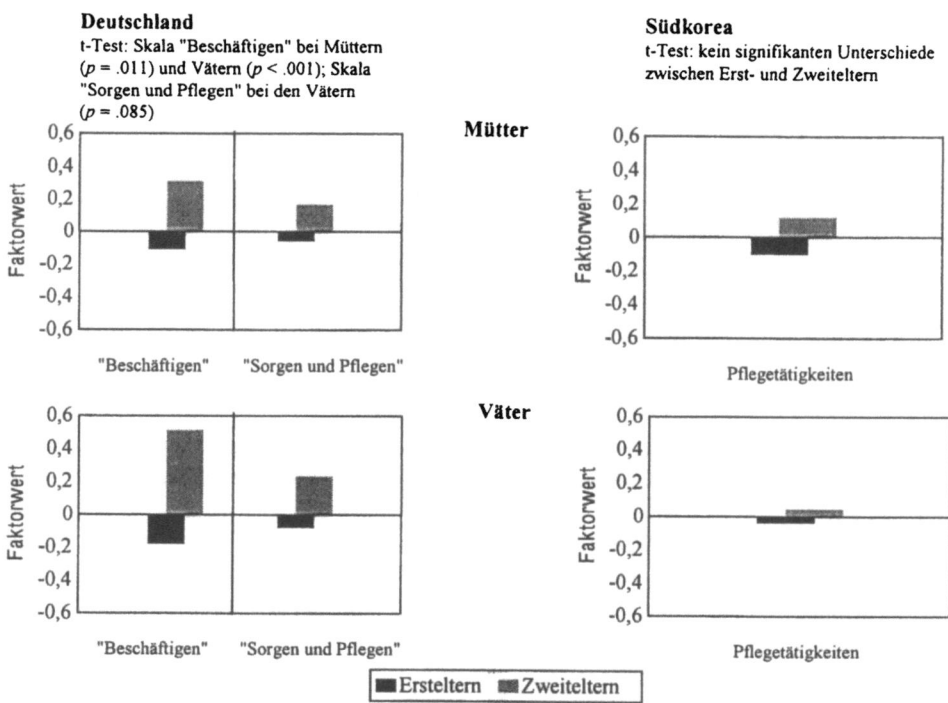

Abbildung 5: Anteil der Mutter an den Pflegetätigkeiten; Unterschiede zwischen Erst- und Zweiteltern; Ergebnisse der t-Tests.

Auf der Einstellungsebene zeigte sich ein solcher Traditionalisierungseffekt lediglich bei den koreanischen Müttern, deren Rolleneinstellungen beim zweiten Kind traditioneller waren als beim ersten Kind. Bei den Zweitmüttern vollzog sich diese Einstellungsänderung auch vom ersten zum zweiten Meßzeitpunkt. Sie äußerten nach der Geburt des Kindes eine weniger egalitäre Rollenauffassung als noch während der Schwangerschaft (vgl. Abb. 6).

Bei den deutschen Müttern ließen sich mit dem Übergang zur Elternschaft keine Veränderungen der Rolleneinstellungen beobachten, wohl aber bei den deutschen Vätern. Hier ergab sich ein im Vergleich zu den koreanischen Müttern gegenläufiger Trend. Während sich die Erstväter nach der Geburt des Kindes durch eine weniger traditionelle Rolleneinstellung auszeichneten, waren die Zweitväter nun traditioneller eingestellt als vorher (vgl. Abb. 6). Die Tatsache, daß sich bei den deutschen Müttern die Rolleneinstellungen nicht in bedeutsamer Weise veränderten, ist in Zusammenhang mit den Ergebnissen zum Rollenverhalten ein Hinweis darauf, daß bei ihnen im Verlauf der Familienentwicklung immer größere Diskrepanzen zwischen Rolleneinstellung und Rollenverhalten entstehen.

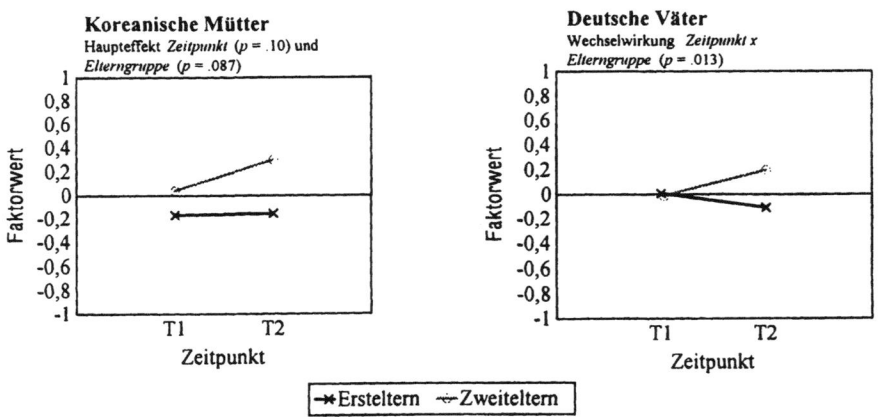

Abbildung 6: Veränderungen der Rolleneinstellungen bei koreanischen Müttern und deutschen Vätern; hoher Wert: traditionell, niedriger Wert: egalitär.

Für die koreanischen Väter konnte keine von den anderen Einstellungsskalen abgrenzbare Rolleneinstellungsskala nachgewiesen werden. Sie schienen im Gegensatz zu ihren Partnerinnen für Fragen des Verhältnisses der Geschlechter noch nicht sehr sensibilisiert zu sein.

5 Elternschaft in Deutschland im Vergleich zu Südkorea: eine zusammenfassende Problemanalyse

Abschließend sollen nun mögliche Ursachen für die länderspezifischen Phänomene und die interkulturellen Unterschiede, die zwischen deutschen und südkoreanischen Paaren aber auch in Hinblick auf andere Länder beobachtet werden konnten, diskutiert werden.

Wie die dargestellten Befunde und die Ergebnisse aus den anderen Teilnehmerländern der Studie „Junge Eltern im Kulturvergleich" zeigen, nimmt Deutschland in vielerlei Hinsicht eine Sonderstellung ein (vgl. Böttcher & Nickel, 1998; Nickel, Quaiser-Pohl, Rollett, Vetter & Werneck, 1995; Werneck, Nickel, Rollett & Yang, 1996). So stellt sich der Übergang zur Elternschaft für deutsche Paare als besonders schwierige und konfliktreiche Phase der Familienentwicklung dar. Kinder werden von deutschen Eltern als Belastung empfunden und zwar im Verlauf der Familienentwicklung in zunehmendem Maße. Im Vergleich zu anderen Ländern beinhalten sie gleichzeitig ein besonders starkes Gefährdungspotential für die Paarbeziehung.

Hinter diesen Beobachtungen scheint sich zum einen eine besondere Sensibilisierung junger Eltern in Deutschland zu verbergen, die sich in einer intensiven kognitiven und emotionalen Auseinandersetzung mit Schwangerschaft, Geburt und früher Elternschaft äußert. Das große Forschungsinteresse an diesem Thema in Deutschland aber auch in anderen deutschsprachigen Ländern und die hohe Zahl unterschiedlicher Beiträge im vorliegenden Sammelband läßt dies ebenfalls vermuten. Auch die Tatsache, daß viele der Arbeiten zum Übergang zur Elternschaft auf einem Streßmodell dieses Übergangs basieren oder Konfliktthematiken in diesem Zusammenhang untersuchen, steht damit in Einklang.

Die Annahme einer besonderen Problembehaftetheit von Elternschaft in Deutschland wird darüber hinaus durch diverse Teilergebnisse des kulturvergleichenden Forschungsprojekts gestützt. So konnte z. B. im interkulturellen Vergleich nachgewiesen werden, daß sich gerade deutsche Männer – beeinflußt durch die wissenschaftliche Diskussion um die sogenannten „Neuen Väter" (vgl. Nickel, in Druck) – mit dem Übergang zur Elternschaft und mit ihrer Vaterrolle vermehrt auseinandersetzen. Dies ist ein Phänomen, das mittlerweile in breiten Bevölkerungsschichten zu beobachten ist. Deutsche Väter besuchen nicht nur gemeinsam mit ihrer Partnerin Geburtsvorbereitungs- und Säuglingspflegekurse oder informieren sich mit Hilfe populärwissenschaftlicher Literatur über dieses Thema. Sie engagieren sich außerdem, zumindest in der ersten Zeit nach der Geburt, bei Säuglingspflege und Kinderbetreuung. Auch ist ihre Anwesenheit bei der Entbindung mittlerweile schon fast zur Selbstverständlichkeit geworden. Wie sich gezeigt hat, führt dieses neue Rollenverhalten jedoch in vielen Fällen zu einer regelrechten Verunsicherung bis hin zu psychosomatischen Symptomen. Dies geschieht vor allem dann, wenn die betreffenden Väter ihren eigenen Ansprüchen an ein egalitäres Rollenverhalten nicht in angemessener Form gerecht werden können. Gerade bei Vätern mit ausgeprägt egalitären Rolleneinstellungen zeigten sich Veränderungen im Persönlichkeitsbereich wie erhöhte Aggressivität oder vegetative Labilität (vgl. Grant, 1992; Nickel, in Druck). Auch der Untersuchungsbefund, daß die Anpassung an die Situation mit dem Kind bei den deutschen Eltern primär von Einstellungsvariablen bestimmt wird, während bei südkoreanischen aber z. B. auch bei österreichischen Eltern vor allem die Schulbildung und ihr tatsächliches Verhalten dafür von größerer Bedeutung sind (Quaiser-Pohl, 1995; 1996), läßt sich im Sinne einer Verunsicherung und intensiven Auseinandersetzung mit diesem Ereignis interpretieren.

Neben der Beobachtung eines vermehrten Belastungserlebens bei deutschen Eltern ergaben sich aus den Untersuchungsdaten auch Hinweise auf gesellschaftliche Rahmenbedingungen, die dazu führen, daß Kinder in Deutschland eine stärkere Belastung darstellen als in anderen Ländern und der Übergang zur Elternschaft dadurch zur Konfliktsituation wird. Wie die beobachteten Veränderungen des elterlichen Rollenverhaltens im Verlauf der Familienentwicklung vermuten lassen, betrifft dies schwerpunktmäßig die Möglichkeit für beide Elternteile, ein ihren Vorstellungen entsprechendes Rollenverhalten zu praktizieren. Spätestens bei der Geburt eines zweiten Kindes kehrt sich nämlich das zunächst sehr egalitäre Rollenverhalten deutscher Väter ebenso wie ihre Rolleneinstellungen in das Gegenteil um. Sie verhalten sich dann wieder ganz gemäß dem traditionellen Rollenverständnis, nach dem der Frau der Hauptanteil an Hausarbeit und Kinderbetreuung zukommt. Diese Entwicklung führt parallel dazu bei den deutschen Müttern, deren Rolleneinstellungen sich nicht in dieser Weise verändern, zu immer größeren Diskrepanzen zwischen Rolleneinstellungen und Rollenverhalten.

Auch die Tatsache, daß sich nur für die deutschen Mütter eine gesonderte Einstellungsskala „Vereinbarkeit von Mutterschaft und Berufstätigkeit" (vgl. Quaiser-Pohl, 1996) identifizieren ließ, und der Befund einer sehr geringen Inanspruchnahme des gesetzlichen Erziehungsurlaubs durch deutsche Väter steht mit dieser Annahme in Einklang. Die Frage aber, warum nur ein verschwindend geringer Prozentsatz der deutschen Väter – trotz der auch im Ländervergleich (Werneck, Nickel, Rollett & Yang, 1996) auffällig egalitären Rolleneinstellungen und ihres zumindest vor und auch noch kurze Zeit nach der Geburt des ersten Kindes praktizierten egalitären Rollenverhaltens – den ihnen gesetzlich zustehenden Erziehungsurlaub in Anspruch nimmt, kann auf der Ebene individueller Einstellungen und persönlicher Motive allein nicht beantwortet werden. Über die Gründe für dieses Phänomen läßt sich jedoch spekulieren, und es liegt nahe, sie in der Nichtübereinstimmung der gesetzlichen Möglichkeiten und anderer gesellschaftlicher Rahmenbedingungen mit den Bedürfnissen junger Eltern zu vermuten (vgl. Schneewind et al., 1996). Die skizzierten Diskrepanzen zwischen Rolleneinstellungen und Rollenverhalten bei deutschen Müttern sind sicherlich zum Teil auf diesen Sachverhalt zurückzuführen.

Darüber hinaus zeigte sich im Kulturvergleich, daß die Umstände und Rahmenbedingungen der Familiengründung in Deutschland in vielerlei Hinsicht besondere und gänzlich andere sind als z. B. in Südkorea (Quaiser-Pohl, 1996; Quaiser-Pohl & Nickel, 1998). So hatten die deutschen Paare vor der Geburt des ersten Kindes durchschnittlich 5 Jahre zusammengelebt, während bei den Koreanern nur ein bis eineinhalb Jahre zwischen Eheschließung bzw. Zusammenleben und der Geburt des ersten Kindes lagen. Der Übergang zur Elternschaft scheint von deutschen Paaren aus verschiedenen Gründen zeitlich immer weiter vertagt zu werden. Weiterhin war auffällig, daß im interkulturellen Vergleich in Deutschland der größte Anteil der bis zur Geburt des ersten Kindes berufstätigen Frauen zunächst für kurze Zeit, meist aber für länger, die Berufstätigkeit aufgab. Als Folge davon reduzierte sich dann mit dem Übergang zur Elternschaft auch das Familieneinkommen der deutschen Eltern im Vergleich zu denen anderer Länder durchschnittlich am stärksten. Insgesamt läßt sich somit feststellen, daß der Übergang zur Elternschaft für die meisten deutschen Paare nicht nur das Ergebnis eines bewußten Entscheidungsprozesses ist. Er stellt darüber hinaus eine Entscheidung mit vorher nicht absehbaren weitreichenden und nicht immer nur positiven Konsequenzen dar.

Bestätigung findet die Vermutung, daß Elternschaft gerade für Deutsche ein besonderes Problem darstellt, auch von offizieller Seite. In einem einzigen Heft der Sozialpolitischen Umschau (Februar 1997), einem Informationsblatt der Bundesregierung, finden sich neben einer Darstellung der Ergebnisse der Studie zur „Lebensgestaltung junger Ehen" (Schneewind et al. 1996) Berichte über die immer noch steigenden Scheidungsraten, über die besonders schwierige Situation von Frauen und Müttern auf dem Arbeitsmarkt, über den seit 1990 erstmaligen Geburtenanstieg im Jahr 1996, über sinkende Adoptionszahlen, steigende Kosten für Familien mit Kindern sowie über das immer noch nicht ausreichende Angebot an Kindergartenplätzen in den verschiedenen Bundesländern. Diese Sachlage und die oben skizzierten Phänomene legen die Notwendigkeit für neue, differenziertere und an die speziellen Rahmenbedingungen der Familiengründung in Deutschland angepaßte familienpolitische Maßnahmen nahe.

6 Schlußfolgerungen und Konsequenzen

Im Rahmen des interkulturellen Forschungsprojektes, aus dem die dargestellten Ergebnisse stammen, konnten ähnlich wie für Deutschland, Österreich und Georgia (USA) auch für Südkorea bereits tiefgreifende Auswirkungen gesellschaftlicher Modernisierungsprozesse auf den Übergang zur Elternschaft nachgewiesen werden. Diese ließen sich vor allem bei den koreanischen Müttern, speziell denen höherer Bildungsschichten, beobachten. Auffällig war aber andererseits der im Gegensatz zu deutschen Paaren bei südkoreanischen Eltern zu beobachtende bleibende Einfluß traditioneller Wertvorstellungen. Ohne hier für eine Rückbesinnung auf alte Werte zu plädieren, ruft dieser Befund geradezu dazu auf, sich auch oder gerade im Rahmen der aktuellen, detaillierten psychologischen Analysen des Übergangs zur Elternschaft in Deutschland über die soziokulturellen Einflüsse auf diese Entwicklungsphase Gedanken zu machen. Nur so wird man vielleicht Erklärungen dafür finden, wie es zu der aktuell besonders schwierigen Situation junger Eltern in Deutschland kommen konnte.

In den letzten beiden Jahrzehnten hat sich in vielen westlichen Industrienationen in rasanter Weise ein Einstellungswandel vollzogen, nicht nur, aber vor allem in Hinblick auf die Mutter- und Vaterrolle (Inglehart, 1989; Nickel, im Druck; Werneck, 1998). Die gesellschaftlichen Rahmenbedingungen haben sich allerdings zumindest in Deutschland nicht in der gleichen Geschwindigkeit mit entwickelt. Aus diesem Grund fühlen sich heutzutage viele deutsche Eltern mit ihren Ansprüchen und Bedürfnissen, z. B. in Zusammenhang mit der Rollenaufteilung unter den Partnern, allein gelassen.

Dieser Sachverhalt birgt somit auch Implikationen für zukünftige familienpsychologische Forschungen. Sicherlich stellt die gezielte Entwicklung von Programmen zur psychologischen Vorbereitung und Begleitung des Übergangs zur Elternschaft auf dem Hintergrund der derzeitigen Befundlage eine Notwendigkeit dar. Diese müßten schwerpunktmäßig darauf ausgerichtet sein, viele Paare in bezug auf das doch eigentlich „normale" Ereignis der Geburt eines Kindes eher zu desensibilisieren und ihnen eine realistische Einstellung dessen zu vermitteln, was machbar ist.

Anstatt das Phänomen jedoch lediglich auf individueller Ebene zu problematisieren, müßten Untersuchungen zum Übergang zur Elternschaft in Zukunft noch stärker den Einfluß von Faktoren der soziokulturellen Makroebene sowie die Bedeutung von überindividuellen gesellschaftlichen und kulturellen Wertvorstellungen in diesem Zusammenhang untersuchen. Aus solchen Forschungen könnten sich dann Konsequenzen für notwendige familienpolitische Maßnahmen zur Unterstützung der individuellen Bewältigungsprozesse ergeben. Nur so ließe sich neben der offensichtlich bereits eingetretenen Sensibilisierung und Verunsicherung der Betroffenen, also der Paare, die sich für oder gegen ein Kind entscheiden, auch ein größeres gesellschaftliches Verantwortungsbewußtsein für Familien bzw. für Personen mit Kindern bewirken.

7   Literatur

Blum, T. (1993). *Prenatal perception, learning and bonding.* Berlin: Leonardo Puhl.

Böttcher, A. (1998). *Wege in die Elternschaft. Familienentwicklung im Kulturvergleich.* St. Augustin: Gardez!-Verlag.

Böttcher, A. & Nickel, H. (1998). Mütterliche Einstellungen und familiale Veränderungsprozesse beim Übergang zur Elternschaft im Kulturvergleich. *Psychologie in Erziehung und Unterricht, 45,* 92-112.

Cho, H. (1981). *Modern society and the family.* In: Seminar reports of the Korean comittee of UNESCO. Seoul: unveröffentlichtes Manuskript.

Chung, B. M., Palmore, J. A., Lee, Sang Joo & Lee, Sung Jin (1972). *Psychological perspectives: family planning in Korea.* Seoul: Hollym.

Grant, H.-B. (1992). *Übergang zur Elternschaft und Generativität. Eine ökologisch-psychologische Studie über die Bedeutung von Einstellungen und Rollenauffassungen beim Übergang zur Elternschaft und ihr Beitrag zur Generativität.* Aachen: Shaker.

Hahlweg, K. (1979). Konstruktion und Validierung des Partnerschaftsfragebogens PFB. *Zeitschrift für Klinische Psychologie, 8,* 17-40.

Hur, B. & Hur, S. (1989). *Kulturknigge Korea.* Köln: Hayit.

Inglehart, R. (1989). *Kultureller Umbruch. Wertewandel in der westlichen Welt.* Frankfurt / Main: Campus.

Jacobs, N. (1985). *The Korean road to modernization and development.* Urbana: University of Illinois Press.

Kang, C.-S. & Lenz, I. (1992). *„Wenn die Hennen krähen..." Frauenbewegungen in Korea.* Münster: Verlag Westfälisches Dampfboot.

Kim, E.-O. (1979). *Die Entwicklung der sozialen und politischen Organisationen der Frauen in Korea bis Ende des Zweiten Weltkriegs.* Unveröffentlichte Dissertation, Universität Marburg.

Korean Overseas Information Service (1994). *Facts about Korea* (2nd. ed.). New Jersey: Hollym.

Kuh, H. K. S. (1991, 26. September). Konfuzius und die Familienliebe. In Weltreport Republik Korea. *Die Welt,* S. V.

Macdonald, D. S. (1990). *The Koreans. Contemporary Politics and Society* (2nd ed.). Boulder: Westview Press.

Machetzki, R. & Pohl, M. (Hrsg.). (1988). *Korea.* Stuttgart: Thienemann.

Mauldin, W. P. (1988). Conditions of fertility decline in developing countries, 1965-75. In J. A. Ross & W. P. Mauldin (Eds.), *Berelson on population* (pp. 217-260). New York: Springer.

Maull, H. W. & Maull, I. M. (1987). *Korea.* München: Beck.

Nickel, H. (in Druck). Väter von Säuglingen und Ungeborenen. Empirische Befunde zum Übergang zur Vaterschaft. In H. Walter (Hrsg.), *Männer als Väter.* Konstanz: Universitätsverlag Konstanz.

Nickel, H., Grant, H.-B. & Vetter, J. (1990). *Fra-*

gebogen zur Elternschaft. Düsseldorf: Heinrich-Heine-Universität.
Nickel, H., Quaiser-Pohl, C., Rollett, B., Vetter, J. & Werneck, H. (1995). Veränderung der partnerschaftlichen Zufriedenheit während des Übergangs zur Elternschaft. Kulturvergleichende Untersuchungen in vier Ländern. *Psychologie in Erziehung und Unterricht, 42,* 40-53.
Pak, J. (1985). Familienformen und die Lage der Frau in Japan und Korea im 19. Jahrhundert. In D. Breitenbach & M. Werth (Hrsg.), *Sozialwissenschaftliche Studien zu internationalen Problemen* (Band 107). Saarbrücken: Breitenbach Publishers.
Quaiser-Pohl, C. (1995). *Die Anpassung an die Situation mit dem Kind bei deutschen, österreichischen und südkoreanischen Eltern.* Vortrag auf der 12. Tagung der Fachgruppe Entwicklungspsychologie der DGPs in Leipzig.
Quaiser-Pohl, C. (1996). *Übergang zur Elternschaft und Familienentwicklung in Deutschland und Südkorea. Eine interkulturelle Untersuchung.* Münster: Waxmann.
Quaiser-Pohl, C. & Nickel, H. (1998). Sozialökologische Faktoren der Familiengründung in Korea und Deutschland: ein Kulturvergleich. *Zeitschrift für Soziologie der Erziehung und Sozialisation, 18,* 282-301.
Roach, A. J., Frazier, L. P. & Bowden, S. R. (1977). The marital satisfaction scale: development of a measure of intervention research. *Journal of Marriage and the Family, 39,* 537-545.
Rollett, B. & Werneck, H. (1993). Die Bedeutung von Rollenauffassungen junger Eltern für den Übergang zur Elternschaft.

Wien: Universität, Institut für Psychologie, Abteilung für Entwicklungspsychologie und Pädagogische Psychologie.
Schneewind, K. A., Vaskovics, L. A., Gotzler, P., Hofmann, B., Rost, H., Schlehlein, B., Sierwald, W. & Weiß, J. (1996). *Optionen der Lebensgestaltung junger Ehen und Kinderwunsch: Verbundstudie* (Schriftenreihe des Bundesministeriums für Familie, Senioren, Frauen und Jugend 128.1). Stuttgart: Kohlhammer.
Schindler, S. (1987). Das neue Bild vom Ungeborenen: Zum Konzept einer Entwicklungspsychologie der Pränatalzeit. In P. G. Fedor-Freybergh (Hrsg.), *Pränatale Psychologie und Medizin* (S. 1-14). Berlin: Rotation.
Sich, D. (1982). *Mutterschaft und Geburt im Kulturwandel. Ein Beitrag zur transkulturellen Gesundheitsforschung aus Korea.* (Medizin in Entwicklungsländern, 13). Bern: Peter Lang.
Werneck, H. (1998). *Übergang zur Vaterschaft. Auf der Suche nach den „Neuen Vätern".* Wien: Springer-Verlag.
Werneck, H., Nickel, H., Rollett, B. & Yang, M.-S. (1996). Kinder als Wert oder als Belastung? Einstellungen deutscher, österreichischer und südkoreanischer Eltern im Vergleich. In K. U. Ettrich & M. Fries (Hrsg.), *Lebenslange Entwicklung in sich wandelnden Zeiten* (S. 298-305). Landau: Verlag Empirische Pädagogik.
Yang, M.-S. (1990). *Die Bedeutung von Rollenauffassungen bei koreanischen Eltern, ihre Stabilität beim Übergang zur Elternschaft und ihr Beitrag zu Generativität.* Unveröffentlichte Dissertation, Heinrich-Heine-Universität Düsseldorf.

Bedeutung sozialer Netzwerke beim Übergang zur Elternschaft in Ost-Deutschland und der Jemenitischen Arabischen Republik

Klaus Udo Ettrich, Mageda Anwer Karim und Christine Ettrich

1. Einleitung

Der Übergang zur Elternschaft erfolgt in einem spezifischen ökologischen Kontext, der nicht unwesentlich durch das soziale Netzwerk der werdenden Eltern bestimmt wird.

In einer früheren Analyse (Ettrich & Ettrich, 1995) an einer Stichprobe ostdeutscher Eltern konnten wir zeigen, daß hohe soziale Unterstützung die Zufriedenheit der werdenden Eltern mit ihrer Lebenssituation fördert und daß die wahrgenommene Unterstützung unabhängig von der Anzahl der Bezugspersonen ist. Für die Entwicklung des Individuums ist von Bedeutung, daß über die sozialen Netzwerke seine Entwicklung über Anregung, Zuwendung und Kontrolle durch die rasche Verfügbarkeit von Bezugspersonen und anderen unterstützenden Personen mit ihren psychosozialen und materiellen Ressourcen gesichert ist. Die Ergebnisse empirischer Studien (Cohen & Wills, 1985; Entwisle & Doering, 1981; Klusmann, 1986) lassen erkennen, daß die Erfassung sozialer Netzwerke unter dem Aspekt der persönlichen Bedeutung für das Entwicklungsgeschehen wichtiger als die Erfassung formaler Merkmale ist.

Im folgenden soll in einer kulturvergleichenden Untersuchung über die Bedeutung sozialer Netzwerke beim Übergang zur Elternschaft berichtet werden, wobei uns interessiert, inwieweit die eheliche bzw. partnerschaftliche Zufriedenheit der werdenden Eltern von Merkmalen des sozialen Netzes beeinflußt wird. Im Mittelpunkt steht also die Frage, inwieweit soziale Netzwerke, hier speziell sozial-personale Netzwerke, partnerschaftliche bzw. eheliche Zufriedenheit der Paare, in der pränatalen Phase der Anpassung die Elternschaft unterstützend beeinflussen können.

Kulturvergleichenden Untersuchungen kommt bei einer solchen Fragestellung eine besondere Bedeutung zu, weil sie gestatten, die Bedeutung von sozialen Netzwerken in Abhängigkeit von makrosystemischen Einflüssen zu betrachten. Kulturvergleiche sind „quasi-natürliche" Experimente zum Entwicklungsgeschehen, da sie uns u. a. ermöglichen, die Regelhaftigkeit von sozialen Einflüssen auf dem Hintergrund unterschiedlicher soziokultureller, politisch-ethischer und ökonomischer Bedingungen zu analysieren. Über diesen Weg können wir erkunden, inwieweit Einstellungs- und Verhaltenssysteme, die der Bewältigung der gleichen Anforderung dienen (in unserem Fall Elternschaft) in Abhängigkeit von makrosystemischen Einflüssen variieren, ob das, was wir als „typisch" auf dem Hintergrund abendländischer Kultur in hochindustrialisierten Ländern ermitteln, einer allgemeinen Regelhaftigkeit unterliegt oder ausschließlich kontextcharakteristisch ist (Anwer Karim, Ettrich & Krauß, 1996).

2 Stichprobe und Methode

In die Untersuchung gingen die Befragungsergebnisse von 40 Leipziger Erst-Elternpaaren und 82 jemenitischen Erst- und Zweit-Elternpaaren (38/44) ein. Die Erhebung in Leipzig fand in den Jahren 1989/1990 statt, so daß wir hier die Bezeichnung ostdeutsche Elternpaare wählen. Die jemenitischen Elternpaare wurden 1994/1995 erfaßt, wobei aufgrund der durch den Bürgerkrieg eingetretenen Veränderungen nur 45 Elternpaare ein zweites Mal untersucht werden konnten.

Die Datenerhebung erfolgte pränatal in der Anpassungsphase (12. bis 20. Schwangerschaftswoche) und postnatal in der Phase der Herausforderung und Umstellung (3. bis 6. Lebensmonat) des Übergangs zur Elternschaft nach Gloger-Tippelt (1985). Wir berichten hier ausschließlich Ergebnisse der Erstuntersuchung. Zwischen den hier referierten Daten von jemenitischen Erst- und Zweit-Eltern ergeben sich keine signifikanten Unterschiede, so daß wir sie bei der Ergebnisdarstellung zu einer Stichprobe zusammenfassen.

Die empirische Untersuchung erfolgte durch einen umfangreichen Fragebogen, der eigens zum Zwecke kulturvergleichender Untersuchungen in der Arbeitsgruppe um Nikkel (1988) entwickelt wurde. Dieser Fragebogen erfaßt neben zahlreichen sozioökonomischen Daten u. a. solche zur Wohnsituation, zur Herkunftsfamilie, zur Freizeit, zum Freundeskreis, zur Berufstätigkeit, zu den elterlichen Rollenvorstellungen, zum Wert von Kindern, zur Partnerschaft, zu Kinderwunsch und zur Schwangerschaft. Für die jemenitische Stichprobe wurde der Fragebogen ins Arabische übertragen und durch Rückübersetzung die sprachliche Äquivalenz der Fragen sichergestellt. Aus diesem Fragebogen bezogen wir folgende Merkmalsbereiche in die Analyse ein:

- Zufriedenheit mit Ehe bzw. Partnerschaft
- Größe des Haushaltes
- Kontakt zu Eltern und Verwandten
- Unterstützung durch Eltern und Verwandte
- Bedeutung von Beruf, Freizeit und Familie
- Freizeitaktivitäten mit und ohne Partner
- Freundeskreis

Exkurs: Kulturspezifische Besonderheiten

Jemen und Deutschland gehören verschiedenen Kulturkreisen an, die jeweils auf eine lange Tradition zurückblicken können. Der Jemen ist geprägt durch den Islam, der in sich keinen Laizismus zuläßt, sondern in alle Lebensbereiche eingreift und sie reglementiert. In Deutschland wird das Recht auf individuelle Selbstbestimmung und Selbstentfaltung sehr hoch geschätzt und oftmals über die Rechte der Gemeinschaft gestellt, während im Jemen das Recht der Gemeinschaft in jedem Fall vor dem Recht des Individuums steht. Dieser Unterschied erklärt, warum das soziale System und die damit verbundenen Wertvorstellungen dem jeweils anderen so schwer zugänglich sind. Auf die Familie bezogen bedeutet das, daß im Jemen die Rollen in der Ehe und in der Großfamilie klar bestimmt sind und niemals Gegenstand grundsätzlicher Diskussionen werden können. Das bedeutet jedoch nicht, daß Frauen kein Mitbestimmungsrecht in der Familie besäßen oder gar dem Mann absolut untergeordnet seien. Besonders mit der Mutterschaft steigt das Ansehen und die damit verbundene Möglichkeit zur Einflußnahme in der Familie erheblich. Trotzdem bleibt es dem Mann vorbehalten, die Familie nach außen zu vertreten. In Deutschland ist das Eingehen einer Partnerschaft fast immer mit einem Verlassen des Elternhauses verbunden, sofern das nicht schon vorher geschehen ist. D. h., das Aufteilen der Aufgaben in der sich bildenden Kleinfamilie vollzieht sich zwischen den zwei Partnern, die eine Beziehung eingehen. Es gibt kein eindeutig festgelegtes Rollenverständnis, die Aufteilung der Aufgaben in dieser Gemeinschaft bleibt „Diskussionsgegenstand". Darüber hinaus ist im Jemen eine sexuelle Beziehung außerhalb der Ehe unmöglich. Mit einer Ehe ist jedoch immer auch die Erwartung verbunden, daß das Paar so schnell wie möglich ein Kind zeugt. Die junge Familie hat im Jemen einen starken Rückhalt im sozialen System, da sie meistens in eine Großfamilie eingebunden ist. Die Frau, die in der Regel aus ihrer Familie in die Familie des Mannes wechselt, erfährt in der Schwangerschaft und nach der Geburt des Kindes starke Solidarität und Unterstützung von beiden Großfamilien, also ihrer eigenen und der ihres Mannes. Diese bezieht sich vor allem auf Haushaltsführung, auf Unterstützung beim Stillen und bei der Kinderpflege durch bereits erfahrene Frauen. Im Jemen erfolgt die Weitergabe von Erfahrungen bezüglich Schwangerschaft und Geburt familienintern durch die weiblichen Mitglieder der Familie.

Im Jemen bestimmen die jungen Leute zunehmend selbst, wann und wen sie heiraten wollen (wenngleich es besonders in ländlichen Gegenden noch arrangierte Ehen gibt). Es ist ein europäisches Vorurteil, daß arabische Ehen reine Zweckbündnisse seien, die das Ziel haben, möglichst viele Kinder zu zeugen. Bereits im Koran wird auf die große Rolle der Sexualität unabhängig von der Zeugung hingewiesen, und sexuelle Erfüllung beider Partner anzustreben, gehört zu den Pflichten eines Moslems.

Es besteht ein bedeutender Unterschied zwischen beiden Kulturen in der Anzahl der erwünschten Kinder: Während im Jemen im Durchschnitt 3-4 Kinder angestrebt werden, tendieren die Deutschen zu einem, höchstens jedoch zwei Kindern. Das hängt möglicherweise mit der Akzeptanz von Kindern in der Gesellschaft und mit der Verfügbarkeit von helfenden Personen zusammen. Während im Jemen Kinder das gesellschaftliche Ansehen steigern, bringen Kinder in Deutschland häufig Probleme mit dem sozialen Umfeld mit sich. Kinder erweisen sich als Problem bei der Arbeits- und Wohnungssuche.

Die helfende Großfamilie steht in Deutschland nicht zur Verfügung, da die Eltern meist selbst berufstätig sind, räumlich sehr entfernt leben oder beides. Wenn Frauen in Deutschland auch nach der Geburt von Kindern berufstätig sind, übernehmen soziale Einrichtungen (z. B. Kindertagesstätten) teilweise die Funktionen der Großfamilie. Im Jemen dagegen geben die berufstätigen Frauen ihre Arbeit spätestens bei Geburt des zweiten oder dritten Kindes auf und widmen sich fortan vollständig der Familie. Sollte in Ausnahmefällen, z. B. bei hoher beruflicher Qualifikation der Frau, der Wunsch bestehen, die berufliche Tätigkeit wieder aufzunehmen, besteht ein gesetzlicher Anspruch von 60 Tagen Freistellung nach der Geburt des Kindes und auf Wunsch der jungen Mutter die Möglichkeit der unbezahlten Freistellung.

In Deutschland nutzt ein Großteil der jungen Mütter die Möglichkeit, nach dem (gesetzlich geregelten) Erziehungsurlaub ins Berufsleben zurückzukehren. Daß ein Mann an Stelle seiner Frau die bezahlte Freistellung zur Betreuung des Kindes in Anspruch nimmt und mit dem Baby zu Hause bleibt, ist für jemenitische Verhältnisse völlig undenkbar.

Eine klare, durch das traditionelle Rollenverständnis geprägte Verteilung der Aufgaben in Haushalt, Kinderpflege und Kindererziehung bestimmt im Jemen das Zusammenleben in der Familie. Dabei hat in der jemenitischen Familie der Mann für die materielle Absicherung der Familie und für das Erledigen der Einkäufe zu sorgen. Er führt auch kleinere Reparaturen in der Wohnung aus. Alle anderen Arbeiten gehören jedoch in das Tätigkeitsfeld der Frau(en).

Von der Mitbeteiligung an der Pflege eines Neugeborenen oder Kleinkindes sind männliche Familienmitglieder traditionell ausgeschlossen. Die Geburt eines Kindes findet im Jemen im allgemeinen in einem Krankenhaus statt. Der sich in Deutschland verstärkende Trend des unmittelbaren Zugegenseins des Kindesvaters bei der Geburt ist aus religiösen und traditionellen Gründen im Jemen unmöglich.

Da jedes Verlassen des Hauses der Genehmigung des Mannes bedarf, verbringt die Frau den größten Teil ihres Lebens mit den weiblichen Angehörigen der Familie und den Kindern. Ferner ist es unmöglich, daß ein Mann zu einem ausschließlich von Männern besuchten Treffen seine Frau mitbringt. Genauso undenkbar wäre es, daß ein Mann zu einem Frauentreffen mitkommt. Eine Freizeitgestaltung im europäischen Sinne, wobei die Eltern mit ihren Kindern einen gemeinsamen Ausflug planen und eventuell dabei Freunde treffen, ist für jemenitische Verhältnisse nicht vorstellbar.

3   Hypothesen

Vor dem Hintergrund kulturspezifischer Unterschiede können wir davon ausgehen, daß sich zwischen ostdeutschen und jemenitischen Eltern in der Reflexion von Realität und im Erleben und in der Bewertung von Merkmalen des sozial-personalen Netzes deutliche Unterschiede zeigen, die sich aus der makrospezifischen Lebenssituation ergeben:

1. Wir können davon ausgehen, daß die Intensität der familialen Kontakte und die erlebte familiale Unterstützung von den jemenitischen werdenden Müttern und Vätern deutlich intensiver ist als bei den ostdeutschen werdenden Müttern und Vätern.
2. Da im Jemen der Herkunftsfamilie eine stärker lebenssichernde Funktion als in Deutschland zukommt, ist zu erwarten, daß im Bedeutungserleben von Familie sich die kulturspezifischen Stichproben erheblich unterscheiden.
3. Männer übernehmen im Jemen (traditionell) mit der Familiengründung die Verantwortung für die materielle Absicherung der Familie, so daß sie berufsspezifischen Merkmalen eine höhere Bedeutung als ihre Frauen und ebenfalls eine höhere Bedeutung als ostdeutsche Frauen und Männer zumessen.
4. Auf dem Hintergrund kulturspezifischer Vorstellungen über geschlechtstypisches Verhalten ist zu vermuten, daß in der Beurteilung von Merkmalen des sozial-personalen Netzes in der ostdeutschen Stichprobe geringere geschlechtsspezifische Unterschiede auftreten als in der jemenitischen Stichprobe.
5. Wir gehen davon aus, daß kulturübergreifend die zentralen Merkmale des sozial-personalen Netzes in ihrem Einfluß auf die partnerschaftliche bzw. eheliche Zufriedenheit zum Tragen kommen.
6. Wir vermuten, daß a) die eheliche Zufriedenheit umso größer ist, je besser das so-

ziale Netz in seiner helfenden und unterstützenden Funktion erlebt wird, b) die eheliche Zufriedenheit größer ist, wenn neben gemeinsamen (partnerbezogenen) Freizeitaktivitäten auch die Möglichkeit gegeben ist, solche ohne den Partner auszuüben, also in einer Ehe (Partnerschaft) auch Raum zur Selbstbestimmung (Autonomie) gegeben ist.

4 Ergebnisse

4.1 Univariate Vergleiche

Beide Länder gehören verschiedenen Kulturkreisen an, die verschiedene Traditionen und gesellschaftliche Strukturen haben, die das private und öffentliche Leben regeln.

In der Ergebnisdarstellung wollen wir zunächst aufzeigen, inwieweit Unterschiede in den sozial-personalen Netzwerken bei jemenitischen und deutschen werdenden Eltern zu Beginn des Übergangs zur Elternschaft auftreten.

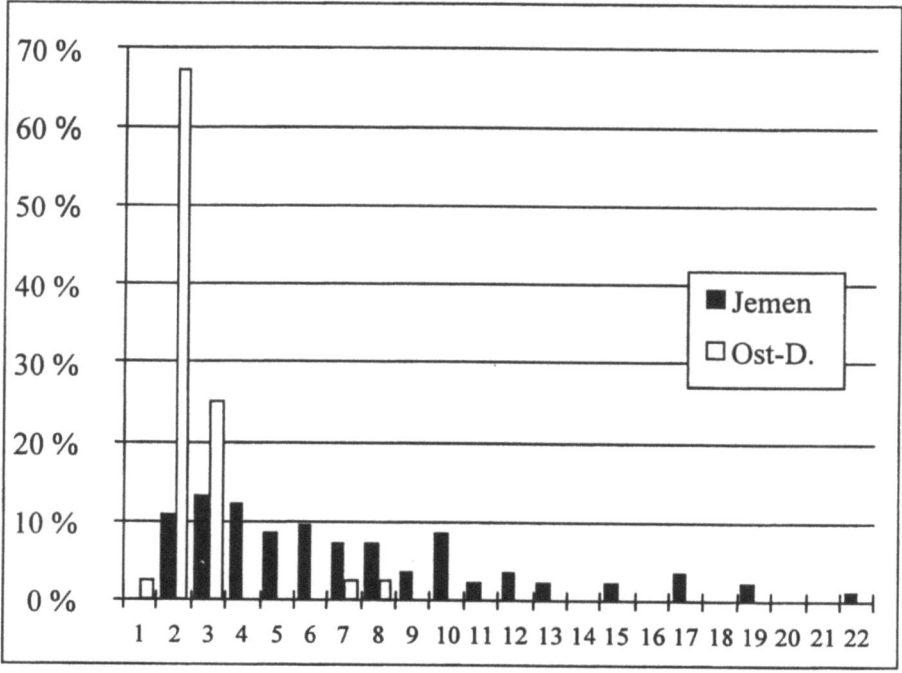

Abbildung 1: Anzahl der Personen im Haushalt: $\chi^2 (16) = 59.82; p < .001$.

Einen ersten Einblick in das sozial-personale Netz vermittelt die Anzahl der Personen, die jeweils einem gemeinsamen Haushalt angehören. Hier ergeben sich zwischen der ostdeutschen Elternstichprobe und der jemenitischen Elternstichprobe gravierende Unterschiede. Die Anzahl der Mitglieder eines Haushaltes variiert bei den ostdeutschen werdenden Eltern zwischen 1 und 8 Personen, bei den jemenitischen zwischen 2 und 22 Personen. Die Unterschiede zwischen den Häufigkeitsverteilungen sind hochsignifikant: Deutsche werdende Eltern leben zu 68 % in einem Zwei-Personen-Haushalt, also einer Kernfamilie, während dies nur auf rund 11 % der jemenitischen Eltern zutrifft. Die überwiegende Anzahl jemenitischer Eltern leben in einem Zwei- und Mehrgenerationen-Haushalt. Auf die ostdeutschen Eltern trifft dies nur zu 5 % zu (vgl. Abb. 1). Wie erwartet, ist die Möglichkeit von unmittelbarer, sozial-personaler Unterstützung bei jemenitischen Eltern erheblich größer als bei ostdeutschen Eltern.

Abbildung 2 informiert über die Häufigkeit, mit der sich ostdeutsche und jemenitische werdende Eltern mit ihren Eltern, den Schwiegereltern und ihren Verwandten treffen.

Vergleichen wir zunächst die Häufigkeit von Treffen zwischen ostdeutschen Frauen und Männern bzw. zwischen jemenitischen Frauen und Männern – also im intrakulturellen Vergleich – so ergeben sich in etwa gleiche mittlere Begegnungsraten, wobei die Treffen mit den Eltern bei allen Teilgruppen häufiger als mit Schwiegereltern und diese wiederum häufiger als mit Verwandten (Geschwistern, Schwagern, Neffen, Nichten u. a.) erfolgen.

Zwischen den Kulturen ergeben sich dagegen deutliche Unterschiede im Kontakt zu Eltern, Schwiegereltern und Verwandten (U-Test: $p < .01$). Die Kontakthäufigkeit jemenitischer Frauen und Männer zu ihren Eltern bewegt sich im Durchschnitt zwischen den Kategorien „mehrmals in der Woche" und „einmal wöchentlich" des vierstufigen Antwortmodells, während sie bei ostdeutschen Frauen und Männern zwischen den Kategorien „einmal pro Woche" und „mehrmals im Monat" liegt.

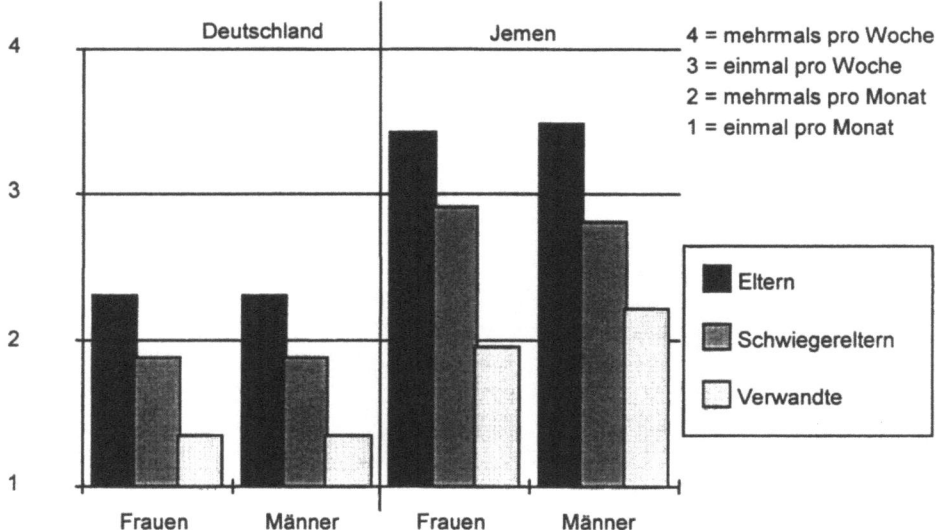

Abbildung 2: Häufigkeit von Treffen mit Eltern, Schwiegereltern und Verwandten bei jemenitischen und ostdeutschen werdenden Eltern.

Auch die Häufigkeit von Treffen mit den Schwiegereltern unterscheidet sich zwischen jemenitischen und ostdeutschen werdenden Eltern erheblich. Bei den jemenitischen Frauen und Männern liegt der Median nahe der Kategorie „einmal pro Woche", bei den ostdeutschen nahe von „mehrmals im Monat".

Die Kontakthäufigkeit zu anderen Verwandten ist in beiden Stichproben am geringsten. Aber auch hier gibt es deutliche Unterschiede. Die jemenitischen Frauen und Männer treffen sich „mehrmals im Monat" die ostdeutschen etwa „einmal im Monat" mit Verwandten.

Die Analyse zeigt, daß bei den jemenitischen werdenden Eltern das sozialpersonale Netz bezogen auf den Familien- und Verwandtenkreis deutlich enger als bei ostdeutschen werdenden Eltern geknüpft ist. Die Ergebnisse sind auf dem Hintergrund des kulturellen Selbstverständnisses gut interpretierbar.

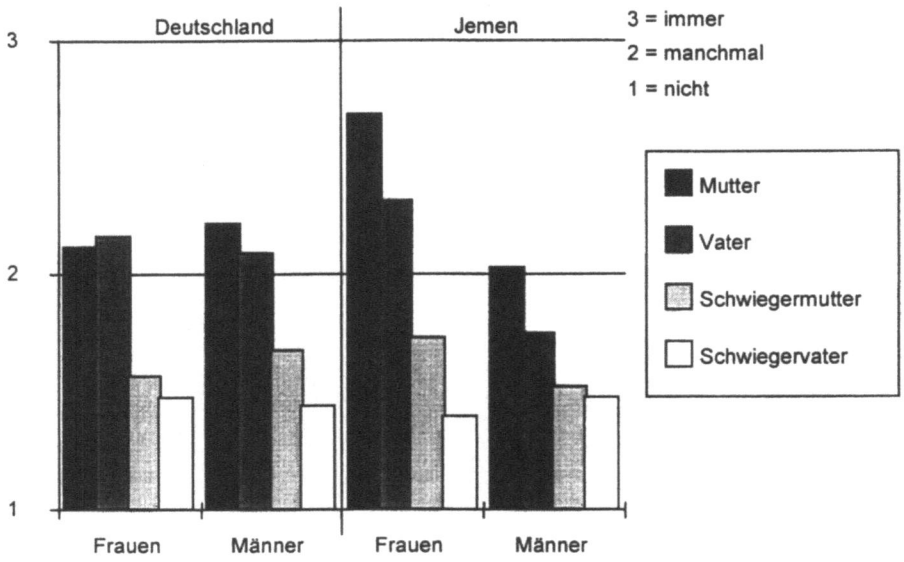

Abbildung 3: Beratende Unterstützung durch Eltern und Schwiegereltern.

In Abbildung 3 haben wir die Intensität der immateriellen Unterstützung durch Eltern und Schwiegereltern abgebildet. In der ostdeutschen und der jemenitischen Stichprobe werden hinsichtlich der beratenden Unterstützung sowohl bei Frauen als auch bei Männern die eigenen Eltern als besonders bedeutsam erlebt. Den Schwiegereltern kommt in beiden Stichproben eine eher untergeordnete Bedeutung hinsichtlich beratender Unterstützung zu, wobei Frauen wie Männer die Schwiegermutter hilfreicher erleben als den Schwiegervater.

Die Hinwendung bei Problemen zu den eigenen Eltern ist bei den jemenitischen Frauen signifikant stärker ausgeprägt als bei den jemenitischen Männern und auch stärker als bei den ostdeutschen werdenden Eltern. Dieses Ergebnis ist insbesondere deshalb erwähnenswert, weil nach der Eheschließung im Jemen in der Regel die Frau in der Familie der Schwiegereltern lebt. Das Resultat zeigt, daß dieser Wechsel aber nicht mit einem Verlust der engsten Bezugs- und Vertrauenspersonen verbunden ist.

Unter kulturvergleichendem Aspekt war für uns interessant, daß von den jemenitischen Frauen der Mutter und nicht dem Vater so große Bedeutung bezüglich beratender Unterstützung zugemessen wird. Diese Aussage widerspricht Interview-Ergebnissen, bei denen stets der Vater eine signifikant herausgehobene Position einnimmt. Im Gegensatz zum Unterstützungserleben handelt es sich hier wohl eher um Ehrfurcht und Respekt, die dem Vater entgegengebracht werden (was auch eine gewisse Distanz einschließt).

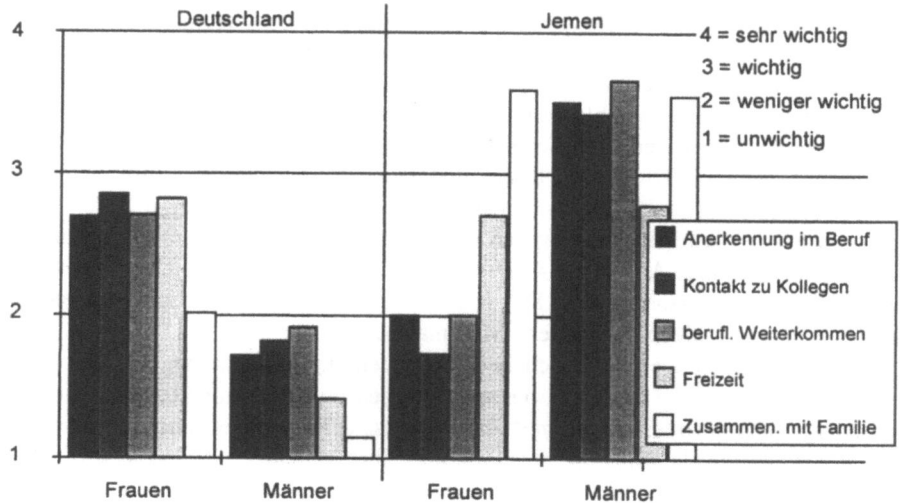

Abbildung 4: Bedeutung von Beruf, Freizeit und Familie bei ostdeutschen und jemenitischen werdenden Eltern.

Wir haben ferner untersucht, inwieweit das berufliche Umfeld, Freizeit und Zusammensein mit der Familie für die werdenden Eltern von Bedeutung sind. Diese Merkmale sind Teil des erlebten sozial-personalen Netzes. Die Ergebnisse in Abbildung 4 lassen bezüglich der berufsbezogenen Merkmale (Anerkennung im Beruf, Kontakt zu Arbeitskollegen, Bedeutung des beruflichen Fortkommens) große Unterschiede zwischen ostdeutschen Frauen und Männern erkennen ($p < .001$). Frauen messen den beruflichen Merkmalen für ihre eigene Entwicklung, für ihr Wohlfühlen eine größere Bedeutung zu als ihre Männer. Dieses Ergebnis ist auf dem Hintergrund der Sozialisation ostdeutscher Frauen gut verständlich. Das Einbezogensein in Beruf und Familie war für ostdeutsche Frauen etwas Selbstverständliches und persönliche Herausforderung zugleich.

In der jemenitischen Stichprobe veranschaulichen die Untersuchungsergebnisse das dort traditionelle Rollenverständnis. Für die Männer sind berufliche Anerkennung, Kontakt zu Kollegen und vor allem berufliches Fortkommen von deutlich höherer Bedeutung als für ihre Frauen ($p < .001$). Das Bedeutungserleben von Merkmalen des beruflichen Netzwerkes spiegelt das Rollenverständnis der jemenitischen Männer als „Ernährer der Familie" gut wider.

Der direkte Vergleich von ostdeutscher und jemenitischer Stichprobe bezüglich der drei berufsbezogenen Merkmale des sozial-personalen Netzes veranschaulicht (vgl. Abbildung 4), daß jemenitische Männer im Vergleich zu ostdeutschen Männern, aber auch ostdeutschen Frauen der Anerkennung im Beruf, dem Kontakt zu Kollegen und dem beruflichen Weiterkommen die höchste Bedeutung zumessen ($p < .001$). Jemenitische Frauen schätzen im Vergleich zu ostdeutschen Frauen die Bedeutung berufsbezogener

Merkmale deutlich geringer ein ($p < .01$). Die Bedeutungseinschätzungen jemenitischer Frauen liegen etwa auf dem mittleren Niveau ostdeutscher Männer. Diese Ähnlichkeit der Merkmalsausprägungen weist aber mit Sicherheit nicht auf gleiche „Bewertungsverursacher" hin. Wir verweisen hier auf die Ausführungen im Abschnitt „Exkurs".

Wir haben ferner Bedeutungseinschätzungen für den Bereich Freizeit und Zusammensein mit der Familie, also mit Eltern und nahen Verwandten ermittelt. Die Bedeutung der Freizeit wird von den ostdeutschen Männern im Vergleich zu ihren Frauen, aber auch zu den jemenitischen Frauen und Männern am geringsten, als nahezu „unwichtig", eingeschätzt (Abbildung 4; $p = .001$). Die anderen Vergleichsgruppen unterscheiden sich untereinander nicht. Der Median der kategorialen Einschätzungen kennzeichnet Freizeit als einen „wichtigen" Merkmalsbereich.

Erwartungsgemäß ergeben sich bei der Bedeutungseinschätzung für das Zusammensein mit der Familie zwischen der ostdeutschen und der jemenitischen Stichprobe höchst signifikante Unterschiede ($p < .001$). Deutsche Frauen bewerten das Zusammensein mit der Familie als etwas „weniger wichtig", ihre Männer tendieren sogar im Mittel zu „unwichtig", während jemenitische Frauen und Männer dies als „wichtig" bis „sehr wichtig" einstufen. Das unmittelbar stärkere Eingebundensein in die Großfamilie wirkt sich bei jemenitischen werdenden Eltern in spezifischer Weise auf die Bedeutungseinschätzung aus, wie auch bei ostdeutschen werdenden Eltern die frühe Ablösung von der eigenen Familie sich im Bedeutungserleben niederschlägt.

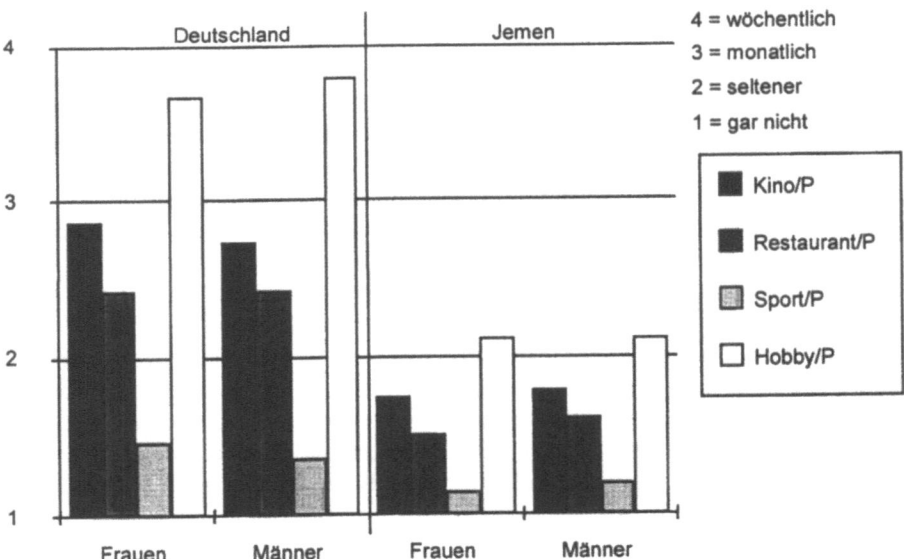

Abbildung 5: Häufigkeit von Freizeitaktivitäten mit Partner bei ostdeutschen und jemenitischen werdenden Eltern.

Die Häufigkeit von Freizeitaktivitäten mit und ohne Partner ist – zumindest im Verständnis unseres Kulturkreises – einerseits Ausdruck der Verbundenheit des Paares, andererseits auch Indikator der Autonomie von Frau und Mann in der Paarbeziehung.

Ordnen wir die Freizeitaktivitäten in der ostdeutschen Stichprobe nach der Größe des Medians, so können wir (vgl. Abbildung 5) festhalten, daß nahezu „wöchentlich" einem gemeinsamen Hobby (bzw. Hobbies) nachgegangen wird, etwa „monatlich" ein Kinobesuch (bzw. Besuch anderer Kulturveranstaltungen) stattfindet, gemeinsame Gaststättenbesuche „seltener" als „monatlich" erfolgen und gemeinsame sportbezogene Aktivitäten noch seltener wahrgenommen werden.

In der jemenitischen Stichprobe ergibt sich (vgl. Abbildung 5) zwischen den Bereichen gemeinsamer Aktivität des Paares exakt die gleiche Ordinalfolge der Mediane. Abbildung 5 zeigt ferner, daß die Häufigkeit gemeinsamer Aktivitäten in der jemenitischen Stichprobe deutlich geringer als in der ostdeutschen Stichprobe ist ($p < .01$). Gemeinsame Freizeitaktivitäten, die den Raum der Familie überschreiten, werden in der jemenitischen Stichprobe auf dem Hintergrund des kulturellen Selbstverständnisses kaum praktiziert, da nicht erwünscht.

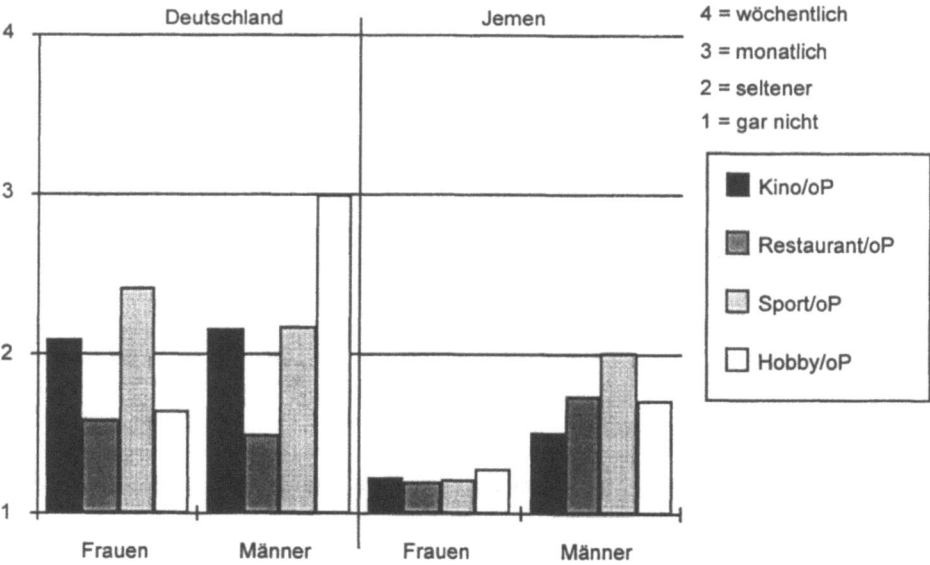

Abbildung 6: Häufigkeit von Freizeitaktivitäten ohne Partner bei ostdeutschen und jemenitischen werdenden Eltern.

In der ostdeutschen Stichprobe ergeben sich zwischen Männern und Frauen mit Ausnahme der Häufigkeit, einem Hobby (bzw. Hobbies) ohne Partner nachzugehen keine statistisch bedeutsamen Unterschiede. Die befragten werdenden Väter schätzen ein, daß sie etwa „monatlich" ohne Partnerin einem Hobby nachgehen, während Frauen dies „gar nicht" bzw. „seltener als monatlich" tun. Alleinige Kinobesuche oder sportliche Betätigungen gehören ebenfalls zu den eher „seltenen" Aktivitäten.

In der jemenitischen Stichprobe ist die Häufigkeit von Aktivitäten insgesamt sehr gering. Die zentrale Tendenz variiert zwischen den Antwortkategorien „gar nicht" bis „selten". Für die jemenitischen werdenden Mütter ist das Niveau selbständiger Freizeitaktivitäten am geringsten ($p < .01$).

Nicht unerwähnt soll der Freundeskreis der werdenden Eltern bleiben: Deutsche Männer nennen im Durchschnitt 2.3 Personen und ostdeutsche Frauen 1.7 als Freunde. Jemenitische Männer nennen im Mittel 2.4 und jemenitische Frauen 1.8 Personen als Freunde. Die Unterschiede zwischen den Geschlechtern sind in beiden Stichproben auf dem 1 %-Niveau signifikant. Kulturspezifisch lassen sich dagegen bei dieser Fragestellung keine Unterschiede nachweisen.

4.2 Multivariate Vergleiche

Die vorhergehenden Analysen lassen erkennen, daß sich die sozialen Netzwerke ostdeutscher und jemenitischer werdender Eltern teilweise erheblich unterscheiden. Diese Unterschiede lassen sich in der Mehrzahl der Fälle auf Einflüsse der spezifischen Kulturen zurückführen.

Im folgenden wollen wir darüber berichten, welche Merkmale des sozial-personalen Netzes bei welcher Teilstichprobe für die Vorhersage der ehelichen bzw. partnerschaftlichen Zufriedenheit von Bedeutung sind. Es geht also speziell darum zu explorieren, ob bestimmte Merkmale des sozial-personalen Netzes bei allen Teilstichproben als bedeutsam identifiziert werden können und welche spezifisch sind. Hierzu wurden bei allen Teilstichproben der gleiche Prädiktorensatz in die Analyse einbezogen und als Analysemethode „Forward stepwise" gewählt. In Tabelle 1 haben wir die signifikanten β-Koeffizienten zusammengefaßt. Die Bedeutung der Vorzeichen haben wir aus den Korrelationsmatrizen erschlossen.

Die Ergebnisse der Regressionsanalysen für alle vier Teilstichproben haben wir in Tabelle 1 zusammengefaßt und in Abbildung 7 visualisiert.

Tabelle 1: Ergebnisse der Regressionsanalyse

	Frauen Deutschland	Männer Deutschland	Frauen Jemen	Männer Jemen
R	.51	.60	.59	.42
R^2	.26	.36	.35	.17
p	.05	.01	.001	.01
Schulabschluß	.39			
Ehedauer		.39	.12	
Anzahl Personen im Haushalt	-.24	.18	.23	
Anzahl der Geschwister			-.22	.11
Bedeutung der Arbeitswelt	-.31	.44		
Treffen mit Familienangehörigen		.21	.27	
Unterstützung durch Familie	.27		.18	.40
Freizeitaktivitäten mit Partner			.21	.29
Freizeitaktivitäten ohne Partner	.24	.15	.26	.26
Treffen mit Freunden			.16	
Anzahl der Freunde			.17	
	5	5	9	4

Fassen wir die Ergebnisse von Tabelle 1 zusammen:

- Zunächst können wir feststellen, daß es nur ein Merkmal des sozialen Netzes gibt, das durchgängig in allen Teilstichproben eine Prädiktion von Zufriedenheit in der Partnerschaft bzw. Ehe ermöglicht. Es handelt sich um Freizeitaktivitäten ohne Partner. Sowohl bei ostdeutschen als auch bei jemenitischen werdenden Eltern ist also ein gewisses Ausmaß an Autonomie der Partner für die partnerschaftliche bzw. eheliche Zufriedenheit von Bedeutung.

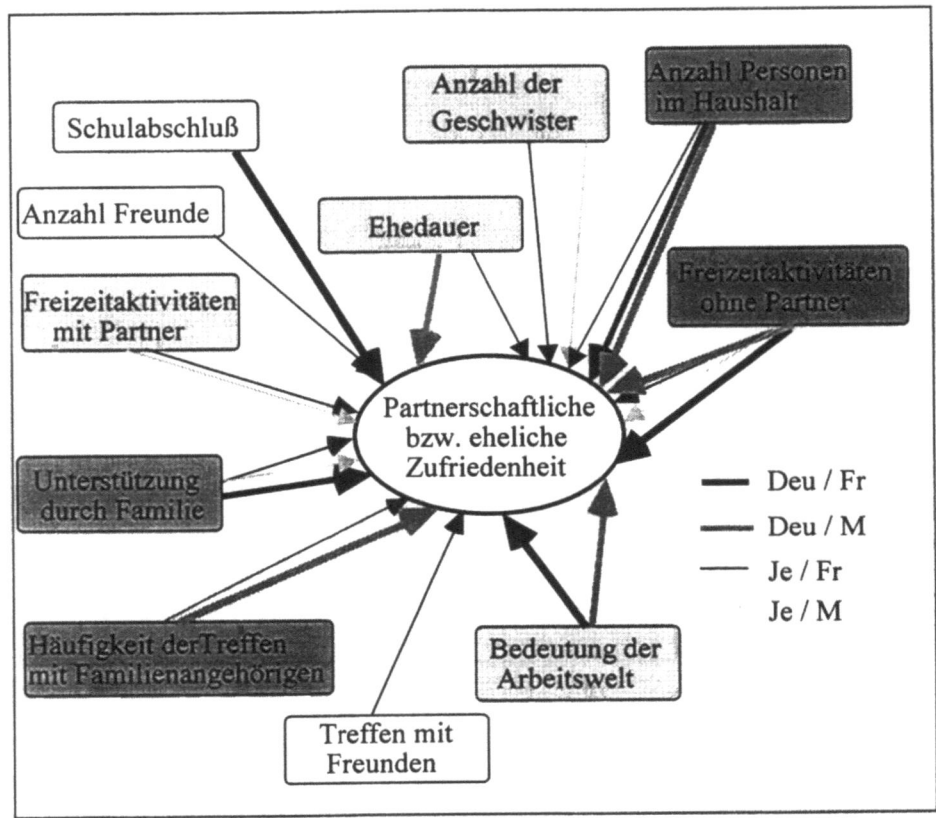

Abbildung 7: Ergebnis der Regressionsanalyse zur Prädiktion ehelicher Zufriedenheit durch Merkmale des sozial-personalen Netzes.

Wir können ferner festhalten, daß es stichprobenspezifische Merkmalsmuster gibt, die im folgenden kurz skizziert werden sollen:

- Die partnerschaftliche bzw. eheliche Zufriedenheit der ostdeutschen werdenden Mütter wird vor allem über ein hohes Unterstützungserleben durch Familienangehörige, durch die Möglichkeit von Freizeitaktivitäten ohne Partner und durch die Schulbildung vorhergesagt. Gleichzeitig ist aus der Polung des Betakoeffizienten und der zugrundeliegenden Korrelationskoeffizienten zu entnehmen, daß die Bedeutung der Arbeitswelt in diesem Zusammenhang eher gering ist. Des weiteren erweist sich eine geringe Anzahl von Personen im Haushalt für die eheliche Zufriedenheit der ostdeutschen werdenden Mütter als vorteilhaft.

- Bei den ostdeutschen werdenden Vätern sind ebenfalls nur fünf Merkmale des sozialen Netzes für die Prädiktion der partnerschaftlichen bzw. ehelichen Zufriedenheit von Bedeutung. Es zeigt sich, daß eine größere Anzahl von Personen im Haushalt und ein längeres Bestehen der partnerschaftlichen bzw. ehelichen Beziehung sowie die Häufigkeit von Treffen mit Familienangehörigen mit höherer partnerschaftlicher Zufriedenheit korrespondieren. Daneben beanspruchen die ostdeutschen werdenden Väter noch einen großen Freiraum, denn als Prädiktoren der Zufriedenheit erweisen sich die Häufigkeit von Freizeitaktivitäten ohne Partnerin bei gleichzeitig hoher Bedeutungszumessung der Arbeitswelt.
- Bei den jemenitischen werdenden Müttern zeigt das Ergebnis der Regressionsanalyse, daß die eheliche Zufriedenheit mit der Anzahl der im Haushalt lebenden Personen in positiver Beziehung steht (je mehr Personen, um so größer die eheliche Zufriedenheit), mit der Anzahl der Geschwister jedoch in negativer (je weniger Geschwister um so größer die eheliche Zufriedenheit). Wesentliche Prädiktoren sind weiterhin die Häufigkeit der Treffen mit Familienangehörigen, die Unterstützung durch die Familie. Für die eheliche Zufriedenheit sind aber auch die Anzahl der Freundinnen und häufigere Treffen mit ihnen ebenso von Bedeutung wie Freizeitaktivitäten ohne den Partner.
- Bei den jemenitischen werdenden Vätern erwiesen sich die folgende Merkmale des sozial-personalen Netzes als Prädiktoren für die eheliche Zufriedenheit: Unterstützung durch die Familie, Freizeitaktivitäten mit und ohne Partnerin sowie eine größere Anzahl von Geschwistern.

5 Diskussion und Zusammenfassung

Allgemein werden unter dem Begriff „sozial-personales Netzwerk" die Verwandtschaft, der Freundes- und Bekanntenkreis, Arbeitskollegen und der gesamte Personenkreis, mit denen das Individuum direkten oder auch indirekten Kontakt hat, verstanden. Als wichtigste Funktionen des Netzwerkes gelten die soziale Integration, der soziale Rückhalt bzw. die soziale Unterstützung (social support).

Spezielle Auswirkungen sozialer Unterstützung zeigen sich in der Erhöhung der Streß-Toleranzschwelle einer Person. Soziale Unterstützung nimmt sozusagen eine Pufferfunktion bei der Verarbeitung von Belastungen ein (vgl. z. B. Schwarzer & Leppin, 1989). Sarason, Levine, Basham und Sarason (1983) konnten zeigen, daß bei Personen mit hoher sozialer Unterstützung die allgemeine Lebenszufriedenheit größer als bei Personen mit geringer oder fehlender sozialer Unterstützung ist und von den Erstgenannten häufiger positive Erlebnisse bzw. positivere Wahrnehmung der Erlebnisse berichtet werden. Wir haben einen speziellen Aspekt der Lebenszufriedenheit, nämlich den der partnerschaftlichen bzw. ehelichen Zufriedenheit, in die Untersuchung einbezogen.

Bezogen auf den Übergang zur Elternschaft konnten Cox et al., 1985, nachweisen, daß ein positives Beziehungserleben im Kontakt mit den eigenen Eltern die Bewältigung dieses Lebensereignisses erleichtert und sogar eine Vorhersage auf eine kompetentere Interaktion zwischen jungen Eltern und ihrem Kind erlaubt.

Aus der vorhergehenden Analyse sollen als wesentliche Erkenntnisse hervorgehoben werden: (1) Aus der Perspektive des Kulturvergleichs ist hervorzuheben, daß es gravierende Unterschiede sowohl in der tatsächlichen Struktur als auch in der subjektiven Bedeutungszumessung von Merkmalen des sozialen Netzes zwischen jemenitischen und ostdeutschen werdenden Eltern gibt. Die Hypothesen zur kulturspezifischen Intensität familialer Kontakte, beratender Unterstützung, traditionellem Rollenverhalten (Versorgerrolle, Geschlechtsrolle) können durch die vorliegenden Untersuchungsergebnisse als hochwahrscheinlich gelten. (2) Die multiplen Regressionsanalysen relativieren die Aussagen über die Bedeutung der spezifischen Merkmalsausprägungen insofern, als für drei von vier Stichproben, also als gemeinsame Essenz über die Kulturen hinweg, sich zeigen ließ, daß die partnerschaftliche bzw. eheliche Zufriedenheit umso größer ist, je besser das soziale Netz in seiner helfenden und unterstützenden Funktion erlebt wird. Ferner konnte die Bedeutung von Selbstbestimmung (Autonomie) für die eheliche Zufriedenheit trotz gravierender Unterschiede im mittleren Ausprägungsgrad zwischen ostdeutschen und jemenitischen werdenden Eltern einerseits und zwischen Frauen und Männern andererseits aufgezeigt werden.

6 Literatur

Anwer Karim, M., Ettrich, K. U. & Krauß, H. (1996). Übergang zur Elternschaft in Ost-Deutschland und der Jemenitischen Arabischen Republik. In K. U. Ettrich & M. Fries (Hrsg.). *Lebenslange Entwicklung in sich wandelnden Zeiten* (S. 305-313). Landau: Verlag für empirische Pädagogik.

Cohen, S. & Wills, T. A. (1985). Stress, social support and the buffering hypothesis. *Psychological Bulletin, 98*, 310-357.

Cox, M. J., Owen, M. T. Lewis, J. M. Riedel, C. Scalf-McIver, L. & Suster, A. (1985). Intergenerational influences on the parent-infant relationship in the transition to parenthood. *Journal of Family Issues, 6*, 543-564.

Entwisle, D. R. & Doering, S. G. (1981). *The first birth. A family turning point*. Baltimore: The Johns Hopkins University Press.

Ettrich, C. & Ettrich, K. U. (1995). Die Bedeutung sozialer Netzwerke und erlebter sozialer Unterstützung beim Übergang zur Elternschaft. Ergebnisse einer Längsschnittstudie. *Psychologie in Erziehung und Unterricht, 42*, 29-39.

Gloger-Tippelt, G. (1985). Der Übergang zur Elternschaft. Eine entwicklungspsychologische Analyse. *Zeitschrift für Entwicklungspsychologie und Pädagogische Psychologie, 17*, 1-40.

Nickel, H. (1988). *Die Bedeutung von Rollenauffassungen junger Eltern während des Übergangs zur Elternschaft und ihr realistischer Beitrag zur Generativität*. Düsseldorf: Heinrich-Heine-Universität.

Klusmann, D. (1986). *Soziale Netzwerke und soziale Unterstützung*. Hamburg: Universität.

Sarason, I. G., Levine, H. M., Basham, R. B. & Sarason, B. R. (1983). Assessing social support: The social support questionnaire. *Journal of Personality and Social Psychology, 44*, 127-138.

Schwarzer, R. & Leppin, A. (1989). *Sozialer Rückhalt und Gesundheit*. Göttingen: Hogrefe.

Die Wiener Längsschnittstudie „Familienentwicklung im Lebenslauf (FIL)" – Ausgewählte Befunde und Implikationen*

Harald Werneck und Brigitta Rollett

1 Einleitung und Fragestellungen

In dem folgenden Beitrag soll ein Überblick über die Wiener Längsschnittstudie „Familienentwicklung im Lebenslauf" (oder kurz: „FIL") gegeben werden. Es handelt sich dabei um das Nachfolgeprojekt der Studie „Die Bedeutung von Rollenauffassungen junger Eltern für den Übergang zur Elternschaft" (z. B. Rollett & Werneck, 1993), welches wiederum im Rahmen des von der Düsseldorfer Arbeitsgruppe um Horst Nickel (vgl. z. B. seinen Beitrag in diesem Band) initiierten interkulturellen Projektes „Junge Eltern im Kulturvergleich" als *assoziiertes Projekt* (Teil Österreich) konzipiert wurde.

In den folgenden Abschnitten werden kurz die Methodik bzw. der Aufbau der Studie dargestellt und anschließend exemplarisch einige ausgewählte Befunde zu den Kindern, den Mütter, den Vätern und vor allem zur Entwicklung der elterlichen Partnerschaftsqualität im Verlauf des Übergangs zur Elternschaft bzw. der ersten Jahre nach der Geburt des Kindes. Die behandelten Fragestellungen beziehen sich z. B. auf die Einstellungen bzw. Einstellungsveränderungen, typische Belastungsbereiche für die Väter, Partnerschaftsveränderungen in Abhängigkeit von der Kinderzahl, dem Geschlecht des Kindes, der Erwerbstätigkeit der Frau und der Einstellungspassung zwischen den Partnern. Bezüglich des theoretischen Hintergrundes sei an dieser Stelle auch auf die ausführliche Darstellung zum gemeinsamen Rahmenkonzept der gesamten interkulturellen Studie in dem Beitrag von Nickel (in diesem Band) verwiesen.

2 Aufbau und Durchführung der Längsschnittstudie

2.1 Planung und Durchführung der Untersuchung

Das Projekt „Familienentwicklung im Lebenslauf (FIL)" erfaßte insgesamt 175 Familien (vorerst nur die Elternpaare, dann auch die Kinder) aus dem Großraum Wien.

Es wurde unterteilt in Familien mit jüngeren Müttern (unter 30 Jahre alt) und mit älteren Müttern (über 30 Jahre). Zweites relevantes Kriterium bei der Stichprobenrekrutierung war die Elternschaftserfahrung, um Paare, die zum erstenmal Eltern wurden, mit Eltern vergleichen zu können, die bereits das zweite oder dritte Kind bekamen (vgl. Ta-

---

* Dieses Projekt wurde zum Teil finanziell unterstützt vom Jubiläumsfonds der Österreichischen Nationalbank (Jubiläumsfondsprojekt 3722).

belle 1). Dritteltern, speziell mit Müttern unter 30 Jahren, waren zwar etwas unterrepräsentiert, aber dennoch ausreichend, um als eigene Gruppe in die Auswertungen aufgenommen zu werden.

Tabelle 1: Versuchsplan des Forschungsprojektes „Familienentwicklung im Lebenslauf (FIL)" (vgl. z. B. Rollett & Werneck, 1993; Werneck, 1998)

	Mütter unter 30 Jahre	Mütter über 30 Jahre	*insgesamt*
1. Kind	35 (20.0 %)	31 (17.7 %)	66 (37.7 %)
2. Kind	35 (20.0 %)	36 (20.6 %)	71 (40.6 %)
3. Kind	16 (9.1 %)	22 (12.6 %)	38 (21.7 %)
insgesamt	86 (49.1 %)	89 (50.9 %)	175 (100 %)

Anmerkung: In Klammern befinden sich die Gesamtprozentwerte (von 175).

Die Erstkontaktaufnahmen (während der Schwangerschaft der werdenden Mutter) erfolgten über Gebärkliniken, Ambulanzen, Frauenärzte usw. Die Erhebungen fanden zu drei Zeitpunkten statt: 3 Monate vor dem Geburtstermin (also im 6. Schwangerschaftsmonat der werdenden Mutter), 3 Monate nach der Geburt sowie 3 Jahre nach der Geburt des Kindes.[1]

Tabelle 2: Teilnahmequoten beim Projekt „Familienentwicklung im Lebenslauf (FIL)" zu den drei Testzeitpunkten: 3 Monate vor, 3 Monate nach und 3 Jahre nach der Geburt des Kindes (vgl. z. B. Werneck, 1998, S. 90)

	1. Testzeitpunkt	2. Testzeitpunkt	3. Testzeitpunkt
Väter	175 (100 %)	167 (95 %)	147 (84 %) [88 %]
Mütter	175 (100 %)	168 (96 %)	152 (87 %) [90 %]
Kinder	–	164 (94 %)	117[a] (67 %) [71 %]

Anmerkungen: In runden Klammern befinden sich jeweils die Prozentwerte in Relation zum ersten Testzeitpunkt (175 = 100 %), in eckigen Klammern die Prozentwerte in Relation zum zweiten Testzeitpunkt.
[a] bei 3 dieser 117 Fälle handelt es sich um Zwillinge.

Die Ausfallquoten (bei den Eltern) über die folgenden 3 Jahre und 3 Monate hinweg betrugen insg. etwas mehr als 10 % (vgl. Tab. 2).

---

[1] Bei den Erhebungen wirkten mit: Dr. Barbara Reisel, Mag. Martina Stoll, Mag. Veronika Gößweiner, Mag. Daniela Heininger, Mag. Dr. Susanne Ohmann – ihnen gilt auch an dieser Stelle unser Dank.

2.2 Stichprobe

Die Mütter waren durchschnittlich 29.9 Jahre alt ($SD = 4.4$), die Väter etwa 2 Jahre älter ($M = 31.8$, $SD = 4.9$). Die meisten Eltern waren verheiratet (80 % beim ersten, 89 % beim dritten Untersuchungszeitpunkt). Von soziodemographischen Auffälligkeiten der Stichprobe ist lediglich – wie bei den meisten Studien über diese Thematik (vgl. die übrigen Beiträge in diesem Band) – der überrepräsentativ hohe Akademikeranteil, v. a. der Väter (29 %) erwähnenswert.

2.3 Untersuchungsinstrumente

Als Erhebungsinstrumente kamen zur Anwendung:

- Der *Elternschaftsfragebogen* von Nickel, Grant und Vetter (1990) zur Erfassung der Einstellungen zu Kindern, zu der Rollenaufteilung zwischen Mutter und Vater usw. Die insg. 82 Einstellungsitems wurden für die Wiener Stichprobe, getrennt nach Vätern und Müttern reanalysiert, sodaß sich für die Väter acht und für die Mütter sechs Skalen ergaben: *Verantwortung, Traditionelle Rollenaufteilung, Wert von Kindern, Wert der Familie, Pater familias, Egalität, Traditionelle Frauenrolle und Kinder als Belastung* – für die Väter – bzw. *Traditionelle Rollenaufteilung, Wert von Kindern, Emanzipiertheit, Wert der Großfamilie, Kinder als Belastung* und *Wert des kinderlosen Zustandes* für die Mütter (vgl. ausführlich dazu z. B. Rollett & Werneck, 1993; Werneck 1998).
- Einen zweiten Schwerpunkt stellte die Erfassung der Qualität der elterlichen Partnerschaft bzw. ihrer längsschnittlichen Veränderungen dar. Zu diesem Zweck diente der *Partnerschaftsfragebogen* von Hahlweg (1979).
- Ergänzend kam ein *Fragebogen zur Gesamtsituation* zum Einsatz, der sich auf die Geplantheit des Kindes, den Schwangerschaftsverlauf, das Freizeitverhalten, den Freundeskreis, die berufliche Situation, die Wohnsituation usw. bezog.

Zum zweiten Testzeitpunkt wurde diese Testbatterie durch folgende Verfahren ergänzt:

- Bayley-Scales of Infant Development und einen
- Temperamentfragebogen für die 3 Monate alten Kinder – konstruiert in Anlehnung an das Konzept von Thomas und Chess (1977, auszufüllen von den Müttern);
- ein Fragebogen zum Geburtsverlauf, zum Gesundheitszustand des Kindes und zu den erlebten Änderungen durch das Kind.

Zum dritten Erhebungszeitpunkt kamen neben diesen (für die Altersstufe adaptierten) noch hinzu:

- der (damals noch unveröffentlichte) *Wiener Entwicklungstest* von Kastner-Koller und Deimann (1998),
- das *Kaufman-ABC* von Melchers und Preuß (1991) – ein Intelligenztest,

- eine Adaption des Temperamentfragebogens für 3 Jahre alte Kinder (vgl. Höllerer, 1998) und
- die *Beschreibung der individuellen Belastung des Vaters* von Ehlers (1981);
- ein Fragebogen zur beruflichen Situation der Eltern.

Im folgenden soll nun exemplarisch auf einige Resultate des österreichischen Forschungsprojektes eingegangen werden.

3 Ausgewählte Ergebnisse

Einen Schwerpunkt der Studie bildete der Einstellungsbereich (vgl. Kap. 2.3), weshalb mit einem Überblick über die Befundlage dazu, zuerst aus Perspektive der Mütter, begonnen werden soll.

3.1 *Mütterliche Einstellungen*

Die Einstellungen zur Elternschaft und zu den elterlichen Rollenaufteilungen wurden mit dem Elternschaftsfragebogen von Nickel, Grant und Vetter (1990) erfaßt und entsprechend diesen Angaben anschließend clusteranalytisch sechs Einstellungsskalen (*Traditionelle Rollenaufteilung, Wert von Kindern, Emanzipiertheit, Wert der Großfamilie, Kinder als Belastung* und *Wert des kinderlosen Zustandes*) gebildet.[2] Danach wurden die Mütter mittels Clusteranalyse in fünf, einstellungsmäßig voneinander abgrenzbare Gruppen unterteilt: *Selbstbewußte, kinderliebende Mütter* (23.8 %), *Emanzipierte Mütter, die Kinder nicht als Belastung erleben* (13.4 %), *Emanzipierte Mütter, die Kinder als Belastung erleben* (31.7 %), *Überforderte Mütter, die Kinder weniger als Belastung erleben* (9.8 %) und *Überforderte Mütter, die Kinder als starke Belastung erleben* (21.3 %). *Selbstbewußte, kinderliebende Mütter* erwarten sich beispielsweise die geringste Belastung durch das Kind, *Überforderte Mütter, die Kinder als starke Belastung sehen*, die höchste. Diese schätzen auch ihre Partnerschaft im Vergleich zu den anderen Müttern am unglücklichsten ein. *Emanzipierte Mütter, die Kinder als Belastung erleben*, sehen Hausarbeit vergleichsweise wenig lustbetont. Sie sind auch grundsätzlich der Ansicht, der Kindesvater habe sich um die vitalen Bedürfnisse seines Kindes und die organisatorischen Belange genauso zu kümmern wie die Mutter, ebenso was das spielerische Beschäftigen mit dem Kind betrifft. Dementsprechend nehmen sie sich auch fest vor, wieder in das Berufsleben einzusteigen (vgl. Rollett & Werneck, 1993, S. 24).

Von Interesse, im Sinne längsschnittlicher Veränderungsmessungen, ist nun neben diesen Clusteridentifikationen auch deren zeitliche Stabilität über den Untersuchungszeitraum hinweg. Zur Verfolgung der Entwicklungen der Clusterzugehörigkeiten wurde daher beim dritten Testzeitpunkt eine neuerliche diskriminanzanalytische Zuordnung zu den fünf definierten Mütter-Typen anhand der aktuellen Angaben beim Elternschaftsfragebogen vorgenommen.

---

[2] Für die Väter ergaben sich acht Skalen (*Traditionelle Rollenaufteilung, Kinder als Belastung, Wert von Kindern, Wert der Familie, Egalität, Pater familias, Traditionelle Frauenrolle* und *Verantwortung*).

3 Monate vor Geburt   3 Jahre nach Geburt

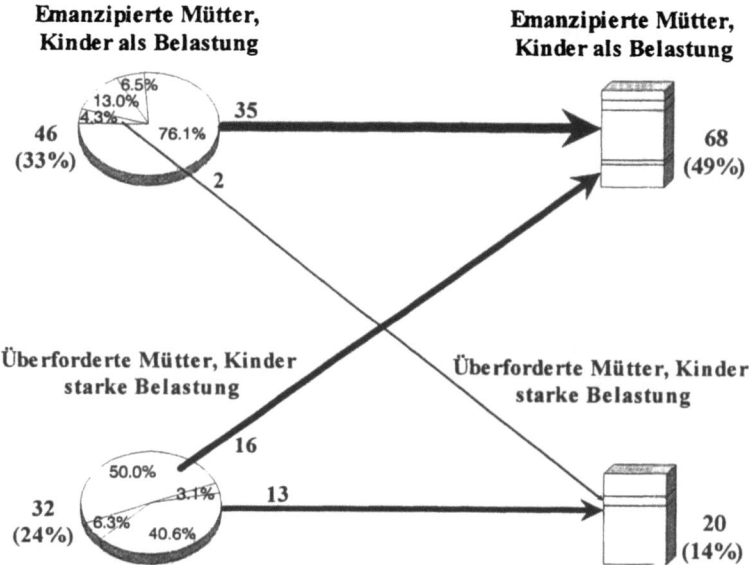

Abbildung 1: Auszugsweise Darstellung der Zuordnungsverschiebungen zu den Mütterclustern zwischen dem ersten und dritten Testzeitpunkt (3 Monate vor der Geburt des Kindes und 3 Jahre nach der Geburt des Kindes).

Von den Veränderungen in den ersten 3 Jahren nach der Geburt ist dabei v. a. die starke Zunahme der Gruppe der *Emanzipierten Mütter, die Kinder als Belastung erleben*, von einem Drittel (33 %) auf fast die Hälfte (49 %) aller Mütter anzuführen (vgl. Abbildung 1). Die Vergrößerung dieses Clusters ist dabei großteils auf den starken Zuwachs aus der Gruppe der *Überforderten Mütter, die Kinder als starke Belastung empfinden*, zurückzuführen, von denen genau die Hälfte (16) während des Untersuchungszeitraumes zu den *Emanzipierten Mütter, die Kinder als Belastung erleben*, wechselt. Diese Resultate lassen sich v. a. als starker Trend in Richtung Emanzipiertheit interpretieren, im Sinne des Wunsches nach gerechterer Arbeitsaufteilung zwischen den Eltern und – damit verbunden – verstärkter beruflicher Ambitionen der Mütter, bei gleichzeitig starker Wahrnehmung der mit Kindern verbundenen Belastungsaspekte.

3.2 Väterliche Einstellungen

Ein spezieller Aspekt der Wiener Forschungsarbeiten zum Übergang zur Elternschaft bezieht sich auf die intensive Analyse der Situation der Väter im familiären Kontext

(Werneck, 1998). Analog zu den Müttern wurden daher auch die Väter entsprechend ihren Angaben im Elternschaftsfragebogen (Nickel, Grant & Vetter, 1990) in Gruppen geclustert; dabei ergaben sich folgende drei Vätertypen: die „Neuen Väter", die v. a. traditionelle Rollenvorstellungen zugunsten egalitärer Partnerbeziehungen eher ablehnen (mit ca. 13 % noch deutlich in der Minderheit), die „familienorientierten" Väter (ca. 32 %) und schließlich die „eigenständigen" Väter (ca. 56 %), mit grundsätzlich egalitären Rollenvorstellungen, aber nur geringem Interesse an der Familie (vgl. dazu ausführlicher z. B. Rollett & Werneck, in Druck; Werneck, 1998). Im Lauf der ersten 3 Jahre nach der Geburt des Kindes kommt es – wie bei den Müttern – zu Zuordnungsverschiebungen, und zwar vor allem in Richtung eines Zuwachses zu der Gruppe der *Eigenständigen*, an familiären Belangen eher desinteressierten Vätern. Beachtenswert scheint auch die Reduktion der Gruppe der *Neuen Väter*: über ein Drittel dieser Väter (ca. 38 %) wechselte in dem halben Jahr um die Geburt des Kindes zu der Gruppe der *Familienorientierten* Väter und genau ein Viertel zu den *Eigenständigen* Vätern. Von den *Familienorientierten* wechselte alleine in diesem Zeitraum ebenfalls fast ein Drittel (ca. 33 %) zu den *Eigenständigen*, der insgesamt größten Gruppe (vgl. die genauen Veränderungen der Zugehörigkeiten zu den drei Väterclustern in Abb. 2). Diese Entwicklungen können wohl insgesamt als Ausdruck gewisser Distanzierungsbestrebungen bei den Vätern von familiären Belangen gedeutet werden.

3.3 Potentielle Belastungsbereiche für die Väter

Ein weiterer Bereich, neben dem Einstellungskomplex – und dem Partnerschaftsbereich, auf den aber im folgenden gesondert eingegangen werden soll (vgl. auch Nickel, Quaiser-Pohl, Rollett, Vetter & Werneck, 1995) –, der speziell bei den (österreichischen) Vätern als wichtiger Regulator für die Qualität des Übergangs zur Vaterschaft und insbesondere für das damit verbundene Belastungserleben fungiert, gilt das soziale Netzwerk (vgl. z. B. auch Ettrich & Ettrich, 1995; Werneck, Nickel, Rollett & Yang, 1996). Von den Ergebnissen hierzu scheint v. a. bemerkenswert, daß Väter, verglichen mit ihren Partnerinnen, durchschnittlich eine geringere Anzahl von Freunden, Bekannten und Kollegen angaben, mit denen sie in regelmäßigem Kontakt standen, besonders nach der Geburt des Kindes. In dem halben Jahr um die Geburt des Kindes kam es zu deutlichen Einschränkungen im Freundes- und Bekanntenkreis der Väter. Parallel dazu war allerdings auch ein Bedeutungsverlust der Außenkontakte, etwa mit Arbeitskollegen, zu verzeichnen, zugunsten des Bedürfnisses nach mehr Zeit für der Familie.

Die Bereiche Haushalt und Kinderbetreuung stellen für die Väter, aufgrund ihrer in aller Regel noch immer sehr beschränkten Mithilfe, ein relativ geringes Belastungspotential dar (vgl. ausführlicher dazu z. B. Werneck, 1997, 1998; Werneck & Rollett, 1996).

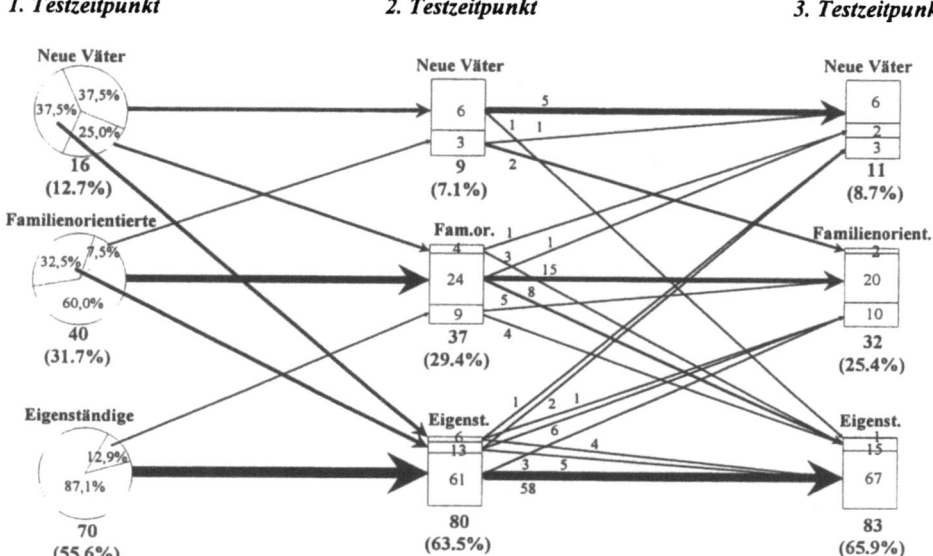

Abbildung 2: Verschiebungen der Zuordnungen zu den drei Väterclustern während der drei Testzeitpunkte 3 Monate vor der Geburt des Kindes, 3 Monate nach der Geburt und 3 Jahre nach der Geburt des Kindes (Werneck, 1998, S. 133).

3.4 Befunde zur Entwicklung der Partnerschaft [3]

3.4.1 Erst-, Zweit- und Dritteltern im Vergleich

Aus der Sicht der *Mütter* zeigte sich im querschnittlichen Vergleich zwischen Erst-, Zweit- und Drittmüttern im Partnerschaftsfragebogen nach Hahlweg (1979) varianzanalytisch vor allem ein hochsignifikanter Unterschied im Kommunikationsverhalten zugunsten der Erst- und zuungunsten der Drittmütter ($p < .01$). Beim Zärtlichkeitsverhalten ist – auch wenn sich insgesamt nur tendenzielle Unterschiede zwischen den drei Müttergruppen ergeben ($p = .08$) – der Unterschied zwischen Erst- und andererseits Zweit- und Drittmüttern deutlich, wobei die Erstmütter ihre Partner als zärtlicher beschreiben (vgl. Abb. 3).

---

[3] Die genauen teststatistischen Angaben und Kennwerte zu dem Folgenden finden sich z. B. in Werneck (1996).

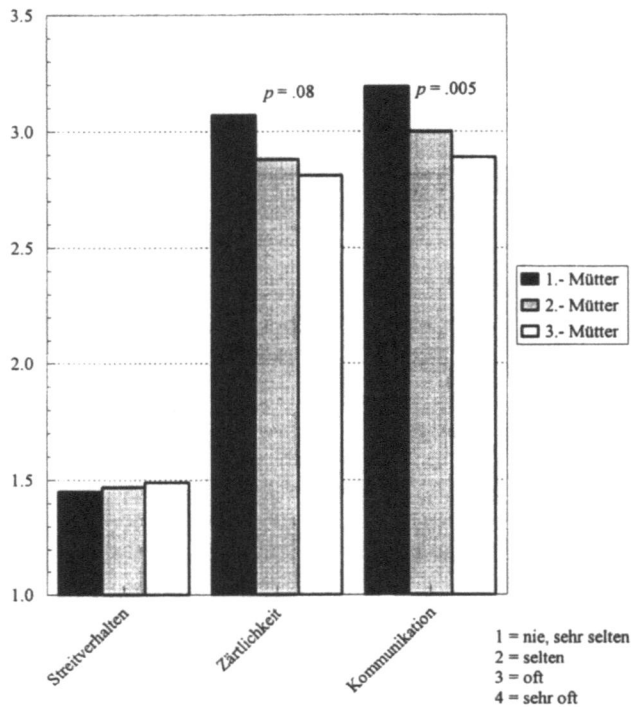

Abbildung 3: Qualität der Partnerschaft aus Sicht der Mütter (gemäß dem Partnerschaftsfragebogen von Hahlweg, 1979) im querschnittlichen Vergleich (3 Monate nach der Geburt des ersten, zweiten bzw. dritten Kindes).

Bei den *Vätern* ergibt sich ein ganz analoges Bild. Erstväter beschreiben ihre Partnerinnen am zärtlichsten ($p = .02$) und die Kommunikation am besten ($p = .04$), Drittväter nehmen ihre Partnerinnen am wenigsten zärtlich wahr und erleben auch die partnerschaftliche Kommunikation am negativsten (s. Abb. 4).

Beachtenswert scheint in diesem Zusammenhang auch, daß das von den Vätern eingestufte Streitverhalten ihrer Partnerinnen sich bei Erst-, Zeit- und Drittvätern durchwegs auf einem deutlich höheren Niveau befindet als das von den Müttern eingeschätzte Streitverhalten ihrer Partner (jeweils: $p < .001$). Analog dazu werden auch die Väter von ihren Partnerinnen als zärtlicher eingestuft als umgekehrt (jeweils: $p < .001$, vgl. dazu auch Abb. 3 und Abb. 4).

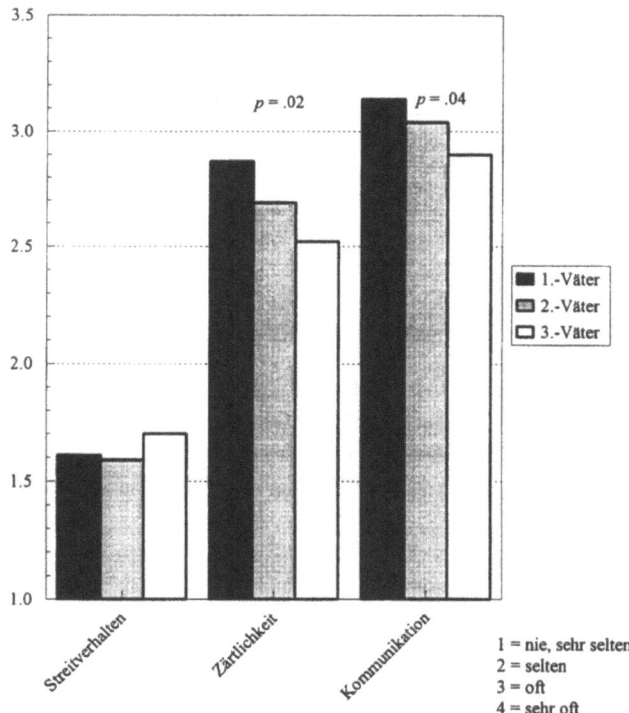

Abbildung 4: Qualität der Partnerschaft aus Sicht der Väter (gemäß dem Partnerschaftsfragebogen von Hahlweg, 1979) im querschnittlichen Vergleich (3 Monate nach der Geburt des ersten, zweiten bzw. dritten Kindes).

3.4.2 Entwicklung über die drei Testzeitpunkte hinweg

Längsschnittlich betrachtet ergeben sich bei den *Müttern* (Erst-, Zweit- und Drittmütter zusammen) varianzanalytisch ein (knapp) signifikanter Anstieg des Streitverhaltens ($p = .04$) und ein hochsignifikanter Abfall der Zärtlichkeits- und auch der Kommunikationsskala (jeweils: $p < .01$), vom Zeitpunkt der Schwangerschaft bis 3 Jahre nach der Geburt (s. Abb. 5).

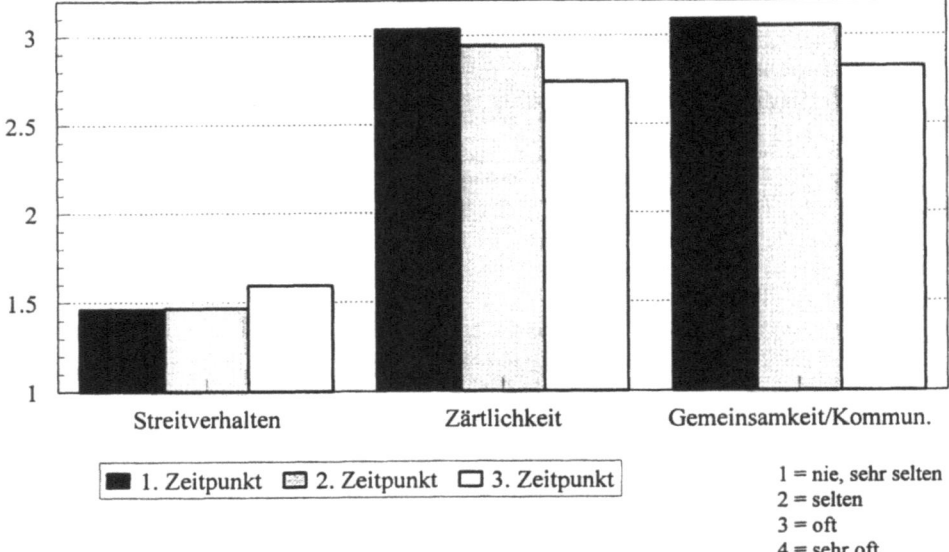

Abbildung 5: Qualität der Partnerschaft aus Sicht der Mütter (gemäß dem Partnerschaftsfragebogen von Hahlweg, 1979) im längsschnittlichen Vergleich / 1. Zeitpunkt: 3 Monate vor der Geburt des Kindes; 2. Zeitpunkt: 3 Monate nach der Geburt; 3. Zeitpunkt: 3 Jahre nach der Geburt (Werneck, 1998, S. 114).

Ganz ähnlich wiederum das Bild bei den *Vätern*: Sie erleben das Streitverhalten ihrer Partnerinnen als signifikant ansteigend, Zärtlichkeit und Kommunikation entwickeln sich ganz eindeutig negativ (jeweils: $p < .01$, s. auch Abb. 6).

Vergleicht man die längsschnittlichen Verläufe der Partnerschaftsqualität aus mütterlicher und väterlicher Perspektive, fallen wiederum – wie schon bei der querschnittlichen Analyse angesprochen – die Niveauunterschiede bei den Skalen „Streitverhalten" und „Zärtlichkeit" auf.

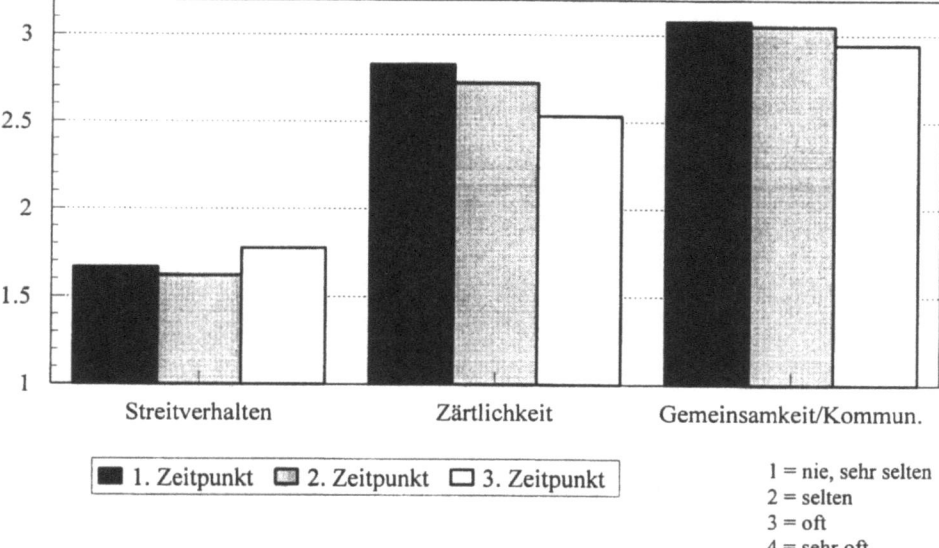

Abbildung 6: Qualität der Partnerschaft aus Sicht der Väter (gemäß dem Partnerschaftsfragebogen von Hahlweg, 1979) im längsschnittlichen Vergleich / 1. Zeitpunkt: 3 Monate vor der Geburt des Kindes; 2. Zeitpunkt: 3 Monate nach der Geburt; 3. Zeitpunkt: 3 Jahre nach der Geburt (Werneck, 1998, S. 113).

Die generell negative Entwicklung der Partnerschaftsqualität wird auch belegt durch die Antworten auf die Frage nach der *globalen Glücklichkeit* (s. Partnerschaftsfragebogen PFB von Hahlweg, 1979). Die Werte sinken sowohl bei den Müttern als auch bei den Vätern deutlich ($p < .01$, s. Abb. 7).

3.4.3 Differentielle Befunde

Als Ergänzung zu diesen quer- und längsschnittlichen Befunden zur Entwicklung der Partnerschaftsqualität seien nun noch einige ausgewählte differentielle Aspekte dazu erwähnt: der eine betrifft Unterschiede in der Partnerschaftsqualität je nach Geschlecht des Kindes: hierbei stellen männliche Kinder – nach unseren Daten – ein größeres Risiko für Partnerschaftskonflikte dar. Die von den Müttern eingestufte Zärtlichkeit der Väter sinkt in dem halben Jahr um die Geburt im Falle weiblicher Kinder deutlich geringer. 3 Jahre danach beurteilen Mütter und Väter von *Töchtern* übereinstimmend ihre Kommunikation (sensu Hahlweg, 1979) besser als Eltern von *Söhnen*. Zu diesem Zeitpunkt schätzen auch Väter im Falle eines männlichen Nachkommens die Zärtlichkeit ihrer Partnerinnen signifikant schlechter ein als im Falle einer Tochter.

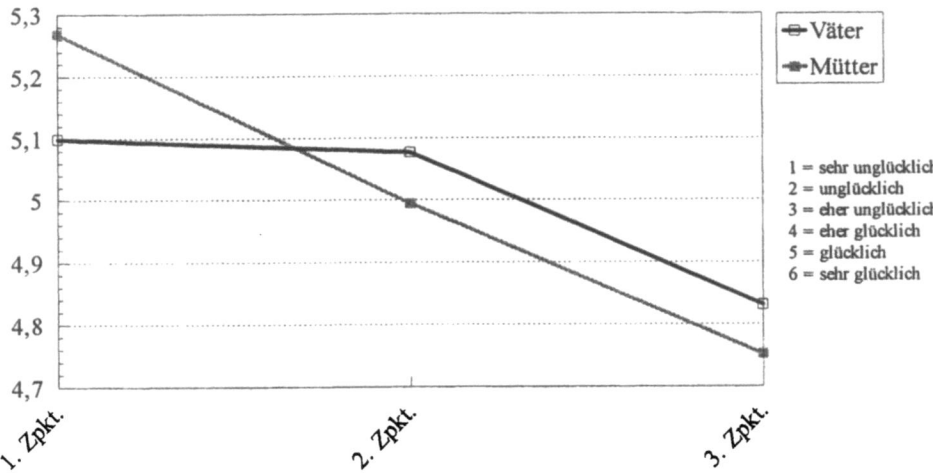

Abbildung 7: Qualität der Partnerschaft (*globale Glücklichkeit*, gemäß dem Partnerschaftsfragebogen von Hahlweg, 1979) aus Sicht beider Eltern im längsschnittlichen Vergleich / 1. Zpkt.: 3 Monate vor der Geburt des Kindes; 2. Zpkt.: 3 Monate nach der Geburt; 3. Zpkt.: 3 Jahre nach der Geburt (Werneck, 1998, S. 114).

Bei der längsschnittlichen Betrachtung der Mittelwerte auf der Skala Streitverhalten läßt sich eine interessante Differenzierung beobachten: Während Väter vom ersten bis zum dritten Erhebungszeitpunkt nur dann ein signifikantes Ansteigen des Streitverhaltens ihrer Partnerinnen feststellen, wenn es sich bei dem Kind um eine Tochter handelt, so stellen Mütter nur dann ein Ansteigen des Streitverhaltens ihrer Partner fest, wenn es sich bei dem Kind um einen Sohn handelt (genaueres dazu vgl. z. B. Werneck, 1998).

Ein weiteres interessantes Resultat besagt, daß das Absinken der partnerschaftlichen Zärtlichkeit während der ersten drei Lebensjahre des Kindes von *nichterwerbstätigen* Frauen signifikant stärker empfunden wird als von Erwerbstätigen (Klugger, 1996). Eine mögliche Interpretation dieses Ergebnisses könnte sein, daß nichterwerbstätige Frauen ihre emotionelle Befriedigung verstärkt im Rahmen der Partnerschaft und nicht im außerfamilialen Bereich suchen.

Eine wichtige Feststellung im Zusammenhang mit der Partnerschaftsentwicklung betrifft auch die Erkenntnis, daß die Partnerschaftsentwicklung eines Elternteiles nicht so sehr mit der Entwicklung der einzelnen erfaßten Bereiche (also z. B. den Einstellungen) bei *einem* Elternteil in Zusammenhang zu sehen ist, als vielmehr damit, wie sehr die Entwicklungen *beider* Elternteile in den betreffenden Bereichen miteinander vereinbar und somit der Partnerschaftsqualität förderlich sind. Aus diesem Grund wurden exemplarisch, gemäß ihren Einstellungen zur Elternschaft (sensu Nickel et al., 1990) verschiedene Eltern-Paarkombinationen gebildet und deren Entwicklung der Partnerschaft (genauer: der *globalen Glücklichkeit* nach Hahlweg, 1979) analysiert (vgl. dazu auch Rollett & Werneck, 1994; Werneck, 1998; Werneck & Rollett, 1994). Die absolut häufigste Paarkombination (insgesamt 32 Paare oder ca. 21 %) setzte sich zusammen aus *Eigenständigen* Vätern und *Emanzipierten Müttern, die Kinder als Belastung erleben* (im folgenden als Kombination „A" bezeichnet). Eine Konfigurationsfrequenzanalyse erkannte überdies einen (überfrequentierten) Typ bei der Kombination von *Familienorientierten* Vätern mit *Selbstbewußten, kinderliebenden Müttern* (Kombination „B"). Verfolgt man nun die Angaben dieser Eltern über ihre globale Glücklichkeit in der Partnerschaft (Hahlweg, 1979), so läßt sich etwa – abgesehen von dem generellen Sinken der Glücklichkeit in der Partnerschaft – ein besonders steiler Abfall bei den *Emanzipierten* Müttern, die mit *Eigenständigen* Partnern leben (A), zwischen erstem und zweitem Testzeitpunkt, feststellen. Während sich bei diesen Müttern in den folgenden 3 Jahren die Qualität der Partnerschaft allerdings nicht mehr ändert, fällt in diesem Zeitraum der bis dahin konstante entsprechende Wert ihrer Partner stark ab. Ein ähnlicher Verlauf (stark negative Entwicklung zwischen zweitem und drittem Erhebungstermin) läßt sich bei den *Familienorientierten* Vätern feststellen, die mit *Selbstbewußten, kinderliebenden* Müttern zusammenleben (B), allerdings auf insgesamt höherem Niveau. Für die betroffenen Mütter stellt sich die Entwicklung vom zweiten zum dritten Befragungszeitpunkt negativer dar als für die *Emanzipierten* Mütter (A), dennoch schätzen sie, auch bei der insgesamt dritten Testung, ihre Partnerschaft noch immer insgesamt glücklicher ein als die *Emanzipierten Mütter, die Kinder als Belastung erleben* (s. Abb. 8).

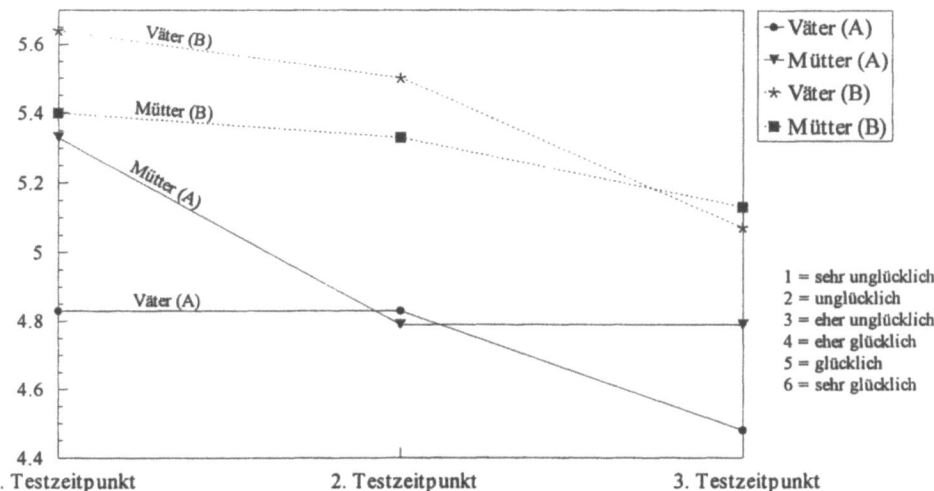

Abbildung 8: Vergleich zweier Paarkombinationen: *Eigenständige* Väter und *Emanzipierte Mütter, die Kinder als Belastung erleben* (jeweils „A") bzw. *Familienorientierte* Väter und *Selbstbewußte, kinderliebende* Mütter (jeweils „B") bezüglich der Entwicklung ihrer globalen Glücklichkeit mit ihrer Partnerschaft (Partnerschaftsfragebogen von Hahlweg, 1979) zu den drei Testzeitpunkten 3 Monate vor der Geburt des Kindes, 3 Monate nach der Geburt und 3 Jahre nach der Geburt des Kindes (Werneck, 1998, S. 131).

Dieses ausgewählte Beispiel legt nahe, daß die Zugehörigkeit zu den jeweiligen Gruppen (Clustern), für Väter wie für Mütter, die Entwicklung der Qualität ihrer Partnerschaft beeinflußt. Daneben hängen die Veränderungen aber auch maßgeblich von der *Kombination* mit dem jeweiligen Partner- bzw. Partnerinnen-Typus ab. Die Einstellung eines Partners bzw. einer Partnerin für sich allein genommen ist daher nur bedingt als Prädiktor für die Entwicklung der Partnerschaft geeignet (vgl. Rollett & Werneck, 1994).

4 Diskussion und Konsequenzen für die Praxis

Die vorgestellten Untersuchungsergebnisse aus dem Projekt „Familienentwicklung im Lebenslauf" dokumentieren, daß der Übergang zur Elternschaft einen *langfristigen* Anpassungsvorgang beschreibt, der mit den Veränderungen kurz nach der Geburt des Kindes keinesfalls abgeschlossen ist. Erschwerend kommt hinzu, daß die Familie und die familienbezogenen Rollenmuster heute neu definiert werden. Die traditionelle Familie mit ihren klaren Rollenteilungen, wie sie noch Parsons und Bales (1955) beschrieben, wird in hochentwickelten Ländern von vielfältigen neuen Familien- und Partnerschaftsformen abgelöst. Für viele Eltern bedeutet dies, daß sie weder bei der Bewältigung der Aufgaben, die die Ankunft eines Kindes mit sich bringt, noch bei der Neubestimmung ihrer Partnerschaft auf bewährte Verhaltenskonzepte zurückgreifen können. So muß z. B. die familiäre Arbeitsteilung neu verhandelt werden, da sie nicht durch traditionelle Rollenvorschriften geregelt ist.

Ein weiterer Anteil der entstehenden Probleme ist auf die Belastung durch die Aufgaben der Kinderpflege und vor allem die Notwendigkeit der ständigen Anwesenheit einer Betreuungsperson zurückzuführen. Entgegen allen anderslautenden Vornahmen der Eltern vor der Geburt des Kindes kommt es offenbar nur in einem geringeren Prozentsatz der Fälle zu einer von beiden Partnern akzeptierten Aufteilung der mit dem Kind verbundenen Arbeitsanforderungen. Wie die Zunahme der Gruppe der „eigenständigen" Väter bereits beim zweiten, vor allem aber beim dritten Erhebungszeitpunkt der FIL-Studie zeigt, neigen Väter dazu, das Problem durch den Rückzug aus der Familie zu lösen. Entsprechend nimmt bei den Müttern einerseits die Wahrnehmung der eigenen Belastung durch familienbezogene Verpflichtungen zu, andererseits aber auch, offenbar als Reaktion darauf, die Akzeptanz emanzipatorischer Konzepte. Gleichzeitig kommt ein Verarbeitungsmodus ins Spiel, der an den Effekt der kognitiven Dissonanz (Festinger, 1957/1978) erinnert: Die Mütter bewerten zwar in der Rückschau den früheren kinderlosen Zustand höher, kompensieren dies jedoch damit, daß sie auch den Wert von Kindern höher einzuschätzen beginnen.

Obwohl die heutige Familienforschung dem Übergang zur Elternschaft den Krisencharakter abspricht und ihn statt dessen in die Gruppe der „normativen Ereignisse" eingliedert (vgl. Petzold, 1998, S. 133), kann man davon ausgehen, daß die mit der Elternschaft verbundenen Neuanpassungen erhebliche Adaptationsenergien erfordern. Wie die Inanspruchnahme von Familien- und Erziehungsberatungseinrichtungen nachweist, gelingen die mit der Familiengründung verbundenen Problembewältigungen in vielen Fällen nicht, so daß professionelle Hilfe aufgesucht werden muß.

Wie z. B. Erfahrungen im Rahmen des der Abteilung für Entwicklungspsychologie der Universität Wien angeschlossenen „Zentrums für kinder-, jugend- und familienpsychologische Intervention" zeigen (ca. 300 Beratungsfälle pro Jahr), kommen heute vor allem folgende Beratungsanlässe gehäuft vor, die mittelbar oder unmittelbar mit dem Übergang zur Elternschaft zusammenhängen: Gefühle des Zurückgesetztseins bis hin zur Eifersucht bei den Vätern, die sich durch die Belastung der Partnerin durch die Kinderpflege vernachlässigt fühlen, aber auch gesteigerte Ansprüche an die Haushaltsführung und die „Vorbildlichkeit" des Ordnungsgrades der Wohnung, da die Frau im Babyjahr ja nun „nur" zu Hause sei (vgl. dazu die Studie von Gstöttl, 1996). Übernehmen die Frauen diese Rollenzuweisungen, ohne vom Mann Unterstützung bei der Familienarbeit zu erhalten, so wirkt sich dieses Problem bei den Müttern zunächst als hochgradiges Erschöpftsein und, als Folge davon, als verringertes Interesse an Intimbeziehungen aus, was wieder die Partnerschaft belastet. Von beiden Elternteilen wird nach der Geburt des Kindes darüber geklagt, nun sehr viel weniger Zeit füreinander zu haben. Die Probleme können weiter eskalieren, wenn später berufliche Belastungen bei beiden Elternteilen dazukommen. Das Bild, das sich aufgrund dieser Befundlage ergibt, spiegelt in vieler Hinsicht die Resultate der berichteten Längsschnittstudie wieder.

Je nach Belastungsgrad und Problemlösungskompetenz der Betroffenen sind die notwendigen Interventionsmaßnahmen unterschiedlich, d. h. entweder in Form einer Beratung oder einer Therapie anzusetzen (vgl. Rollett, 1998). Sind die Familienmitglieder in der Lage, die erforderlichen Neuorientierungen und Verhaltensänderungen weitgehend selbstverantwortlich vorzunehmen, so handelt es sich nicht um einen Fall für eine *Therapie*, sondern um einen *Beratungsfall*, der in der Regel im Laufe von drei bis fünf Beratungssitzungen erledigt werden kann. Typische Maßnahmen sind z. B. neue Zeitarrangements, die mehr Freiraum für die eigene Erholung und für gemeinsame Unternehmungen vorsehen, wobei zu klären ist, wer aus dem sozialen Netzwerk der Familie in diesen Zeiten die Kinderbetreuung übernehmen kann bzw. welche anderen Alternativen zur Verfügung stehen.

Dazu ein Fallbeispiel aus der Beratungspraxis: Ein Ehepaar suchte die Beratungsstelle wegen Partnerproblemen auf, die sich seit der Geburt des mittlerweile 8 Monate alten Jungen eingestellt hatten. Die Mutter war in einer leitenden Position in einer Bank tätig gewesen. In der ersten Zeit nach der relativ schwierigen Geburt des Kindes war sie zusätzlich durch Depressionen belastet, die sich aber inzwischen gegeben hatten. Der Ehemann war als Consultant eines Wirtschaftsberatungsunternehmens beruflich sehr engagiert. Die junge Mutter fühlte sich von ihrem Mann vernachläßigt, da er kaum Zeit für die Familie aufbrachte und sie bei der Kinderpflege nicht entlastete. Sie fühlte sich zusätzlich durch die Reduktion auf die häuslichen Pflichten in ihrer beruflichen Weiterentwicklung eingeschränkt. Der Ehemann warf seiner Frau vor, daß sie ja außer Haushalt und Kinderpflege nichts zu tun hätte und daher keine Unterstützung durch ihn oder bezahlte Hilfen benötige. Ihrem Wunsch, einen Weiterbildungskurs besuchen zu können, begegnete er mit dem Argument, daß sie nicht noch etwas zusätzlich übernehmen könne, wenn sie nicht einmal mit der Familienarbeit zurecht käme. Im Beratungsgespräch wurde zunächst geklärt, daß es sich um eine heute häufig auftretende Konfliktsituation handle, was bereits eine gewisse Entlastung brachte, da die für die Ehefrau kränkenden Attribuierungen, „unfähig" zu sein, damit relativiert wurden. Anschließend wurde mit dem Ehemann erarbeitet, daß auch seine Frau das Recht hätte, einen sie befriedigenden Lebensentwurf zu entwickeln, zu dem für sie die Berufstätigkeit gehöre. Im nächsten Schritt wurden wesentliche Lösungsmöglichkeiten für eine vernünftige Aufteilung der Familienarbeit diskutiert. Mit dem Argument, daß – langfristig – durch die Wiederaufnahme der Berufstätigkeit auch die finanziellen Mittel zur Verfügung stünden, konnten sich die Ehepartner einigen, stundenweise bereits jetzt eine Haushaltshilfe in Anspruch zu nehmen, um der Ehefrau den Besuch der Weiterbildungsveranstaltung zu ermöglichen. Außerdem wurde verabredet, daß wenigstens an einem Abend pro Woche Zeit für eine gemeinsame Unternehmung eingeplant werden sollte. 5 Monate später berichtete die Ehefrau, daß sich die Partnerprobleme mittlerweile weitgehend gelöst hätten.

In diesem Fallbeispiel spiegeln sich auch mehrere der zuvor erwähnten Belastungskonstellationen, wie etwa die mangelnde Einstellungspassung zwischen den Partnern oder die typischen Einstellungsveränderungen, einerseits im Sinne einer emotionalen Distanzierung des Vaters von der Familie und andererseits, bei der Mutter, im Sinne eines Bedürfnisses nach verstärkter beruflicher Herausforderung bei gleichzeitigem Wunsch nach Entlastung bei der Arbeit mit dem Kind bzw. im Haushalt.

Sind die Betroffenen zu einer selbstverantwortlichen Umsetzung der notwendigen Maßnahmen nicht in der Lage, weil z. B. sehr unterschiedliche Rollenerwartungen und Ansprüche an den Partner bzw. die Partnerin vorliegen, die intensiv verteidigt werden, oder tiefliegende Ressentiments und andere Gefühlsverstrickungen existieren, die erst bearbeitet werden müssen, um anschließend bessere kommunikative und interaktionale Kompetenzen aufbauen zu können, so handelt es sich um einen Fall für eine *Familientherapie, Einzeltherapie*, oder beides, was eine entsprechend längere Interventionsdauer erforderlich macht. Nicht selten ist es notwendig, die tägliche Belastung dadurch zu verringern, daß zusätzlich konkrete Hinweise für die Praxis der Gestaltung des Familienalltags und der damit verbundenen Verpflichtungen gegeben werden, oder durch die Zuziehung einer Sozialarbeiterin bzw. eines Sozialarbeiters dafür gesorgt wird, daß fehlende Haushalts- und Kinderpflegekenntnisse vermittelt werden können.

Die Ergebnisse der Studie „Familienentwicklung im Lebenslauf" erhellen einmal mehr, daß Familien als System betrachtet werden müssen. Eine gute Passung zwischen den jeweiligen Rollenauffassungen der beiden Partner spiegelt sich in einem harmonischeren Interaktionsverhalten und entsprechend günstigeren Ergebnissen im Partnerschaftsfragebogen wider, während mangelnde Konkordanz zu mehr Streitverhalten und ungünstigeren Werten in den Skalen „Zärtlichkeit" und „Gemeinsamkeit" Anlaß gibt. Für die Praxis der Ehe- und Familienberatung sind dies wichtige Hinweise. Eine Änderung von Einstellungen und Rollenerwartungen, die geeignet ist, beiden Partnern mehr Befriedigung ihrer Bedürfnisse zu verschaffen, stellt daher sowohl bei der primären Prävention als auch der Auflösung von Partnerschaftskonflikten einen hilfreichen Weg dar.

5 Literatur

Ehlers, T. (1981). *Fragebogenskalen zur Beschreibung der Umwelt und der Verhaltensbesonderheiten von Kindern durch die Eltern* (Berichte aus dem Fachbereich Psychologie Nr. 79). Marburg: Philipps-Universität.

Ettrich, C. & Ettrich, K. U. (1995). Die Bedeutung sozialer Netzwerke und erlebter sozialer Unterstützung beim Übergang zur Elternschaft – Ergebnisse einer Längsschnittstudie. *Psychologie in Erziehung und Unterricht, 42,* 29-39.

Festinger, L. (1978). *Theorie der kognitiven Dissonanz.* Bern: Huber. (Original erschienen 1957: A theory of cognitive dissonance)

Gstöttl, I. (1996). *Veränderungen im Leben der Frau nach Geburt eines Kindes: Eine qualitative Studie.* Unveröffentlichte Diplomarbeit, Universität, Wien.

Hahlweg, K. (1979). Konstruktion und Validierung des Partnerschaftsfragebogens PFB. *Zeitschrift für Klinische Psychologie, 8,* 17-40.

Höllerer, I. (1998). *Temperamententwicklung. Nachuntersuchung der Kinder des Projekts Familienentwicklung im Lebenslauf.* Unveröffentlichte Diplomarbeit, Universität, Wien.

Kastner-Koller, U. & Deimann, P. (1998). *Der Wiener Entwicklungstest.* Göttingen: Hogrefe.

Klugger, U. (1996). *Die berufliche und familiäre Rolle der Frau nach der Karenz. Eine vergleichende Untersuchung von erwerbstätigen und nichterwerbstätigen Frauen bezüglich familiärer Arbeitsteilung, Partnerschaft und Einstellung zur Elternschaft.* Unveröffentlichte Diplomarbeit, Universität, Wien.

Melchers, P. & Preuß, U. (1991). *K-ABC. Kaufman-Assessment Battery for Children. Individualtest zur Messung von Intelligenz und Fertigkeiten bei Kindern im Alter von 2;6 bis 12;5 Jahren.* Amsterdam: Swets & Zeitlinger.

Nickel, H., Grant, H.-B. & Vetter, J. (1990). *Fragebogen zur Elternschaft.* Düsseldorf: Heinrich-Heine-Universität, Institut für Entwicklungs- und Sozialpsychologie.

Nickel, H., Quaiser-Pohl, C., Rollett, B., Vetter, J. & Werneck, H. (1995). Veränderungen der partnerschaftlichen Zufriedenheit während des Übergangs zur Elternschaft. Kulturvergleichende Untersuchungen in vier Ländern. *Psychologie in Erziehung und Unterricht, 42,* 40-53.

Parsons, T. & Bales, R. F. (Eds.). (1955). *Family, socialization and interaction process.* Glencoe, IL.: Free Press.

Petzold, M. (1998). *Paare werden Eltern* (2. Aufl.). St. Augustin: Gardez!-Verlag.

Rollett, B. (1998). Erziehungsberatung. In D. H. Rost (Hrsg.), *Handwörterbuch Pädagogische Psychologie* (S. 100-104). Weinheim: Beltz PsychologieVerlagsUnion.

Rollett, B. & Werneck, H. (1993). *Die Bedeutung von Rollenauffassungen junger Eltern für den Übergang zur Elternschaft.* Wien: Universität, Institut für Psychologie, Abteilung für Entwicklungspsychologie und Pädagogische Psychologie.

Rollett, B. & Werneck, H. (1994). Veränderungen in der Partnerschaft beim Übergang zur Elternschaft. In H. Janig (Hrsg.), *Psychologische Forschung in Österreich. Bericht über die 1. Wissenschaftliche Tagung der Österreichischen Gesellschaft für Psychologie* (S. 183-186). Klagenfurt: Universitätsverlag Carinthia.

Rollett, B. & Werneck, H. (in Druck). Die Vaterrolle in der Kultur der Gegenwart und die väterliche Rollenentwicklung in der Familie. In H. Walter (Hrsg.), *Männer als Väter.* Konstanz: Universitätsverlag Konstanz.

Thomas, A. & Chess, S. (1977). *Temperament and development.* New York: Brunner / Mazel.

Werneck, H. (1996). *Übergang zur Vaterschaft. Eine empirische Längsschnittstudie.* Unveröffentlichte Dissertation, Universität, Wien.

Werneck, H. (1997). Belastungsaspekte und Gratifikationen beim Übergang zur Vaterschaft. *Psychologie in Erziehung und Unterricht, 44,* 276-288.

Werneck, H. (1998). *Übergang zur Vaterschaft. Auf der Suche nach den „Neuen Vätern".* Wien: Springer-Verlag.

Werneck, H., Nickel, H., Rollett, B. & Yang, M.-S. (1996). Kinder als Wert oder als Belastung? Einstellungen deutscher, österreichischer und südkoreanischer Eltern im Vergleich. In K. U. Ettrich & M. Fries (Hrsg.), *Lebenslange Entwicklung in sich wandelnden Zeiten* (S. 298-305). Landau: Verlag Empirische Pädagogik.

Werneck, H. & Rollett, B. (1994). Übergang zur Elternschaft. In G. Gittler, M. Jirasko, U. Kastner-Koller, C. Korunka & A. Al Roubaie (Hrsg.), *Die Seele ist ein weites Land. Aktuelle Forschung am Wiener Institut für Psychologie* (S. 175-182). Wien: WUV -

Universitätsverlag.

Werneck, H. & Rollett, B. (1996). Subjektive Wahrnehmung der Hausarbeitsaufteilung und Übergang zur Elternschaft. In M. Jirasko, J. Glück & B. Rollett (Hrsg.), *Perspektiven psychologischer Forschung in Österreich* (S. 125 - 128). Wien: WUV-Universitätsverlag.

Partnerschaftsentwicklung als Funktion von
Unausgeglichenheit, Erwartungs- und Normverletzungen

Passungskonstellationen und Anpassungsprozesse beim Übergang zur Elternschaft[*]

Bernhard Kalicki, Gabriele Peitz, Wassilios E. Fthenakis und Anette Engfer

Im Mittelpunkt der Forschungen zur Partnerschaftsentwicklung im Übergang zur Elternschaft steht ein vielfach belegtes Phänomen, die Verschlechterung der Partnerschaftsqualität nach der Geburt des ersten Kindes (z. B. Engfer, 1988). Unterschiedliche Einflußfaktoren oder Kovariaten wurden bisher erkundet und systematisiert, darunter so heterogene Größen wie Persönlichkeitsmerkmale der Eltern, Charakteristika des Kindes, Merkmale der Paarbeziehung oder Kontextfaktoren (z. B. Belsky & Pensky, 1988; Heinicke, 1995). In dieser Arbeit wird ein Modell der Partnerschaftsentwicklung im Übergang zur Elternschaft skizziert, das auf Konzepte und Annahmen allgemein- und sozialpsychologischer Theorien zurückgreift. Ziel dieses Vorgehens ist es, die beobachteten Partnerschaftsveränderungen mit Hilfe solcher Modelle näher zu explizieren.

1 Ein kognitionspsychologisches Modell der Partnerschaftsentwicklung im Übergang zur Elternschaft

Die Geburt des ersten Kindes löst typischerweise eine Reihe von Veränderungen im Leben der Eltern aus, von denen Mütter und Väter in unterschiedlichem Ausmaß und auf unterschiedliche Weise betroffen sind. Die Bedingungen, unter denen solche Veränderungen zu einer Verschlechterung der Partnerschaft führen, sowie die vermittelnden Prozesse lassen sich mit Hilfe des folgenden Modells vorhersagen (siehe Abbildung 1). In dieser Abbildung sind die Mediationsbeziehungen links dargestellt (❶ bis ❹) und die moderierenden Größen rechts aufgeführt (❺ bis ❽). Die Liste der in dem Modell genannten Moderatorvariablen ist jedoch keineswegs erschöpfend.

1.1 Veränderungen der Lebenssituation

Die Geburt des ersten Kindes bringt für die Eltern eine weitreichende Umstellung der Lebenssituation (zum Überblick: vgl. Belsky & Pensky, 1988). Die starke Abhängigkeit und Hilfsbedürftigkeit des Säuglings bedeutet eine hohe Beanspruchung der Betreuungsperson, die sich häufig im Befinden niederschlägt und zu Schlafmangel, Erschöpfung und Ermüdung führt.

Die Übernahme der Elternrolle ist häufig verknüpft mit dem Verlust belohnender Rollen. Die Einschränkung von Freizeitaktivitäten und von Kontakten zu Freunden sowie der Verzicht auf persönliche Interessen sind hier zu nennen. Auch der Ausstieg aus

---

[*] Dieses Forschungsprojekt wird gefördert von der *LBS-Initiative Junge Familie*. Weitere Projektmitarbeiterinnen sind Frau Dipl.-Psych. Angelika Dittmann und Frau Dipl.-Psych. Bettina Weitz.

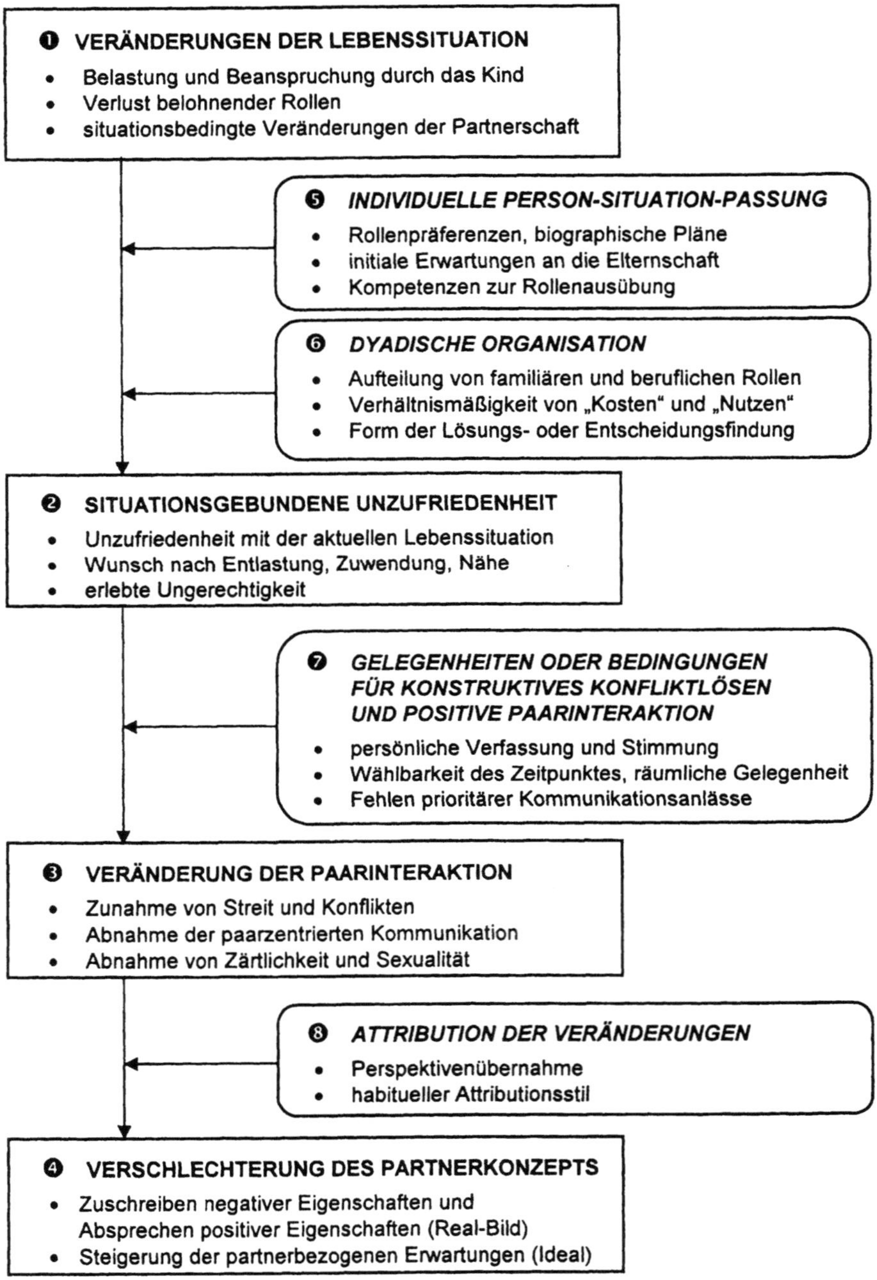

❶ VERÄNDERUNGEN DER LEBENSSITUATION
- Belastung und Beanspruchung durch das Kind
- Verlust belohnender Rollen
- situationsbedingte Veränderungen der Partnerschaft

❺ *INDIVIDUELLE PERSON-SITUATION-PASSUNG*
- Rollenpräferenzen, biographische Pläne
- initiale Erwartungen an die Elternschaft
- Kompetenzen zur Rollenausübung

❻ *DYADISCHE ORGANISATION*
- Aufteilung von familiären und beruflichen Rollen
- Verhältnismäßigkeit von „Kosten" und „Nutzen"
- Form der Lösungs- oder Entscheidungsfindung

❷ SITUATIONSGEBUNDENE UNZUFRIEDENHEIT
- Unzufriedenheit mit der aktuellen Lebenssituation
- Wunsch nach Entlastung, Zuwendung, Nähe
- erlebte Ungerechtigkeit

❼ *GELEGENHEITEN ODER BEDINGUNGEN FÜR KONSTRUKTIVES KONFLIKTLÖSEN UND POSITIVE PAARINTERAKTION*
- persönliche Verfassung und Stimmung
- Wählbarkeit des Zeitpunktes, räumliche Gelegenheit
- Fehlen prioritärer Kommunikationsanlässe

❸ VERÄNDERUNG DER PAARINTERAKTION
- Zunahme von Streit und Konflikten
- Abnahme der paarzentrierten Kommunikation
- Abnahme von Zärtlichkeit und Sexualität

❽ *ATTRIBUTION DER VERÄNDERUNGEN*
- Perspektivenübernahme
- habitueller Attributionsstil

❹ VERSCHLECHTERUNG DES PARTNERKONZEPTS
- Zuschreiben negativer Eigenschaften und Absprechen positiver Eigenschaften (Real-Bild)
- Steigerung der partnerbezogenen Erwartungen (Ideal)

Abbildung 1: Modell der Partnerschaftsentwicklung im Übergang zur Elternschaft.

dem Beruf ist mit Verlusten verbunden. Hinzu kommt die übergangsbedingte Umverteilung von Aufgabenbereichen im Sinne traditioneller Geschlechtsrollen (Cowan & Cowan, 1988; Reichle, 1996). Schließlich gewinnt die Partnerschaft selbst mit der Übernahme der Elternschaft neue Qualitäten. Einerseits bedeutet das Hinzukommen des Kindes den Verlust von Zweisamkeit, andererseits steigt mit der gemeinsamen Verantwortung für das Kind die wechselseitige Abhängigkeit der Partner voneinander.

1.2 Unzufriedenheit mit spezifischen Aspekten der aktuellen Situation

Die beschriebenen Veränderungen lassen häufig Unzufriedenheit mit einzelnen Aspekten der Lebenssituation aufkommen. Diese Unzufriedenheit kann sich auf die Erfahrungen im Umgang mit dem Kind richten, etwa dann, wenn die Anforderungen und Belastungen durch das Kind als überfordernd und erdrückend erlebt werden (vgl. Grossman, 1988). Sie kann da herrühren, daß der Verzicht auf die berufliche Karriere oder auf andere blockierte Lebensziele bedauert wird. Gut dokumentiert ist die Unzufriedenheit vieler Frauen mit der Aufteilung der Hausarbeit, die mit zunehmender Unausgewogenheit der Lastenverteilung ansteigt (z. B. Terry, McHugh & Noller, 1991). Die Unzufriedenheit mit der Rollenverteilung innerhalb der Partnerschaft kann leicht in Emotionen wie Wut oder Empörung kulminieren, wenn die Beteiligung des anderen an unbequemen Aufgaben hinter den eigenen Erwartungen zurückbleibt (vgl. Reichle, 1996). Auch die Unzufriedenheit mit den direkten Veränderungen der Paarbeziehung ist hier einzuordnen, etwa eine empfundene Vernachlässigung durch den Partner oder der Wunsch nach Zuwendung und Nähe.

Der konkrete inhaltliche Bezug aufkommender Unzufriedenheit bleibt in diesem Modell zunächst unbestimmt. Dies ist erforderlich, wenn das allgemeine Modell erstens die Erfahrungen von Frauen und Männern abbilden soll und wenn es zweitens auf die unterschiedlichsten Entwicklungskontexte und Bedingungskonstellationen anwendbar sein soll. Tatsächlich bestehen deutliche Geschlechtsunterschiede in der erlebten Belastung durch die Elternschaft (z. B. Hobbs & Cole, 1976). Wird die Zufriedenheit bereichsspezifisch erfaßt, ist es möglich, das Zusammenspiel unterschiedlicher Rollenerfahrungen (z. B. Beruf, Partnerschaft, Elternschaft) zu beschreiben und Geschlechtsunterschiede in der Anpassung an unterschiedliche Rollen zu erklären (vgl. Greenberger & O'Neil, 1993). Wichtig ist schließlich, daß spezifische situations- oder ereignisbezogene Wahrnehmungen und Bewertungen unterschieden werden von Veränderungen in der Qualität der Paarinteraktion und in der subjektiven Partnerschaftszufriedenheit (vgl. auch Fincham & Bradbury, 1987).

1.3 Passungskonstellationen und Anpassungsprozesse auf der individuellen Ebene

Ob und in welchem Ausmaß das Befinden und die Zufriedenheit der Eltern nach der Geburt des Kindes beeinträchtigt werden, hängt zunächst davon ab, inwiefern die Person auf die Elternschaft vorbereitet oder eingestellt ist. So scheinen Eltern, die die Schwangerschaft geplant und gewünscht hatten, das Kind weniger als beeinträchtigend zu erleben (vgl. Gloger-Tippelt, 1988; Heinicke, 1995). Die subjektive Erwünschtheit der Elternschaft mit Blick auf einzelne Aspekte der aktuellen Lebenssituation und die emotionale Bewertung dieses Ereignisses ist dabei offen für individuelle Anpassungs- und Umdeutungsprozesse. Sich im Verlauf der Schwangerschaft mit dem bevorstehenden Ereignis anzufreunden und die Verantwortung für das Ereignis zu übernehmen, kennzeichnet Prozesse der antizipatorischen Bewältigung des Übergangs, insbesondere bei Schwangeren (vgl. Kalicki, Fthenakis, Engfer, Peitz & Dittmann, 1996).

Eng verknüpft mit der Erwünschtheit der Schwangerschaft sind die subjektiven Einstellungen der Eltern zur Mutter- bzw. Vaterrolle. Generell gilt, daß die Anpassung an Entwicklungsübergänge erschwert ist, wenn sich die persönlichen Orientierungen nicht mit den Rollenanforderungen vertragen (Antonnucci & Mikus, 1988). Rollenunverträgliche Zielpräferenzen stören, weil subjektiv wichtige Ziele blockiert sind. Gerade bei der Versorgung und Betreuung des Neugeborenen sind neben Merkmalen des Kindes auch elterliche Persönlichkeitsmerkmale, die die Rollenausübung prägen, von Bedeutung (vgl. Crockenberg & McCluskey, 1986; Sirigano & Lachman, 1985). Um die Anforderungen erfolgreich zu meistern, bedarf es einerseits spezifischer, rollenbezogener Kompetenzen (vgl. Fedele, Golding, Grossman & Pollack, 1988). Darüber hinaus trägt auch die Fähigkeit, sich unterschiedliche Quellen sozialer Unterstützung zu erschließen, zur Bewältigung des Übergangs bei.

1.4 Dyadische Passungen und Anpassungsprozesse

Die Zufriedenheit mit der innerdyadischen Verteilung von Aufgaben und Verpflichtungen sollte insbesondere bei Frauen, die nach wie vor den Großteil der Hausarbeit übernehmen, systematisch verknüpft sein mit der praktizierten Aufteilung: Je niedriger die Beteiligung des Partners, je größer also die Ungleichbelastung in der Hausarbeit, desto niedriger die Zufriedenheit. Die typische übergangsbedingte Umverteilung der Hausarbeit zu Lasten der Mütter führt in der Regel zu einem Abfall der Zufriedenheit (z. B. Cowan & Cowan, 1988). Auch das Ausmaß der Beteiligung des Vaters an der Betreuung und Versorgung des Kindes beeinflußt die Zufriedenheit der Mütter. Ob die Aufteilung aller anfallenden Aufgaben und Verpflichtungen von den Partnern als gerecht erlebt wird, hängt nun entscheidend von den ursprünglichen Erwartungen zur Lastenverteilung ab (vgl. Belsky, Ward & Rovine, 1986; Reichle, 1996; Ruble, Fleming, Hakkel & Stangor, 1988). Erscheinen die individuellen Kosten-Nutzen-Bilanzen der einzelnen Partner als unausgewogen und sieht sich der Beurteiler übervorteilt, wächst die Forderung nach Entlastung; begleitende Emotionen sind Wut oder Enttäuschung (Reichle, 1996). Welche Aufteilung sich im Familienalltag herauskristallisiert oder von den Partnern gewählt wird und wie diese Lösung bewertet wird, hängt auch von der Konstellation Rolleneinstellungen beider Partner und von der Attraktivität der verschiedenen Rollen für die Beteiligten ab (vgl. Belsky, Lang & Huston, 1986; Greenstein, 1996).

1.5 Veränderung der Paarinteraktion

Ist einer der Partner unzufrieden mit der Situation, wird sich das in der sozialen Interaktion und Kommunikation der Partner niederschlagen. Dies gilt insbesondere dann, wenn das Verhalten des Partners Teil des Problems ist. Genau dies ist aber aufgrund der hohen wechselseitigen Abhängigkeit der Partner voneinander, wie sie mit der Geburt des Kindes eintritt, regelmäßig gegeben. Chronische Unzufriedenheit mit dem Partner, die nicht konstruktiv aufgelöst werden kann, kann zu einer kaskadischen Verschlechterung der Paarinteraktion führen (vgl. Gottman, 1994; Rusbult, Verette, Whitney, Slovic & Lipkus, 1991). Die Veränderung der Paarinteraktion im Übergang zur Elternschaft gehört zu den gut dokumentierten Phänomenen (vgl. etwa die Beiträge von Jurgan, Gloger-Tippelt und Ruge oder von Werneck und Rollett in diesem Band). Allerdings sind die typischen Veränderungen, etwa ein verringerter Austausch zwischen den Eltern im paarzentrierten Gespräch oder ein Abflachen der sexuellen Beziehung, nicht gleichzusetzen mit einer Verschlechterung der Paarbeziehung (vgl. Fincham & Bradbury, 1987). Eindeutiger interpretierbar ist die Zunahme dysfunktionaler Interaktionsformen im Streitverhalten, die zu einer Konflikteskalation beitragen.

1.6 Gelegenheiten oder Bedingungen für konstruktives Problemlösen

Konstruktive oder produktive Konflikte lassen sich beschreiben als die kooperative Suche nach Lösungen, die für alle Beteiligten zufriedenstellend sind. Demgegenüber sind destruktive Konflikte gekennzeichnet durch ein Wettstreiten der Konfliktparteien, wobei die Motive der Selbstbehauptung und Selbstrechtfertigung die Oberhand gewinnen (Deutsch, 1969). Neben der Motivlage prägen individuelle und kontextuelle Bedingungen die Chancen für die konstruktive bzw. destruktive Problembehandlung. Die konstruktive Suche nach einer befriedigenden Lösung erfordert die Übernahme der Perspektive des anderen. Wichtig ist hierbei die Informationslage der Beteiligten: Mißverständnisse werden wahrscheinlich, wenn die Partner die Situation des jeweils anderen nur unzureichend kennen. Die sachbezogene Auseinandersetzung ist außerdem erschwert, wenn das Konfliktfeld nicht eingegrenzt ist. Zeit- und Entscheidungsdruck behindern zusätzlich die kreative Suche nach einer Lösung. Hilfreich ist hingegen, eine gewisse Distanz zu dem Problem einzunehmen. Neben den äußeren Gelegenheiten (Zeit und Raum) ist also auch eine gewisse Muße erforderlich, um Konflikte konstruktiv anzugehen. Alle diese notwendigen oder förderlichen Bedingungen für konstruktive Problemlösungen sind nach der Geburt des Kindes üblicherweise *nicht* gegeben.

1.7 Anstieg der Unzufriedenheit mit dem Partner

Die gesammelte Interaktionserfahrung in der Partnerschaft prägt mittelbar und längerfristig die Einschätzung der Partnerschaftsqualität (Gottman, 1990). Besonders Konflikte und heftiger Streit beeinflussen die Partnerschaftszufriedenheit. Die anwachsende Unzufriedenheit mit dem Partner nach der Geburt des Kindes kann die Zuschreibung negativer Eigenschaften anstoßen. Die Theorie korrespondenter Schlüsse (Jones & Davis, 1965) spezifiziert die Bedingungen, unter denen beobachtete Handlungen mit dem Verweis auf besondere Eigenheiten des Akteurs erklärt werden. Zu den Faktoren, die Eigenschaftszuschreibungen fördern, gehört die *hedonistische Relevanz* der Handlung: Handlungen, die dem Beurteiler nützen oder schaden, die also dessen eigene Interessen berühren, legen dispositionelle Schlüsse nahe. Genau dies ist im Übergang zur Elternschaft für beide Partner in besonderem Maße gegeben.

1.8 Attribution der Veränderungen

Die Zusammenhänge zwischen wahrgenommenem oder erinnertem Verhalten des Partners (positive vs. negative Paarinteraktion) und der Wertschätzung für den Partner sind erwartungsgemäß deutlich, jedoch keineswegs perfekt (z. B. Shackelford & Buss, 1997). Offenbar ist die Qualität der sozialen Interaktion des Paares nicht gleichzusetzen mit der Partnerschaftszufriedenheit, vielmehr prägt die Auslegung dieser Erfahrungen die Zufriedenheit mit der Partnerschaft bzw. mit dem Partner (zum Überblick: Bradbury & Fincham, 1990). Wenn negatives Partnerverhalten internal, stabil und global attribuiert wird und wenn insbesondere auch die Attribution der Verantwortung partnerbezogen erfolgt, schlägt die negative Erfahrung auf das Partnerkonzept durch.

Für den Erhalt der Partnerschaftszufriedenheit scheint es zudem nicht allein funktional, sich wechselseitig möglichst gut zu kennen und in der Selbst- und Fremdwahrnehmung übereinzustimmen. Sowohl mit Blick auf die Partnerschaftszufriedenheit als auch mit Blick auf den eigenen Selbstwert ist es günstig, ein positiv gefärbtes Bild vom Partner zu haben und dieses Partnerkonzept durch wohlwollende Interpretations- und Urteilsprozesse gegen erwartungsdiskrepante Erfahrungen abzuschirmen (vgl. Murray, Holmes & Griffin, 1996).

In diesem Modell wird postuliert, daß die Kompetenz und Neigung zur empathischen Perspektivenübernahme sowie habituelle Attributionsmuster für negatives Partnerverhalten den Zusammenhang zwischen erlebter Verschlechterung der Paarinteraktion und der Verschlechterung subjektiver Partnerkonzepte moderieren.

2 Hypothesen

Bei der Prüfung des Modells konzentrieren wir uns in dieser Arbeit auf die Verknüpfung situationsgebundener Unzufriedenheit mit der Qualität der Paarinteraktion. Folgende Hypothesen lassen sich ableiten:

1. *Veränderungen in der Qualität der Paarinteraktion lassen sich vorhersagen anhand der initialen Ereignisbewertung: Eine positive Haltung zur Schwangerschaft prädiziert eine günstigere Entwicklung des Interaktionsverhaltens der Partner („Passungshypothese").*
2. *Veränderungen in der Qualität der Paarinteraktion lassen sich vorhersagen anhand von Veränderungen in der Rollenanpassung: Eine längsschnittliche Verbesserung der Rollenanpassung geht mit einer günstigeren Entwicklung der Paarinteraktion einher („Anpassungs-Hypothese").*

Die Meisterung der neuen Rollenanforderungen, die sich in der Veränderung der bereichs- oder rollenspezifischen Zufriedenheit ausdrückt, beeinflußt die Entwicklung der Paarinteraktion.

3. *Die Auswirkungen mangelnder individueller Person-Kontext-Passungen sowie unzureichender individueller und dyadischer Anpassungsprozesse auf die Partnerschaft sind bereichs- und geschlechtsspezifisch: Während ein Anstieg der Unzufriedenheit der Frau mit der Verteilung familiärer Aufgaben einen Anstieg dysfunktionalen Streit- und Konfliktverhaltens vorhersagt, sind Veränderungen in der Zufriedenheit des Mannes mit der Aufgabenverteilung bedeutungslos* („Hypothese geschlechtsspezifischer Unzufriedenheit").

Unterschiede in der biologischen Funktion von Frauen und Männern, insbesondere aber geschlechtsspezifische normative Anforderungen und Handlungsspielräume geben der Übernahme der Elternrolle unterschiedliche Bedeutungen für Frauen und Männer. Angesichts weit verbreiteter egalitärer Rollenideologien erleben besonders Frauen die übliche Umverteilung von Aufgaben und Verantwortungsbereichen in Richtung traditioneller Geschlechtsrollen als unbefriedigend oder empörend.

4. *Eine geschlechtsrollenkonforme Rollenzuweisung nach der Geburt des Kindes löst beim Mann kaum Unzufriedenheit aus; die anwachsende Unzufriedenheit der Frau mit der Rollenverteilung prägt jedoch das Partnerschaftserleben auch des Mannes* („Hypothese gemeinsam erlebter Unzufriedenheitseffekte").

Die Traditionalisierung der innerdyadischen Rollenverteilung entlastet den Mann von geschlechtsrollendiskrepanten Anforderungen und übervorteilt typischerweise die Frau. Da es sich hier um einen Verteilungskonflikt handelt, der in der Paarkommunikation ausgetragen wird, schlägt die Unzufriedenheit der Frau auch auf das Partnerschaftserleben des Mannes durch.

3 Methode

3.1 Variablen und Design

Die hier berichteten Befunde wurden im Rahmen der LBS-Familien-Studie „Übergang zur Elternschaft" gewonnen. Paare, die ein Kind bekommen, wurden im letzten Trimester der Schwangerschaft (T1), sechs bis acht Wochen nach der Geburt des Kindes (T2), nach 3 bis 4 Monaten (T3) und erneut 18 Monate nach der Geburt (T4) mittels Fragebogen befragt. Um die spezifischen Effekte der Geburt des ersten Kindes und damit des Übergangs in die Elternschaft abschätzen zu können, wird dieser längsschnittliche Ansatz kombiniert mit einem querschnittlichen Vergleich zwischen Paaren, die ihr erstes Kind bekommen („Erstelten"), und Paaren, die ein nachfolgendes Kind bekommen („Zweit- und Drittelten"). Die Angaben wurden bei beiden Partnern in parallelisierten Fragebogenversionen für Mütter und Väter erhoben.

Zentrale Maße des Fragebogeninventars, das vor der Geburt des Kindes zu bearbeiten war (T1), sind subjektive Einschätzungen, die sich auf Schwangerschaft, Geburt und Elternschaft beziehen.

1. Die *emotionale Bewertung von Schwangerschaft und anstehender Elternschaft* war anhand der Emotionsbegriffe *Freude, Stolz, Bedrohlichkeit/Angst* und *Ärger* einzu-

schätzen (Beispielitem: „Wie sehr haben Sie sich gefreut, als Sie von der Schwangerschaft erfuhren?"; 4 Items, Cronbach's α = .79 für Frauen bzw. α = .73 für Männer bei einer Kodierung im Sinne positiver Bewertung).

2. Die *subjektive Erwünschtheit der Schwangerschaft* wurde differenziert erfragt, nämlich mit Blick auf unterschiedlichste Aspekte der aktuellen Lebenssituation (Beispiel: „Wie gelegen kommt Ihnen die Geburt des Kindes mit Blick auf Ihre *beruflichen Pläne?*"; siebenstufige bipolare Antwortskala von -3/"äußerst ungelegen" bis +3/"äußerst gelegen"; 10 Items, Cronbach's α = .87 für Frauen bzw. α = .90 für Männer).

3. *Attributionen der Verantwortung für den Eintritt der Schwangerschaft*, und zwar die *selbstbezogene* Verantwortungsattribution („Ich habe alles getan, eine Schwangerschaft zu vermeiden/herbeizuführen" bei siebenstufiger Antwortskala von -3/"zu vermeiden" über 0/"weder - noch" bis +3/"herbeizuführen"), die *partnerbezogene* Attribution („Mein Partner hat alles getan..." bei gleichem Antwortformat) sowie ein nachträglich kalkuliertes gerichtetes Differenzmaß aus beiden Urteilen, das die *Verantwortungsübernahme* bzw. die attributive Delegation der Verantwortung an den Partner erfaßt (Differenz von eigenem Beitrag und perzipiertem Beitrag des Partners).

Zu den unterschiedlichen Untersuchungszeitpunkten wurden Merkmale der aktuellen Lebenssituation erhoben:

1. Der *Umfang der Berufstätigkeit* wurde als tatsächliche Wochenarbeitszeit des Mannes bzw. der Frau vor und 18 Monate nach der Geburt des Kindes erfragt.
2. Die subjektiv perzipierte Aufteilung der Hausarbeit zwischen den Partnern wurde von beiden Eltern vor der Geburt des Kindes (T1) und 18 Monate nach der Geburt eingeschätzt (T4). Hierzu gaben die Befragten für eine Liste von insgesamt 19 Tätigkeiten (wie Aufräumen und Putzen; Wäsche waschen und Bügeln; Einkäufe) an, ob sie selbst dies alleine übernehmen, ob sich beide die Aufgabe teilen oder ob der Partner dies alleine übernimmt. Diese Einzelratings wurden zu einem Gesamtmaß der *perzipierten eigenen Aufgabenbelastung* zusammengefaßt (19 Items; Cronbach's α = .62 bis .68).
3. Analog hierzu wurde zum letzten Meßzeitpunkt (T4) die Verteilung kindbezogener Aufgaben erfragt (z. B. das Kind baden; Windeln wechseln; das Kind nachts versorgen). Die Einzelratings wurden wiederum zu einer Aggregatvariablen der *Beteiligung an kindbezogenen Aufgaben* zusammengefaßt (12 Items; Cronbach's α = .80 für Frauen bzw. α = .72 für Männer).
4. Ein selbstentwickelter Fragebogen zur altersspezifischen Erfassung von Kindmerkmalen ergibt neben einzelnen Subskalen-Werten auch einen Gesamttestwert der *elternperzipierten Kindschwierigkeit* (63 Items, Cronbach's $\alpha \geq$ .89). Dieses Instrument wurde 3 (T3) und 18 Monate nach der Geburt (T4) eingesetzt.

Die Zufriedenheit mit der aktuellen Lebenssituation wurde bereichsspezifisch und in wiederholten Messungen erfaßt:

1. Der EMKK-Fragebogen (Codreanu, 1984; Engfer & Gavranidou, 1987) mißt die Zufriedenheit von Müttern in der Elternrolle und wurde 6 Wochen (T2) sowie 18 Monate nach der Geburt (T4) eingesetzt. Zu diesem Instrument wurde eine Parallelversion für Väter entwickelt. Die Indexvariable *Zufriedenheit in der Elternrolle* (15 Items, Cronbach's α = .58 bis .65) setzt sich additiv zusammen aus den Subskalen „Niedrige Frustration in der Elternrolle" (Itembeispiel: „Es macht mir nicht viel aus, daß ich mein Leben wegen des Kindes verändern muß") und „Freude am Kind" (Beispiel: „Ich glaube, man kann sich gar nicht genug mit dem Kind beschäftigen").
2. Zusätzlich zu den Schilderungen der praktizierten Aufteilung der Hausarbeit wurden die Beurteiler gebeten, für jeden einzelnen Aufgabenbereich ihre Zufriedenheit mit dieser Verteilung auf einer vierstufigen Antwortskala (von „sehr unzufrieden" bis „sehr zufrieden") wiederzugeben. Diese aufgabenspezifischen Zufriedenheitsurteile wurden zur Indexvariablen *Zufriedenheit mit der Verteilung der Hausarbeit* zusammengefaßt (19 Items, Cronbach's α = .87 bis .93).
3. Analog hierzu wurde die *Zufriedenheit mit der Verteilung kindbezogener Aufgaben* bestimmt (12 Items, Cronbach's α = .90 für Frauen bzw. α = .92 für Männer).
4. Schließlich wurde die aktuelle *Berufszufriedenheit* der berufstätigen Teilnehmer über ein Single-Item-Maß erhoben („Wie zufrieden sind Sie in Ihrem Beruf"; siebenstufige bipolare Antwortskala von -3/" äußerst unzufrieden" bis +3/"äußerst zufrieden").

Ergänzt wurde dieser Variablensatz durch demographische und biographische Angaben, die bei der Ersterhebung erfragt wurden. Als zentrales Kriteriumsmaß wurde der *Partnerschaftsfragebogen PFB* eingesetzt (Hahlweg, Schindler, & Revenstorf, 1982), der neben den drei Subskalen *Streit, Zärtlichkeit* und *Kommunikation* auch einen Gesamtwert für die Qualität der Paarinteraktion liefert. Die subjektive Partnerschaftszufriedenheit wurde kalkuliert anhand des tatsächlichen Partnerbildes („So sehe ich meinen Partner" mit Dispositionszuschreibungen für eine Liste von 25 sozial valenten Eigenschaftsbegriffen) und des gewünschten Partnerbildes („So hätte ich meinen Partner gerne" bei gleichem Antwortformat). Die Aggregatvariable *Unzufriedenheit mit dem Partner* ergibt sich aus der Summe der itemspezifischen Differenzen (zum Konzept der Real-Ideal-Diskrepanzen vgl. etwa Higgins, 1987). Die interne Konsistenz dieses Maßes ist sehr gut (25 Items; Cronbach's α = .81 bis .91). Die keineswegs perfekten querschnittlichen Bezüge zum PFB-Gesamtwert (r = -.42 bis -.61) verdeutlichen, daß es sich um zwei inhaltlich verwandte, jedoch unterscheidbare Konstrukte handelt.

3.2 Stichprobe und Durchführung

Die Stichprobe umfaßt 175 Paare, die zum ersten Meßzeitpunkt zusammenlebten und zwischen Dezember 1995 und Mai 1996 ein gemeinsames Kind bekamen. Diese Gesamtstichprobe teilt sich auf in 90 initial kinderlose Paare („Ersteltern") und in 85 Paare, die bereits ein oder zwei Kinder hatten („Zweit- und Dritteltern"). Die Frauen waren zu T1 zwischen 20 und 39 Jahre alt (M = 29.8, SD = 4.0); ihre Partner waren im Alter von 23 bis 45 Jahren (M = 32.0; SD = 4.8). Die Partnerschaften bestanden im Schnitt seit 7.4

Jahren ($M_{\text{Ersteltern}}$ = 5.9; $M_{\text{Zweit-/Dritteltern}}$ = 9.1). 92 Prozent aller Paare waren verheiratet. Rekrutiert wurden die Teilnehmer über die Presse sowie über die Praxen einzelner Frauenärzte. Die Familien leben im Großraum München (45 %) und in der Umgebung von Paderborn (28 %), andere kommen aus dem gesamten Bundesgebiet (27 %). Die Teilnahme war freiwillig und wurde honoriert. Von 150 Paaren liegen T4-Bögen beider Partner vor, was einen Teilnehmerschwund von knapp 15 Prozent bedeutet.

4 Ergebnisse

4.1 Die Veränderung von Paarinteraktion und Partnerschaftszufriedenheit

In separaten dreifaktoriellen Varianzanalysen für die einzelnen Subskalen des Partnerschaftsfragebogens (PFB) wurden neben dem zweigestuften Gruppierungsfaktor *Elterngruppe* (Ersteltern vs. Zweit-/Dritteltern) die Meßwiederholungsfaktoren *Beurteilergeschlecht* (abhängige Stichproben: Frauen vs. Männer) und *Erhebungszeitpunkt* (T1: letztes Trimester der Schwangerschaft; T3: 3 Monate nach der Geburt; T4: 18 Monate nach der Geburt) berücksichtigt. Für die Skala „Kommunikation" wird allein der Haupteffekt Meßzeitpunkt signifikant – F (2, 290) = 30.74; $p < .001$. Ein Blick auf den Mittelwerteverlauf zeigt, daß das Ausmaß der Paarkommunikation im Übergang zur Elternschaft generell drastisch abfällt (siehe Abbildung 2, oben links). Zudem wird die Wechselwirkung aller drei Faktoren signifikant – F (2, 290) = 3.42; $p < .05$ –, was auf gruppen- und geschlechtsspezifische Verläufe hinweist. Für die Skala „Zärtlichkeit" finden wir zunächst einen Gruppeneffekt – F (1, 143) = 4.08; $p < .05$ –, der auf höhere Werte für die Gruppe der Ersteltern zurückgeht (siehe Abbildung 2, oben rechts). Ein hochsignifikanter Geschlechtseffekt beruht auf niedrigeren Einschätzungen der Männer – F (1, 143) = 34.81; $p < .001$. Der Zeiteffekt eines fortlaufenden Rückgangs der Zärtlichkeit ist ebenfalls hochsignifikant – F (2, 286) = 36.33; $p < .001$. Die Verläufe für Ersteltern und Zweit- bzw. Dritteltern unterscheiden sich hochsignifikant – Interaktion Gruppe × Zeitpunkt: F (2, 286) = 8.92; $p < .001$: Während Paare, die ihr erstes Kind bekommen, im fraglichen Zeitraum einen kontinuierlichen Abfall der Zärtlichkeit beobachten, pendelt sich die PFB-Zärtlichkeit der Zweit- und Dritteltern auf einem etwas niedrigeren Niveau ein. Ein Interaktionseffekt von Gruppe und Geschlecht deutet sich lediglich an – F (1, 143) = 3.15; $p = .08$: Der berichtete Geschlechtsunterschied fällt bei der Gruppe der Ersteltern etwas geringer aus. Bei der Skala „Streit" stellt sich ein deutlicher Geschlechtseffekt ein – F (1, 146) = 13.35; $p < .001$ –, der auf höheren Streitratings der Männer beruht (siehe Abbildung 2, unten links). Der Zeiteffekt wird wiederum signifikant – F (2, 292) = 4.82; $p < .01$ –, ebenso die Interaktionen von Gruppe und Geschlecht – F (1, 146) = 6.61; $p < .05$ – sowie von Gruppe und Zeitpunkt – F (2, 292) = 5.18; $p < .01$). Wie Abbildung 2 zeigt, fallen die Geschlechtsunterschiede bei den Ersteltern wiederum niedriger aus als bei der anderen Gruppe; die zeitabhängigen Veränderungen sind bei den Ersteltern wesentlich größer. Diese Befunde bestätigen, daß speziell die Geburt des ersten Kindes deutliche Veränderungen in der Paarinteraktion auslöst.

Passungskonstellationen und Anpassungsprozesse   139

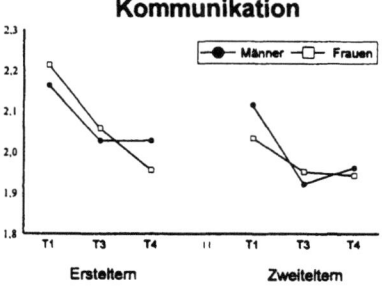
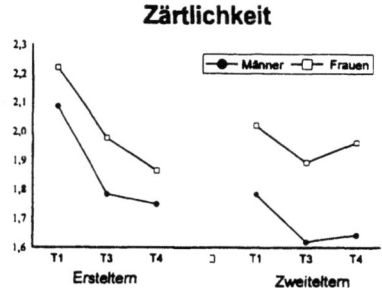
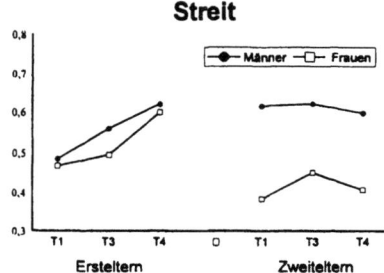
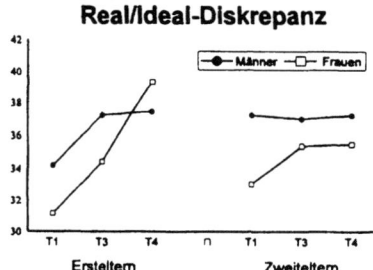

Abbildung 2: Veränderung der PFB-Partnerschaftsqualität sowie der Unzufriedenheit mit dem Partner vom letzten Drittel der Schwangerschaft (T1) über den Zeitpunkt 3 Monate (T3) bis 18 Monate nach der Geburt des Kindes (T4), differenziert nach Elterngruppe (Ersteltern vs. Zweit-/Dritteltern) und Beurteilergeschlecht (Männer vs. Frauen).

Auf die gleiche Art kann nun auch die Zufriedenheit mit dem Partner, die über Diskrepanzen zwischen dem Realbild und dem Idealbild vom Partner bestimmt wurde, betrachtet werden. In einer Varianzanalyse mit gleichem Aufbau wird lediglich der Haupteffekt des Zeitfaktors signifikant – $F(2, 254) = 5.36; p < .01$. Die Geburt eines Kindes löst einen merklichen Anstieg der Unzufriedenheit mit dem Partner aus (siehe Abbildung 2, unten rechts). Die Übernahme der Elternrolle wird also begleitet von einer drastischen Verschlechterung der Partnerschaftszufriedenheit.

4.2 Die Vorhersage von Veränderungen der Paarinteraktion

Die zum letzten Erhebungstermin erfaßten Entwicklungsergebnisse wurden mit Indikatoren der individuellen Person-Situation-Passung und dyadischer Passungskonstellationen korreliert. Um neben geschlechtsspezifischen Zusammenhängen auch einige innerdyadische Partnerschaftsdynamiken aufzudecken, wurden die PFB-Werte der Frauen und Männer nicht nur zu den eigenen Einschätzungen (intraindividuelle Variablenzusammenhänge), sondern auch zu den Einschätzungen des Partners in Beziehung gesetzt (innerdyadische Zusammenhänge). Die Ergebnisse sind in Tabelle 1 dargestellt.

Tabelle 1: Korrelate der Qualität der Paarinteraktion 18 Monate nach der Geburt

	PFB-Werte der Frauen (T4)				PFB-Werte der Männer (T4)			
	Streit	Zärtlich-keit	Kommu-nikation	Gesamt-wert	Streit	Zärtlich-keit	Kommu-nikation	Gesamt-wert
persönliches Einkommen der Frau zu T1[a]	.19*	-.16*	-.09	-.17*	-.14	.08	.07	.14
Bildungsgrad der Frau[a]	-.10	-.04	-.04	-.02	-.04	-.11	.02	-.04
Partnerschaftsdauer	-.02	-.08	-.06	-.05	.04	-.26**	-.14	-.19*
Elterngruppe (0 = Ersteltern; 1 = Zweiteltern)	-.17*	.02	-.05	.06	.01	-.16*	-.09	-.11
initiale Bewertung der Schwangerschaft (T1)								
emotionale Bewertung	-.16	.09	.10	.14	-.04	.05	.12	.09
Erwünschtheit/Passungsratings	-.11	.10	.10	.13	.00	.12	.07	.08
Verantwortungsübernahme	-.17*	-.04	.06	.07	-.28**	.15	.22**	.28**
emotionale Bewertung	-.14	.09	.13	.15	-.14	.16	.30**	.25**
Erwünschtheit/Passungsratings	-.06	.07	.07	.08	-.11	.11	.19*	.17*
Verantwortungsübernahme	.17*	-.07	-.07	-.13	.16	-.11	-.07	-.15
Merkmale der Lebenssituation (T4)								
Kindschwierigkeit	.09	-.12	-.13	-.14	.09	-.06	-.10	-.10
Beteiligung an Hausarbeit	.17*	-.15	-.15	-.20*	.17*	-.23**	-.36**	-.31**
Beteiligung an kindbezogenen Aufgaben	.23**	-.22**	-.25**	-.29**	.05	-.22**	-.23**	-.20*
Wochenarbeitszeit der Frau	.05	-.03	-.05	-.05	-.02	.06	.05	.05
Kindschwierigkeit	.11	-.11	-.19*	-.17*	.20*	-.11	-.16	-.20*
Beteiligung an Hausarbeit	-.04	-.04	-.08	-.03	.08	.06	.14	.04
Beteiligung an kindbezogenen Aufgaben	-.15	.07	.09	.13	.05	.14	.07	.07
Wochenarbeitszeit des Mannes	.22**	-.14	-.07	-.18*	.15	-.12	-.19*	-.19*
bereichsspezifische Zufriedenheit (T4)								
Zufriedenheit in der Elternrolle	-.03	.06	.09	.07	-.12	.09	.09	.12
Zufriedenheit mit Verteilung der Hausarbeit	-.15	.27**	.36**	.32**	-.31**	.27**	.40**	.41**
Zufriedenheit mit Verteilung kindbez. Aufg.	-.24**	.34**	.40**	.41**	-.32**	.29**	.35**	.40**
Zufriedenheit in der Elternrolle	-.07	.23**	.30**	.25**	-.18*	.19*	.14	.22**
Zufriedenheit mit Verteilung der Hausarbeit	-.17*	.03	.03	.09	-.09	-.10	.13	.05
Zufriedenheit mit Verteilung kindbez. Aufg.	-.18*	.08	.07	.14	-.09	.03	.20*	.12
berufliche Zufriedenheit des Mannes	-.14	.10	.20*	.18*	-.17*	.16	.10	.19*

Anmerkungen: Einschätzungen der Männer kursiv, intraindividuelle Zusammenhänge fettiert. $N \geq 138$.
[a] Spearman-Rangkorrelation.
* $p < .05$, ** $p < .01$ (zweiseitige Tests).

Generell ist zu erwarten, daß Zusammenhänge, die das subjektive Erleben *einer* Person abbilden (intraindividuelle Bezüge), deutlicher ausfallen als personübergreifende Variablenzusammenhänge. Zunächst zu den intraindividuellen Zusammenhängen (fettierte Koeffizienten): Die emotionale Bewertung der Schwangerschaft korreliert nur bei den Männern mit der später berichteten PFB-Partnerschaftsqualität: Je positiver die erste Reaktion der Männer auf die Nachricht der Schwangerschaft ausfiel, desto stärker ist die selbstberichtete Paarkommunikation. Hohe subjektive Erwünschtheit der Schwangerschaft mit Blick auf die aktuelle Lebenssituation prädiziert ebenfalls hohe PFB-Kommunikationswerte. Dieses Befundmuster ist zu erwarten, wenn die erste Hypothese zutrifft. Die von den Frauen geschilderte PFB-Partnerschaftsqualität korreliert kaum mit der eigenen frühen Ereignisbewertung. Frauen, die die Verantwortung für den Eintritt der Schwangerschaft übernommen haben (stärkeres eigenes Zutun relativ zum Beitrag des Partners), berichten später – ebenso wie ihre Männer – von einem niedrigeren PFB-Streitniveau. Faßt man die attributive Verantwortungsübernahme der Frau bereits als Effekt antizipatorischer Bewältigungsprozesse (Kalicki et al., 1996), ist dieses Ergebnis aufgrund der zweiten Hypothese zu erwarten. Die geschlechtsrollenkonforme Verantwortungsübernahme der Frau für die Schwangerschaft und Elternschaft scheint jedoch besonders funktional für die von den Männern erlebte Partnerschaftsqualität: Je stärker die Frau die Schwangerschaft auf ihr eigenes Zutun zurückführt und die Verantwortung übernimmt, desto positiver ist die von dem Partner geschilderte Paarinteraktion. Die geschlechtsrollendiskrepante Verantwortungsübernahme des Mannes korreliert hingegen mit höheren Streitwerten der Frau – dieser Zusammenhang überrascht. Die Qualität der Paarinteraktion zeigt zudem systematische Bezüge zu zeitgleich erfaßten Merkmalen der Lebenssituation. Die innerdyadische Rollen- und Aufgabenverteilung steht in engem Zusammenhang zur PFB-Partnerschaftsqualität: Je höher die von den Frauen perzipierte eigene Beteiligung an Hausarbeit und Versorgung des Kindes – hohe Werte bedeuten hier faktisch, daß die Frau alles alleine übernimmt –, desto niedriger die Kommunikation des Paares, desto niedriger die Zärtlichkeit und Sexualität und desto höher das Streitniveau. Die Einschätzungen der Frau hinsichtlich der Aufgabenteilung korrelieren dabei nicht nur mit der selbstberichteten PFB-Partnerschaftsqualität, sondern auch mit den PFB-Werten der Männer. Die Schilderungen der Aufgabenteilung durch die Männer korrelieren hingegen weder mit ihren eigenen noch mit den PFB-Maßen ihrer Partnerinnen. Diese Ergebnisse sind unter Geltung der dritten und vierten Hypothese zu erwarten. Hohe Wochenarbeitszeit des Mannes geht mit niedriger selbstberichteter Kommunikation und hohen PFB-Streitwerten der Frau einher. Der Umfang der Berufstätigkeit der Frau scheint hingegen keine Rolle zu spielen. Schließlich zeigt die von den Männern wahrgenommene Kindschwierigkeit systematische Bezüge zur Paarinteraktion: Männer, die das Kind als schwierig erleben, schildern ein erhöhtes Streitniveau; ihre Frauen berichten ein niedrigeres Ausmaß an Paarkommunikation.

Erwartungskonform und deutlich sind die Beziehungen der PFB-Partnerschaftsqualität zu den bereichsspezifischen Zufriedenheitsmaßen. So schlägt die Unzufriedenheit der Frau mit der Verteilung familiärer Aufgaben (Hausarbeit bzw. Kinderversorgung) auf die selbst- sowie die von den Männern berichtete Paarinteraktion durch: In Partnerschaften, in denen die Frau unzufrieden ist mit der Aufgabenteilung, ist das Ausmaß an Kommunikation und erlebter Gemeinsamkeit sowie das Ausmaß an Zärtlichkeit und Sexualität drastisch reduziert; das Streit- und Konfliktniveau dieser Partnerschaften ist deutlich erhöht. Daneben geht auch die Unzufriedenheit der Männer in der Elternrolle (hohe Frustration in der Elternrolle, geringe Freude am Kind) mit einer schlechteren PFB-Partnerschaftsqualität einher. Die berufliche Zufriedenheit des Mannes steht ebenfalls in Zusammenhang mit der Qualität der Paarinteraktion: Unzufriedene Männer berichten verstärkt von Streit und Konflikten; ihre Partnerinnen erleben eine verringerte Paarkommunikation. Unter den demographischen und biographischen Kontrollgrößen zeigen neben dem persönlichen Einkommen der Frau die Partnerschaftsdauer sowie der initiale Elternstatus (ohne vs. mit Kind) Bezüge zur PFB-Partnerschaftsqualität zu T4, was als ein reiner Zeiteffekt gelesen werden kann.

Korrelative Zusammenhänge zwischen zeitgleich erhobenen Einschätzungen und Bewertungen können bekanntlich auf Stimmungseffekte oder auf Antworttendenzen bei der Bearbeitung des Erhebungsinstruments (z. B. Neigung zu konsistenten Aussagen) zurückzuführen sein. Hiergegen spricht jedoch bereits die Tatsache, daß die gefundenen Zusammenhänge bestehen bleiben, wenn die Beurteilerperspektive wechselt. Dies wurde mit der vierten Hypothese postuliert. Prospektiv angelegte Längsschnittstudien erlauben eine schärfere Prüfung der Hypothesen. Zur Betrachtung von Veränderungsprozessen setzen wir Veränderungen in der berichteten Paarinteraktion (z. B. Zunahme von Streit, Rückgang der Zärtlichkeit) in Beziehung zu längsschnittlich beobachteten Veränderungen in der individuellen Anpassung (z. B. wachsende Unzufriedenheit in einzelnen Rollen) und in dyadischen Passungskonstellationen (z. B. Umverteilung der Hausarbeit). In separaten hierarchischen Regressionsanalysen wird die PFB-Partnerschaftsqualität, die die Frauen bzw. Männer eineinhalb Jahre nach der Geburt des Kindes berichten, vorhergesagt anhand des Ausgangsniveaus zu T1; alle nachfolgenden Regressionsschritte behandeln damit Veränderungen in der Kriteriumsvariablen (zu dieser Partialisierungstechnik: Cohen & Cohen, 1983). In einem zweiten Prädiktionsschritt werden Kontrollgrößen als Prädiktoren aufgenommen. Die nachfolgend geprüften Zusammenhänge bestehen also bei statistischer Kontrolle dieser Variablen. Im dritten Regressionsschritt werden schließlich die inhaltlich interessierenden Prädiktorvariablen blockweise eingeschlossen. Die Ergebnisse sind in Tabelle 2 dargestellt.

Die PFB-Gesamtwerte zeigen im betrachteten Zeitintervall von der Schwangerschaft bis 18 Monate nach der Geburt des Kindes eine hohe Positionsstabilität; knapp ein Drittel der Kriteriumsvarianz (Frauen: 30 Prozent; Männer: 32 Prozent) läßt sich mit den PFB-Ausgangswerten aufklären. Die nachfolgend berücksichtigten Kontrollvariablen leisten zusammengefaßt keinen signifikanten Beitrag zur Varianzaufklärung. Die positiven Regressionsgewichte für die Partnerschaftsdauer und die Variable *Elterngruppe* deuten jedoch an, daß die Einbußen an PFB-Partnerschaftsqualität bei jenen Paaren, die erst relativ kurz zusammen sind, bzw. bei der Gruppe der Erstseltern größer sind. Darüber hinaus trägt die positive initiale Bewertung der Schwangerschaft durch den Mann sowie dessen geschlechtsrollenkonforme Delegation der Verantwortung an die Frau zum Erhalt der PFB-Partnerschaftsqualität bei. Überraschend ist der negative Zusammenhang zwischen der emotionalen Bewertung der Schwangerschaft durch die Frau und dem Verlauf der Paarinteraktion aus der Sicht des Mannes: Positive Ereignisbewertungen der Frau sagen stärkere Beeinträchtigungen der Paarinteraktion für den Mann vorher. Die erste Hypothese, der zufolge eine positive initiale Ereignisbewertung zum Erhalt der PFB-Partnerschaftsqualität beiträgt, findet also nur partiell Bestätigung. Veränderungen im Erleben der Elternrolle durch die Frau werden nicht bedeutsam, ein Zusammenhang zwischen anwachsender mutterperzipierter Kindschwierigkeit und der Beeinträchtigung der Paarinteraktion deutet sich jedoch an (*beta* = -.15). Deutlich sind die Zusammenhänge zwischen der Entwicklung der Zufriedenheit des Mannes in der Elternrolle und dem Verlauf der PFB-Partnerschaftsqualität. In Übereinstimmung mit der zweiten Hypothese geht eine längsschnittliche Verbesserung der Anpassung des Vaters

Tabelle 2: Hierarchische Regression der Partnerschaftsqualität zu T4 (PFB-Gesamtwert) auf ausgewählte Größen (Vorhersage von Veränderungen)

Prädiktorvariablen	Frauen beta	R^2-incr.	R^2	Männer beta	R^2-incr.	R^2
Kontrolle des Ausgangsniveaus						
Partnerschaftsqualität zu T1	.54***	.30***	.30***	.56***	.32***	.32***
Kontrolle weiterer Größen						
persönl. Einkommen der Frau[a]	–			–		
Bildungsgrad der Frau[a]	–			–		
Partnerschaftsdauer	.15			.05		
Elterngruppe (Erst-/Zweitelten)	.12	.08	.38***	.12	.06	.38***
initiale Einschätzungen zur Schwangerschaft						
emotionale Bewertung	-.04			-.21*		
Verantwortungsübernahme	-.10			.13		
emotionale Bewertung	.22*			.22*		
Verantwortungsübernahme	-.22*			-.21*		
Erleben der Elternrolle						
Zunahme der Kindschwierigkeit[b]	-.15			.00		
Zunahme der Unzuf. in der Elternrolle[c]	-.03			-.03		
Zunahme der Kindschwierigkeit[b]	-.03			-.05		
Zunahme d. Unzuf. in der Elternrolle[c]	-.32***			-.38***		
Verteilung der Hausarbeit, Beruf						
Zufriedenheitszunahme/Aufgabenteilung[d]	.18*			.25**		
Rückgang der Berufstätigkeit der Frau[e]	.15			.24*		
Zufriedenheitszunahme/Aufgabenteilung[d]	-.04			-.03		
Zufriedenheitszunahme/Beruf[d]	.15+	.19**	.57***	.20*	.30***	.68***

Anmerkungen: Die Prädiktorvariablen der Männer sind kursiv gesetzt. beta = standardisiertes Regressionsgewicht. R^2-incr. = Gewinn an aufgeklärter Varianz in diesem Prädiktionsschritt. R^2 = erzielte Varianzaufklärung. $N = 104$ (Kriteriumsvariable der Frauen) bzw. $N = 97$ (Männer).
[a] rangskalierte Variable, abgebildet durch Dummy-Kodierung
[b] T4/T3-Residuum (T4-Werte nach Auspartialisieren der T3-Erstmessung)
[c] T4/T2-Residuum (T4-Werte nach Auspartialisieren der T2-Erstmessung)
[d] T4/T1-Residuum (T4-Werte nach Auspartialisieren der T1-Ausgangswerte)
[e] Differenz der Wochenarbeitszeit der Frau (T4 minus T1)
+ $p < .10$, * $p < .05$, ** $p < .01$, *** $p < .001$.

an die Elternrolle mit einer günstigeren Entwicklung der Paarinteraktion einher. Schließlich trägt die Zunahme (faktisch: der Erhalt) der Zufriedenheit der Frau mit der Aufgabenteilung zur Zunahme (genauer: zum Erhalt) der selbstberichteten PFB-Partnerschaftsqualität bei. Veränderungen im entsprechenden Zufriedenheitsmaß des Mannes sind dagegen belanglos. Dieses Befundmuster stützt die dritte Hypothese. Passend zur vierten Hypothese variiert die Veränderung der Zufriedenheit der Frau auch stark mit der vom Mann geschilderten Entwicklung der PFB-Partnerschaftsqualität. Der geschlechtsrollenkonforme Rückgang der Berufstätigkeit der Frau trägt zum Erhalt der Partnerschaftsqualität aus der Sicht der Männer bei. Veränderungen in der beruflichen Zufriedenheit des Mannes variieren ebenfalls mit Veränderungen in der Paarinteraktion. Insgesamt binden diese Prädiktorvariablen weitere 19 Prozent (Regressionsmodell für Kriteriumsvariable der Frauen) bzw. 30 Prozent der Kriteriumsvarianz (Männer); die Varianzaufklärung durch das gesamte Modell erreicht 57 bzw. 68 Prozent.

5 Diskussion

Die Verlaufsgradienten unterschiedlicher Indikatoren der Partnerschaftsqualität bestätigen, daß der Übergang zur Elternschaft mit einer deutlichen Verschlechterung sowohl der Paarinteraktion als auch der subjektiven Partnerschaftszufriedenheit einhergeht. In dieser Arbeit wurde ein allgemeines Modell der Partnerschaftsentwicklung im Übergang zur Elternschaft skizziert, das diese Veränderungen erklären soll und hierzu im wesentlichen auf kognitionspsychologische Konzepte zurückgreift.

Die Annahme, daß eine hohe Passung von individuellen Zielen und Aspirationen einerseits und situativen Anforderungen andererseits zu einem günstigeren Partnerschaftsverlauf beiträgt, konnte nur teilweise bestätigt werden. Für Männer gilt, daß eine positive initiale Bewertung der Schwangerschaft mit dem Erhalt der PFB-Partnerschaftsqualität einhergeht. Die initiale Ereignisbewertung durch die Frau zeigt hingegen keine Bezüge zur selbstberichteten Partnerschaftsentwicklung. Eine positive Reaktion der Frau auf die Schwangerschaft prädiziert hingegen eine deutlichere Verschlechterung der vom Mann berichteten Paarinteraktion. Dieser erwartungsdiskrepante Zusammenhang ist u. U. mit dem Eifersuchtserleben des Partners verknüpft. Möglicherweise sehen sich diese Männer von ihrer Partnerin vernachlässigt. Anschlußanalysen deuten darauf hin, daß der Zusammenhang zwischen positiver Reaktion der Frau auf die Schwangerschaft und vom Mann erlebter Verschlechterung der Paarinteraktion dann verstärkt auftritt, wenn der Mann zunehmend eifersüchtig wird auf das Kind.

Die Veränderungen in der Paarinteraktion lassen sich regressionsstatistisch zurückführen auf Veränderungen in der Anpassung der einzelnen Partner an unterschiedliche Rollen, wobei bereichs- und geschlechtsspezifische Zusammenhänge bestehen. Für den Verlauf der Partnerschaft scheint die Entwicklung der Zufriedenheit der Frau mit der Aufgabenteilung, die Veränderung der Zufriedenheit des Mannes in der Elternrolle und die Veränderung von dessen Zufriedenheit im Beruf bedeutsam. Die geschlechtsrollenkonforme Attribution der Verantwortung für die Schwangerschaft durch den Mann an die Frau scheint für die Partnerschaftsentwicklung funktional. In ähnlicher Weise profitieren die Männer in ihrem Erleben der Partnerschaft davon, wenn ihre Partnerinnen die Berufstätigkeit nach der Geburt des Kindes stark reduzieren. Insgesamt konnten die getesteten Annahmen weithin gestützt werden. Die Ergebnisse zeigen recht deutlich, daß die Auswirkungen unterschiedlicher Passungskonstellationen und Anpassungsprozesse auf die Qualität der Paarinteraktion von beiden Partnern übereinstimmend erfahren werden. Die bedeutsamen Prädiktorvariablen tragen zur Vorhersage der von den Männern geschilderten PFB-Partnerschaftsqualität wie auch zur Vorhersage der von den Frauen geschilderten Partnerschaftsqualität bei.

Mit welchen Chancen und Risiken die Familiengründung nun für die individuelle Entwicklung und den Verlauf der Paarbeziehung verbunden ist, läßt sich kaum generell festhalten. Die dargestellten Befunde deuten darauf hin, daß geschlechts- und bereichsspezifische Zusammenhänge vorliegen. Aus einer Lebensspannenperspektive ist zu ergänzen, daß der Elternrolle gerade im höheren Lebensalter neue Funktionen und Bedeutungen zuwachsen, die von den genannten Studien nicht beleuchtet werden.

6 Literatur

Antonnucci, T. C. & Mikus, K. (1988). The power of parenthood: Personality and attitudinal changes during the transition to parenthood. In G. Y. Michaels & W. A. Goldberg (Eds.), *The transition to parenthood: Current theory and research* (pp. 62-84). Cambridge: Cambridge University Press.

Belsky, J., Lang, M. & Huston, T. L. (1986). Sex typing and division of labor as determinants of marital change across the transition to parenthood. *Journal of Personality and Social Psychology, 50*, 517-522.

Belsky, J. &. Pensky, E. (1988). Marital changes across the transition to parenthood. *Marriage and Family Review, 13*, 133-156.

Belsky, J., Ward, M. J. & Rovine, M. (1986). Prenatal expectations, postnatal experiences, and the transition to parenthood. In R.D. Ashmore & D. M. Brodzinsky (Eds.), *Thinking about the family: Views of parents and children* (pp. 119-145). Hillsdale: Erlbaum.

Bradbury, T. N. & Fincham, F. D. (1990). Attributions in marriage: Review and critique. *Psychological Bulletin, 107*, 3-33.

Codreanu, N. (1984). *Kindbezogene Einstellungen von Müttern mit Kleinkindern.* Unveröffentlichte Diplomarbeit: Universität München.

Cohen, J. & Cohen, P. (1983). *Applied multiple regression/correlation analysis for the behavioral sciences.* Hillsdale: Erlbaum.

Cowan, P. A. & Cowan, C. P. (1988). Changes in marriage during the transition to adulthood: Must we blame the baby? In G. Y. Michaels & W. A. Goldberg (Eds.), *The transition to parenthood: Current theory and research* (pp. 114-156). Cambridge: Cambridge University Press.

Crockenberg, S. B. & McCluskey, K. (1986). Change in maternal behavior during the baby's first year of life. *Child Development, 57*, 746-753.

Deutsch, M. (1969). Conflicts: Productive and destructive. *Journal of Social Issues, 25*, 7-41.

Engfer, A. (1988). The interrelatedness of marriage and the mother-child relationship. In R.A. Hinde & J. Stevenson-Hinde (Eds.), *Relationships within the family* (pp. 104-118). Oxford: Clarendon.

Engfer, A. & Gavranidou, M. (1987). Antecedents and consequences of maternal sensitivity: A longitudinal study. In H. Rauh & H.-Ch. Steinhausen (Eds.), *Psychobiology and early development* (pp. 71-99). North-Holland: Elsevier.

Fedele, N. M., Golding, E. R., Grossman, F. K. & Pollack, W.S. (1988). Psychological issues in adjustment to first parenthood. In G.Y. Michaels & W.A. Goldberg (Eds.), *The transition to parenthood: Current theory and research* (pp. 85-113). Cambridge: Cambridge University Press.

Fincham, F. D. & Bradbury, T. N. (1987). The assessment of marital quality: A re-evaluation. *Journal of Marriage and the Family, 49*, 797-809.

Gloger-Tippelt, G. (1988). *Schwangerschaft und*

erste Geburt. Psychologische Veränderungen der Eltern. Stuttgart: Kohlhammer.

Gottman, J. M. (1990). How marriages change. In G. R. Patterson (Ed.), *Depression and aggression in family interaction* (pp. 75-101). Hillsdale: Erlbaum.

Gottman, J. M. (1994). *What predicts divorce? The relationship between marital processes and marital outcomes*. Hillsdale: Erlbaum.

Greenberger, E. & O'Neil, R. (1993). Spouse, parent, worker: Role commitments and role-related experiences in the construction of adults' well-being. *Developmental Psychology, 29*, 181-197.

Greenstein, T. N. (1996). Husbands' participation in domestic labor: Interactive effects of wives' and husbands' gender ideologies. *Journal of Marriage and the Family, 58*, 585-595.

Grossman, F. K. (1988). Strain in the transition to parenthood. *Marriage and Family Review, 13*, 85-104.

Hahlweg, K., Schindler, L. & Revenstorf, D. (1982). *Partnerschaftsprobleme: Diagnose und Therapie*. Berlin: Springer-Verlag.

Heinicke, C. M. (1995). Determinants of the transition to parenting. In M. H. Bornstein, (Ed.) *Handbook of parenting* (Vol. 3, pp. 277-303). Mahwah: Erlbaum.

Higgins, E. T. (1987). Self-discrepancy: A theory relating self and affect. *Psychological Review, 94*, 319-340.

Hobbs, D. F. & Cole, S. P. (1976). Transition to parenthood: A decade replication. *Journal of Marriage and the Family, 38*, 723-732.

Jones, E. E. & Davis, K. E. (1965). From acts to dispositions: The attribution process in person perception. In L. Berkowitz (Ed.), *Advances in experimental social psychology* (Vol. 2, pp. 219-266). San Diego: Academic Press.

Kalicki, B., Fthenakis, W. E., Engfer, A., Peitz, G. & Dittmann, A. (1996). *Individuelle und kontextuelle Ressourcen beim Übergang zur Elternschaft*. Beitrag zum 40. Kongreß der Deutschen Gesellschaft für Psychologie, München, September 1996.

Murray, S. L., Holmes, J. G. & Griffin, D. W. (1996). The benefits of positive illusions: Idealization and the construction of satisfaction in close relationships. *Journal of Personality and Social Psychology, 70*, 79-98.

Reichle, B. (1996). From is to ought and the kitchen sink: On the justice of distributions in close relationships. In L. Montada & M. J. Lerner (Eds.), *Current societal concerns about justice* (pp. 103-135). New York: Plenum.

Ruble, D. N., Fleming, A. S., Hackel, L. & Stangor, C. (1988). Changes in the marital relationship during the transition to first time motherhood: Effects of violated expectations concerning division of household labor. *Journal of Personality and Social Psychology, 55*, 78-87.

Rusbult, C. E., Verette, J., Whitney, G. A., Slovic, L. F. & Lipkus, I. (1991). Accommodation processes in close relationships: Theory and preliminary empirical evidence. *Journal of Personality and Social Psychology, 60*, 53-78.

Shackelford, T. K. & Buss, D. M. (1997). Spousal esteem. *Journal of Family Psychology, 11*, 478-488.

Sirigano, S. W. & Lachman, M. S. (1985). Personality change during the transition to parenthood: The role of perceived infant temperament. *Developmental Psychology, 21*, 558-567.

Terry, D. J., McHugh, T. A. & Noller, P. (1991). Role dissatisfaction and the decline in marital quality across the transition to parenthood. *Australian Journal of Psychology, 43*, 129-132.

Partnerschaftsentwicklung als Funktion von
Persönlichkeitsmerkmalen

Frühe Paar- und Familienentwicklung: Befunde einer fünfjährigen prospektiven Längsschnittstudie

Klaus A. Schneewind und Wolfgang Sierwald

1 Einleitung

Die Geburtenrate in Deutschland hat sich im Laufe der letzten Jahrzehnte deutlich verringert. Während 1965 noch 100 Frauen im gebärfähigen Alter ca. 250 Kinder zur Welt gebracht haben, verringerte sich diese Zahl für das Jahr 1996 in den alten Bundesländern auf 139 und in den neuen Bundesländern – bedingt durch die Unwägbarkeiten der Wiedervereinigung – sogar auf 95 Geburten pro 100 Frauen (vgl. Dorbritz, 1996, S. 8; Engstler, 1988, S. 99). Für viele ist dies ein alarmierendes Zeichen. Wenn der Trend eines kontinuierlichen Geburtenrückgangs weiter anhält, würde dies auf lange Sicht zu einer merklichen Dezimierung des Bevölkerungsbestands und als Folge davon zu einer erheblichen Gefährdung des sozialen Sicherungssystems in Deutschland führen.

Auf dem Hintergrund dieser Überlegungen gab 1988 das damalige Bundesministerium für Familie und Senioren eine soziologisch-psychologische Verbundstudie in Auftrag, in der über einen Zeitraum von 5 Jahren die Entwicklung von jungen Ehepaaren und Familien unter besonderer Berücksichtigung von Kinderwünschen und deren Realisierung dokumentiert werden sollte. Das Projekt wurde im Jahre 1989 begonnen und 1994 beendet. Zwei größere Berichte wurden 1992 und 1994 in der Veröffentlichungsreihe des Bundesministeriums für Familie und Senioren publiziert (vgl. Schneewind, Vaskovics et al., 1992; Schneewind et al., 1994). Der dritte abschließende Bericht erschien 1997 (vgl. Schneewind et al., 1997).

Im folgenden werden wir uns ausschließlich auf den psychologischen Teil der Verbundstudie beziehen. Dazu werden wir zu einer Reihe allgemeinerer Fragen einige Ergebnisse herausgreifen, die für den Themenzusammenhang des vorliegenden Bandes von Belang sind. Zuvor möchten wir jedoch kurz auf einige Grundlagen unserer Studie zu sprechen kommen.

2 Eine quasi-experimentelle Längsschnittstudie zur Entwicklung junger Ehen und Familien

Ausgehend von einer familienentwicklungspsychologischen Perspektive beschäftigt sich unsere Studie vor allem mit zwei Phasen der frühen Familienentwicklung, nämlich zum einen mit der Bildung und Konsolidierung von Paarbeziehungen im ehelichen Kontext und zum anderen mit der Familienbildung im Sinne der Integration von leiblichen Kindern in das Ehe- bzw. Familiensystem. Die Verbindung zwischen diesen beiden Phasen besteht in dem Übergang zur Elternschaft, wobei auch andere Optionen der Lebensgestaltung junger Ehen wie z. B. bewußte Kinderlosigkeit zu berücksichtigen sind. Mit jeder dieser Phasen sind spezifische Entwicklungsaufgaben verbunden. So erfordert etwa die Heirat zweier Personen die Etablierung eines ehelichen Beziehungssystems oder die Neuordnung der Beziehungen zu den Herkunftsfamilien und zu den Freunden der jeweiligen Partner. Durch den Übergang zur Elternschaft kommen neue Entwicklungsaufgaben hinzu, so z. B. die Neugestaltung des Ehesystems, um für das Kind bzw. die Kinder Raum zu schaffen, die Regelung der Kindererziehung, der Finanzen und der häuslichen Arbeitsteilung oder die Anpassung der Beziehungen an die erweiterte Familie zur Einbeziehung von Eltern- und Großelternrollen (vgl. z. B. Carter & McGoldrick, 1988).

Ohne im einzelnen auf die Geschichte der empirischen Erforschung des Familienbildungsprozesses einzugehen, möchten wir doch zwei größere Projekte erwähnen, die unserer Meinung nach Meilensteine in der empirischen Untersuchung des Übergangs zur Elternschaft darstellen. Das eine ist das „Pennsylvania Infant and Family Development Project" (Belsky, Gilstrap & Rovine, 1984), das in den 80er und frühen 90er Jahren von Jay Belsky und seinen Mitarbeitern an der Pennsylvania State University durchgeführt wurde. Belsky (1984) hatte hierzu ein erkenntnisleitendes Prozeßmodell der Determinanten elterlicher Erziehung entwickelt, in dem eine Reihe von direkt und indirekt wirkenden Einflußgrößen auf das Eltern-Kindverhalten und die kindliche Entwicklung unterschieden wird. Hierzu gehören u. a. neben den Charakteristika des Kindes insbesondere Persönlichkeitsmerkmale der Eltern, deren jeweilige Beziehungsgeschichte und die aktuellen ehelichen Beziehungen der Eltern sowie die Arbeitsplatzerfahrungen der Eltern und die Qualität des sozialen Netzwerks.

Die andere größere Studie wurde von Philip und Carolyn Cowan unter der Bezeichnung „Becoming a Family Project" an der University of California in Berkeley durchgeführt (Cowan & Cowan, 1994). Auch diesem Projekt liegt ein Strukturmodell zugrunde, das die folgenden fünf Domänen umfaßt: (1) individuelle Merkmale jeder Person in der Familie, (2) Ehepartnerbeziehung, (3) Beziehung zwischen jeder Elternperson und dem Kind, (4) Beziehungsmuster, die die neue mit den beiden Herkunftsfamilien verbinden, (5) externe Quellen von Streß und Unterstützung für die Eltern, unter besonderer Berücksichtigung von Beruf und sozialem Netzwerk.

Nach ausgiebigen Kontakten mit beiden Forschergruppen haben wir unser eigenes kontextualistisches Prozeßmodell der frühen Familienentwicklung konzipiert. Wesentliches Kennzeichen dieses Modells ist die Verknüpfung von Vergangenheit (individuelle Erfahrungs- und Beziehungsgeschichte beider Partner), Gegenwart (Persönlichkeitsmerkmale, Ehebeziehung, Kindmerkmale, gegenwärtige Lebensumstände) und Zukunft (antizipierte Entwicklung in Bezug auf Kindmerkmale, elterliche Kompetenz, prospektiven Lebensstil und Veränderungserwartungen). Die einzelnen Komponenten dieses Modells dienen als Erklärungsvariablen für den jeweiligen Status des reproduktiven Verhaltens sowie für subjektive Entscheidungs- und Begründungsmuster in der Kinderfrage.

Die empirische Umsetzung dieses Modells erfolgte auf der Basis einer Stichprobe von insgesamt 180 jungen Ehepaaren aus dem Raum München, die aus einer Screening-Stichprobe von 1100 Paaren nach bestimmten Kriterien wie Alter, Ehedauer oder Nationalität ausgewählt worden waren. Insbesondere spielte bei der Auswahl der Ehepaare die

Nähe bzw. Distanz zum Kinderwunsch eine wichtige Rolle. Unter Berücksichtigung dieses Kriteriums wurden letztlich fünf Gruppen in das Studiendesign aufgenommen (Gruppe 1: Paare im Übergang zur Erstelternschaft; Gruppe 2: Paare mit der Absicht, ihren Kinderwunsch innerhalb der nächsten 5 Jahre zu realisieren; Gruppe 3: Paare mit der Absicht, ihren Kinderwunsch frühestens nach 5 Jahren zu realisieren; Gruppe 4: Paare mit unsicherem Kinderwunsch; Gruppe 5: bewußt kinderlose Paare). Alle fünf Gruppen wurden über einen Zeitraum von knapp 5 Jahren zu acht Meßzeitpunkten untersucht, wobei eine Synchronisierung der Erhebungszeitpunkte in Relation zur Geburt des ersten Kindes in der Gruppe 1 erfolgte.

Wie nicht anders zu erwarten, hatten wir im Verlauf der 5 Jahre einen Stichprobenschwund hinzunehmen. Zum letzten Erhebungszeitpunkt im Jahr 1994 nahmen noch 130 der ursprünglich 180 Ehepaare an der Studie teil. Wenn man berücksichtigt, daß zu diesem Zeitpunkt 20 Paare getrennt lebten oder geschieden waren, beläuft sich der eigentliche Stichprobenschwund auf 30 Paare oder 17 % der Ausgangsstichprobe. Wir betrachten dies im Hinblick auf die sehr zeitintensiven Erhebungen unserer Studie als ein durchaus günstiges Ergebnis.

Ein Überblick über die Zahl der Geburten und Schwangerschaften, die sich bis 1994 – bezogen auf die Gruppeneinteilung im Jahre 1989 – ergeben haben, zeigt, daß der größte Teil der Gruppe 1 (Paare im Übergang zur Erstelternschaft) ein zweites oder gar ein drittes Kind bekommen hat. Auch die anderen Gruppen haben sich ziemlich genau entsprechend ihrer ursprünglichen Pläne bezüglich ihrer Kinderwünsche entwickelt. So ist z. B. eine größere Anzahl derer, die 1989 zur Gruppe der Unentschiedenen gehörten, 5 Jahre später in der Kinderfrage immer noch unentschieden.

Nach diesem kurzen Überblick über einige Grundlagen der Studie möchten wir im folgenden anhand einiger ausgewählter Ergebnisse etwas ausführlicher auf sechs Themen der frühen Paar- und Familienentwicklung eingehen. Den Anfang macht die Frage nach den Gründen für oder gegen Elternschaft.

3 Pro- und Contra-Argumente zur Elternschaft

Zur Klärung dieser Frage haben wir unterschiedliche Zugangsweisen gewählt, darunter ein offenes Interviewverfahren, eine Kartensortierungsmethode und eine neue Technik, auf die wir uns im folgenden beschränken möchten. Wir gaben unseren Untersuchungspersonen einen Satz von Karteikarten, die sie vor sich ausbreiten konnten. Jede Karteikarte repräsentierte einen bestimmten Aspekt wie z. B. „meine Persönlichkeit", „meine Ehebeziehung" oder „mein Beruf", der in der Sichtweise der Befragten in Hinblick auf ein Leben mit Kindern mehr oder weniger vereinbar bzw. unvereinbar sein konnte. Darüber hinaus gaben wir unseren Untersuchungspersonen zwei Sets mit Plastik-Chips (jeweils 40 weiße und 40 schwarze), wobei die weißen Chips eine Pro-Kind-Haltung und die schwarzen Chips eine Contra-Kind-Position symbolisieren sollten. Wir baten dann unsere Untersuchungspersonen, so viele weiße und/oder schwarze Chips auf die verschiedenen Karteikarten zu verteilen, wie es ihnen für ihre Situation angemessen erschien.

Ein Vorteil dieser Prozedur besteht darin, daß unsere Untersuchungspersonen sich nicht nur für die Pro- oder Contra-Richtung eines jeden Arguments entscheiden konnten, sondern darüber hinaus auch die Bedeutsamkeit jedes einzelnen Arguments in Beziehung zu den anderen Argumenten – gemessen an der Zahl der vergebenen Chips – bestimmen konnten. Auf diese Weise ergab sich eine Art „Gestalt" des subjektiven Begründungsmusters für oder gegen Elternschaft, wobei durchaus auch ambivalente Aspekte – erfaßbar durch eine etwa gleich große Zahl von weißen und schwarzen Chips für ein bestimmtes Argument – sichtbar wurden.

Bezüglich der mit dieser Prozedur gewonnenen Ergebnisse sind vor allem drei Punkte erwähnenswert. Erstens ist auffällig, daß es im wesentlichen die eigene Persönlichkeit und die aktuelle Paarbeziehung sind, die als besonders relevante Bedingungsfaktoren der Elternschaft ins Gewicht fallen, wohingegen die Beziehung zur Herkunftsfamilie oder die berufliche Situation weniger bedeutsam sind. Zweitens gibt es einige Argumente, die zwischen den Gruppen mit unterschiedlicher Nähe bzw. Distanz zum Kinderwunsch sehr stark differenzieren. Wiederum sind es die Persönlichkeits- und Beziehungsaspekte, bei denen die Unterschiede am deutlichsten hervortreten. So fällt z. B. auf, daß die bewußt kinderlosen Paare hinsichtlich ihrer eigenen Persönlichkeit und Elternkompetenz, gleichermaßen aber auch bezüglich der Persönlichkeit ihres Partners und ihrer Paarbeziehung, ambivalent sind, während all diese Aspekte für die werdenden Eltern bei weitem auf der positiven Seite zu Buche schlagen. Drittens gibt es einige Argumente – sie betreffen insbesondere den Beruf und die allgemeine politische bzw. ökonomische Situation –, die von allen Gruppen als mehr oder weniger negative Einflußfaktoren auf den Kinderwunsch gesehen werden.

Die Tatsache, daß ein Großteil des Motivationspotentials für oder wider Elternschaft mit Persönlichkeits- und Beziehungsaspekten zu tun hat, legt nahe, daß man diesen Einflußfaktoren besondere Aufmerksamkeit schenken sollte. Damit soll nicht gesagt sein, daß finanzielle Gegebenheiten, die Wohnungssituation oder die berufliche Lage eine geringe Rolle in der Entscheidung für oder gegen Kinder spielen. Andere Daten unseres Projekts bestätigen vielmehr, daß diese Aspekte offenkundige und notwendige Voraussetzungen für die Realisierung von Kinderwünschen darstellen. Möglicherweise ist dies der Grund, warum diese Aspekte auf der subjektiven Ebene weniger deutlich hervortreten. Andererseits belegen unsere Ergebnisse aber auch, daß selbst wenn die materielle und die berufliche Situation keine wesentlichen Einschränkungen erkennen lassen, sie keine hinreichenden Gründe für eine Elternschaft abgeben. Vielmehr scheint es, daß auf der Basis einer ausreichenden ökonomischen Lage die persönlichen und beziehungspsychologischen Gegebenheiten von besonderer Bedeutung sind.

4 Bedingungen beim Übergang zur Zweikind-Familie

In Anknüpfung an die soeben berichteten Befunde haben wir ein besonderes Augenmerk auf die Persönlichkeits- und Beziehungsentwicklung junger Mütter und Väter gerichtet. Wir erwarteten, daß zum einen die Qualität der Paarbeziehung und zum anderen eine positive Beziehungspersönlichkeit – bestehend aus den Merkmalen Beziehungskompetenz, Einfühlungsvermögen und geringe Verletzbarkeit (vgl. Vierzigmann, 1995) – wichtige Voraussetzungen für die Entscheidung zu einem zweiten oder dritten Kind sind. Insgesamt ließ sich ein solcher Effekt nicht nachweisen. Bei einer für junge Mütter und Väter getrennt durchgeführten Analyse ergab sich jedoch ein interessanter Befund. Während wir für die jungen Mütter keinerlei signifikante Korrelationen zwischen Persönlichkeits- und Beziehungsvariablen einerseits und der Zahl der Kinder andererseits fanden, ergab sich für die jungen Väter eine deutlich andere Befundlage. Es stellte sich heraus, daß die Beziehungspersönlichkeit der jungen Väter und gleichermaßen die Entwicklung ihrer Ehebeziehung ein wichtiger Indikator für die Zahl und die zeitliche Realisierung einer Zweitvaterschaft ist.

Basierend auf einer Reihe von Indikatoren zur Ehebeziehung wie Merkmale des Paarklimas, der Paarkompetenz oder der sexuellen Zufriedenheit benutzten wir die Methode der latenten Klassenanalyse (vgl. Rost, 1990), um die gesamte Gruppe der Erstväter in drei Untergruppen mit positiver, mittlerer und negativer Beziehungsentwicklung zu unterteilen. Dabei muß daran erinnert werden, daß alle Erstväter ihren Übergang zur Erstelternschaft Anfang 1989 vollzogen hatten. 2 Jahre später waren nahezu 80 % aller Erstväter, die der Gruppe mit einer positiven Beziehungsentwicklung angehörten, zum zweiten Mal Vater geworden, während dies für keinen der Erstväter aus der Gruppe mit negativer Beziehungsentwicklung der Fall war. Die Gruppe mit einer durchschnittlichen Beziehungsentwicklung rangiert mit ca. 40 % Zweitvätern zwischen den beiden Extremgruppen. Ein weiteres Jahr später, d. h. im Jahre 1992, waren alle Väter aus der positiven Gruppe zum zweiten Mal Vater geworden, während dies bei der negativen Gruppe für 50 % und bei der mittleren Gruppe für 70 % der Erstväter zutraf. Nochmals 2 Jahre später hat sich die negative Gruppe auf etwas mehr als 60 % Zweitväter eingependelt und für die mittlere Gruppe sind um die 80 % an Zweitvätern zu verzeichnen.

Es soll nochmals daran erinnert werden, daß für die jungen Mütter, obwohl wir sehr ähnliche Untergruppen von positiver, mittlerer und negativer Beziehungsentwicklung finden konnten, keinerlei Beziehungen zur Zahl und zur zeitlichen Verwirklichung von Zweitgeburten bestehen. Von daher liegt die Schlußfolgerung nahe, daß es unter sonst gleichen Bedingungen besonders die Beziehungspersönlichkeit und die wahrgenommene Beziehungsentwicklung der jungen Väter sind, die einen Beitrag dazu leisten, daß junge Familien die Vergrößerung ihrer Familien vorantreiben. In der Tat legen diese Ergebnisse nahe, daß junge Väter einen größeren Anteil am Familienbildungsprozeß haben, als dies gewöhnlich unterstellt wird.

5   Das Kind als „Stressor" für die Ehebeziehung?

Dies ist eine keineswegs neue Frage. In der Tat hat sich eine Reihe von Studien – insbesondere solche, die in der Tradition des „Elternschaft-als-Krise"-Paradigmas stehen – mit dieser Thematik beschäftigt. Eine Vielzahl von Studien hat eine mehr oder minder markante Verringerung der ehelichen Beziehungsqualität im Gefolge des Übergangs zur Elternschaft dokumentiert (vgl. Brüderl, 1989; Cowan, Cowan, Herring & Miller, 1991;

Engfer, Gavranidou & Heinig, 1988; Glenn, 1990; Petzold, 1998). Für die von Brüderl (1989) als Folge der Elternschaft diagnostizierte „Erosion" der Paarbeziehung werden u. a. folgende Gründe genannt: eine verringerte und konfliktreichere Kommunikation zwischen den Partnern (vgl. Vincent, Cook & Brady, 1981), eine zuungunsten der jungen Mütter veränderte eheliche Machtbeziehung (vgl. Waldron & Routh, 1981), enttäuschte Erwartungen bezüglich der Aufgabenteilung zwischen den jungen Vätern und Müttern (vgl. Belsky, Ward & Rovine, 1986; Ruble, Fleming, Hackel & Stagner, 1988) oder erlebte Ungerechtigkeiten hinsichtlich der mit der Geburt des Kindes verbundenen Einschränkungen, die sich in Form von Ärger und Empörung Luft machen, was wiederum den Boden für gehäuftere und intensivere Konflikte zwischen den Partnern bereitet (vgl. Reichle, 1994). Was jedoch – von wenigen Studien abgesehen (vgl. z. B. Belsky, 1991; Cox, Paley & Payne, 1998) – kaum Beachtung gefunden hat, ist eine *differentielle Perspektive*, in der unterschiedliche Pfade der ehelichen Beziehungsentwicklung bei Paaren mit und ohne Kindern in den Blick genommen werden.

Im folgenden möchten wir auf einige Ergebnisse eingehen, die sich auf eine derartige differentielle Perspektive beziehen. Als Ausgangspunkt hierzu wählten wir unterschiedliche Muster des ehelichen Beziehungsklimas, bestehend aus drei Hauptdimensionen, nämlich Zusammenhalt, Aktivität und Kontrolle (vgl. Schneewind, 1993). Unter Verwendung der Methode der latenten Klassenanalyse konnten wir zwei unterschiedliche Muster des Paarklimas finden (vgl. Schneewind, Vierzigmann, Sierwald & Backmund, 1992). Das erste Muster ist gekennzeichnet durch ein relativ hohes Ausmaß an Zusammenhalt und Aktivität bei gleichzeitig geringer wechselseitiger Kontrolle. Das zweite Paarklimacluster zeigt eine genau gegensätzliche Skalenkonfiguration, d. h. niedriger Zusammenhalt und geringe Aktivität geht mit einem hohen Ausmaß an Kontrolle einher. Der Einfachheit halber sei im folgenden das erste Cluster als „positives Paarklima" und das zweite als „negatives Paarklima" bezeichnet.

Als nächstes bestimmten wir die Paarübereinstimmung zwischen Ehefrau und Ehemann bezüglich des wahrgenommenen Paarklimas über einen Zeitraum von 2 Jahren. Insgesamt wurden für diese Analyse drei Erhebungszeitpunkte herangezogen, wobei der erste ca. 3 Monate vor der Geburt des Kindes der werdenden Ersteltern lag und die beiden weiteren Messungen 1 bzw. 2 Jahre danach stattfanden. Auf diese Weise ließen sich drei Typen von stabilen Paarkonstellationen finden.

Der erste Typ von Paarkonstellationen ist dadurch gekennzeichnet, daß beide Ehepartner ein stabil positives Paarklima aufweisen. Der zweite Typ repräsentiert eine gemischte Paarkonstellation, d. h. entweder nimmt der Ehemann das Paarklima stabil positiv wahr und die Ehefrau durchgängig negativ oder umgekehrt. Der dritte Typ bezieht sich auf Paare, bei denen beide Partner ihr Paarklima negativ erleben. Darüber hinaus haben wir für die drei Erhebungszeitpunkte auch die Zahl der Paare mit und ohne Kindern für jeden Paarkonstellationstyp bestimmt. Dabei muß daran erinnert werden, daß die erste Erhebung sich auf einen Zeitpunkt bezieht, bei dem alle Paare noch kinderlos waren, wobei jedoch die Paare der Gruppe 1 ihr erstes Kind erwarteten.

Wir wenden uns nun einigen Indikatoren der Ehequalität und deren Entwicklung in Abhängigkeit von der ursprünglichen Paarklimakonstellation und vom Familienstatus zu. Als erstes betrachten wir die Ehezufriedenheit als eine wesentliche Bestimmungsvariable für das Konzept der Beziehungsqualität. Wir verwendeten hierzu eine deutsche Übersetzung der „Relationship Assessment Scale" von Hendrick (1988).

Betrachten wir zunächst die Ergebnisse für die Paare mit einer unterschiedlichen Wahrnehmung ihres Paarklimas. Nicht ganz unerwartet ergab sich für diese Gruppe eine deutliche Verringerung ihrer Ehezufriedenheit im Zeitverlauf. Noch wichtiger ist jedoch für unseren Zusammenhang das Ergebnis, daß keinerlei Unterschiede für die Paare mit und ohne Kind bestanden. Bezüglich der Paare mit konsistent positiven Paarklima stellte sich heraus, daß über die Zweijahresperiode hinweg so gut wie keine Veränderung in der ehelichen Zufriedenheit stattfand. Beide Paargruppen – sowohl mit als auch ohne Kind – verblieben auf einem sehr hohen Zufriedenheitsniveau. Dabei schnitten die jungen Eltern sogar etwas besser ab, obwohl der Unterschied statistisch nicht gesichert ist.

Für die Paare, die beide gleichermaßen ihr Paarklima eher negativ wahrnehmen, verwundert es zunächst nicht, daß sie ein deutlich niedrigeres Anfangsniveau ihrer ehelichen Zufriedenheit angaben. Auffällig ist jedoch, daß diese Paare – je nachdem, ob sie Eltern oder Nicht-Eltern sind – einen deutlich unterschiedlichen Verlauf ihrer ehelichen Zufriedenheit zu erkennen geben. Während das Absinken der Ehezufriedenheit bei den Nicht-Eltern eher moderat ausfällt, ergibt sich für die Untergruppe der Eltern ein spürbar stärker ausgeprägter Zufriedenheitsabfall. Die Ergebnisse sprechen somit recht eindeutig dafür, daß nur im Falle eines bereits vor der Geburt eines Kindes bestehenden negativen Paarklimas ein Kind zum „Stressor" im Sinne einer Beeinträchtigung des ehelichen Zufriedenheitsniveaus wird.

Im übrigen haben wir ähnliche Muster von differentieller Stabilität und Veränderung auch für andere Indikatoren der Qualität der Ehebeziehung gefunden. Ein weiteres Beispiel hierzu bezieht sich auf das Konzept der Paarkompetenz, das mit der wahrgenommenen Fähigkeit eines Paares, seine Probleme effektiv lösen zu können, zu tun hat (eine genauere Beschreibung der Paarkompetenzskala findet sich in Schneewind, Knopp, Schmidt-Rinke, Sierwald & Vierzigmann, 1989). Erneut zeigt sich, daß es lediglich für die Paare mit einem negativen Paarklima einen Unterschied macht, ob sie Eltern oder Nicht-Eltern sind, während sich für die anderen Paargruppen sehr ähnliche Entwicklungsverläufe für Eltern und Nicht-Eltern ergeben. Im übrigen stehen auch diese Ergebnisse im Einklang mit dem zuvor dargestellten Befund, da die Ankunft eines Kindes sich nur für die Paare mit übereinstimmend negativem Paarklima belastend auf ihre eheliche Problemlösefähigkeit auswirkt.

Nicht nur die Übereinstimmung bzw. Nichtübereinstimmung der jungen Paare hinsichtlich ihres eher positiv oder negativ erlebten Paarklimas scheint eine paarkonstellationsspezifische Differenzierung zwischen Eltern und Nichteltern zur Folge zu haben. Auch für die Qualität und Kompatibilität der Beziehungspersönlichkeit zeigt sich – gemessen mit Hilfe der bereits genannten Dimensionen „Beziehungskompetenz", „Einfühlungsvermögen" und „Verletzlichkeit" (vgl. Vierzigmann, 1995) – über einen Zeitraum von 5 Jahren ein markanter differentieller Einfluß auf die Entwicklung der ehelichen Zufriedenheit von Eltern und Nichteltern (vgl. Gerhard & Schneewind, 1998). Wir haben hierzu auf der Basis von Clusteranalysen drei Beziehungspersönlichkeitstypen gebildet, wobei der „positive" Typ durch eine hohes Maß an Beziehungskompetenz und Einfühlungsvermögen bei gleichzeitig gering ausgeprägter Verletzlichkeit gekenzeichnet ist. Der „negative" Typ zeichnet sich durch ein entgegengesetztes Skalenprofil aus, d. h. geringe Beziehungskompetenz, wenig Einfühlungsvermögen und hohe Verletzbarkeit. Der dritte Typ schließlich repräsentiert eine Zwischenkategorie mit einem weniger herausgehobenen Profil der Beziehungspersönlichkeit. Es zeigt sich, daß *auf der Individualebene* ca. 75 % der in unserer Studie untersuchten Personen über die acht Meßzeitpunkte im Fünf-Jahres-Längsschnitt stabil einem der drei Beziehungspersönlichkeitstypen zugeordnet werden konnten. Gruppiert man nun *auf der Paarebene* die Partner hinsichtlich ihrer Zugehörigkeit zu einem bestimmten Beziehungspersönlichkeitstyp, so lassen sich drei Paarkonfigurationen mit einer übereinstimmend „positiven", einer übereinstimmend „negativen" und einer gemischt „positiv-negativen" Beziehungspersönlichkeit (letztere ohne weitere Differenzierung nach dem Geschlecht) unterscheiden. Betrachtet man für diese drei Paarkonstellationen von Beziehungspersönlichkeit den Verlauf ihrer Ehezufriedenheit – wiederum erfaßt mit Hilfe der deutschen Version der „Relationship Assessment Scale" von Hendrick (1988) – zeigt sich nicht nur ein Anfangsunterschied bezüglich des Zufriedenheitsniveaus in der erwarteten Richtung, d. h. eine deutlich stärker ausgeprägte Ehezufriedenheit bei den Paaren mit übereinstimmend „positiver" Beziehungspersönlichkeit im Vergleich zu den Paaren mit kongruenter „negativer" Beziehungspersönlichkeit, während die „positiv-negative" Paarkonfiguration eine mittlere Position bezüglich der ehelichen Zufriedenheit einnimmt. Darüber hinaus ergibt sich im Verlauf der 5 Jahre aber auch eine zunehmende Spreizung der Ehezufriedenheitskennwerte, wobei die übereinstimmend „Positiven" im wesentlichen ihre Ausgangsposition halten können, die übereinstimmend „Negativen" über die Fünf-Jahres-Spanne deutlich absinken und die „Positiv-Negativen" mit einem merklichen Abwärtstrend erneut zwischen diesen beiden Gruppen liegen.

Was jedoch im Hinblick auf die Bedeutung von Eltern- bzw. Nichtelternschaft für die unterschiedlichen Paarkonfigurationen von Beziehungspersönlichkeit noch deutlicher ins Auge springt, ist der Befund, daß sich für die Gruppe der „Positiven" und der „Positiv-Negativen" keine statistisch sicherbaren Unterschiede zwischen Eltern und Nichteltern finden lassen. Einzig für die Gruppe der „Negativen" ergibt sich auf der Basis eines für diese Paarkonstellation ohnehin spürbaren Zufriedenheitsabfalls ein im Vergleich zu den Nichteltern nochmals drastisch gesunkenes Ehezufriedenheitsniveau für diejenigen Paare, die den Übergang zur Elternschaft realisiert hatten. Erneut zeigt sich somit ein deutlicher typologisch-differentieller Effekt bezüglich der Frage, unter welchen Bedingungen ein Kind zum „Stressor" für die Paarbeziehung wird. Wenn man davon ausgeht, daß Paare mit einer stabil und übereinstimmend „negativen" Beziehungspersönlichkeit über weniger entwickelte Kompetenzen im Sinne von angemessenen Sprecher- und Zuhörerfertigkeiten und insbesondere konstruktiven Problem- und Konfliktlösungsstrategien verfügen, ist es nachvollziehbar, daß durch die Belastungen des Übergangs zur Elternschaft und die nachfolgenden Herausforderungen bezüglich der gemeinsamen Betreuung und Erziehung von Kindern gerade die Partner mit einer beiderseits „negativen" Beziehungspersönlichkeit mehr und mehr Unzufriedenheit in ihrer Paarbeziehung entwickeln. Auf der anderen Seite zeigen unsere Befunde aber auch, daß der „Kind-als-Stressor"-Effekt nicht zum Tragen kommt, wenn zumindest einer der beiden Partner eine „positive" Beziehungspersönlichkeit in die Paarbeziehung einbringen kann. Es ist dies ein Befund, der – allerdings auf der Basis eines bindungstheoretisch fundierten Ansatzes – u. a. auch von Cox, Paley und Payne (1998) berichtet wird.

Welche Schlußfolgerungen können aus diesen Ergebnissen gezogen werden? Als erstes legen unsere Daten nahe, daß die Geburt eines Kindes nicht per se als „Stressor" für alle Paare wirkt. Vielmehr hängt es nach unseren Analysen deutlich vom Ausgangsniveau des Paarklimas bzw. der Beziehungspersönlichkeit ab, ob die Ankunft eines Kindes und die damit verbundenen Aufgaben und Verpflichtungen sich abträglich auf verschiedene Aspekte der Ehequalität auswirken. Insofern stellen diese Befunde einen klaren Beleg für die Bedeutung einer differentiellen Herangehensweise zur Analyse der frühen Familienentwicklung dar. Zweitens liegt es, wenn diese Schlußfolgerung zutreffend ist, nahe, Schritte zur Verbesserung der Qualität der Ehebeziehung in die Wege zu leiten, *bevor* die Paare in die Phase der Familienbildung eintreten. Dies ist ein gutes Beispiel für die Bedeutung nicht-interventiver prospektiver Längsschnittstudien als Basis für die Entwicklung interventiver – oder genauer: präventiver – Ansätze (vgl. Cowan & Cowan, 1995, 1998). Wir verweisen in diesem Zusammenhang auf ein von uns entwickeltes Präventionsprogramm zur Frage „Kinder ja oder nein?", das neben einer Reihe anderer Segmente auch ein Modul zu den erwartbaren Veränderungen der Ehebeziehung nach der Geburt eines Kindes und zu spezifischen Beziehungsfertigkeiten im Umgang mit diesen Veränderungen enthält (eine detaillierte Beschreibung und Evaluation dieses Programms findet sich in Schneewind, 1991, sowie Schneewind & Gehring, 1993).

6 Zur Vereinbarkeit von Beruf und Familie im Leben junger Eltern

Hierzu sollen im folgenden schlaglichtartig die wichtigsten Befunde wiedergegeben werden, so wie sie sich aus der Sichtweise junger Mütter und Väter darstellen:

1. Lediglich bei den jungen Müttern läßt sich eine merkliche Verringerung ihrer Arbeitszeit oder ein zeitweiliges Ausscheiden aus ihrem Beruf feststellen. Im Kontrast dazu bleibt die Zeit, die junge Väter ihrem Beruf widmen, vor und nach dem Übergang zur Elternschaft nahezu unverändert.
2. Frauen, die im allgemeinen einen positiven Kinderwunsch haben, zugleich aber zu einer Verschiebung der Realisierung ihres Kinderwunsches tendieren, zeigen kurz vor ihrer Schwangerschaft eine besonders starke Bindung an ihren Beruf. Darüber hinaus berichten sie über eine ausgeprägte intrinsische Berufsmotivation, was in Merkmalen wie Freude und Interesse am Beruf zum Ausdruck kommt. Hingegen geben die Männer, insbesondere junge Väter, eine stärker extrinsische Berufsmotivation zu erkennen, wie sie sich etwa in der wahrgenommenen Notwendigkeit zum Geldverdienen niederschlägt.
3. Die Bindung an den Beruf, aber auch die berufliche Belastung haben sich während des Untersuchungszeitraums deutlich erhöht. Dies trifft vor allem – unabhängig von ihrem familiären Status – für die Männer sowie für die kinderlosen Frauen zu.
4. Ein besonders interessanter Befund zeigt sich im Hinblick auf die Berufs- und Kar-

rieresituation der Männer. Je größer die Bedeutung war, die junge Ehemänner zu Beginn der Studie im Jahre 1989 ihrem Beruf beimaßen, desto eher gehörten sie zur Gruppe derer, die im Jahre 1994 fünfzig oder mehr Stunden in der Woche arbeiteten. Darüber hinaus fanden sich bei den Männern mit einer – gemessen an der Zahl der wöchentlichen Arbeitsstunden – hohen Arbeitsbelastung lediglich 45 % Väter. Im Gegensatz dazu bestand die Gruppe der Männer mit einer durchschnittlichen Wochenarbeitszeit von 40 Stunden, was für Deutschland eine „normale" Situation darstellt, zu mehr als 80 % aus Vätern. Darüber hinaus schreiben sich die Männer mit höherer Wochenarbeitszeit eine stärkere intrinsische Berufsmotivation zu, wohingegen diejenigen mit einer geringeren Arbeitszeit eine eher extrinsische Berufsmotivation angeben.

Zusammenfassend können wir festhalten, daß eine zunehmende Bedeutung von Arbeit und Bindung an den Beruf, verbunden mit intrinsisch motivierenden Berufsbedingungen, es insbesondere für junge Ehemänner weniger wahrscheinlich machen, daß sie die Option Vaterschaft ernsthaft ins Auge fassen. Dabei ist daran zu erinnern, daß dieses Ergebnis im Kontrast zu dem oben dargestellten Befund steht, wonach eine positive Beziehungspersönlichkeit junger Ehemänner und die wahrgenommene hohe Qualität ihrer Ehebeziehung zu einer häufigeren und früheren Vaterschaft beiträgt.

7 Formen der Kinderbetreuung junger Eltern

Insbesondere im Hinblick auf die mehr oder minder gravierenden Vereinbarkeitsprobleme von Familie und Beruf stellt sich auch die Frage nach den Formen der Kinderbetreuung – und zwar sowohl hinsichtlich inner- und auch außerfamiliärer Betreuungsarrangements. Einige zentrale Ergebnisse aus unserer Studie sind im folgenden dargestellt:

1. Zumindest für unsere Stichprobe gilt, daß nahezu alle Eltern ihre Kinder ausschließlich selbst betreuen. Dies trifft insbesondere für Familien mit jungen Kindern bis zum Alter von 3 Jahren zu. Wenn das Kind 3 Jahre oder älter ist, qualifizieren sich Kindergarten und Großeltern – oder eine Kombination von beiden – als die häufigsten Formen der zusätzlichen Kinderbetreuung.
2. Was die Einstellung zur außerfamiliären Kinderbetreuung angeht, so hängt diese sehr deutlich vom Alter des Kindes ab. Zum achten Meßzeitpunkt (1994) fragten wir die Eltern unserer Stichprobe, ob sie ihr Kind einer Kinderkrippe oder einem Kindergarten, einer Tagesmutter oder Familienangehörigen entweder „unregelmäßig", „in begrenztem Ausmaß" oder „ohne Zögern" anvertrauen würden. Die Ergebnisse zeigen sehr überzeugend, daß die Eltern wenig gewillt sind, Aufgaben der Kinderbetreuung an außerfamiliäre Institutionen zu übertragen, insbesondere wenn das Kind noch sehr klein ist. Dabei ist jedoch zu bedenken, daß die Situation in den neuen Ländern, wo vor der Wiedervereinigung Kinderkrippen eine weitverbreitete Institution waren, sich vermutlich sehr unterschiedlich darstellt. Andererseits avan-

ciert der Kindergarten zu einer im hohen Maße akzeptierten Form der ergänzenden Kinderbetreuung, sobald das Kind ein Alter von 3 Jahren erreicht hat. Darüber hinaus ist erwähnenswert, daß die meisten Eltern sehr sensibel sind hinsichtlich der Qualität der außerfamiliären Kinderbetreuung, wie sie sich in einer Reihe von Dimensionen wie etwa der Qualität der sozio-emotionalen Beziehungen, den Anregungsbedingungen für die kindliche Entwicklung oder in flexiblen Zeitregelungen niederschlägt.

3. Bezüglich der innerfamiliären Kinderbetreuung finden wir einen sehr klaren Trend in Richtung auf eine Traditionalisierung der Familienrollen, d. h. die Mütter übernehmen – zumindest während der Woche – den größten, wenn nicht den gesamten Teil der Kinderbetreuung, wohingegen die Väter in dieser Hinsicht weitgehend unbeteiligt bleiben. Um es genauer zu sagen: im Schnitt sind die Mütter für 85 % der Aktivitäten im Zusammenhang mit der Kinderbetreuung verantwortlich und bei einem Drittel sind es sogar 100 %.
Für Zweikindfamilien ist der Traditionalisierungseffekt sogar noch stärker ausgeprägt. Während in Einkindfamilien 80 % der Kinderbetreuungsaufgaben von den Müttern übernommen werden, erhöht sich diese Zahl für die Zweikindmütter auf 87 %. Die Situation stellt sich etwas ausgeglichener dar, wenn die Mütter zwanzig oder mehr Stunden pro Woche arbeiten. Dann verringert sich ihr Anteil an den Kinderbetreuungsaufgaben auf 70 %.

Diese Zahlen geben die Situation wieder, wie sie von beiden Eltern als real wahrgenommen wurde. Darüber hinaus fragten wir die jungen Eltern auch, wie in ihrer Sicht eine ideale Situation der Kinderbetreuung und -erziehung aussehen sollte. In diesem Fall näherten sich die entsprechenden Zahlen in etwa einer ausgeglichenen Aufteilung der Aufgaben zwischen den Ehepartnern mit je 50 %, wobei sich in Abhängigkeit von der beruflichen Einbindung der Eltern unterschiedliche Aufteilungen ergaben.
Darüber hinaus haben wir durch Subtraktion der Einschätzungen der realen von der idealen Betreuungssituation Differenzwerte gebildet und damit die Hypothese verbunden, daß hohe Differenzwerte ein guter Indikator für eine allgemeine Unzufriedenheit mit der innerfamiliären Kinderbetreuung sein müßten. Zu unserer Überraschung stellte sich heraus, daß dies nicht der Fall ist. Es ließen sich auch keine substantiellen Korrelationen zwischen diesen Differenzwerten und der ehelichen Zufriedenheit feststellen. Es hat somit den Anschein, daß der festgestellte Traditionalisierungseffekt offenkundig als eine „natürliche" Begleiterscheinung des Übergangs zur Elternschaft angesehen wird, was vermutlich mit der besonderen Rolle der jungen Väter als „Brotverdiener" der Familie zu tun hat. Auf jeden Fall scheinen die Unterschiede zwischen der tatsächlichen und bevorzugten Form der innerfamiliären Kinderbetreuung keine abträglichen Effekte auf die Paarbeziehung zu haben. In dieser Hinsicht erwiesen sich bestimmte Aspekte des Elternverhaltens wie z. B. Unterschiede im Erziehungsverhalten, Mangel an elterlicher Solidarität oder besondere Eltern-Kind-Koalitionen, die mehr oder minder subtil den jeweils anderen Elternteil aus der Interaktionsgemeinschaft ausschließen, als wesentlich stärkere Korrelate der ehelichen Unzufriedenheit.

Statt den zuletzt genannten Punkt weiter zu verfolgen, möchten wir noch einmal auf das Thema der außerfamiliären Kinderbetreuung zurückkommen. Wie bereits berichtet, avanciert der Kindergarten zu der besonders bevorzugten Einrichtung einer ergänzenden außerfamiliären Kinderbetreuung, wenn das Kind ein Alter von 3 Jahren erreicht hat. Dies ist der Zeitpunkt, zu dem eine große Zahl junger Mütter, die sich bislang in großem Maße oder gar ausschließlich selbst um das Kind gekümmert hatten, gern in den Beruf zurückkehren möchte. Bevorzugt wird dabei eine interessante und gut bezahlte Teilzeitarbeit, die es den jungen Müttern erlaubt, genügend Zeit mit ihren Kindern zu verbringen, wenn diese aus dem Kindergarten zurück sind. Obwohl dies in der Sicht vieler junger Mütter eine ideale Lösung des Problems der Vereinbarkeit von Familie und Beruf wäre, ist sie für einen großen Teil von ihnen nicht realisierbar. Hierfür sind vor allem zwei Gründe verantwortlich: zum einen gibt es nicht genügend Kindergartenplätze und zum anderen fehlt es an attraktiven Teilzeitarbeitsplätzen. Wir kommen auf diesen Punkt noch einmal zurück, wenden uns aber zunächst dem letzten Thema dieses Beitrags zu.

8 Minimale Erfordernisse zur Unterstützung junger Familien

Angesichts der Tatsache, daß das Pro-Kopf-Einkommen von Familien im Vergleich zu Einverdiener-Paaren ohne Kinder und mehr noch im Vergleich zu kinderlosen Zweiverdiener-Paaren abnimmt (vgl. Bundesministerium für Familie und Senioren, 1994; Schnabel, 1987), verwundert es nicht, daß eine große Zahl junger Familien auf eine angemessene finanzielle und materielle Unterstützung besonderen Wert legt. Wir haben hierzu unsere jungen Paare gefragt, was sie als minimale Voraussetzungen für eine adäquate finanzielle Unterstützung junger Familien ansehen. Dabei ergeben sich auf der Basis von 260 Einzelnennungen – bezogen auf das Jahr 1994 – die folgenden durchschnittlichen Minimalforderungen: (1) Das monatliche Kindergeld sollte pro Kind DM 200,- betragen; (2) der steuerlich geltend zu machende Kinderfreibetrag sollte sich pro Jahr und Kind auf DM 7.300,- belaufen; (3) als Erziehungsgeld sollte für die ersten 3 Jahre nach der Geburt eines Kindes ein monatlicher Betrag von DM 700,- gewährt werden; (4) die Anrechnung der Erziehungszeit in der Rentenversicherung sollte 6 Jahre umfassen.

Wenn auch die meisten oder gar alle Familienpolitiker vermutlich nur zwei Worte für diesen Forderungskatalog übrig haben, nämlich „utopisch" und „unfinanzierbar", sollte trotz der gegenwärtig angespannten Situation des Staatshaushalts berücksichtigt werden, daß es sich bei den Angaben der jungen Familien ausdrücklich um Minimalforderungen handelt. Somit spiegeln diese Zahlen wider, daß es eine angespannte Finanzlage nicht nur in der Staatskasse sondern auch in den Budgets junger Familien gibt.

Freilich ist es nicht nur mehr Geld, was viele junge Familien dringlich benötigen. Sie haben darüber hinaus auch eine Reihe von Ideen dazu, wie z. B. eine bessere Vereinbarkeit von Familie und Beruf erreicht werden kann. Vier dieser Ideen seien im folgenden genannt:

1. Bessere arbeitsbezogene Bedingungen, insbesondere mehr attraktive Teilzeitarbeitsplätze für junge Mütter. Interessanterweise sind es vor allem Teilzeitarbeitsplätze für Mütter, nicht aber für Väter, die auf der Wunschliste besonders weit oben stehen. Dies deutet auf ein anderes Problem hin, das im wesentlichen ein Mentalitätsproblem ist. Die Ergebnisse unserer Studie zeigen nämlich, daß junge Väter im Gegensatz zu ihren Frauen immer noch nicht darauf eingestellt sind, Teilzeitarbeitsplätze zu übernehmen, selbst wenn diese gut bezahlt sind und ihren Karrierevorstellungen nicht im Wege stehen.
2. Ein größeres Angebot an außerfamiliären Kinderbetreuungseinrichtungen, insbesondere Kinderkrippen, Kindergärten und Möglichkeiten einer betrieblich organisierten Kinderbetreuung.
3. Größere Flexibilität bezüglich der Inanspruchnahme von Erziehungsurlaub und Erziehungsgeld, z. B. wenn es darum geht, die Aufteilung der Kinderbetreuung zwischen den jungen Müttern und Vätern auf die spezifische individuelle Situation der Familien abzustimmen.
4. Verringerung oder besser noch Auflösung von mehr oder weniger subtilen gesellschaftlichen Vorurteilen gegenüber Müttern, die – obwohl sie Kinder haben – weiterhin berufstätig sind, und gegenüber Vätern, die ihre Arbeitszeit reduzieren oder ihre Berufstätigkeit zeitweilig aufgeben, um sich mehr ihren Kindern widmen zu können.

Faßt man all diese Punkte zusammen, so wird deutlich, daß es in der Sicht junger Eltern noch einen erheblichen familienpolitischen Handlungsbedarf zugunsten junger Familien gibt.

9 Schlußfolgerungen

Abschließend möchten wir auf einige Konsequenzen hinweisen, die unserer Meinung nach aus den dargestellten Ergebnissen der Studie gezogen werden können. Wir tun dies mit einem besonderen Blick auf das Handlungsfeld der Familienpolitik.

Obwohl ein Großteil der dargestellten Befunde von einer psychologischen, insbesondere beziehungspsychologischen, Perspektive gewonnen wurde, ist uns der Hinweis wichtig, daß finanzielle Aspekte für junge Paare von vitaler Bedeutung sind, wenn sie die Gründung einer Familie in Erwägung ziehen. Hält man sich vor Augen, daß etwa 20 % der tatsächlichen Kinderkosten durch staatliche Transferzahlungen abgedeckt sind, dann wird die relative ökonomische Deprivation junger Familien im Vergleich zu kinderlosen Paaren besonders deutlich. Dabei sollten auch die sogenannten Opportunitätskosten nicht vergessen werden, die vor allem durch die Nichtbeteiligung der Mütter am Arbeitsleben zustande kommen und – wie Ökonomen festgestellt haben – bis zum 18. Lebensjahr von Kindern immerhin einen durchschnittlichen Einkommensverlust von ca. DM 800.000,– ausmachen (vgl. Lampert, 1989). Mit dieser respektablen Summe könnte im übrigen bequem ein geräumiges Familieneigenheim finanziert werden. In jedem Fall ist eine solide finanzielle und auch berufliche Basis – so zeigen die Ergebnisse unserer

Studie – eine unverzichtbare Voraussetzung, um die Aufgaben und Herausforderungen der Familienbildung in Angriff zu nehmen. Allerdings ist dies nur die eine Seite der Medaille.

Die andere Seite hat etwas mit der Persönlichkeit der Partner und insbesondere mit der Qualität der Beziehung zwischen den Partnern zu tun. Aufgrund einschlägiger Befunde der Grundlagenforschung und ihrer Übertragung auf angewandte Präventionsstudien wissen wir inzwischen, daß sich die Qualität von Beziehungen verändern läßt – und zwar vor allem über das Vehikel angemessener Kommunikations- und Beziehungsfertigkeiten (vgl. Hahlweg, Baucom, Bastine & Markman, 1998; Schneewind & Graf, in Druck; v. Widenfelt, Markman, Guerney, Behrens & Hosman, 1997). Eine Stärkung von Beziehungsfertigkeiten wie z. B. aktives Zuhören oder die Fähigkeit, über sich selbst zu sprechen und Konflikte konstruktiv regeln zu können, sollte vor allem eine differentielle Perspektive auf der individuellen, Paar- und Familienebene berücksichtigen. Darüber hinaus sollten auch die im bisherigen Lebenslauf erworbenen Beziehungserfahrungen mit einbezogen werden. Aus vielen Gründen scheint der beste strategische Ansatzpunkt zur Stärkung von Beziehungskompetenzen die Paarbeziehung zu sein. Später können und sollten spezifische Aspekte von Beziehungsfertigkeiten, die sich in unterschiedlichen Phasen der Eltern-Kind-Beziehungen im individuellen und familiären Lebenszyklus ergeben, hinzugefügt werden (vgl. Schneewind, 1995).

Die Psychologie verfügt nicht nur über das know-how, sondern auch über wissenschaftlich abgesicherte Technologien, um die Beziehungskompetenzen junger Paare zu optimieren. Sofern dies gelingt, werden sie dazu befähigt, sich effektiver mit zukünftigen schwierigen Ereignissen und Übergängen in ihrem Leben auseinanderzusetzen. Was in Deutschland jedoch fehlt, ist eine auf breiter Basis angelegte Sensibilisierung für dieses Beziehungswissen und ein daran anknüpfendes breitflächiges Angebot, dieses Wissen in entsprechendes Handeln umzusetzen. Wir halten dies für eine wichtige und erfolgversprechende Herausforderung für die Familienpolitik.

10 Literatur

Belsky, J. (1984). The determinants of parenting: A process model. *Child Development, 55*, 83-96.

Belsky, J. (1991). Ehe, Elternschaft und kindliche Entwicklung. In A. Engfer, B. Minsel & S. Walper (Hrsg.), *Zeit für Kinder! Kinder in Familie und Gesellschaft* (S. 134 - 159). Weinheim: Beltz.

Belsky, J., Gilstrap, B. & Rovine, M. (1984). The Pennsylvania Infant and Family Development Project: I. Stability and change in mother-infant and father-infant interaction in a family setting at one, three and nine months. *Child Development, 55*, 692-705.

Belsky, J., Ward, M. J. & Rovine, M. (1986). Prenatal expectations, postnatal experiences, and the transition to parenthood. In R. Ashmore & D. Brodzinsky (Eds.), *Perspectives on the family* (pp. 119-145). Hillsdale: Erlbaum.

Brüderl, L. (1989). *Entwicklungspsychologische Analyse des Übergangs zur Erst- und Zweitelternschaft*. Regensburg: Roderer.

Bundesministerium für Familie und Senioren. (Hrsg.). (1994). *Familien und Familienpolitik im geeinten Deutschland – Zukunft des Humanvermögens. Fünfter Familienbericht*. Bonn: Universitäts-Druckerei.

Carter, B. & McGoldrick, M. (Eds.). (1988). *The changing family life cycle: A framework for family therapy* (2nd ed.). New York: Gardner Press.

Cowan, C. P. & Cowan, P. A. (1994). *Wenn Paare Eltern werden. Der große Umbruch im Leben des Paares*. München: Piper.

Cowan, C. P. & Cowan, P. A. (1995). Interventions to ease the transition to parenthood: Why they are needed and what they can do. *Family Relations, 44*, 412-423.

Cowan, C. P., Cowan, P. A., Herring, G. & Miller, N. B. (1991). Becoming a family: Marriage, parenting, and child development. In P. A. Cowan & E. M. Hetherington (Eds.), *Family transitions* (pp. 79-109). Hillsdale: Erlbaum.

Cowan, P. A. & Cowan, C. P. (1990). Becoming a family: Research and intervention. In I. Sigel & G. Brody (Eds.), *Family reseach* (Vol. 1, pp. 1-51). Hillsdale: Erlbaum.

Cowan, P. A. & Cowan, C. P. (1998). New families: Modern couples as new pioneers. In M. A. Mason, A. Skolnick & S. D. Sugarman (Eds.), *All our families. New policies for a new century* (pp. 169-192). New York: Oxford University Press.

Cox, M., Paley, B. & C. C. Payne (1998). Der Übergang zur Elternschaft: Risiken und Schutzfaktoren bei Eheproblemen. In K. Hahlweg, D. H. Baucom, R. Bastine & H. J. Markman (Hrsg.), *Prävention von Trennung und Scheidung. Internationale Ansätze ztur Prädiktion und Prävention von Beziehungsstörungen* (Schriftenreihe des Bundesministeriums für Familie, Senioren, Frauen und Jugend, Band 151, S. 133-146). Stuttgart: Kohlhammer.

Dorbritz, J. (1996). Daten zur aktuellen demographischen Entwicklung. *BiB-Mitteilungen, 17(1)*, 8-10.

Engfer, A., Gavranidou, M. & Heinig, L. (1988). Veränderung in Ehe und Partnerschaft nach der Geburt von Kindern. Ergebnisse einer Längsschnittstudie. *Verhaltensmodifikation und Verhaltensmedizin, 9*, 297-311.

Engstler, H. (1998). *Die Familie im Spiegel der amtlichen Statistik*. Brühl: Chudeck Druck Service.

Gerhard, A. - K. & Schneewind, K. A. (1998). Entwicklung von Beziehungspersönlichkeit und Ehezufriedenheit im Verlauf der ersten Ehejahre. In K. A. Schneewind, A. - K. Gerhard, J. Graf, J. Kruse, M. Schmidt, S. Walper & J. Weiß (Hrsg.), *1. Münchner Tagung für Familienpsychologie. Abstractband* (S. 41). Bruchsal - Chicago: IT Press Verlag.

Glenn, N. D. (1990). Quantitative research on marital quality in the 1980s: A critical review. *Journal of Marriage and the Family, 52*, 818-831.

Hahlweg, K., Baucom, D. H., Bastine, R. & Markman, H. J. (Hrsg.). (1998). *Prävention von Trennung und Scheidung – Internationale Ansätze zur Prädiktion und Prävention von Beziehungsstörungen* (Schriftenreihe des Bundesministeriums für Familie, Senioren, Frauen und Jugend, Band 151). Stuttgart: Kohlhammer.

Hendrick, S. S. (1988). A generic measure of relationship satisfaction. *Journal of Marriage and the Family, 50*, 93-98.

Lampert, H. (1989). Familie heute – sozialökonomische Analyse ihrer Lebenslage. In M. Wingen (Hrsg.), *Familie im Wandel - Situation, Bewertung, Schlußfolgerungen* (S. 92-120). Bad Honnef: Eigenverlag des Katholisch-Sozialen Instituts.

Petzold, M. (1998). *Paare werden Eltern* (2. Aufl.). St. Augustin: Gardez!-Verlag.

Reichle, B. (1994). *Die Geburt des ersten Kindes - eine Herausforderung für die Partnerschaft*. Bielefeld: Kleine.

Rost, J. (1990). *LACORD. Latent class analysis for ordinal variables. A FORTRAN program*. Kiel: Institut für die Pädagogik der Naturwissenschaften.

Ruble, D. N., Fleming, A. S., Hackel, L. S. & Stangor, C. (1988). Changes in the marital relationship during the transition to first time motherhood: Effects of violated expectations concerning division of household labor. *Journal of Personality and Social Psychology, 55*, 78-87.

Schnabel, T. (1987). *Familienlastenausgleich – Anspruch und Wirklichkeit seit 100 Jahren*. Neuwied: Strüder.

Schneewind, K. A. (1991). *Familienpsychologie*. Stuttgart: Kohlhammer.

Schneewind, K. A. (1993). Paarklima - die „Persönlichkeit" von Partnerschaften. In H. Mandl, M. Dreher & H. - J. Kornadt (Hrsg.), *Entwicklung und Denken im kulturellen Kontext* (S. 145-161). Göttingen: Hogrefe.

Schneewind, K. A. (1995). Kinder und Jugendliche im Kontext der Familie: Strategien für eine entwicklungsförderliche Erziehung. In W. Edelstein (Hrsg.), *Entwicklungskrisen kompetent meistern* (S. 43-51). Heidelberg: Asanger.

Schneewind, K. A. (1998). Kinderwunsch und Konsequenzen der Elternschaft: eine fünfjährige Längsschnittstudie. In K. Hahlweg, D. H. Baucom, R. Bastine & H. J. Markman (Hrsg.), *Prävention von Trennung und Scheidung - Internationale Ansätze zur Prädiktion und Prävention von Beziehungsstörungen* (Schriftenreihe des Bundesministeriums für Familie, Senioren, Frauen und Jugend, Band 151, S. 105-132). Stuttgart: Kohlhammer.

Schneewind, K. A. & Gehring, N. (1993). Entwicklung und Evaluation eines Präventionsprogramms zur Entscheidungsfindung „Kinder Ja oder Nein?". Unveröffentlichter Forschungsbericht. München: Universität, Institut für Psychologie, Institutsbereich Persönlichkeitspsychologie und Psychodiagnostik.

Schneewind, K. A., Knopp, V., Schmidt-Rinke, M., Sierwald, W. & Vierzigmann, G. (1989). *Optionen der Lebensgestaltung junger Ehen und Kinderwunsch. Materialband. Teil II: Psychologische Teilstudie.* Unveröffentlichter Forschungsbericht. München: Universität, Institut für Psychologie, Institutsbereich Persönlichkeitspsychologie und Psychodiagnostik.

Schneewind, K. A., Vaskovics, L. A., Backmund, V., Buba, H.-P., Schneider, N., Sierwald, W. & Vierzigmann, G. (1992). *Optionen der Lebensgestaltung junger Ehen und Kinderwunsch* (Schriftenreihe des Bundesministeriums für Familie und Senioren, Band 9). Stuttgart: Kohlhammer.

Schneewind, K. A., Vaskovics, L. A., Backmund, V., Gotzler, P., Rost, H., Salih, A., Sierwald, W. & Vierzigmann, G. (1994). *Optionen der Lebensgestaltung junger Ehen und Kinderwunsch. Zweiter Projektbericht* (Schriftenreihe des Bundesministeriums für Familie und Senioren, Band 9.1). Stuttgart: Kohlhammer.

Schneewind, K. A., Vaskovics, L. A., Gotzler, P., Hofmann, B., Rost, H., Schlehlein, B., Sierwald, W. & Weiß, J. (1997). *Optionen der Lebensgestaltung junger Ehen und Kinderwunsch. Endbericht* (Schriftenreihe des Bundesministeriums für Familie, Senioren, Frauen und Jugend. Band 128.1). Stuttgart: Kohlhammer.

Schneewind, K. A., Vierzigmann, G., Sierwald, W. & Backmund, V. (1992). *Entwicklungsverläufe junger Ehepaare mit und ohne Kind.* Forschungsberichte aus dem Institutsbereich Persönlichkeitspsychologie und Psychodiagnostik. Bericht 1/1992. München: Universität, Institut für Psychologie, Institutsbereich Persönlichkeitspsychologie und Psychodiagnostik.

Schneewind, K. A. & Graf, J. (in Druck). Beziehungstraining – Wissen und Handeln im Kontext von Partnerschaft und Familie. In H. Mandl & J. Gerstenmaier (Hrsg.), *Die Kluft zwischen Wissen und Handeln: empirische und theoretische Lösungsansätze.* Göttingen: Hogrefe.

Vierzigmann, G. (1995). Entwicklung von Skalen zur Erfassung individueller Beziehungskompetenzen (SEBE). *Zeitschrift für Differentielle und Diagnostische Psychologie, 16,* 103-112.

Widenfelt, B. v., Markman, H. J., Guerney, B., Behrens, B. C. & Hosman, C. (1997). Prevention of relationship problems. In K. Halford & H. J. Markman (Eds.), *Clinical handbook of marriage and couples intervention* (pp. 651-675). Chichester: Wiley.

Vincent, J. P., Cook, N. I. & Brady, L. O. (1981). The transition to parenthood: Integration of a developmental and social learning perspective. In J. P. Vincent (Ed.), *Advances in family intervention, assessment, and theory* (Vol. 2, pp. 26-45). Greenwich: JAI Press.

Waldron, H. & Routh, D. K. (1981). The effect of the first child on the marital relationship. *Journal of Marriage and the Family, 43,* 785-788.

Partnerschaftsentwicklung als Funktion von
Bewältigungskognitionen, -emotionen und -aktionen

Veränderungen der Paarbeziehungsqualität vor und während der Schwangerschaft sowie nach der Geburt des ersten Kindes

Christiane Bleich

1 Einleitung

Erstelternschaft als „Geburt der Eltern" (Schülein, 1987) wurde aufgrund der Bedeutung dieses Lebensabschnittes von verschiedenen Disziplinen zum Forschungsgegenstand erhoben: Insbesondere die Soziologie, die Entwicklungspsychologie, die Medizin und die Bevölkerungswissenschaften beschäftigten sich mit diesem Thema. Der Fokus der bisherigen Forschung lag jedoch eher auf dem Einfluß der Eltern auf die kindliche Entwicklung. In frühen Studien, die sich explizit mit den Auswirkungen des Übergangs zur Erstelternschaft auf die Eltern beschäftigten, wurde diese Transition vielfach als „Krise" verstanden (Dyer, 1963; Hill, 1949; LeMasters, 1957), welche von einer Mehrzahl der Betroffenen als große Belastung eingeschätzt wurde, da sie mit Schlafmangel, Erschöpfung, Einschränkung sozialer Aktivitäten, ökonomischem Druck, Rollenunsicherheit etc. verbunden sei. Dieser Auffassung wurde später von mehreren Autoren widersprochen (Hobbs, 1965, 1968; Hobbs & Wimbish, 1977; Russell, 1974), die in ihren Studien anhand von „Schwierigkeits"-Checklisten nur bei einer Minderheit der untersuchten Paare Hinweise auf eine größere Belastung fanden.

Während ältere Arbeiten sich auf den Übergang zur Erstelternschaft als Krise konzentrieren, setzen neuere Studien Schwerpunkte in den Bereichen „Veränderungen in Rollen- und Aufgabenverteilungen", „Veränderungen in sozialen Netzwerken" oder „Auswirkungen auf die eheliche Zufriedenheit". Ergebnisse dieser neueren Studien lassen sich dahingehend zusammenfassen, daß die Geburt des Kindes in der Hauptsache zu einer Traditionalisierung in den Rollen- und Arbeitsteilungen (z. B. Belsky, Rovine & Fish, 1989; Cowan et al., 1985; Petzold, 1987, 1990, 1991a, 1991b), zu verstärktem Kontakt mit Paaren mit Kindern sowie Mitgliedern der Herkunftsfamilien (z. B. Bauer, 1992; Belsky, Spanier & Rovine, 1983; Reichle, 1994a) und, in der Mehrheit der Arbeiten, zu einem Absinken der ehelichen Zufriedenheit und der Paarbeziehungsqualität (z. B. Belsky, Rovine & Fish, 1989; Herff, 1990; Tomlinson, 1987) führt. Weiterhin zeigen verschiedenste Studien eine stärkere Belastung der Frauen im Vergleich zu den Männern (z. B. Belsky & Rovine, 1990; Miller & Sollie, 1980; Waldron & Routh, 1981). Es muß jedoch betont werden, daß in der großen Mehrzahl der Untersuchungen Baseline-Messungen fehlen, keine Kontrollgruppen einbezogen wurden und die meisten Studien sehr geringe Fallzahlen aufweisen (Bleich, 1996).

Eine Fortsetzung der Diskussion, ob der Übergang zur Erstelternschaft als Belastung und „Krise" zu verstehen sei, findet sich im Rahmen von Streßkonzepten, innerhalb derer auch Elternschaft als Stressor konzipiert wird (vgl. u. a. Grossman, 1988;

McCubbin & Boss, 1980; McCubbin & Figley, 1983; McCubbin et al., 1980; Miller & Myers-Walls, 1983; Teichmann & Lahav, 1987). Der folgende Beitrag stellt ausgewählte Ergebnisse einer quasi-experimentellen, kontrollierten Längsschnittstudie zu den Auswirkungen der Erstelternschaft auf die Paarbeziehung dar. In dieser Studie wird der Übergang zur Erstelternschaft vor dem Hintergrund eines Streßmodells auf Systemebene betrachtet. Vor einer Darstellung der Ergebnisse werden daher einleitend psychologische Streßkonzepte und ein familiäres Funktionsmodell dargestellt sowie in einem gemeinsamen Modell zusammengefaßt und diskutiert.

2   Psychologische Streßkonzepte und familiäre Funktionsmodelle

Der Frage, wann und in welchem Ausmaß im Zusammenhang mit einem Stressor wie dem Übergang zur Erstelternschaft individuelle Belastungen und Veränderungen der Paarbeziehung auftreten, wurde im Rahmen eines eigens entwickelten *Streßmodells auf Systemebene* nachgegangen. Bisherige Streßkonzepte sind in ihrem Wesen als individuumszentriert zu kennzeichnen (vgl. als Ausnahme z. B. Bodenmann, 1995). Deshalb war es notwendig, das zugrundeliegende Streßmodell, welches sich anlehnt an das Emotionsmodell von Lazarus und Folkman (1984, 1987) um die Ebene der Paarbeziehung zu erweitern. Hierzu wurde das Circumplex Modell von Olson und Mitarbeitern (Olson, Bell & Portner, 1982; Olson, Portner & Lavee, 1985; Olson, Russel & Sprenkle, 1983) integriert.

2.1   Stimulusorientiertes, reaktionsorientiertes und relationales Streßkonzept

Die Diskussion um den Begriff *Streß* wird von drei grundlegenden Unterscheidungen bestimmt (Jerusalem, 1990; Laux, 1983; Lazarus & Launier, 1978; Neufeld, 1989; Nitsch, 1981b): In einem *reizorientierten* Ansatz wird Streß als Umgebungsbedingung verstanden. Streß liegt dann vor, wenn eine feste Reizkonstellation gegeben ist. Diesem Ansatz ist im wesentlichen die Life-Event-Forschung (Holmes & Masuda, 1974; Katschnig, 1980; Rahe & Arthur, 1978) zuzuordnen, welche davon ausgeht, daß Streß in der Anpassungsleistung liegt, welche erbracht werden muß, wenn durch Lebensereignisse Veränderungen notwendig werden. Die Kritik an diesem Ansatz insgesamt bezieht sich im wesentlichen darauf, daß hierbei als Folge von Streß auch „keine Reaktion" auftreten kann (McGrath, 1970) und inter- und intraindividuelle Reaktionsunterschiede auf die einzelnen Stressoren vernachlässigt werden (Levine & Ursin, 1991; Nitsch, 1981a; Reicherts, 1988).

Das zweite, als *reaktionsbezogen* zu bezeichnende Konzept definiert Streß als unspezifische, von der Art des Stimulus unabhängige Reaktion des Organismus. Diese Auffassung von Streß geht zurück auf Selye (1936), welcher im Rahmen des „general adaptation syndrome" annimmt, daß nach einer Alarmreaktion eine Phase des Widerstandes und schließlich eine Phase der Erschöpfung folgen. Im Rahmen dieser reaktionsbezogenen Definition von Streß ist die Auswahl von Kriterien für das Vorliegen einer Streßreaktion problematisch (Bergmann, 1985; Scherer, 1985). Weiterhin besteht die Schwierigkeit, daß die Wirksamkeit relevanter Reize erst ex post facto festgestellt werden kann und so keine Prognose oder Prävention möglich ist. Zusätzlich ließ sich bisher kein allgemeines Reaktionsmuster bestimmen, welches bei unterschiedlichen Personen, zu unterschiedlichen Zeitpunkten und bei unterschiedlichen Reizen in gleicher Form festzustellen wäre (Everly, 1989; Mason, 1975a, 1975b).

Zusammenfassend kann sowohl für das reizorientierte als auch das reaktionsbezogene Konzept gesagt werden, daß diese die Schwierigkeit beinhalten, Stressor und Streßreaktion unabhängig voneinander zu definieren. Eine Streßreaktion liegt dann vor, wenn dieser Reaktion ein Stressor vorangegangen ist, umgekehrt wird ein Reiz häufig dann zum Stressor, wenn er eine Streßreaktion auslöste (vgl. Lazarus & Folkman, 1984).

Als dritter Ansatz sollen *relationale* Konzepte genannt werden (Appley & Trumbull, 1986) und in diesem Zusammenhang das umfassendste Beispiel, das *transaktionale* Konzept von Lazarus und Mitarbeitern (Lazarus, 1966, 1991; Lazarus & Folkman, 1984, 1987; Lazarus & Launier, 1978), welches in einem Modell auslösende Bedingungen von Streß und die Auseinandersetzung mit diesen Bedingungen verbindet. Streß wird als gestörte Balance definiert, in der „... environmental or internal demands (or both) *tax or exceed the adaptive resources* of an individual, social system, or tissue system ..." (Lazarus & Launier, 1978, p. 296). Hierbei kommt der gedanklichen Vermittlung von Aspekten der Situation und der Reaktion durch die Bewertung äußerer Stimuli, der persönlichen Handlungsmöglichkeiten sowie der Folgen besondere Bedeutung zu. Anhand der oben genannten Definition wird deutlich, daß Streß nicht nur Individualsysteme sondern ebenso auch soziale Systeme – d. h. z. B. auch Paarbeziehungen, Familien oder Gruppen – betreffen kann. Das Streßmodell wurde von Lazarus und Folkman (1987, p. 144) als „emotion process" expliziert und wird im folgenden näher erläutert.

2.2 Das Emotionsmodell nach Lazarus und Mitarbeitern

Das Modell von Lazarus und Mitarbeitern (Lazarus & Folkman, 1987, p. 143) basiert im wesentlichen auf *drei Variablenkomplexen*, den Antezedenten, den Mediatoren sowie den Effekten: „... *environmental antecedents* such as demands, constraints and resources, ambiguity, and imminence; *person antecedents* such as goal hierarchies and belief systems; *mediating processes* such as appraisal and coping; *short-run outcomes* such as the emotions during and right after an encounter, and *long-run adaptational outcomes* such as subjective well-being or morale, social functioning, and somatic health." Die Autoren nehmen eine Rekursivität des Modells an, d. h. daß die verschiedenen Einschätzungsprozesse mehrfach durchlaufen werden und sich somit gegenseitig beeinflussen können.

„*Causal antecedents*" (Lazarus & Folkman, 1987, p. 144) werden als Person- und Umgebungsvariablen verstanden, welche den Bewertungsprozessen vorausgehen und den Hintergrund für den Streßprozeß bilden. Auf Personseite sind dies in der Hauptsache Werte, Ziele und insbesondere Kontrollüberzeugungen; auf Umgebungsseite sind dies im wesentlichen der Grad der Neuheit bzw. Vertrautheit mit den Anforderungen sowie zeitliche Faktoren und Ressourcen.

Das Kernstück des Modells stellen Bewertungsprozesse (appraisal) und Bewältigung (coping) als *Mediatoren* des Streßprozesses dar (Lazarus & Folkman, 1984, 1987). *Appraisal* läßt sich unterscheiden in Bewertungen des Reizes sowie Einschätzungen der eigenen Möglichkeiten der Bewältigung und wird mit den Begriffen „primäre" und „sekundäre" Bewertung belegt. Lazarus und Folkman verstehen unter den kognitiven Aspekten der primären Bewertung die Entscheidung einer Person, ob etwas „auf dem Spiel steht" („stakes"). Die primäre emotionale Bewertung bezieht sich darauf, ob ein „Schaden" antizipiert wird: Stellt die Situation eine Bedrohung oder eine Herausforderung dar (prospektiv) oder ist bereits „Schaden" bzw. „Gewinn" zu verzeichnen (retrospektiv)? Die sekundäre Bewertung beinhaltet die Frage, ob „... any actions can be taken to improve the troubled person-environment relationship, and if so, which coping options might work" (Lazarus & Folkman, 1987, p. 146). *Coping*, d. h. tatsächliche oder imaginierte Formen der Bewältigung, bilden neben den oben genannten Prozessen der Bewertung den zweiten theoretischen Schwerpunkt des Modells. Coping wird im Rahmen des Konzeptes verstanden als „... constantly changing cognitive and behavioral efforts to manage specific external and/or internal demands that are appraised as taxing or exceeding the resources of the person" (Lazarus & Folkman, 1984, p. 141). Zentrale Formen der Bewältigung sind nach Lazarus und Launier (1978) Informationssuche, direkte Aktion, Aktionshemmung und intrapsychische oder kognitive Bewältigung. Diese Bewältigungsmodi sind jedoch nicht als sich gegenseitig ausschließend zu verstehen, sondern werden „nebeneinander" eingesetzt.

Als *kurzfristige Folgen* von Streß nennen Lazarus und Folkman (1987) Emotionen, physiologische Veränderungen und Qualität des „encounter outcome". Unter *langfristigen Folgen* in dem Modell verstehen die Autoren persönliches Wohlbefinden, körperliche Gesundheit und „social functioning". Hinzufügen ist, daß kurz- und langfristige Folgen auch parallel vorhanden sein können.

2.3 Das Circumplex Modell von Olson und Mitarbeitern

Um das Emotionsmodell von Lazarus und Mitarbeitern auf das dyadische System Paarbeziehung übertragen zu können, wurde eine Erweiterung des Modells um Systemparameter und Variablen der Paarbeziehung vorgenommen. Für die Untersuchung der Belastung des Mikrosystems Paarbeziehung (zum Begriff des Mikrosystems siehe z. B. Witte, 1994) durch den Übergang zur Elternschaft wurde das *circumplex model* von Olson und Mitarbeitern (Olson, Bell & Portner, 1982; Olson, Portner & Lavee, 1985; Olson, Russel & Sprenkle, 1983) herangezogen. Im Rahmen dieses Modells lassen sich Veränderungen innerhalb der Familie beschreiben, welche bedeutsam erscheinen im Hinblick auf die „Antwort" des Systems in der Auseinandersetzung mit dem Stressor „Übergang zur Elternschaft". Insbesondere betrifft dies die Beschreibung des Systemgleichgewichts zwischen Stabilität und Veränderung (Flexibilität) und zwischen Verstrickung und Losgelöstheit (emotionale Bindung und Autonomie). Das „circumplex model" basiert auf den zentralen Dimensionen „Adaptabilität" und „Kohäsion", die deduktiv aus einer Vielzahl von familientheoretischen bzw. familientherapeutischen Konzepten abgeleitet wurden. Ein auf der Basis des Modells entwickelter Fragebogen, die „Family Adaptability and Cohesion Evaluation Scales" (FACES III, Olson, et al., 1985) erweist sich hinsichtlich der Testgüte als zufriedenstellend (Cierpka, 1988). Die Dimension *Kohäsion* ist nach Olson et al. (1985, p. 4) als „... emotional bonding that family members have toward one another" definiert. Unter *Adaptabilität* verstehen Olson et al. (1985, p. 4) „... the ability of a marital or family system to change its power structure, role relationships and relationship rules in response to situational and developmental stress".

Olson et al. (1985) postulierten ursprünglich einen kurvilinearen Zusammenhang zwischen den beiden Dimensionen und der Funktionalität des Systems. Ein „gesundes" System hält eine dynamische Balance zwischen den Extremen der jeweiligen Dimension, d. h. moderate Ausprägungen in beiden Dimensionen repräsentieren hiernach die funktionstüchtigsten Systeme, während extreme Ausprägungen in beiden Dimensionen mit Störungen in Verbindung gebracht bzw. als pathologisch angesehen werden. Diese Annahme der Kurvilinearität ist nicht unumstritten (Eckblad, 1993; Perosa & Perosa, 1990; Thomas, 1988; Vandvik & Eckblad, 1993) und läßt sich auch in verschiedenen empirischen Studien nicht belegen (z. B. Green, Harris, Forte & Robinson, 1991; Klimek, Reiter & Steiner, 1983). Aus diesem Grund wird in der vorliegenden Studie von einem linearen Zusammenhang der beiden Dimensionen und der Funktionalität von Paarbeziehungen ausgegangen (vgl. auch Olson, 1991), das heißt, daß eine Paarbeziehung als um so funktionaler interpretiert wird, je höher Adaptabilität und Kohäsion eingeschätzt werden.

2.4 Ein Streßmodell auf Systemebene

Der Übergang zur Elternschaft stellt einen möglichen Stressor unter anderen Stressoren für das System Paarbeziehung dar. Am Beispiel des Stressors Erwerbslosigkeit läßt sich zeigen (Bleich & Witte, 1992, 1994), daß Streß einerseits mit einer Verminderung der Qualität der Paarbeziehung in Zusammenhang steht, auf der anderen Seite die Qualität der Paarbeziehung *nach* Eintritt des Stressors mit der Paarbeziehungsqualität *vor* Eintritt des Stressors verbunden ist. Auf der Grundlage dieser Ergebnisse zu Auswirkungen des Stressors „Erwerbslosigkeit" auf die Paarbeziehung wurde das nachfolgend beschriebene Modell entwickelt (Abbildung 1).

Das Modell stellt eine Erweiterung des Emotionsmodells von Lazarus und Folkman (1984, 1987) dar, wobei für die Analyse auf der Ebene des Mikrosystems Paarbeziehung die Dimensionen Adaptabilität und Kohäsion sowie als weitere Variablen „Paar-Belastung" (Problembereiche und Konflikte in der Partnerschaft; modifiziert nach Jungnickel, 1984), „Zufriedenheit mit dem gemeinsamen Sexualleben" sowie „Glück" (Bleich & Witte, 1992) aufgenommen wurden. Entsprechend den Ergebnissen der Untersuchung von Bleich und Witte (1992) sind folgende Annahmen im Modell enthalten:

1. In einer Situation mit erhöhten Anforderungen werden Bewertungen (appraisal) nicht nur auf der Grundlage der Ausprägungen von Person- und Situationsvariablen, sondern ebenso auf der Basis von Systemvariablen der Paarbeziehung vorgenommen. Ein potentieller Stressor sollte dazu führen, daß die Qualität der Paarbeziehung eine erhöhte Aufmerksamkeit und Thematisierung erfährt.

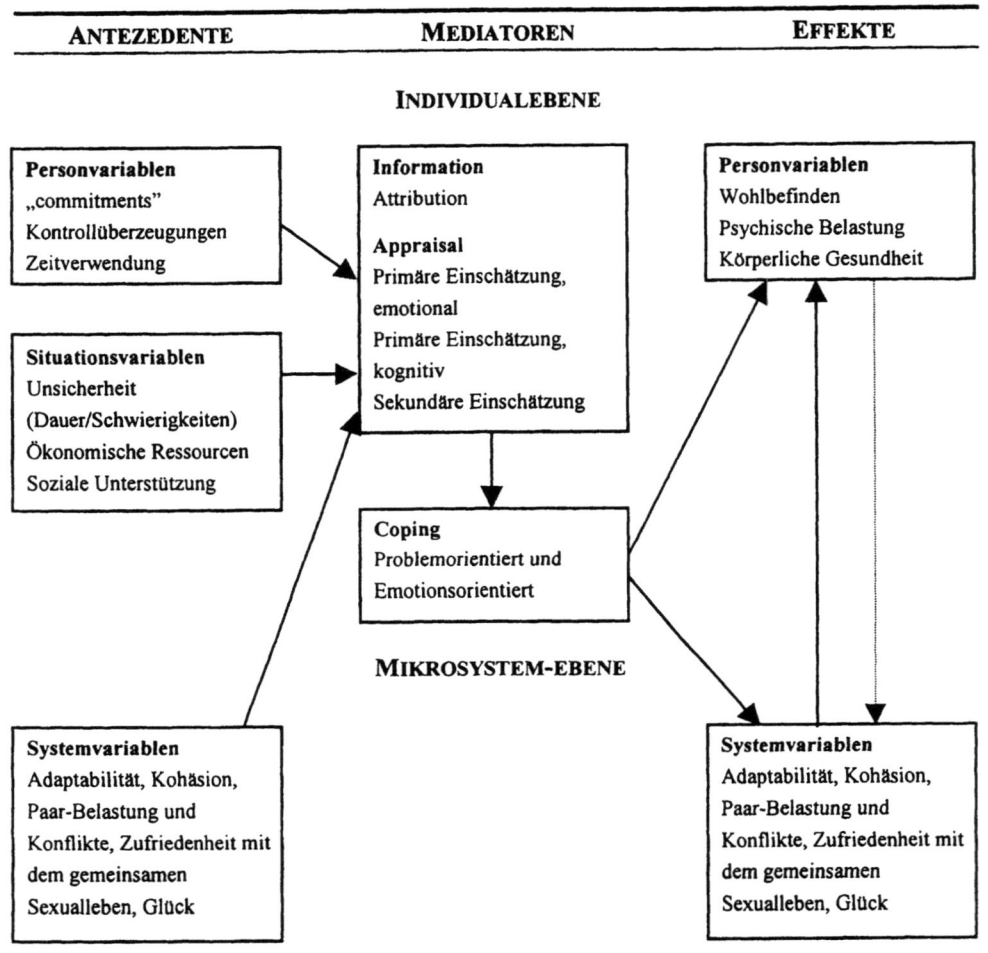

Abbildung 1: Ein Streßmodell auf der Ebene des Individualsystems und des Mikrosystems Paarbeziehung (━▶ mit zeitlicher Verzögerung).

2. Führt die Streßbewertung zu der Einschätzung einer Bedrohlichkeit der Situation oder der Antizipation von Verlusten oder beidem, entweder auf der Individual- oder der Systemebene, so werden hierdurch Bewältigungsmechanismen ausgelöst, die darauf abzielen, die Bedrohung abzuwenden bzw. die Funktionalität des Systems zu erhalten.

3. Im Falle weniger zur Verfügung stehender oder genutzter Copingstrategien angesichts einer Bedrohung oder der Antizipation von Verlusten oder beidem sollte der Stressor negative Auswirkungen auf das subjektive Wohlbefinden, die psychische Belastung und – längerfristig – auf die körperliche Gesundheit auf der Individualebene, aber auch negative Auswirkungen auf der Systemebene im Sinne einer verringerten Funktionalität der Paarbeziehung zeigen.
4. Eine verringerte Funktionalität der Paarbeziehung wiederum sollte ebenfalls negative Auswirkungen auf das subjektive Wohlbefinden, die psychische Belastung und auf die körperliche Gesundheit besitzen. Dabei wird auch angenommen, daß – mit zeitlicher Verzögerung (vgl. Bodenmann, Perrez & Gottman, 1996) – diese negativen Auswirkungen erneut auf die Systemvariablen der Paarbeziehung zurückwirken und die Paarbeziehungsqualität sich weiter verschlechtert.

3 Methode

3.1 Hypothesen

Die den folgenden Ergebnissen zugrundeliegende Studie stellt eine der ersten Arbeiten dar, welche den Versuch unternimmt, die Gesamtheit der oben skizzierten Beziehungen in Hypothesen zu fassen und das Streßmodell möglichst umfassend zu untersuchen (Bleich, 1996). Ausgewählte Hypothesen, welche im folgenden überprüft wurden, beziehen sich darauf, ob der Übergang zur Erstelternschaft als krisenauslösend im Sinne einer geringeren Paarbeziehungsqualität verstanden werden kann. Postuliert wurden für die Zeitpunkte nach Eintritt der Schwangerschaft und nach der Geburt des Kindes Unterschiede zwischen der Gruppe der Erzeltern und einer Kontrollgruppe ohne Kinder auf der Ebene des Mikrosystems Paarbeziehung im Hinblick auf die abhängigen Variablen *Adaptabilität, Kohäsion, Paar-Belastung* sowie Zufriedenheit mit dem gemeinsamen *Sexualleben* und *Glück*. Zu erwarten ist, daß Erzeltern-Paare zu den Zeitpunkten „während der Schwangerschaft" sowie „nach der Geburt" Werte aufweisen, die eine höhere Belastung bzw. geringere Funktionalität anzeigen als jene der Kontrollgruppe. Weiterhin wird erwartet, daß für den Zeitpunkt vor Eintritt der Schwangerschaft keine Unterschiede zwischen den Gruppen der Erzeltern und der Kontrollgruppe im Hinblick auf die retrospektiv eingeschätzten abhängigen Variablen der Qualität der Paarbeziehung bestehen.

3.2 Untersuchungsdesign

Die hier vorzustellenden Ergebnisse beziehen sich auf eine Teilauswertung von Daten, welche im Rahmen einer *quasi-experimentellen Längsschnittuntersuchung mit Kontrollgruppe* gewonnen wurden (Abbildung 2). Eine Darstellung weiterer Ergebnisse zu Variablen der individuellen Belastung, zu Unterschieden zwischen Erzeltern in verschiedenen Phasen der Schwangerschaft, zu Veränderungen des Zusammenhangs der

Einschätzungen der Partner hinsichtlich der Paarbeziehungsqualität sowie zum Zusammenhang von Antezedenten, Mediatoren und Effekten findet sich bei Bleich (1996, in Druck).

	t_0	Konzeption	t_1	Geburt	t_2
Ersteltern	O	▼	O	▼	O
Kontrollgruppe	O		O		O

Abbildung 2: Das Untersuchungsdesign (O = Datenerhebung, ▼ = Ereignis; t_0 retrospektiv zu t_1 erhoben).

Die Stichprobe wurde so gewählt, daß sie Paare in allen Phasen der Schwangerschaft umfaßt, so daß auch Vergleiche zwischen verschiedenen prä- und postnatalen Phasen des Übergangs zur Elternschaft möglich werden. Als Kontrollgruppe wurden Paare untersucht, welche bisher keine Kinder haben und bei denen die Frau zum Zeitpunkt der Erhebung nicht schwanger war.

Es wurden Daten zum Zeitpunkt nach Eintritt der Schwangerschaft (t_1, M = 32. Schwangerschaftswoche, SD = 5.86, Range: 13. - 40. Schwangerschaftswoche) sowie nach der Geburt des Kindes (t_2, M = 20.35 Wochen post partum, SD = 6.45, Range: 2 - 40 Wochen post partum) erhoben. Da der Zeitpunkt des Eintritts der Schwangerschaft nicht vorher zu bestimmen ist und nur im Rahmen sehr umfangreicher Studien mit sehr hohen Fallzahlen prospektiv untersucht werden kann, wurden zusätzlich Daten für den Zeitpunkt vor Eintritt der Schwangerschaft retrospektiv (t_0) zu t_1 erfragt.

3.3 Stichprobe

Die Stichprobe setzte sich aus 105 Ersteltern-Paaren (n = 210) und 50 Kontrollgruppen-Paaren (n = 100) zusammen. Diese wurden durch Kontaktierung von Krankenhaus-Mitarbeitern, Frauenärzten, Hebammen, Beratungseinrichtungen, Kurse für Geburtsvorbereitung und Säuglingspflege sowie persönliche Kontakte gewonnen. Insgesamt zeigten sich 278 Ersteltern-Paare sowie 211 Paare einer Kontrollgruppe interessiert, woraufhin insgesamt 489 Fragebögen an Paare verschickt bzw. weitergegeben wurden. Die Rücklaufquote betrug für den ersten Erhebungszeitpunkt 52 % für die Gruppe der Ersteltern sowie 22 % für die Kontrollgruppe. Frauen der Ersteltemgruppe (EE) sind geringfügig älter als die Frauen der Kontrollgruppe (KG), für die Männer finden sich keine solchen Unterschiede (Frauen: M_{EE} = 29.0, SD = 3.45, M_{KG} = 26.4, SD = 4.55, $t(153)$ = 3.90, $p < .001$; Männer: M_{EE} = 30.09, SD = 3.95, M_{KG} = 29.6, SD = 7.31, $t(153)$ = 1.39, $p = .17$). Weiterhin ist die Gruppe der Ersteltern eher verheiratet (Frauen: EE: 76 %, KG: 16 %, $\chi^2 (1, N = 155) = 50.00$, $p < .001$; Männer: EE: 78 %, KG: 16 %, $\chi^2 (1, N = 155) = 53.64$, $p < .001$), lebt eher mit dem Partner zusammen (Frauen: EE: 93 %,

KG: 60 %, χ^2 (1, $N = 155$) = 26.16, $p < .001$; Männer: EE: 78 %, KG: 16 %, χ^2 (1, $N = 155$) = 31.33, $p < .001$) und weist eine längere Beziehungsdauer (in Jahren) auf (Frauen: $M_{EE} = 5.7$, $SD = 3.77$, $M_{KG} = 4.4$, $SD = 3.70$, $t\,(153) = 1.99$, $p < .05$; Männer: $M_{EE} = 5.7$, $SD = 3.83$, $M_{KG} = 4.5$, $SD = 3.70$, $t\,(153) = 1.91$, $p < .05$) als die Kontrollgruppe. Zum Zeitpunkt t_2 nahmen noch 181 Erstelternsowie 72 Kontrollgruppen-Teilnehmer an der Untersuchung teil.

3.4 Instrumente

Die Datenerhebung wurde mittels einer standardisierten schriftlichen Befragung zu zwei Zeitpunkten (t_1, t_2) durchgeführt. Der Fragebogen, der den untersuchten Erstelternund den Paaren der Kontrollgruppe vorgegeben wurde, gliedert sich neben den Angaben zu demographischen Merkmalen in die nachfolgend genannten Teile: Unter anderem wurden im Hinblick auf die Paarbeziehungsqualität Adaptabilität und Kohäsion (Family Adaptability and Cohesion Evaluation Scales, FACES III, Olson et al., 1985) erhoben. Weiterhin erfaßt der Fragebogen die Paar-Belastung (angelehnt an einen Index von Jungnickel, 1984), wobei die Befragten ebenfalls für die Zeitpunkte t_0, t_1 und t_2 einzuschätzen hatten, wie unzufrieden sie mit unterschiedlichen Bereichen in ihrer Partnerschaft sind (z. B. „Offenheit in der Partnerschaft", „Verhalten bei Konflikten") und er beinhaltete weiterhin für die Zeitpunkte t_0, t_1 und t_2 die Zufriedenheit mit dem gemeinsamen Sexualleben (Bleich & Witte, 1992). Ein zusätzliches einzelnes Item thematisiert das Ausmaß, in dem sich die Partner in ihrer Paarbeziehung glücklich fühlen („Wie glücklich würden Sie Ihre Partnerschaft einschätzen?"). In allen genannten Paarvariablen wurden die Erstelternzu t_1 gebeten, diese auch retrospektiv für den Zeitpunkt vor Eintritt der Schwangerschaft, die Kontrollgruppe „vor etwa 6 Monaten", einzuschätzen. Weiterhin wurde im Hinblick auf die individuelle Belastung für die Zeitpunkte t_1 und t_2 eine leicht modifizierte Form der Skala „Subjektives Wohlbefinden" (Badura et al., 1985) mit den Subskalen „Positiver Affekt" und „Negativer Affekt" sowie die Subskalen „Somatisierung", „Unsicherheit im Sozialkontakt", „Depressivität", „Ängstlichkeit" und „Aggressivität und Feindseligkeit" der Symptom Checklist (SCL-90-R, Collegium Internationale Psychiatriae Scalarum, 1986; Franke, 1996) eingesetzt. Ergebnisse zu diesen und weiteren im Fragebogen enthaltenen Variablen, nämlich den Antezedenten „Kinder und Familie als Wert", „Ökonomische Ressourcen", „Zeitstruktur und -verwendung", „Unsicherheit bezüglich des Andauerns antizipierter Schwierigkeiten" sowie „soziale Unterstützung" (Sommer & Fydrich, 1989) und „Kontrollüberzeugung" (Badura et al., 1985) sowie den Mediatoren „Attribution", „Coping", "primäre emotionale Bewertung", „primäre kognitive Bewertung", „sekundäre Bewertung" und „Attribution" werden hier aus Platzgründen nicht dargestellt. Eine ausführliche Beschreibung findet sich bei Bleich (1996, in Druck).

3.5 Statistische Verfahren

Vergleiche in den abhängigen Variablen der Paarbeziehung zwischen den Erstelternund der Kontrollgruppe sowie zwischen den Zeitpunkten „vor der Schwangerschaft" (t_0), "während der Schwangerschaft" (t_1) und „nach der Geburt des Kindes" (t_2) wurden mittels zweifaktorieller Varianzanalysen mit Meßwiederholung auf einem Faktor durchgeführt. Zusätzlich wurde die von Cohen (1988) vorgeschlagene Effektgröße eta^2 für den Vergleich mehrerer Mittelwerte mittels Varianzanalyse bestimmt (kleiner Effekt: $eta^2 \geq .0099$, mittlerer Effekt: $eta^2 \geq .0588$, großer Effekt: $eta^2 \geq .1379$).

4 Ergebnisse

Eine aus dem Modell abzuleitende Erwartung beinhaltete, daß zum Zeitpunkt t_0 keine Unterschiede zwischen der Erstelterngruppe und der Kontrollgruppe bestehen, während zu den Zeitpunkten t_1 und t_2 die Erstseltern durch die Schwangerschaft und die Belastungen nach der Geburt des Kindes eine verschlechterte Paarbeziehungsqualität angeben sollten. Erwartet wird also eine Wechselwirkung der Faktoren „Gruppe" und „Zeit". Die Ergebnisse finden sich in den Tabellen 1 (Frauen) und 2 (Männer).

Tabelle 1: Mittelwertsvergleiche (in Klammern: die Standardabweichungen) zwischen Frauen der Erstseltern- und der Kontrollgruppe sowie der Zeitpunkte t_0, t_1 und t_2 für Variablen der Paarbeziehungsqualität (zweifaktorielle Varianzanalyse mit Meßwiederholung auf einem Faktor)

Skala	t_0		t_1		t_2	
	EE	KG	EE	KG	EE	KG
Adap	35.84 (4.68)	32.43 (6.22)	36.76 (5.45)	34.09 (6.69)	34.54 (5.54)	34.77 (5.24)
	$F_{Gruppe} = 4.26^*$; $eta^2 = .034$		$F_{Zeit} = 3.72^*$; $eta^2 = .029$		$F_{G \times Z} = 8.27^{***}$; $eta^2 = .063$	
Koha	43.00 (4.32)	40.20 (6.24)	44.17 (4.27)	42.23 (6.17)	41.52 (5.89)	41.57 (5.55)
	$F_{Gruppe} = 2.97$; $eta^2 = .024$		$F_{Zeit} = 9.19^{***}$; $eta^2 = .069$		$F_{G \times Z} = 5.57^{**}$; $eta^2 = .043$	
Glück	1.57 (.59)	2.06 (.90)	1.48 (.57)	1.82 (.73)	1.85 (.81)	1.91 (.68)
	$F_{Gruppe} = 6.77^*$; $eta^2 = .055$		$F_{Zeit} = 5.05^{**}$; $eta^2 = .042$		$F_{G \times Z} = 4.42^*$; $eta^2 = .037$	
Sex	2.05 (.64)	2.22 (.99)	2.84 (.81)	2.25 (.85)	3.17 (.70)	2.41 (.81)
	$F_{Gruppe} = 11.40^{**}$; $eta^2 = .086$		$F_{Zeit} = 29.43^{***}$; $eta^2 = .196$		$F_{G \times Z} = 16.72^{***}$; $eta^2 = .121$	
Paar	1.95 (.57)	2.30 (.75)	1.78 (.54)	1.98 (.73)	2.05 (.66)	1.96 (.55)
	$F_{Gruppe} = 2.15$; $eta^2 = .017$		$F_{Zeit} = 9.50^{***}$; $eta^2 = .072$		$F_{G \times Z} = 7.70^{**}$; $eta^2 = .059$	

Anmerkungen: t_0 = vor Eintritt der Schwangerschaft, t_1 = während der Schwangerschaft, t_2 = nach der Geburt. EE = Erstseltern, KG = Kontrollgruppe; Adap = Adaptabilität, Koha = Kohäsion, Sex = Zufriedenheit mit dem Sexualleben, Paar = Paar-Belastung. G x Z = Gruppe x Zeit. Erstseltern: $n = 90$ für Adaptabilität, Kohäsion und Paar-Belastung, $n = 85$ für Glück, $n = 88$ für Zufriedenheit mit dem Sexualleben; Kontrollgruppe: $n = 35$ für Adaptabilität, Kohäsion, Zufriedenheit mit dem Sexualleben und Paar-Belastung, $n = 33$ für Glück.
$* p < .05$, $** p < .01$, $*** p < .001$.

Die erwartete signifikante Wechselwirkung läßt sich für alle untersuchten Variablen mit kleiner bis mittlerer Effektstärke nachweisen. Hinsichtlich der Variablen „Adaptabilität", „Kohäsion", „Glück in der Partnerschaft" und „Paar-Belastung" zeigt sich sowohl für die Frauen als auch für die Männer, daß Ersteltern im Vergleich zur Kontrollgruppe ihre Beziehung sowohl vor als auch während der Schwangerschaft positiver erleben (post hoc durchgeführte t-Tests für unabhängige Stichproben: für Frauen und Männer für alle Variablen $p < .05$, mit Ausnahme der Paarbelastung, für den Zeitpunkt t_1 $p < .10$). Zum Zeitpunkt nach der Geburt jedoch sinkt die höhere Paarbeziehungsqualität auf das Niveau der Kontrollgruppe ab (post hoc durchgeführte t-Tests für unabhängige Stichproben: alle $p > .49$).

Tabelle 2: Mittelwertsvergleiche (in Klammern: die Standardabweichungen) zwischen Männern der Ersteltern- und Kontrollgruppe sowie der Zeitpunkte t_0, t_1 und t_2 für Variablen der Paarbeziehungsqualität (zweifaktorielle Varianzanalyse mit Meßwiederholung auf einem Faktor)

Skala	t_0		t_1		t_2	
	EE	KG	EE	KG	EE	KG
Adap	35.92 (4.96)	33.00 (5.09)	37.35 (4.77)	35.31 (5.97)	34.69 (6.12)	35.00 (5.21)
	$F_{Gruppe} = 2.84$; $eta^2 = .022$		$F_{Zeit} = 9.10***$; $eta^2 = .068$		$F_{G \times Z} = 6.49**$; $eta^2 = .050$	
Koha	42.85 (4.66)	39.31 (6.03)	43.55 (4.79)	40.94 (5.45)	41.39 (5.60)	40.83 (5.79)
	$F_{Gruppe} = 5.91*$; $eta^2 = .045$		$F_{Zeit} = 4.84**$; $eta^2 = .038$		$F_{G \times Z} = 6.34**$; $eta^2 = .049$	
Glück	1.56 (.61)	2.00 (.76)	1.39 (.54)	1.88 (.71)	1.91 (.83)	1.88 (.87)
	$F_{Gruppe} = 6.28*$; $eta^2 = .054$		$F_{Zeit} = 5.92**$; $eta^2 = .051$		$F_{G \times Z} = 7.17**$; $eta^2 = .061$	
Sex	2.03 (.65)	2.21 (.79)	2.68 (.78)	2.14 (.68)	2.92 (.70)	2.38 (.83)
	$F_{Gruppe} = 6.40*$; $eta^2 = .049$		$F_{Zeit} = 26.05***$; $eta^2 = .174$		$F_{G \times Z} = 16.60***$; $eta^2 = .118$	
Paar	1.87 (.58)	2.14 (.64)	1.65 (.53)	1.91 (.62)	1.94 (.68)	2.00 (.67)
	$F_{Gruppe} = 3.74$; $eta^2 = .029$		$F_{Zeit} = 9.42***$; $eta^2 = .070$		$F_{G \times Z} = 2.36$; $eta^2 = .019$	

Anmerkungen: t_0 = vor Eintritt der Schwangerschaft, t_1 = während der Schwangerschaft, t_2 = nach der Geburt. EE = Ersteltern, KG = Kontrollgruppe; Adap = Adaptabilität, Koha = Kohäsion, Sex = Zufriedenheit mit dem Sexualleben, Paar = Paar-Belastung. G x Z = Gruppe x Zeit. Ersteltern: $n = 91$ für Adaptabilität, Kohäsion, Zufriedenheit mit dem Sexualleben und Paar-Belastung, $n = 80$ für Glück; Kontrollgruppe: $n = 35$ für Adaptabilität, Kohäsion, Zufriedenheit mit dem Sexualleben, $n = 32$ für Glück, $n = 36$ für Paar-Belastung.
* $p < .05$, ** $p < .01$, *** $p < .001$.

In der Variable „Zufriedenheit mit dem gemeinsamen Sexualleben" zeigen sich sowohl bei den Frauen als auch bei den Männern der Ersteltern-Gruppe verglichen mit der Kontrollgruppe vor der Schwangerschaft keine Unterschiede in der Zufriedenheit in diesem Bereich (post hoc durchgeführte t-Tests für unabhängige Stichproben: Für Frauen und Männer $p > .17$). Während der Schwangerschaft und nach der Geburt des Kindes zeigt sich jedoch ein Absinken der sexuellen Zufriedenheit (siehe auch Abbildung 3).

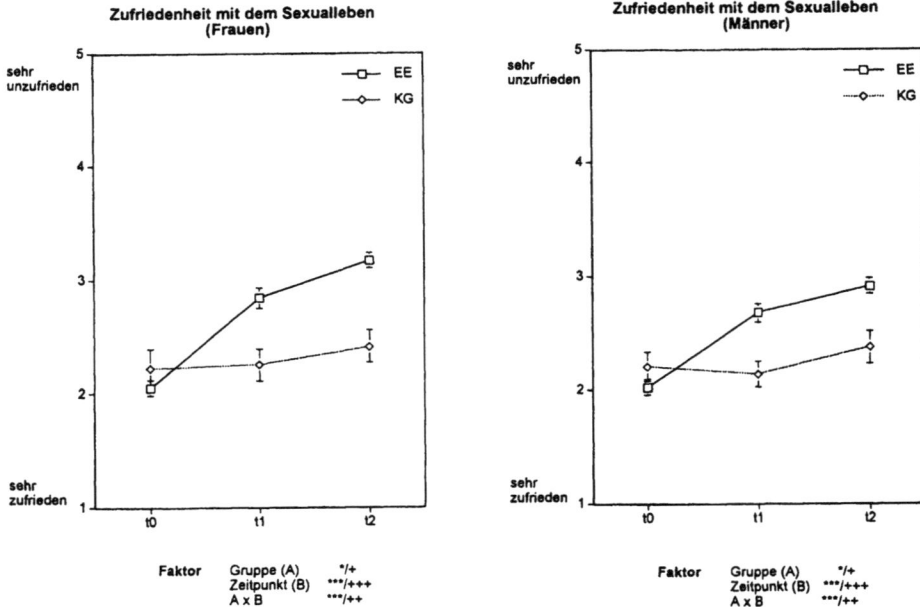

Abbildung 3: Mittelwerte (± SE) der Ersteltern (EE) und der Kontrollgruppe (KG) der Skala „Zufriedenheit mit dem Sexualleben" (* $p < .05$, *** $p < .001$, + kleiner Effekt, ++ mittlerer Effekt, +++ großer Effekt).

Zu beiden Zeitpunkten sind die Ersteltern unzufriedener mit ihrem Sexualleben als die Teilnehmer der Kontrollgruppe (post hoc durchgeführte t-Tests für unabhängige Stichproben: alle $p < .000$). Während bei den Frauen der Kontrollgruppe die sexuelle Zufriedenheit zwischen den Zeitpunkten t_0, t_1 und t_2 konstant bleibt (post hoc durchgeführte t-Tests für abhängige Stichproben: beide $p > .331$), sinkt sie bei den Männern von t_1 zu t_2 geringfügig ab ($p < .040$), bleibt aber noch deutlich über dem Niveau der Ersteltern.

Zusammenfassend läßt sich also feststellen, daß im Hinblick auf die Paarbeziehungsqualität Ersteltern insgesamt für die Zeitpunkte vor und während der Schwangerschaft eine positivere Beziehung angeben als die Kontrollgruppe und eine Beeinträchtigung der Paarbeziehungsqualität erst für den Zeitpunkt nach der Geburt des Kindes festzustellen ist. Lediglich für die sexuelle Zufriedenheit läßt sich ein postuliertes Absinken der Paarbeziehungsqualität bei den Ersteltern bereits während der Schwangerschaft bei gleichbleibender Zufriedenheit der Kontrollgruppe feststellen.

5 Diskussion

In dieser Studie wurden in einem quasi-experimentellen Design 105 Paare, welche ihr erstes Kind erwarteten, und 50 Paare einer Kontrollgruppe ohne Kinder zu zwei Zeitpunkten schriftlich befragt; für den Zeitpunkt vor Eintritt der Schwangerschaft liegen ergänzend retrospektive Angaben vor.

Da zum Zeitpunkt der Konzeptualisierung dieser Arbeit nur wenige *kontrollierte* Studien zu Auswirkungen des Übergangs zur Elternschaft vorlagen (Bleich, 1996), insbesondere für die Zeit der Schwangerschaft, ist diese Arbeit als eher explorativ zu bezeichnen. Aus diesem Grunde wurde bei der Überprüfung der nachfolgend diskutierten Unterschiedshypothesen auf eine Kontrolle des möglicherweise kumulierenden Alpha-Fehlers mit Hilfe geeigneter Techniken der Alpha-Adjustierung verzichtet, um einen zu großen Anstieg des β-Fehlers zu vermeiden. Dieses Vorgehen erfüllt die Zielsetzungen einer eher explorativen Studie angemessener.

In den hier überprüften Hypothesen wurde postuliert, daß für die Zeitpunkte nach Eintritt der Schwangerschaft und nach der Geburt des ersten Kindes Unterschiede zwischen der Gruppe der Ersteltern und einer Kontrollgruppe ohne Kinder in den abhängigen Variablen der Paarbeziehungsqualität bestehen. Die beiden Gruppen sollten sich zum Zeitpunkt nach Eintritt der Schwangerschaft und nach der Geburt dahingehend unterscheiden, daß Ersteltern eine höhere Belastung sowie eine eher dysfunktionale Paarbeziehung angeben als die Kontrollgruppe.

Es läßt sich zusammenfassen, daß die Gruppe der Ersteltern im Vergleich zur Kontrollgruppe eine positivere Paarbeziehung aufweist; dies gilt sowohl für den Zeitpunkt vor als auch nach Eintritt der Schwangerschaft. Nach der Geburt ihres ersten Kindes sinkt die Paarbeziehungsqualität auf das Niveau der Kontrollgruppe ab. Lediglich für die Zufriedenheit mit dem gemeinsamen Sexualleben wurde gefunden, daß Frauen und Männer der Ersterngruppe sich zwar vor Eintritt der Schwangerschaft in der Zufriedenheit mit ihrer Sexualität nicht von den Frauen und Männer der Kontrollgruppe unterscheiden, während der Schwangerschaft und erneut nach der Geburt jedoch sinkt diese Zufriedenheit ab. Ersteltern sind zu diesen Zeitpunkten unzufriedener mit ihrer Sexualität als die Kontrollgruppe ohne Kinder, bei der sich während dieser Zeit kaum Veränderungen feststellen lassen.

Eine geringere sexuelle Zufriedenheit der Ersteltern während der Schwangerschaft ist ein Ergebnis, das beispielsweise dem einer Arbeit von Entwisle und Doering (1981, vgl. Cowan, Cowan, Coie & Coie, 1978) entspricht. Dieser Studie zufolge bekunden sowohl Männer, aber insbesondere auch ihre Partnerinnen, im letzten Schwangerschaftstrimester ein nachlassendes sexuelles Interesse, wobei die Mehrzahl der Befragten angibt, im späten achten Schwangerschaftsmonat die sexuellen Aktivitäten gänzlich aufzugeben. Eine Abnahme des sexuellen Interesses und der sexuellen Zufriedenheit könnte auch im Zusammenhang gesehen werden mit den stärkeren körperlichen Beschwerden der werdenden Mütter im Vergleich zu Frauen der Kontrollgruppe. Auch Herff (1990) findet in seiner Untersuchung eine Abnahme der sexuellen Zufriedenheit im Zusammenhang mit dem Übergang zur Elternschaft, die jedoch in seiner Stichprobe lediglich für die Männer, nicht aber für die Frauen gilt. Vergleichbar den Ergebnissen der vorliegenden Studie berichtet der Autor ebenfalls von sehr geringen Veränderungen der Paarbeziehungsqualität, die unter anderem mittels einer Vorversion der Family Adaptability and Cohesion Evaluation Scales (FACES II; Olson, Portner & Bell, 1982) erhoben wurden. Allein für die Frauen stellt Herff (1990) eine Abnahme der familiären Zufriedenheit fest.

In diesem Zusammenhang ist zu diskutieren, inwieweit die FACES insbesondere bei retrospektiv erhobenen Angaben veränderungssensitive Skalen darstellen. In einer Untersuchung von Bleich und Witte (1992) zeigte sich in einem Vergleich von aktuellen und retrospektiven Angaben von erwerbslosen Männern und ihren Partnerinnen eine verminderte Adaptabilität und Kohäsion nach Eintritt der Erwerbslosigkeit, womit Hinweise vorliegen, daß retrospektive Angaben in den Skalen, wie sie auch in der vorliegenden Untersuchung in die Analyse eingehen, Veränderungen in den genannten Dimensionen erfassen können. Generell können als Nachteil der hier durchgeführten retrospektiven Befragung mögliche Gedächtniseffekte und Verzerrungen (u. a. „hindsight bias", Hawkins & Hastie, 1990) angeführt werden. Jedoch kann als Vorteil einer retrospektiven Befragung ein relativ stabiler interner Standard, den die Befragten ihrer Beantwortung zugrunde legen, angesehen werden (Bleich & Witte, 1992).

Unabhängig vom Zeitpunkt ergeben sich Unterschiede zwischen Erstelten und Kontrollgruppe in allen anderen untersuchten Variablen der Paarbeziehungsqualität mit Ausnahme der sexuellen Zufriedenheit dahingehend, daß Erstelten vor und während der Schwangerschaft eine anpassungsfähigere Beziehung angeben und ihre Partnerschaft adaptiver und kohäsiver einschätzen als die Kontrollgruppe. Sie beurteilen ihre Partnerschaft als glücklicher und berichten von weniger konfliktbehafteten Bereichen in ihrer Beziehung. Nach der Geburt sinkt die insgesamt höher angegebene Paarbeziehungsqualität auf das Niveau der Paare ohne Kinder. Daß die Gruppe der Erstelten bereits in den retrospektiven Angaben für den Zeitpunkt vor der Schwangerschaft höhere Werte in den Variablen der Paarbeziehungsqualität angibt, ließe sich darauf zurückführen, daß sich nur solche Paare zu einem Kind bzw. zum Austragen eines Kindes entschließen, welche auch eine gefestigte, eher glückliche Partnerschaft erleben. Weiterhin könnte davon ausgegangen werden, daß sich die Paare, die eine Familie gründen, eher durch eine hohe Anpassungsfähigkeit der Paarbeziehung und einen hohen gefühlsmäßigen Zusammenhalt auszeichnen. D. h., daß die in der vorliegenden Studie untersuchten abhängigen Variablen ihrerseits wichtige unabhängige Variablen für die Entscheidung zur Elternschaft darstellen können. Da jedoch für die befragten Erstelten nicht bekannt ist, wann ihre Entscheidung für ein Kind fiel, kann nicht beurteilt werden, ob eine höhere Paarbeziehungsqualität dieser Entscheidung tatsächlich vorausgeht. Allerdings ist bemerkenswert, daß sich immerhin drei Viertel der Frauen und gut die Hälfte der Männer der Kontrollgruppe ein Kind wünschen, wobei Differenzen zwischen den beiden Partnern hinsichtlich des Kinderwunsches auch Konfliktstoff liefern könnten. Es ist auf der Grundlage der vorhandenen Datenbasis schwierig abzuschätzen, inwieweit die Paare der Kontrollgruppe eine Entwicklung in Richtung positiverer Einschätzung der Paarbeziehungsqualität und der Entscheidung für ein Kind bzw. die Gründung einer Familie nehmen.

Einschränkend muß weiterhin darauf hingewiesen werden, daß Unterschiede zwischen den Erstelten und der Kontrollgruppe nicht nur in den Variablen der Paarbeziehung bestehen, sondern auch in verschiedenen, voneinander abhängigen soziodemographischen Variablen: Ersteltern weisen ein höheres Alter auf, geben eine längere Dauer der Paarbeziehung an, sind öfter verheiratet und leben häufiger in einem gemeinsamen Haushalt. Jedoch stellte eine Kontrollgruppe, die in diesen Variablen vergleichbar, aber kinderlos wäre, ihrerseits eine selektive Stichprobe dar. Weiterhin ist auch nicht davon auszugehen, daß ein höheres Alter oder eine längere Beziehungsdauer notwendigerweise mit einer positiveren Paarbeziehung verbunden sind; eher lassen sich Hinweise darauf finden, daß die Beziehungsqualität im Verlauf der Partnerschaft abnimmt (Hahlweg, 1991).

Die Frage, ob der Übergang zur Erstelternschaft für die Betroffenen eine belastende Situation darstellt, kann aufgrund der vorliegenden Ergebnisse dieser Studie zumindest in Teilen bestätigt werden. Einschränkend muß in diesem Zusammenhang angemerkt werden, daß die in der Studie untersuchten Paare als selektive Stichprobe angesehen werden können, da angenommen werden kann, daß hoch belastete Paare nicht an der Studie teilnahmen. Dies bedeutet jedoch, daß im Rahmen dieser Arbeit Belastungseffekte eher unter- als überschätzt werden. Eine weitergehende Klärung der Frage nach der Belastung von Ersteltern beim Übergang zur Elternschaft sollte unter Einbezug einer größeren Kontrollgruppe, als sie in dieser Studie untersucht werden konnte, vorgenommen werden. Ohne Berücksichtigung der Kontrollgruppe hätten die vorliegenden Ergebnisse im Sinne einer krisenhaften Belastung der Paarbeziehung interpretiert werden können, womit die Notwendigkeit, eine geeignete Kontrollgruppe in entsprechende Untersuchungen mit einzubeziehen, unterstrichen wird.

Hinsichtlich der Paarbeziehungsqualität läßt sich zeigen, daß der Zeitraum, in dem das erste Kind erwartet wird, mit einer vergleichsweise positiv erlebten Partnerschaft verbunden ist. Erstelternpaare sind während der Schwangerschaft, aber auch bereits vorher, anpassungsfähiger, emotional stärker verbunden, glücklicher und mit weniger Konflikten belastet als kinderlose Paare. Nach den vorliegenden Ergebnissen stellt erst die Zeit nach der Geburt des ersten Kindes, und dies nur relativ zur Zeit vor und während der Schwangerschaft, eine Belastung für die Paarbeziehung dar. Nach der Geburt des Kindes gleicht sich die vorher hohe Qualität der Paarbeziehung jener einer kinderlosen Kontrollgruppe an. Lediglich die Zufriedenheit mit dem Sexualleben leidet unter dieser Situation. Während die Ersteltern vor Eintritt der Schwangerschaft hier eine hohe Zufriedenheit erleben, so nimmt diese Zufriedenheit während der Schwangerschaft und nochmals nach der Geburt ab. Nach der Geburt des ersten Kindes erleben sich Ersteltern in diesem Bereich als unzufriedener als Paare ohne Kinder. Zusammenfassend kann jedoch festgestellt werden, daß die Ergebnisse dieser Studie im Hinblick auf den Übergang zur Erstelternschaft lediglich wenige Hinweise auf eine Krise der Partnerschaft während dieses Übergangs liefern.

6 Literatur

Appley, M. H. & Trumbull, R. (Eds.). (1986). *Dynamics of stress. Physiological, psychological, and social perspectives.* New York: Plenum.

Badura, B., Kaufhold, G., Lehmann, H., Pfaff, H., Schott, T. & Waltz, M. (1985). *Leben mit dem Herzinfarkt. Eine sozialepidemiologische Studie.* Oldenburg: Universität Oldenburg.

Bauer, M. (1992). Übergang zur Elternschaft: Erlebte Veränderungen. *Psychologie in Erziehung und Unterricht, 39*, 96-108.

Belsky, J. & Rovine, M. (1990). Patterns of marital change across the transition to parenthood – pregnancy to 3 years postpartum. *Journal of Marriage and the Family, 52*, 5-19.

Belsky, J., Rovine, M. & Fish, M. (1989). The developing family system. In M. R. Gunnar & E. Thelen (Eds.), *Systems and development. The Minnesota symposia on child psychology* (pp. 119-166). Hillsdale: Erlbaum.

Belsky, J., Spanier, G. B. & Rovine, M. (1983). Stability and change in marriage across the transition to parenthood. *Journal of Marriage and the Family, 45*, 567-577.

Bergmann, G. (1985). Streß und Bewältigung: Psychologische Forschungsansätze. In K. R. Scherer, H. G. Wallbott, F. J. Tolkmitt & G. Bergmann (Hrsg.), *Die Streßreaktion: Physiologie und Verhalten* (S. 9-23). Göttingen: Hogrefe.

Bleich, C. (1996). *Übergang zur Erstelternschaft: Die Paarbeziehung unter Streß?* Frankfurt / Main: Verlag für Akademische Schriften.

Bleich, C. & Witte, E. H. (1992). Zu Veränderungen in der Paarbeziehung bei Erwerbslosigkeit des Mannes. *Kölner Zeitschrift für Soziologie und Sozialpsychologie, 44*, 731-746.

Bleich, C. & Witte, E. H. (1994). On changes in the couple relationship during unemployment of the male partner. *German Journal of Psychology, 18*, 53-55.

Bleich, C. (in Druck). Übergang zur Erstelternschaft: Zusammenhang von Antezedenten, Mediatoren und Effekten in einem modifizierten Emotionsmodell. In E. H. Witte & C. Bleich (Hrsg.), *Streß und soziale Unterstützung – Sozialpsychologische Perspektiven.* Lengerich: Pabst Science Publishers.

Bodenmann, G. (1995). *Bewältigung von Streß in Partnerschaften. Der Einfluß von Belastungen auf die Qualität und Stabilität von Paarbeziehungen.* Bern: Huber.

Bodenmann, G., Perrez, M. & Gottman, J. M. (1996). Die Bedeutung des intrapsychischen Copings für die dyadische Interaktion unter Streß. *Zeitschrift für Klinische Psychologie, 25*, 1-13.

Cierpka, M. (1988). Überblick über familiendiagnostische Fragebogeninventare. In M. Cierpka (Hrsg.), *Familiendiagnostik* (S. 215-231). Berlin: Springer-Verlag.

Cohen, J. (1988). *Statistical power analysis for the behavioral sciences* (2nd ed.). Hillsdale: Erlbaum.

Collegium Internationale Psychiatriae Scalarum (CIPS). (Hrsg.). (1986). *Internationale Skalen für Psychiatrie.* Weinheim: Beltz Test.

Cowan, C. P., Cowan, P. A., Coie, L. & Coie, J. D. (1978). Becoming a family: The impact of a first child's birth on the couple relationship. In W. B. Miller & L. F. Newman (Eds.), *The first child and family formation* (pp. 296-324). Chapel Hill: Carolina Population Center, The University of North Carolina at Chapel Hill.

Cowan, C. P., Cowan, P. A., Heming, G., Garrett, E., Coysh, W. S., Curtis-Boles, H. & Boles, A. J. (1985). Transition to parenthood. His, hers and theirs. *Journal of Family Issues, 6*, 451-481.

Dyer, E. D. (1963). Parenthood as crisis: A restudy. *Marriage and Family Living, 25*, 196-201.

Eckblad, G. F. (1993). The „circumplex" and curvilinear functions. *Family Process, 32*, 473-476.

Entwisle, D. R. & Doering, S. G. (1981). *The first birth. A family turning point.* Baltimore: The Johns Hopkins University Press.

Everly, G. S. (1989). *A clinical guide to the treatment of the human stress response.* New York: Plenum.

Franke, G. H. (1996). *SCL-90-R – Die Symptom-Checkliste von Derogatis. Deutsche Version.* Weinheim: Beltz.

Green, R., Harris, R., Forte, J. & Robinson, M. (1991). Evaluating FACES III and the Circumplex Model: 2440 families. *Family Process, 30*, 55-73.

Grossman, F. K. (1988). Strain in the transition to parenthood. In R. Palkovitz & M. B. Suss-

man (Eds.), *Transition to parenthood* (pp. 85-104). New York: Haworth Press.
Hahlweg, K. (1991). Störung und Auflösung von Beziehung: Determinanten der Ehequalität und -stabilität. In M. Amelang, H.-J. Ahrens & H. W. Bierhoff (Hrsg.), *Partnerwahl und Partnerschaft* (S. 117-152). Göttingen: Hogrefe.
Hawkins, S. A. & Hastie, R. (1990). Hindsight: Biased judgements of past events after the outcomes are known. *Psychological Bulletin, 107*, 311-327.
Herff, W. (1990). *Die Bedeutung familiärer Strukturdimensionen für die Phase des Übergangs zur Elternschaft*. Frankfurt / Main: Peter Lang.
Hill, R. (1949). *Families under stress*. New York: Harper.
Hobbs, D. F. (1965). Parenthood as crisis: A third study. *Journal of Marriage and the Family, 27*, 367-372.
Hobbs, D. F. (1968). Transition to parenthood: A replication and extension. *Journal of Marriage and the Family, 30*, 413-417.
Hobbs, D. F. & Wimbish, J. M. (1977). Transition to parenthood by black couples. *Journal of Marriage and the Family, 39*, 677-689.
Holmes, T. H. & Masuda, M. (1974). Life change and illness susceptibility. In B. S. Dohrenwend & B. P. Dohrenwend (Eds.), *Stressful life events* (pp. 45-72). New York: Wiley.
Jerusalem, M. (1990). *Persönliche Ressourcen, Vulnerabilität und Streßerleben*. Göttingen: Verlag für Psychologie.
Jungnickel, D. (1984). *Analyse von Konflikten in Partnerschaften. Aspekte der familialen Sozialisation zur Erklärung von Partnerschaftskonflikten*. Unveröffentlichte Diplomarbeit, Universität Hamburg.
Katschnig, H. (Hrsg.). (1980). *Sozialer Streß und psychische Erkrankung. Lebensverändernde Ereignisse als Ursache seelischer Störungen*. München: Urban & Schwarzenberg.
Klimek, S., Reiter, R. & Steiner, E. (1983). Erfahrungen mit dem Familien-Diagnosemodell nach Olson und Mitarbeitern. *Partnerberatung, 20*, 143-148.
Laux, L. (1983). Psychologische Streßkonzeptionen. In H. Thomae (Hrsg.), *Theorien und Formen der Motivation* (S. 453-535). Göttingen: Hogrefe.
Lazarus, R. S. (1966). *Psychological stress and the coping process*. New York: McGraw-Hill.
Lazarus, R. S. (1991). *Emotion and adaptation*. Oxford: Oxford University Press.
Lazarus, R. S. & Folkman, S. (1984). *Stress, appraisal, and coping*. New York: Springer.
Lazarus, R. S. & Folkman, S. (1987). Transactional theory and research on emotions and coping. *European Journal of Personality, 1*, 141-169.
Lazarus, R. S. & Launier, R. (1978). Stress related transactions between person and environment. In L. A. Pervin & M. Lewis (Eds.), *Perspectives in international psychology* (pp. 287-327). New York: Plenum.
LeMasters, E. E. (1957). Parenthood as crisis. *Marriage and Family Living, 19*, 352-355.
Levine, S. & Ursin, H. (1991). What is stress? In M. R. Brown, G. Koob & C. Rivier (Eds.), *Stress: Neurobiology and neuroendocrinology* (pp. 3-21). New York: Marcel Dekker.
Mason, J. W. (1975a). A historical review of the „stress" field, part I. *Journal of Human Stress, 1*, 6-12.
Mason, J. W. (1975b). A historical review of the „stress" field, part II. *Journal of Human Stress, 1*, 22-36.
McCubbin, H. I. & Boss, P. G. (1980). Family stress and coping: Targets for theory, research, counseling, and education. *Family Relations, 29*, 429-430.
McCubbin, H. I. & Figley, C. R. (1983). (Eds.). *Stress and the family (Vol. I: Coping with normative transitions)*. New York: Brunner / Mazel.
McCubbin, H. I., Joy, C. B., Cauble, A. E., Comeau, J. K., Patterson, J. M. & Needle, R. H. (1980). Family stress and coping: A decade review. *Journal of Marriage and the Family, 42*, 125-141.
McGrath, J. E. (1970). A conceptual formulation for research on stress. In J. E. McGrath (Eds.), *Social and psychological factors in stress* (pp. 10-21). New York: Holt, Rinehardt & Winston.
Miller, B. C. & Myers-Walls, J. A. (1983). Parenthood: Stresses and coping strategies. In H. I. McCubbin & C. R. Figley (Eds.), *Stress and the family (Vol. I: Coping with normative transitions)* (pp. 54-73). New York: Brunner / Mazel.
Miller, B. C. & Sollie, D. L. (1980). Normal stresses during the transition to parenthood. *Family Relations, 29*, 459-465.
Neufeld, R. W. J. (1989) (Ed.). *Advances in the investigation of psychological stress*. New York: Wiley.
Nitsch, J. R. (1981a). Zur Gegenstandsbestimmung der Streßforschung. In J. R. Nitsch

(Hrsg.), *Streß. Theorien, Untersuchungen, Maßnahmen* (S. 29-51). Bern: Huber.
Nitsch, J. R. (1981b). Zur Problematik von Streßuntersuchungen. In J. R. Nitsch (Hrsg.), *Streß. Theorien, Untersuchungen, Maßnahmen* (S. 142-160). Bern: Huber.
Olson, D. (1991). Commentary: Threedimension (3-D) circumplex model and revise scoring of FACES III. *Family Process, 30*, 74-79.
Olson, D. H., Bell, R. & Portner, J. (1982). *FACES II – Family Adaptability and Cohesion Evaluation Scales*. St. Paul: University of Minnesota.
Olson, D. H., Portner, J. & Bell, R. (1982). FACES II: Family Adaptability and Cohesion Evaluation Scales. In D. H. Olson, H. I. McCubbin, H. Barnes, A. Larsen, M. Muxen & M. Wilson (Eds.), *Family inventories* (pp. 4-32). St. Paul: University of Minnesota.
Olson, D. H., Portner, J. & Lavee, Y. (1985). *Family Adaptability and Cohesion Evaluation Scales (FACES III)* (dtsch. Übersetzung: Sattelmeyer, J., Thomas, V. & Cierpka, M., Zentrum für Psychiatrie, Psychosomatik und Psychotherapie der Universität Ulm). St. Paul: University of Minnesota.
Olson, D. H., Russel, C. S. & Sprenkle, D. H. (1983). Circumplex model of marital and family systems. VI: Theoretical update. *Family Process, 22*, 69-83.
Perosa, L. M. & Perosa, S. L. (1990). The use of a bipolar item format for FACES III: A reconsideration. *Journal of Marital and Family Therapy, 16*, 187-199.
Petzold, M. (1987). Der ökologische Übergang zur Elternschaft: Krise oder normatives Ereignis? In H. Nickel & S. Schindler (Hrsg.), *Ökopsychologie der Entwicklung im frühen Kindesalter* (Salzburger Sozialisationsstudien, Bd. 11, S. 23-35). Salzburg: Universität, Institut für Psychologie, Abteilung für Sozialisationsforschung und Entwicklungspsychologie.
Petzold, M. (1990). Eheliche Zufriedenheit fünf Jahre nach der Geburt des ersten Kindes. *Psychologie in Erziehung und Unterricht, 37*, 101-110.
Petzold, M. (1991a). *Paare werden Eltern. Eine familienentwicklungspsychologische Längsschnittstudie*. München: Quintessenz.
Petzold, M. (1991b). Vorbereitete und unvorbereitete Väter fünf Jahre nach der Geburt des ersten Kindes. Eine Längsschnittstudie auf der Suche nach neuen Vätern. *Psychologie in Erziehung und Unterricht, 38*, 263-271.
Rahe, R. H. & Arthur, R. J. (1978). Life change and illness studies: Past histories and future directions. *Journal of Human Stress, 4*, 3-15.
Reicherts, M. (1988). *Diagnostik der Belastungsverarbeitung: Neue Zugänge zu Streß-Bewältigungs-Prozessen*. Bern: Huber.
Reichle, B. (1994a). *Die Geburt des ersten Kindes – eine Herausforderung für die Partnerschaft. Verarbeitung und Folgen einer einschneidenden Lebensveränderung*. Bielefeld: Kleine.
Reichle, B. (1994b). Ungerechtigkeitserlebnisse in Partnerschaften nach der Geburt des ersten Kindes. Vortrag gehalten auf dem 39. Kongreß der Deutschen Gesellschaft für Psychologie, 25. - 29. September 1994 in Hamburg.
Russel, C. S. (1974). Transition to parenthood: Problems and gratifications. *Journal of Marriage and the Family, 36*, 294-301.
Scherer, K. R. (1985). Streß und Emotion: Ein Ausblick. In K. R. Scherer, H. G. Wallbott, F. J. Tolkmitt & G. Bergmann (Hrsg.), *Die Streßreaktion: Physiologie und Verhalten* (S. 195-205). Göttingen: Hogrefe.
Schülein, J.-A. (1987). Die Geburt des Elter. Das erste Kind und seine Sozialisationswirkungen. *Neue Sammlung, 27*, 515-533.
Selye, H. (1936). A syndrome produced by diverse nocuous agents. *Nature, 138*, 32.
Sommer, G. & Fydrich, T. (1989). *Soziale Unterstützung. Diagnostik, Konzepte, F-SOZU. Materialien Nr. 22*. Tübingen: Deutsche Gesellschaft für Verhaltenstherapie.
Teichman, Y. & Lahav, Y. (1987). Expectant fathers: Emotional reactions, physical symptoms and coping styles. *British Journal of Medical Psychology, 60*, 225-232.
Thomas, V. (1988). Das „Circumplex model" und der FACES. In M. Cierpka (Hrsg.), *Familiendiagnostik* (S. 256-281). Berlin: Springer-Verlag.
Tomlinson, P. S. (1987). Spousal differences in marital satisfaction during transition to parenthood. *Nursing Research, 36*, 239-243.
Vandvik, I. H. & Eckblad, G. F. (1993). FACES III and the Kvebaek Family Sculpture Technique as measures of cohesion and closeness. *Family Process, 32*, 221-233.
Waldron, H. & Routh, D. K. (1981). The effect of the first child on the marital relationship. *Journal of Marriage and the Family, 43*, 785-788.
Witte, E. H. (1994). *Sozialpsychologie: Ein Lehrbuch*. Weinheim: PsychologieVerlags-Union.

Die Fribourger Zeitstichprobenstudie zum Übergang zur Elternschaft: Differentielle Veränderungen der Partnerschaftszufriedenheit

Muna El-Giamal

1 Einleitung

In vielen Studien zum Übergang zur Elternschaft werden Partnerschaftsprobleme als negative Folgeerscheinung dieses Lebensereignisses thematisiert (vgl. zusammenfassend El-Giamal, 1997b). Aus etlichen Untersuchungen (u. a. Belsky, Lang & Rovine, 1985; Hackel & Ruble, 1992; Schneewind et al., 1992; Vaillant & Vaillant; 1993; vgl. zusammenfassend El-Giamal, 1997b) ist bekannt, daß es bei vielen Paaren zu einer Abnahme der Partnerschaftszufriedenheit nach der Geburt des ersten Kindes kommt. Bei näherer Betrachtung zeigt sich in einigen Untersuchungen, daß sich für verschiedene Elterngruppen unterschiedliche Zufriedenheitsverläufe verzeichnen lassen. So geben unter anderem einige Paare an, daß sich die Beziehungsqualität nach der Geburt des ersten Kindes *verbessert* hat. Wir müssen demnach differenzierter fragen, welche Ressourcen es Paaren erlauben, die Gratifikationen zu genießen, die mit der Ankunft eines Kindes ebenfalls verbunden sind.

2 Differentielle Verläufe der Partnerschaftszufriedenheit und Einflußfaktoren

Belsky und Rovine (1990) klassifizierten die Partnerschaftszufriedenheitswerte der Eltern nach linearen, quadratischen oder kubischen Verläufen. Bei über 50 % der Paare hatte sich die Beziehung 3 Jahre nach der Geburt verbessert oder war gleichgeblieben. Bei maximal 16 % kam es zu einer negativen Entwicklung. Paare mit einer Verschlechterung bzw. Verbesserung in der Beziehung unterschieden sich in demographischen Indikatoren, Persönlichkeitsvariablen, der Partnerschaftszufriedenheit sowie im Temperament des Kindes. Hinsichtlich der demographischen Variablen zeigte sich ein negativer Verlauf der Partnerschaftszufriedenheit bei jüngeren Eltern, die erst kürzer verheiratet waren, die über wenig Einkommen verfügten und bei solchen mit niedrigem Bildungsgrad. Als Persönlichkeitsvariablen erwiesen sich ein niedriges Ausmaß an Sensibilität für die Gefühle anderer (in der Vätergruppe) und ein niedriges Selbstwertgefühl (für beide Elternteile) als ausschlaggebend für die Abnahme der Zufriedenheitswerte. Paare, die den romantischen Aspekt ihrer Beziehung vor der Geburt des Kindes als hoch einschätzten, wiesen deutliche Einbußen in ihrer Beziehungsqualität auf. Ein unrealistisches Einschätzen der Anforderungen, die durch ein Kind für die Beziehung entstehen, erweist sich demnach als ungünstig. Enttäuschungen sind auf diese Weise vorprogrammiert.

Moss, Bolland, Foxman und Owen (1986) fanden in ihrer Längsschnittstudie mit insgesamt fünf Meßzeitpunkten lediglich ein geringes Absinken der mittleren Partnerschaftszufriedenheit nach der Geburt des ersten Kindes. Bei 10 % der Paare war die Beziehung am Ende der Erhebungsperiode stark beeinträchtigt. Ein Drittel der Mütter und die Hälfte der Väter berichteten über eine Verbesserung ihrer Beziehung seit der Geburt des Kindes. Unter den belasteten Paaren fanden sich ebenfalls jüngere Paare, deren Beziehung erst seit kurzer Zeit bestand und die ein niedriges Bildungsniveau aufwiesen. Paare mit den genannten Merkmalen könnten demnach als Risikogruppe bezeichnet werden. Ein schwieriges Temperament des Kindes war hier ebenfalls mit erhöhter partnerschaftlicher Belastung verbunden, hatte jedoch keinen direkten Einfluß auf die Werte der Partnerschaftszufriedenheit.

Wright, Henggeler und Craig (1986) untersuchten 41 Paare zu zwei Meßzeitpunkten. Geschlechtsunabhängig zeigte sich eine Abnahme der Partnerschaftszufriedenheitswerte. Auch hier berichten 36 % der Frauen und Männer von gestiegenen Partnerschaftszufriedenheitswerten nach der Geburt. Für die Väter waren die vor der Geburt erhobenen Persönlichkeitscharakteristika bestimmend. Ein hohes Ausmaß an sozialer Nonkonformität der Väter ging mit niedrigeren Zufriedenheitswerten einher. Die Autoren interpretieren dies folgendermaßen: Männer mit hohen Werten auf der Nonkonformitätsskala scheinen sich sozialen Konventionen weniger zu beugen. Sie sind eher Ich-zentriert und können sich deshalb nicht optimal auf die neue Lebenssituation einstellen. Väter mit schlechter psychischer Befindlichkeit in der Schwangerschaft wiesen höhere Werte in der Partnerschaftszufriedenheit nach der Geburt ihres Kindes auf. Erklärt wird dies damit, daß durch die schlechtere Befindlichkeit möglicherweise höhere Ängstlichkeitswerte in der Antizipation des Ereignisses Geburt entstehen, worauf sich die angehenden Väter vermehrt für die Beziehung einsetzen und so zu einer besseren Beziehungsqualität beitragen.

Einen weiteren Einflußfaktor für unterschiedliche Zufriedenheitsverläufe nennen Terry, McHugh und Noller (1991). Die Abnahme der Zufriedenheitswerte ist bei Frauen vor allem dann sehr gravierend, wenn sie mit der Beteiligung des Partners an den anfallenden Haushaltstätigkeiten unzufrieden waren. Bei Müttern, die den Partneranteil an der Hausarbeit als adäquat einschätzten, zeigte sich sogar ein Zufriedenheitsanstieg.

Schneewind (1983) macht für das Eintreten oder Ausbleiben eines negativen emotionalen Zustandes bei Ersteltern *Moderatorvariablen*, z. B. sozioökonomische Variablen, die persönliche Karriere- und Lebensplanung, gesammelte Vorerfahrungen mit Kindern, Art und Ausmaß der Vorbereitung auf die Elternrolle sowie Ausmaß und Inanspruchnahme inner- und außerfamilialer Unterstützung verantwortlich. Ein „Baby-Schock" tritt nach Schneewind besonders bei wenig familiengerechten Umweltbedingungen auf, oder dann, wenn Frauen durch die Aufgabe ihres eigenen Berufs einen starken Autonomieverlust erleben, Isolation eintritt und die Partnerschaft Einschränkungen in Kommunikation, Freizeitverhalten und Sexualität unterliegt. Als weitere Gründe für das Absinken der Partnerschaftszufriedenheit werden starke Belastungen und ein niedriges Niveau der pränatalen Partnerschaftszufriedenheit in Betracht gezogen.

Reichle (1994, 1996) thematisiert die Bedeutung von enttäuschten Erwartungen und dem Gefühl, ungerecht behandelt zu werden als Grundlage vieler Beziehungskonflikte bei jungen Eltern. Als signifikante Prädiktoren aus dem dritten Elternschaftsmonat für eine Trennung bzw. Scheidung nach viereinhalb Jahren erwiesen sich der Schuldvorwurf an den Partner, das Erleben von Ungerechtigkeit angesichts von Einschränkungen nach der Geburt des ersten Kindes, negative Emotionen (Ärger/Enttäuschung) dem Partner gegenüber sowie ein zu gering empfundenes Familieneinkommen.

Ausgehend von Befunden in Fragebogen- und experimentellen Untersuchungen (vgl. Bodenmann, 1995; Menaghan, 1982a, 1982b; Wolf, 1987) kann zudem angenommen werden, daß ein Zusammenhang zwischen der Partnerschaftszufriedenheit und der Art der Bewältigung in Belastungssituationen von Paaren existiert.

Zusammenfassend kann man sagen, daß als zentrale Moderatorvariablen für die Entwicklung der Partnerschaftszufriedenheit besonders folgende Faktoren diskutiert werden: die vorgeburtliche Beziehungsqualität, enttäuschte Erwartungen sowie das Erleben von Ungerechtigkeit bzw. Unausgewogenheit in der Beziehung (vgl. El-Giamal, 1997b).

3 Zielsetzung der Fribourger Zeitstichprobenstudie

Die Hauptzielsetzung der im folgenden beschriebenen Studie liegt in dem Versuch, sowohl das *Alltagserleben* und die *Alltagsbelastungen* von Erstelltern nachzuvollziehen, als auch deren *Bewältigungsversuche* und Bewältigungsprozesse darzustellen. Als abhängige Variable wird u. a. die *Partnerschaftszufriedenheit* betrachtet. In bisher durchgeführten Elternschaftsstudien wurden Fragestellungen zur Belastungsbewältigung in erster Linie mit retrospektiven Fragebogen oder Interviewmethoden erfaßt. Da dies mit vielfältigen Problemen verbunden ist (vgl. El-Giamal, 1996), kam in der vorliegenden Fribourger Studie erstmals die Erhebung der Belastungsbewältigung bei Erstelltern durch ein Zeitstichprobenverfahren (Time-Sampling) als alltagsnahe Selbstprotokollierungsmethode zum Einsatz. Diese Technik wurde in anderen Forschungsbereichen bereits erfolgreich verwendet (vgl. Überblick bei Hormuth, 1986) und hier in Form von strukturierten Tagesprotokollen in herkömmlicher Paper-Pencil-Form vorgegeben (**Fribourger Streßtagebuch FRISTA**). Der theoretische Hintergrund dieser Arbeit für den Bereich des Belastungserlebens steht in der Tradition der Konzeption von Lazarus und seiner Arbeitsgruppe (vgl. Lazarus & Folkman, 1984) sowie der theoretischen Weiterentwicklung durch Perrez und Mitarbeiter (vgl. Perrez & Reicherts, 1992). Hiernach wird das Belastungsgeschehen als Prozeß betrachtet, bei dem sowohl Person- als auch Situationsfaktoren eine Rolle spielen. Eine große Bedeutung wird der Situationsbewertung (appraisal) zugemessen, die das Belastungsausmaß letztlich bedingen soll. Der Fokus des vorliegenden Beitrags liegt auf Befunden zum Verlauf der Partnerschaftszufriedenheit und der Identifikation von differentiellen Verlaufsmustern.

4 Fragestellungen

- Es wird in dieser Studie unter anderem geprüft, ob sich *differentielle Verläufe* in der Partnerschaftszufriedenheit feststellen lassen, und hinsichtlich welcher Variablen sich diese Verlaufsmuster unterscheiden.
- Die Auswirkungen der Alltagsbelastung (aktuell erlebte und retrospektiv eingeschätzte Belastung), des im Alltag gezeigten Bewältigungsverhaltens sowie von enttäuschten Erwartungen (z. B. Unzufriedenheit mit der Beteiligung des Partners oder der Partnerin an den Haushaltstätigkeiten) auf die Partnerschaftszufriedenheit stehen ebenfalls im Zentrum der Betrachtung.
- Es wird postuliert, daß der Zusammenhang von Lebensereignis und Partnerschaftsqualität durch diverse Variablen moderiert wird, so z. B. könnte die Partnerschaftszufriedenheit durch folgende Variablen negativ beeinflußt werden: kurze Beziehungsdauer, Ungeplantheit des Kindes, schwieriges Temperament des Kindes, niedriger sozioökonomischer Status, hohe Ausprägung in der Variable Neurotizismus, bereits vor der Geburt des Kindes vorhandene niedrige Partnerschaftszufriedenheit sowie enttäuschte Erwartungen aufgrund der häufig eintretenden Rollentraditionalisierung.
- Es ist anzunehmen, daß unzufriedene Eltern in höherem Ausmaß maladaptive Bewältigungsstrategien (z. B. Fremdvorwurf) benutzen. Es wird z. B. erwartet, daß sich Eltern mit niedriger Partnerschaftszufriedenheit über Situationen hinweg durch ein höheres Ausmaß an Rückzugsverhalten auszeichnen, weniger aktives Problemlösen und weniger Umbewertungstendenzen benutzen als Eltern mit hoher Partnerschaftszufriedenheit.

5 Stichprobe

Die Datenerhebung erfolgte in der Schweiz im Zeitraum von April 1994 bis Juni 1995. Insgesamt nahmen an der Studie 180 Ersteltern teil. Die Versuchspersonenrekrutierung erfolgte über Zeitungsaufrufe (mit 70 % Rücklauf am erfolgreichsten), über Schwangerschaftskurse, Arztpraxen und Kliniken. In die Auswertung gingen die Daten von 156 Erseltern (78 Paare) ein. Die Studienteilnehmer waren zu 94 % verheiratet und lebten alle in einem gemeinsamen Haushalt. Die Partnerschaftsdauer lag zu Beginn der Untersuchung bei durchschnittlich 6.7 Jahren ($SD = 4.1$). 61.5 % verfügten über einen Berufsschulabschluß, 20.8 % über einen Technikum- oder Universitätsabschluß. Die Schwangerschaft war in 13.5 % der Fälle nicht geplant und nur in 43 % der Fälle ausdrücklich geplant, jedoch zu einem hohen Prozentsatz (73 %) erwünscht.

6 Instrumente und Variablen

Neben dem FRISTA zur Protokollierung des Alltags wurden herkömmliche Fragebogen eingesetzt. Auf diese Weise wurden soziodemographische Merkmale, Persönlichkeitsmerkmale sowie die Partnerschaftszufriedenheit erfaßt. Neben Variablen wie Alter, Geschlecht und Beruf wurden Fragen zum Erleben der Schwangerschaft, dem kindlichen Temperament, der Zufriedenheit mit der erfahrenen Unterstützung aus der Umgebung und vom jeweiligen Partner sowie Fragen zur allgemeinen Zufriedenheit mit der Lebenssituation gestellt.

6.1 Das Fribourger Streßtagebuch (FRISTA)

In der Konzeption des FRISTA spielten die Erfahrungen mehrerer Forschungsgruppen eine wesentliche Rolle. Inhaltlich und formal ist die Gestaltung eng an die der Arbeitsgruppe um Schwenkmezger und Hank (1994) an der Universität Trier angelehnt (vgl. Hank, 1995). Während dort der Schwerpunkt unter anderem auf dem alltäglichen Umgang mit Ärger lag, verknüpften wir diese Paper-Pencil Erhebung mit dem Fribourger Forschungsschwerpunkt *Streß und Coping*. Die von Perrez und Reicherts (1992) postulierte zeitliche Verlaufsstruktur einer Alltags-Streßepisode kann mit dem FRISTA leichter dargestellt werden als dies mit der Vorgabe hypothetischer Streßsituationen oder Hassles-Listen möglich wäre. Der Aufbau des FRISTA wurde andernorts bereits detailliert beschrieben (El-Giamal, 1997a). Mit diesem Protokollheft werden das aktuelle Setting (Zeit, Ort, anwesende Personen) mittels einfacher Kategoriensysteme, die emotionale Befindlichkeit in der Situation, die Situationscharakteristika von belastenden Situationen und das gezeigte Bewältigungsverhalten auf mehrstufigen Skalen erfaßt.

Das FRISTA wurde zunächst in einer Vorstudie an 30 Studierenden hinsichtlich der Durchführbarkeit überprüft. Die werdenden Eltern erhielten jeweils eine ca. einstündige persönliche oder telefonische Einführung in die Handhabung des Protokollheftes. Die Teilnehmer wurden darauf hingewiesen, daß unter Belastungen alles fällt, was sie selbst als störend, nervend, streßreich, ärgerlich oder traurig erleben – unabhängig davon, was andere denken oder sagen. Als Beispiele gaben wir an, daß das verlorene Portemonnaie oder der verpaßte Bus als belastendes Ereignis genauso angegeben werden können, wie Streitigkeiten am Arbeitsplatz, in der Partnerschaft oder Schwierigkeiten mit dem Kind. Der zeitliche Aufwand betrug pro Protokollzeitpunkt etwa vier Minuten. Pro Tag ergaben sich also ca. 30 Minuten Zeitaufwand für jede Person. Die handlichen Protokollhefte konnten die Probanden ohne Probleme während ihres Tagesablaufs bei sich tragen. Sie wurden am nächsten Tag in einem vorfrankierten Rückumschlag zurückgesandt. Als Anreiz erhielten die Eltern nach Abschluß der Studie ein

Jahresabonnement einer Familienzeitung und nahmen an der Verlosung eines Geldbetrags teil.[1]

6.2 Persönlichkeitsvariablen

Der *FPI-R* wurde als reliables und valides Instrument zur Erfassung relativ stabiler Personmerkmale eingesetzt. Der Test besteht aus 138 Aussagen über die eigene Person, auf die mit „stimmt" (1) oder „stimmt nicht" (0) geantwortet werden kann. Die Items werden zehn Skalen zugeordnet und die Summe der „stimmt"-Antworten, nach entsprechenden Umkodierungen einzelner Items, gebildet (Fahrenberg, Hampel & Selg, 1989).

6.3 Partnerschaftszufriedenheit

Der Partnerschaftsfragebogen *PFB* (Hahlweg, 1979) gilt als reliables und valides Instrument zur Erfassung der Partnerschaftsqualität (vgl. Hank, Hahlweg & Klann, 1990). Der Test besteht aus 30 Items, welche den drei Skalen Streitverhalten, Zärtlichkeit und Gemeinsamkeit / Kommunikation zugeordnet werden können. Die Items sollen nach der Häufigkeit ihres Auftretens auf einer Werteskala von 0-3 beurteilt werden (nie / sehr selten, selten, oft, sehr oft). Die jeweils zehn Items der Skalen wurden per Mittelwertbildung aggregiert. Die Skalenwerte können daher Werte zwischen 0 und 3 annehmen. Für die Auswertungen wurden die Skalen Gemeinsamkeit / Kommunikation und Zärtlichkeit zu einem Partnerschaftszufriedenheitsscore zusammengefaßt, da diese Unterskalen zu allen Meßzeitpunkten hoch korreliert waren.

6.4. Belastung

Für die Analyse der Alltagsbelastungen von Ersteltern wurden diverse Belastungsindikatoren gebildet. Für die hier dargestellten Auswertungen spielt die Variable *Mittlere Alltagsbelastung* eine Rolle. Als Indikator der mittleren Belastungseinschätzung pro Meßzeitpunkt wurde die jeweilige bipolare Gesamtbewertung der Situation (*Die Situation war für mich insgesamt: erfreulich – belastend / Skalierung 1 – 6*) über die jeweils vier Tage eines Meßzeitraums per Mittelwertsbildung aggregiert.

6.5 Bewältigungsverhalten und Situationsbewertung (Appraisal)

In jeder Belastungssituation gaben die Probanden auf einer fünfstufigen Skala an, in welchem Ausmaß sie bestimmte Bewältigungsstrategien einsetzten (1 = *gar nicht*, 5 = *sehr*). Auf sechsstufigen bipolaren Items wurde außerdem die Ausprägung der Situationscharakteristika eingeschätzt (z. B. Regulierbarkeit: 1 = *sehr klein*, 6 = *sehr groß*). Die Copingvariablen, z. B. Aktivität, Umbewertung sowie die Situationscharakteristika,

---

[1] An dieser Stelle gilt mein besonderer Dank dem Familieninstitut der Universität Fribourg, dem Hochschulrat der Universität Fribourg sowie der Zeitschrift „Schweizer Familie", ohne deren großzügige finanzielle Unterstützung diese Untersuchung nicht möglich gewesen wäre.

z. B. Regulierbarkeit / Kontrollierbarkeit, wurden im Sinne einer Verhaltens- oder Einschätzungstendenz personenspezifisch über die protokollierten Belastungssituationen hinweg gemittelt. Die Anzahl protokollierter Belastungssituationen differiert individuell sehr stark. In den hier vorgestellten Analysen wird jeweils eine Mindestzahl an erforderlichen Belastungsepisoden festgelegt, und es werden nur solche Personen in die Analyse aufgenommen, die diesem Einschlußkriterium genügen.

Die situationsübergreifende Konsistenz, also die Stabilität von individuellem Bewältigungsverhalten in Belastungsepisoden, wurde über Schätzungen der Split-Half Reliabilität (odd-even-Teilung der Episoden)[2] berechnet. Die Reliabilitätswerte bei im Durchschnitt sechs bis sieben protokollierten Episoden pro Vergleichshälfte (Mindestkriterium drei Episoden pro Hälfte) erreichen befriedigende Werte von im Durchschnitt $r_{tt} = .74 - .77$.

7 Datenerhebung

Die Selbstprotokollierung der Eltern erfolgte zu drei Meßzeiträumen, welche in Anlehnung an die von Gloger-Tippelt (1988) beschriebenen Schwangerschaftsphasen und Phasen der frühen Elternschaft als Phasen hoher Belastung gelten. Etwa acht Wochen vor der Geburt füllten die Paare die ersten vier Protokollhefte an vier festgelegten Wochentagen aus (Sonntag, Mittwoch, Samstag, Dienstag). 4 Wochen und 4 Monate post partum wiederholte sich die Prozedur, so daß von jeder Person zwölf Hefte zur Auswertung gelangten. Bei sieben Protokollierungszeitpunkten pro Tag, von denen die zu protokollierende halbe Stunde nochmals eine Unterteilung in zwei Viertelstundeneinheiten beinhaltet, sind dies 168 mögliche Situationsbeobachtungen pro Person.

Die schriftliche Befragung erfolgte bei beiden Elternteilen unabhängig voneinander. Von den 180 Eltern der Anfangsstichprobe wurden die Protokollhefte von Personen, die aus der Studie vorzeitig ausschieden, stark unvollständige Datensätze sowie Protokollhefte, die unpünktlich von den Probanden zurückgesandt oder an falschen Tagen protokolliert worden waren, aus der Datenanalyse ausgeschlossen.

Die Probanden wurden zu Beginn randomisiert drei Untersuchungsbedingungen zugeordnet. Die Untersuchungsgruppe 1 (U1) besteht aus 26 Paaren. Diese Gruppe protokollierte ihren Tagesablauf mit dem Fribourger Streßtagebuch (FRISTA). Die zweite Untersuchungsgruppe (U2, 27 Paare) protokollierte ebenfalls ihren Tagesablauf und bekam zusätzlich nach der ersten Phase der Tagesprotokollierung ab der 32. Schwangerschaftswoche wöchentlich als Intervention einen von insgesamt acht Elternbriefen zugesandt, die eigens für diese Studie entwickelt wurden (El-Giamal & Frautschi, 1994; zur Entwicklung der Elternbriefe vgl. Frautschi, 1994). Die dritte Gruppe (KG, 25 Paare) fungierte als Kontrollgruppe. Die Teilnehmer der Kontrollgruppe füllten keine Protokollhefte aus, sondern lediglich die diversen Fragebogen der Untersuchung. Diese letzte Gruppe diente dazu, mögliche Reaktivitätseffekte der Untersuchungsmethodik auf die Beziehungsqualität oder auf das allgemeine Belastungserleben zu untersu-

---

[2] Hierbei wurden alle individuell protokollierten Episoden durchnumeriert, die geraden und ungeraden Episoden aggregiert, korreliert und nach Spearman-Brown aufgewertet.

chen. Die Auswertungen zum Alltag von Ersteltern, die hier vorgestellt werden, beziehen sich auf die Daten der Protokollierungsgruppen U1 und U2 ($n = 106$).

8 Veränderungen in der Partnerschaft

8.1 Allgemeine Verlaufseffekte

Im folgenden werden Ergebnisse zu Veränderungen in der Partnerschaftszufriedenheit nach der Geburt des ersten Kindes dargestellt (vgl. Tab. 1). Die Werte im Partnerschaftsfragebogen PFB wurden zur Überprüfung von Verlaufseffekten einer 2 × 3 Varianzanalyse mit Meßwiederholung mit den unabhängigen Variablen Geschlecht und Gruppenzugehörigkeit unterzogen. Für die Gesamtzufriedenheit in der Partnerschaft und in den Unterskalen wurde kein Hinweis auf Geschlechtsunterschiede gefunden.

Die Ergebnisse weisen in die erwartete Richtung. Es zeigt sich eine bedeutsame Abnahme in der Partnerschaftszufriedenheit, Wilks' $\lambda = .82$, $F(2, 147) = 16.45$, $p < .01$ (siehe Tab. 1; zur Interpretation des Kennwerts Wilks' Lambda vgl. Vasey & Thayer, 1987). In Einzelvergleichen nehmen sowohl die Werte von T1 zu T2 ($p < .001$) als auch von T1 zu T3 ($p < .001$) signifikant ab, und vom postnatalen Wert vier Wochen nach der Geburt (T2) zu T3 wieder bedeutsam zu ($p < .01$). Die Werte zum Zeitpunkt T3 (zwölf Wochen nach der Geburt) liegen immer noch unter dem Niveau in der Schwangerschaftsphase.

Diese Abnahme der Partnerschaftszufriedenheit nach der Geburt zeigt sich für die Unterskalen Gemeinsamkeit – Wilks' $\lambda = .87$, $F(2, 147) = 10.54$, $p < .001$ – und Zärtlichkeit – Wilks' $\lambda = .81$, $F(2, 147) = 17.65$, $p < .001$. Erwartungswidrig nehmen die Werte der Skala Streitverhalten – Wilks' $\lambda = .56$, $F(2, 147) = 3.45$, $p < .05$ – von T1 auf T2 ($p < .02$) sowie von T1 zu T3 ($p < .05$) ebenfalls ab.

Tabelle 1: Mittelwerte und Standardabweichungen der Partnerschaftszufriedenheitswerte (PFB-GZ) und der drei Unterskalen Zärtlichkeit, Gemeinsamkeit und Streitverhalten über drei Meßzeitpunkte

	PFB-GZ	Zärtlichkeit	Gemeinsamkeit	Streitverhalten
T1	2.24 (.37)	2.20 (.45)	2.29 (.39)	.57 (.38)
T2	2.09 (.47)	2.01 (.58)	2.17 (.45)	.51 (.41)
T3	2.15 (.44)	2.06 (.53)	2.24 (.44)	.50 (.41)

Anmerkung: Standardabweichungen in Klammern. Die Angaben gelten für die Gesamtstichprobe ($N = 154$).

8.2 Clusteranalyse: Identifikation von Partnerschaftszufriedenheitsverläufen

Die Überprüfung der Fragestellungen zu differentiellen Verläufen auf Verlaufsuntergruppen erfolgte mittels einer Clusteranalyse, durch die einander ähnliche Fälle gruppiert wurden. Anhand der Mittelwerte im Partnerschaftsinventar zu drei Meßzeitpunkten (Skala PFB-GZ) wurden Clusteranalysen berechnet. Auf diese Weise erfolgte eine empirische Klassifikation der Mütter und Väter hinsichtlich ihres Zufriedenheitsverlaufs. Die Subgruppen der Zufriedenheitsverläufe sollten sich deutlich voneinander unterscheiden. Clusteranalytisch konnten für beide Geschlechter jeweils zwei Verlaufsgruppen klassifiziert werden.

Im Anschluß an die Clusteranalyse wurden jeweils für Mütter und Väter getrennt die Mittelwerte der Partnerschaftszufriedenheitsskalen pro Cluster berechnet und varianzanalytisch auf Verlaufseffekte geprüft. Die multivariaten varianzanalytischen Auswertungen mit Clusterzugehörigkeit als unabhängigem Faktor sowie dem Meßzeitpunkt als Within-Subject Faktor ergaben zunächst den zu erwartenden signifikanten Unterschied im Niveau der Partnerschaftszufriedenheit der beiden Cluster – Between-Subject Effect; $F(1, 50) = 74.65, p < .001$. Es läßt sich eine Gruppe hoch und eine Gruppe niedrig zufriedener **Mütter** unterscheiden. Die Partnerschaftszufriedenheit der Mütter bleibt in dieser Untersuchung auf einem recht hohen Niveau, nimmt jedoch statistisch bedeutsam von T1 auf T2 ab – Wilks' $\lambda = .85, F(2, 49) = 4.21, p < .05$. In der Tendenz zeigt sich eine Interaktion Cluster × Meßzeitpunkt für den Gesamtscore PFB-GZ – Wilks' $\lambda = .90, F(2, 49) = 2.65, p < .10$. Nachtests zeigen, daß sich diese Interaktion auf den Vergleich des ersten mit dem dritten Meßzeitpunkt bezieht – $F(1, 50) = 5.39, p < .05$. Für die zu T1 hochzufriedenen Mütter zeigt sich keine Veränderung in der Partnerschaftszufriedenheit 4 Monate post partum. Hingegen erleben zu T1 bereits unzufriedenere Mütter die stärksten Einbußen in der Partnerschaftszufriedenheit innerhalb des sechsmonatigen Erhebungszeitraums (vgl. Abb. 1). Damit ist der eingangs berichtete Befund repliziert, nach dem eine niedrige Partnerschaftszufriedenheit vor der Geburt des ersten Kindes als wichtiger Einflußfaktor eines negativen Verlaufs angenommen werden kann.

Entsprechende Auswertungen ergaben für **Väter** ebenfalls den erwarteten Unterschied im Niveau der Partnerschaftszufriedenheit – Between-Subject Effect; $F(1, 50) = 81.77, p < .001$. In der Vätergruppe sinkt die Partnerschaftszufriedenheit unabhängig von der Clusterzugehörigkeit vom ersten auf den zweiten Meßzeitpunkt (Mzp) signifikant ab – Wilks' $\lambda = .55, F(2, 49) = 20.00, p < .001$ –, und zwar in einem deutlicherem Maße als bei den Müttern. Der Interaktionsterm Clusterzugehörigkeit × Mzp – Wilks' $\lambda = .80$, $F(2, 49) = 6.25, p < .001$ – bezieht sich für Väter sowohl auf den Vergleich des ersten und zweiten als auch des zweiten und dritten Meßzeitpunkts. Für die bereits vor der Geburt schon eher unzufriedenen Väter läßt sich vier Wochen nach der Geburt des Kindes ein stärkerer Abfall der Partnerschaftszufriedenheit verzeichnen als für das Cluster der zufriedenen Väter – $F(1, 50) = 9.87, p < .01$. Während weder die vor der Geburt des Kindes zufriedenen noch die unzufriedenen Väter 4 Monate post partum ihr Ursprungsniveau der Partnerschaftszufriedenheit wieder erreichen, ist der Anstieg für die unzufriedeneren Väter deutlich höher, während das Niveau der prä partum zufriedenen Väter von T2 auf T3 stabil bleibt – Interaktionsterm $F(1, 50) = 8.39, p < .01$. Der Verlauf der

Partnerschaftszufriedenheit in den beiden Clustern der Müttergruppe sowie der Vätergruppe kann anhand Abbildung 1 nachvollzogen werden.

Es wird deutlich, daß die Betrachtung der Mittelwerte die Identifikation von Verlaufsmustern verhindert. Es lassen sich deutlich unterschiedliche Verläufe der Partnerschaftszufriedenheit clusteranalytisch trennen. Während es bei den Frauen eher die unzufriedenen Mütter sind, die dauerhafte Einbußen in der Partnerschaftszufriedenheit in Kauf nehmen müssen, so sind es bei den Vätern vor allem die zufriedenen, die zu T3 unter dem Ausgangsniveau ihrer Partnerschaftszufriedenheit liegen.

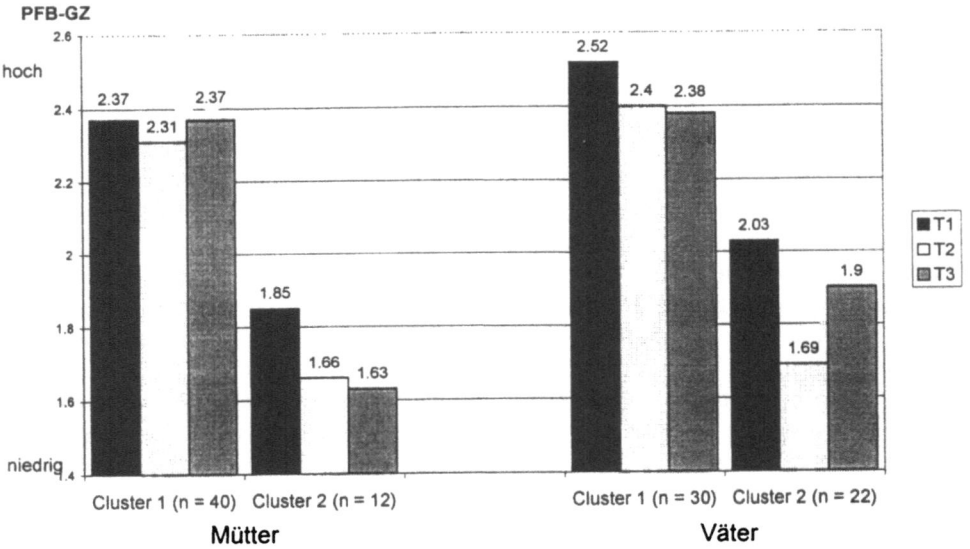

Abbildung 1: Clusteranalytisch gewonnene differentielle Verlaufsgruppen der Partnerschaftszufriedenheit in der Protokollierungsstichprobe (Mütter: $n = 52$; Väter: $n = 52$). Skalierung der PFB-Items: nie / sehr selten (0), selten (1), oft (2), sehr oft (3).

Im Anschluß wurde für die identifizierten zwei Cluster der Müttergruppe und der Vätergruppe je nach Datenniveau über t-Tests bzw. Kreuztabellierungen überprüft, inwieweit sich die Gruppen hinsichtlich soziodemographischer, sozioökonomischer Merkmale (finanzielle Zufriedenheit, Zufriedenheit mit Wohnsituation, Beziehungsdauer, Planung der Schwangerschaft), dem wahrgenommenen Kindtemperament, der Häufigkeit von partnerbezogenen Belastungen, der Belastungsverarbeitung und der Situationsangemessenheit der Belastungsverarbeitung unterscheiden. Die Analysen wurden bei den soziodemographischen Variablen für die Gesamtstichprobe durchgeführt, für die Analysen der Protokolldaten wurde als Kriterium mindestens zwei Belastungsepisoden pro Meßzeitpunkt, bzw. für die Gesamtscores mindestens drei Episoden im gesamten Erhebungszeitraum festgelegt. Hierdurch erklärt sich der teilweise reduzierte Stichprobenumfang der Analysen. Da es sich um eine explorative Analyse handelt, werden Ergebnisse bis zu einem Signifikanzniveau von 10 % dargestellt und es wird auf eine Bonferroni-Korrektur des Alpha-Niveaus verzichtet.

8.3 Unterschiede zwischen den beiden Partnerschaftszufriedenheitsclustern der Müttergruppe

Vergleicht man in der Müttergruppe die beiden Zufriedenheitscluster in bezug auf die verschiedenen Persönlichkeitsskalen des FPI, so wird deutlich, daß sich die unzufriedenen Mütter durch ein größeres Ausmaß an Zurückgezogenheit auszeichnen. Sie beschreiben sich selbst tendenziell als weniger aggressiv, weniger erregbar, weniger leistungsorientiert, in signifikant niedrigerem Ausmaß sozial orientiert und signifikant weniger extravertiert. Im gleichen Ausmaß sind sie tendenziell unzufriedener mit der Beteiligung des Partners an der Aufteilung der Haushaltstätigkeiten (die Mittelwerte, t-Werte und Freiheitsgrade können Tab. 2 entnommen werden).

Man könnte annehmen, daß im Cluster der unzufriedenen Mütter die Schwangerschaft öfters ungeplant war. Das Gegenteil ist der Fall. Von den unzufriedenen Müttern geben 41.7 % an, die Schwangerschaft sei *eher* geplant, 58.3 %, sie sei *sehr* geplant gewesen. Im zufriedenen Cluster geben 15 % der Mütter an, die Schwangerschaft sei *nicht* geplant gewesen. Die Überprüfung der Unterschiede im χ^2-Test wurden nicht signifikant – $\chi^2 (2, n = 52) = 4.76, p < .10$ – zeigen aber eine Tendenz auf.

Unzufriedene Mütter berichten im Durchschnitt über tendenziell höhere Belastungsmittelwerte in den protokollierten Alltagsepisoden kurz nach der Geburt (T2) als die zufriedenen Mütter. In der prozentualen Belastung unterscheiden sich die Gruppen jedoch nicht. Die unzufriedenen Mütter benutzen zudem tendenziell weniger Informationssuche („Ich überlegte genau, was mit mir los war ...") als Bewältigungsstrategie vor der Geburt, aber auch über den gesamten Zeitraum. Ebenso setzen sie weniger die Strategie der Umbewertung („Ich machte mir klar, daß es Schlimmeres / Wichtigeres gibt") in Belastungssituationen ein. Tendenziell erleben sie sich generell in Belastungssituationen weniger durch ihre Umgebung unterstützt.

Interessant sind die Befunde der Bewältigung in Belastungssituationen, die der Partner hautnah miterlebt (vgl. Protokolldaten in Tab. 2: *Belastungsepisoden mit anwesendem Partner*). Es handelt sich nicht nur um Situationen, in denen die Belastung die Partnerschaft betrifft. Die zufriedenen Mütter erleben sich in diesen Belastungssituationen in signifikant höherem Ausmaß durch die Umgebung unterstützt, außerdem weisen sie tendenziell höhere Werte in der Bewältigungsstrategie Umbewertung auf.

Tabelle 2: Signifikante Unterschiede in Fragebogen- und Protokolldaten zwischen den beiden Partnerschaftszufriedenheitsclustern der Müttergruppe ($n = 52$)

Variable	Skalierung	Cluster 1 Hohe Partnerschaftszufriedenheit ($n = 40$) M	SD	Cluster 2 Niedrige Partnerschaftszufriedenheit ($n = 12$) M	SD	t	df	p
Fragebogendaten								
FPI-*Aggressivität*	zwölf Items, stimmt (1)/stimmt nicht (0)	3.63	2.02	2.42	1.44	1.92	50	.10
FPI-*Erregbarkeit*	zwölf Items, stimmt (1)/stimmt nicht (0)	7.18	2.42	4.83	2.48	2.92	50	.01
FPI-*Leistungsorientierung*	zwölf Items, stimmt (1)/stimmt nicht (0)	6.55	2.93	4.75	2.56	1.92	50	.10
FPI-*Soziale Orientierung*	zwölf Items, stimmt (1)/stimmt nicht (0)	7.98	2.03	5.92	2.78	2.82	50	.01
FPI-*Extraversion*	14 Items, stimmt (1)/stimmt nicht (0)	7.03	2.65	5.17	1.90	2.25	50	.05
Zufriedenheit mit Beteiligung des Partners an Hausarbeit T3	sehr zufrieden (1) bis sehr unzufrieden (6)	1.98	.97	2.58	1.17	-1.81	50	.10
Protokolldaten (Allgemeine Belastungsepisoden)[1]								
Alltagsbelastung T2	sehr erfreulich (1) bis sehr belastend (6)	2.01	.40	2.22	.31	-1.66	50	.10
Soziale Unterstützung in Belastungssituationen (Gesamt)	gar nicht (1) bis sehr (5)	2.79	.67	2.39	.53	1.84	41	.10
Informationssuche (Gesamt)	gar nicht (1) bis sehr (5)	2.55	.52	2.20	.57	1.91	41	.10
Informationssuche (T1)	gar nicht (1) bis sehr (5)	2.46	.60	2.11	.52	1.67	35	.10
Umbewertung (T2)	gar nicht (1) bis sehr (5)	2.82	.89	1.99	.82	2.44	32	.05
Umbewertung (T3)	gar nicht (1) bis sehr (5)	2.64	1.02	1.90	.71	1.78	27	.10
Protokolldaten (Belastungsepisoden mit anwesendem Partner)[2]								
Soziale Unterstützung in Belastungssituationen (Gesamt)	gar nicht (1) bis sehr (5)	3.27	.83	2.62	.68	2.01	30	.05
Umbewertung (Gesamt)	gar nicht (1) bis sehr (5)	2.65	.72	2.08	.64	1.97	30	.10

[1] Die Ergebnisse zu den Bereichen Belastungniveau, Situationscharakteristika und Coping beziehen sich hier, wenn die Variablen pro Meßzeitpunkt betrachtet werden, auf Personen mit insgesamt mindestens sechs Belastungsepisoden im Erhebungszeitraum, d. h. mindestens zwei Episoden pro Meßzeitpunkt. Diese Variablen sind mit T1 bis T3 gekennzeichnet. Ist von der Gesamtvariable (Gesamt) die Rede, so liegen hier mindestens drei Protokollepisoden über den gesamten Erhebungszeitraum vor. Dies hat den Vorteil, daß mehr Versuchspersonen in die Analyse eingehen.

[2] Grundlage dieser Analysen sind Personen mit mindestens drei Belastungsepisoden mit anwesendem Partner. Die Stichprobengröße reduziert sich auf 32.

8.4 Unterschiede zwischen den beiden Partnerschaftszufriedenheitsclustern der Vätergruppe

Zwischen den Clustern der Vätergruppe zeigen sich ebenfalls bedeutsame Unterschiede, wobei sich der Schwerpunkt etwas verlagert. Die t-Werte und Freiheitsgrade können Tabelle 3 entnommen werden. Die unzufriedenen Väter zeichnen sich in den Persönlichkeitsskalen lediglich durch signifikant niedrigere Aggressivitätswerte als die zufriedenen Väter aus. Die zufriedenen Väter sind im Vergleich zu den unzufriedenen eher mit dem Anteil der Hausarbeit, der von der Partnerin übernommen wird, zufrieden.

Die unzufriedenen Väter weisen nicht nur niedrigere Partnerschaftszufriedenheit allgemein auf (also weniger Gemeinsamkeit / Kommunikation und Zärtlichkeit), sondern geben auch weniger Streitverhalten an als die zufriedenen Väter. Das Gegenteil wäre bei niedriger Partnerschaftszufriedenheit zu erwarten gewesen.

In den Protokolldaten zeigen sich folgende Unterschiede: Vor der Geburt erleben die zufriedenen Väter Belastungssituationen tendenziell in stärkerem Maße als die Vergleichsgruppe als unklar (höhere Werte in Situationscharakteristikum Ambiguität). Kurz nach der Geburt ihres Kindes erleben zufriedene Väter in belastenden Situationen höhere soziale Unterstützung. Sie wünschen sich auch stärker als die unzufriedenen Väter, anders mit der vorgefallenen Situation umgegangen zu sein, d. h. sie erleben eine größere Diskrepanz zwischen Real- und Idealverhalten.

Zu T3, 4 Monate nach der Geburt, schätzen die zufriedenen Väter im Vergleich zu den weniger zufriedenen die Wandelbarkeit von Belastungsepisoden niedriger ein und setzen tendenziell mehr palliative, beruhigende und umbewertende Bewältigungsversuche ein.

In weiteren Analysen wurden die Belastungsepisoden extrahiert, in denen die Partnerin anwesend war und solche Väter ausgewählt, die mindestens drei Episoden dieser Art angaben. Auch in partnerbezogenen Episoden erleben die zufriedenen Väter diese tendenziell als unklarer (höhere eingeschätzte Ambiguität der Episoden), sie ziehen sich eher aus diesen Belastungsepisoden zurück (Evasion), blenden Belastungen vermehrt aus (Informationsunterdrückung) und erleben mehr und zufriedenstellendere soziale Unterstützung. Auch in partnerbezogenen Episoden gehen zufriedene Väter offenbar kritisch mit ihrem eigenen Verhalten ins Gericht. Sie wünschen sich eine andere Umgangsweise mit der Belastungsepisode, weisen also eine geringere Verhaltenskongruenz auf. Allerdings weisen die zufriedeneren Väter mit im Durchschnitt 5.2 Episoden einen signifikant geringeren Belastungswert bezogen auf die Partnerin auf als die unzufriedenen Väter (7.7 Episoden).

Tabelle 3: Signifikante Unterschiede in Fragebogen- und Protokolldaten zwischen den beiden Partnerschaftszufriedenheitsclustern der Vätergruppe (n = 52)

Variable	Skalierung	Cluster 1 Hohe Partnerschaftszufriedenheit (n = 30)		Cluster 2 Niedrige Partnerschaftszufriedenheit (n = 22)		t	df	p
		M	SD	M	SD			
Fragebogendaten								
FPI-*Aggressivität*	zwölf Items, stimmt (1)/stimmt nicht (0)	4.83	2.71	3.18	2.68	2.18	50	.05
PFB-*Streitverhalten* T2	nie/sehr selten (0) bis sehr oft (3)	.63	.43	.40	.35	2.04	50	.05
Zufriedenheit mit Beteiligung des Partners an Hausarbeit T3	sehr zufrieden (1) bis sehr unzufrieden (6)	1.17	.38	1.64	.79	-2.85	50	.01
Protokolldaten (Allgemeine Belastungsepisoden)[1]								
Ambiguität der Situation T1	sehr klar (1) bis sehr unklar (6)	2.25	.58	1.90	.63	1.84	39	.10
Soziale Unterstützung in Belastungssituation T2	gar nicht (1) bis sehr (5)	2.89	.53	2.50	.50	2.06	28	.05
Wunsch nach anderem Umgang mit Belastungssituation T2 (*Verhaltenskongruenz*)	gar nicht (1) bis sehr (5)	3.59	.74	2.91	.65	2.63	28	.01
Wandelbarkeit T3	sehr klein (1) bis sehr groß (6)	1.84	.70	2.39	.67	-2.04	24	.05
Palliation T3	gar nicht (1) bis sehr (5)	2.38	1.11	1.70	.49	1.99	16.52[2]	.10
Umbewertung T3	gar nicht (1) bis sehr (5)	2.73	1.04	2.11	.60	1.86	24	.10
Protokolldaten (Belastungsepisoden mit anwesender Partnerin)[3]								
Ambiguität der Situation	sehr klar (1) bis sehr unklar (6)	2.46	.75	2.01	.53	1.76	25	.10
Evasion	gar nicht (1) bis sehr (5)	1.96	.67	1.60	.37	1.69	25	.10
Informationsunterdrückung	gar nicht (1) bis sehr (5)	2.44	.71	1.97	.65	1.80	25	.10
Soziale Unterstützung (SU) in Belastungsepisoden	gar nicht (1) bis sehr (5)	3.25	.54	2.88	.58	1.71	25	.10
Zufriedenheit mit SU in Belastungsepisoden	gar nicht (1) bis sehr (5)	3.97	.61	3.48	.71	1.95	25	.10

Tabelle 3: (Fortsetzung) Signifikante Unterschiede in Fragebogen- und Protokolldaten zwischen den beiden Partnerschaftszufriedenheitsclustern der Vätergruppe ($n = 52$)

Variable	Skalierung	Cluster 1 Hohe Partnerschaftszufriedenheit ($n = 30$)		Cluster 2 Niedrige Partnerschaftszufriedenheit ($n = 22$)		t	df	p
		M	SD	M	SD			
Protokolldaten (Belastungsepisoden mit anwesender Partnerin)[3]								
Wunsch nach anderem Umgang mit Belastungssituation (*Verhaltenskongruenz*)	gar nicht (1) bis sehr (5)	3.76	.70	3.12	.82	2.17	25	.05
Anzahl Belastungssituationen mit anwesender Partnerin	Häufigkeit	5.21	2.61	7.69	2.78	-2.39	25	.05

[1] Die Ergebnisse zu den Bereichen Belastungniveau, Situationscharakteristika und Coping beziehen sich hier, wenn die Variablen pro Meßzeitpunkt betrachtet werden, auf Personen mit insgesamt mindestens sechs Belastungsepisoden im Erhebungszeitraum, d. h. mindestens zwei Episoden pro Meßzeitpunkt. Diese Variablen sind mit T1 bis T3 gekennzeichnet.

[2] Freiheitsgrade mit Dezimalstellen ergeben sich durch Interpretation der Ergebnisse für ungleiche Varianzen bei signifikantem Ergebnis des Levene-Tests.

[3] Grundlage dieser Analysen sind Personen mit mindestens drei Belastungsepisoden mit anwesendem Partner. Die Stichprobengröße reduziert sich auf 27.

9 Veränderungen in der Partnerschaftszufriedenheit: Zusammenfassung der Ergebnisse

Erwartungsgemäß ließen sich clusteranalytisch sowohl für Mütter als auch für Väter zwei Verlaufsgruppen der Partnerschaftszufriedenheit unterscheiden. Die alleinige Interpretation des auftretenden Verlaufeffekts, nämlich einer signifikanten Abnahme der Partnerschaftszufriedenheit im Verlauf des sechsmonatigen Erhebungszeitraums, würde zu einem Informationsverlust führen. Bei den Müttern sind es vor allem die vergleichsweise unzufriedenen Mütter, die im Vergleich zur Schwangerschaftszeit Einbußen in der Partnerschaftszufriedenheit 4 Monate nach der Geburt des Kindes angeben. Dies spricht für die Annahme, daß ein niedriges Ausgangsniveau der Partnerschaftszufriedenheit zumindest für die Mütter einen Risikofaktor für die Entwicklung der Beziehung darstellen kann. Die zufriedenen Mütter „erholen" sich zu T3 wieder vollständig, d. h. die Partnerschaftszufriedenheit erreicht fast wieder das Ausgangsniveau. Im Gegensatz zur Mütterstichprobe erholen sich die vor der Geburt zufriedenen Väter *nicht* vollständig. Die zufriedenen Väter scheinen aber die Veränderungen in ihrer Beziehung deutlicher zu spüren und die Einbußen erscheinen dauerhafter. Die Hypothese, daß auch die unzufriedenen Väter die stärksten Einbußen der Partnerschaftszufriedenheit erleben, läßt sich lediglich für den Vergleich der Schwangerschaftszeit und der Zeit unmittelbar nach der Geburt bestätigen. Im Vergleich von T1 und T3 nimmt die Partnerschaftszufriedenheit für beide Verlaufsgruppen unabhängig vom Ausgangsniveau der Beziehungsqualität ab.

Es ergeben sich Hinweise auf die Gültigkeit der Annahme, daß *Erwartungen an den jeweiligen Partner* für den Verlauf der Partnerschaftszufriedenheit eine wesentliche Rolle spielen. Sowohl in der Mütterstichprobe als auch bei den Vätern sind die Personen in der Verlaufsgruppe mit initial niedriger Partnerschaftszufriedenheit unzufriedener mit dem Anteil an der Hausarbeit, der 4 Monate post partum (T3) durch den Partner oder die Partnerin übernommen wird. Diese Variable fungiert hier als Indikator für nicht erfüllte Erwartungen an den jeweiligen Partner. Interessanterweise ist der Unterschied für zufriedene und unzufriedene Väter deutlicher ausgeprägt. Diskutieren muß man hier die möglicherweise unterschiedliche Bedeutung der Variable *Zufriedenheit mit der Aufgabenteilung* für Männer und für Frauen. Natürlich ist denkbar, daß sowohl einige Mütter als auch Väter glauben, der bzw. die andere übernähme zu wenige Aufgaben im Haushalt. Wahrscheinlicher ist angesichts der statistischen Befunde aus Umfragen, daß die Beteiligung der Männer an der Hausarbeit eher gering ausfällt (vgl. Erler, Jaeckel, Pettinger & Sass, 1988) jedoch folgende Interpretation: Während sich für die Mütter die Unzufriedenheit vielleicht auf die mangelnde Unterstützung durch den Partner bezieht, mag sich die Unzufriedenheit der Väter eher auf die Tatsache beziehen, daß die Partnerin viele Aufgaben im Haushalt übernimmt und sie ihre Überforderung kundtut. So wäre eine Unzufriedenheit der Väter mit der Aufgabenteilung eher als indirekte Folge der Unzufriedenheit der Mütter zu interpretieren.

Beim Vergleich der beiden Verlaufsgruppen der Partnerschaftszufriedenheit ergaben sich weder für Mütter noch für Väter die erwarteten Unterschiede in der *Beziehungsdauer*, sodaß die Hypothese eines negativen Zusammenhangs von Beziehungsdauer und Partnerschaftszufriedenheit verworfen wird. Auch lassen sich hypothesenwidrig keine Unterschiede im wahrgenommenen *kindlichen Temperament*, im *sozioökonomischen Status* (in diesem Fall Zufriedenheit mit der finanziellen Situation), in der Persönlichkeitseigenschaft *Neurotizismus / Emotionalität* und in der Bewältigungsvariable *Fremdvorwurf* sichern. Was die *Geplantheit des Kindes* als Einflußfaktor für die Beziehungsqualität angeht, zeigt sich zumindest in der Tendenz ein erwartungswidriges Ergebnis. In der unzufriedenen Müttergruppe geben die Mütter häufiger an, daß die Schwangerschaft sehr geplant gewesen sei. Ob es sich hier um Bestrebungen handelt, die Beziehung durch die Geburt eines Kindes zu bereichern oder zu verbessern, kann nur vermutet werden. Als möglicher Grund für diese insignifikanten Ergebnisse sind zum einen die Art der Erhebung z. B. des kindlichen Temperaments (Einitem-Einschätzung durch Eltern) oder auch die geringe Stichprobengröße im Falle der Bewältigungsvariablen zu nennen.

In Vergleichen weiterer Skalen des FPI wurde in dieser Untersuchung ein anderes Muster für die **Mütter** deutlich. Die unzufriedenen Mütter zeichnen sich durch *Zurückgezogenheit*, wenig *soziale Orientierung,* niedrige *Aggressivität* und niedrige *Erregbar-*

keit aus. Es liegt nun nahe anzunehmen, daß die zufriedenen Mütter möglicherweise die Tendenz aufweisen, alles in einem positiveren Licht darzustellen. In den FPI-Variablen Lebenszufriedenheit oder Offenheit ergeben sich jedoch keinerlei signifikante Unterschiede zwischen den Clustern. Dies deutet darauf hin, daß es sich bei den Ergebnissen nicht um die Folge sozial erwünschter Antworten handelt. Als offenbar förderlich für die Beziehung erwies sich bei Müttern ein hohes Maß an Umbewertung in allgemeinen Belastungssituationen und die erlebte Soziale Unterstützung in partnerschaftlichen Belastungsepisoden. Tendenziell scheinen auch noch ein niedriges Alltagsbelastungsniveau nach der Geburt des Kindes, die allgemeine Soziale Unterstützung, Informationssuche und Umbewertung in partnerschaftlichen Belastungsepisoden positiv mit der Beziehungsqualität verknüpft zu sein.

Als Fazit für die **Väter** kann folgendes formuliert werden: Unzufriedene Väter zeichnen sich durch einige Variablen aus, z. B. *niedrige Aggressivitätswerte* (FPI), *niedrige Partnerschaftszufriedenheit, wenig Streitverhalten,* die auf eine distanzierte, eher zurückhaltende Beziehung hindeuten. Es findet sowohl wenig positiver als auch wenig negativer Austausch statt. Stärker als in der Müttergruppe zeigen sich bei hoch- und niedrigzufriedenen Vätern Unterschiede in der Einschätzung von Situationen. Zufriedene Väter erleben tendenziell allgemeine und partnerschaftliche Belastungssituationen als unklarer (*hohe Ambiguität*), als weniger wandelbar und wünschen sich häufiger einen anderen Umgang mit der Belastung (*niedrige Verhaltenskongruenz*). Dies könnte als „selbstkritischer" Zugang in Belastungssituationen interpretiert werden. Es scheint sich hier um Väter zu handeln, die sich aktiver mit der Beziehung auseinandersetzen, mehr soziale Unterstützung erleben und einfordern sowie tendenziell in stärkerem Maße Bewältigungsstrategien einsetzen, die *Ausblenden, Rückzug, Umbewertung* und *Palliation* beinhalten. Generell erleben zufriedene Väter auch tatsächlich weniger *Alltagsbelastungen mit der Partnerin* als die Vergleichsgruppe unzufriedener Väter. Dies spricht zwar für die Validität des Erhebungsverfahrens, ist aber deshalb erstaunlich, da gerade letztere Gruppe der unzufriedenen Väter in der PFB-Unterskala Streitverhalten sehr niedrige Werte angab und trotzdem eine höhere Zahl Belastungsereignisse mit der Partnerin angibt als die Vergleichsgruppe. Es könnte sich hier um eine generell hohe partnerschaftliche Alltagsbelastung handeln, die sich nicht unbedingt in hohem Streitverhalten, dafür aber in weniger Zärtlichkeit und Gemeinsamkeiten – also eher im Rückzug von der Partnerin oder schlechter Stimmung – äußert. Dies unterstreicht das Bild, daß zufriedene Väter aktiver für ihre „Rechte" einstehen, sich mehr mit der Partnerin auseinandersetzen, und auf diese Weise das eigene allgemeine Belastungsniveau und jenes der Partnerin senken helfen.

10 Literatur

Belsky, J., Lang, M. E. & Rovine, M. (1985). Stability and change in marriage across the transition to parenthood: a second study. *Journal of Marriage and the Family, 47,* 855-865.

Belsky, J. & Rovine, M. (1990). Patterns of marital change across the transition to parenthood: pregnancy to three years postpartum. *Journal of Marriage and the Family, 52,* 5-19.

Bodenmann, G. (1995). *Bewältigung von Streß in Partnerschaften. Der Einfluß von Belastun-*

gen auf die Qualität und Stabilität von Paarbeziehungen. Bern: Huber.

El-Giamal, M. (1996). Die Analyse von Übergängen im Lebenslauf. Methodische Aspekte der Untersuchung von Streß und Coping bei Erstelternschaft. In E. Brähler & U. Unger (Hrsg.), *Schwangerschaft, Geburt und der Übergang zur Elternschaft* (S. 192-212). Opladen: Westdeutscher Verlag.

El-Giamal, M. (1997a). Das Time-Sampling-Tagebuch zur Abbildung entwicklungspsychologischer Prozesse: Paare werden Eltern. In G. Wilz & E. Brähler (Hrsg.), *Handbuch zur Tagebuchforschung. Ein anwendungsorientierter Leitfaden* (S. 273-299). Göttingen: Hogrefe.

El-Giamal, M. (1997b). Veränderungen der Partnerschaftszufriedenheit und Streßbewältigung beim Übergang zur Elternschaft: Ein aktueller Literaturüberblick. *Psychologie in Erziehung und Unterricht, 44*, 256-275.

El-Giamal, M. & Frautschi, M. (1994). *Elternbriefe für werdende Eltern* (Themen: Wir und unser Kind, Mann wird Vater, Miteinander Reden, In Erwartung ..., Streß-laß nach!, So ein Ärger!, Eltern-Sein). Fribourg: Institut für Familienforschung und -beratung.

Erler, G., Jaeckel, M., Pettinger, R. & Sass, J. (1988). *Kind? Beruf? oder beides? Eine repräsentative Studie über die Lebenssituation und Lebensplanung junger Paare zwischen 18 und 33 Jahren in der Bundesrepublik Deutschland im Auftrag der Zeitschrift Brigitte*. Hamburg/München: Brigitte / DJI.

Fahrenberg, J., Hampel, R. & Selg, H. (1989). *Das Freiburger Persönlichkeitsinventar FPI. Revidierte Fassung FPI-R und teilweise geänderte Fassung FPI-A1. Handanweisung* (4., revidierte Auflage). Göttingen: Hogrefe.

Frautschi, M. (1994). *„Liebe werdende Mutter, lieber werdender Vater!" Untersuchung zum Einsatz von pränatalen Elternbriefen beim Übergang zur Elternschaft*. Unveröffentlichte Lizentiatsarbeit: Universität Fribourg.

Gloger-Tippelt, G. (1988). *Schwangerschaft und erste Geburt. Psychologische Veränderungen der Eltern*. Stuttgart: Kohlhammer.

Hackel, L. S. & Ruble, D. N. (1992). Changes in the marital relationship after the first baby is born. Predicting the impact of expectancy disconfirmation. *Journal of Personality and Social Psychology, 62*, 944-957.

Hahlweg, K. (1979). Konstruktion und Validierung des Partnerschaftsfragebogens PFB. *Zeitschrift für Klinische Psychologie, 8*, 17-40.

Hank, G., Hahlweg, K. & Klann, N. (1990). *Diagnostische Verfahren für Berater. Materialien zur Diagnostik und Therapie in Ehe-, Familien- und Lebensberatung*. Weinheim: Beltz.

Hank, P. (1995). *Ärgererleben und Ärgerverarbeitung*. Hamburg: Kovac.

Hormuth, S. E. (1986). The sampling of experiences in situ. *Journal of Personality, 54*. 262-293.

Lazarus, R. S. & Folkman, S. (1984). *Stress, appraisal, and coping*. New York: Springer.

Menaghan, E. (1982a). Assessing the impact of family transitions on marital experience. H. I. McCubbin, A. E. Cauble & J. M. Patterson (Eds.), *Family stress, coping, and social support* (pp. 90-108). Springfield: Thomas.

Menaghan, E. (1982b). Measuring coping effectiveness: A panel analysis of marital problems and coping efforts. *Journal of Health and Social Behavior, 23*, 220-234.

Moss, P., Bolland, G., Foxman, R. & Owen, C. (1986). Marital relations during the transition to parenthood. *Journal of Reproductive and Infant Psychology, 4*, 57-67.

Perrez, M. & Reicherts, M. (1992). *Stress, coping, and health. A situation-behavior approach. Theory, methods, applications*. Seattle: Hogrefe & Huber.

Reichle, B. (1994). *Die Geburt des ersten Kindes – eine Herausforderung für die Partnerschaft*. Bielefeld: Kleine.

Reichle, B. (1996). From is to ought and the kitchen sink: On the justice of distributions in close relationships. In L. Montada & M. J. Lerner (Eds.), *Current societal concerns about justice* (pp. 103-135). New York: Plenum.

Schneewind, K. A. (1983). Konsequenzen der Erstelternschaft. *Psychologie in Erziehung und Unterricht, 30*, 161-172.

Schneewind, K. A., Vaskovics, L. A., Backmund, V., Buba, H., Rost, H., Schneider, N., Sierwald, W. & Vierzigmann, G. (1992). *Optionen der Lebensgestaltung junger Eltern und Kinderwunsch* (Schriftenreihe des Bundesministeriums für Familie und Senioren, Band 9). Stuttgart: Kohlhammer.

Schwenkmezger, P. & Hank, P. (1994). The contribution of time sampling methods in the promotion of healthy life-styles. In J.-P. Dauwalder (Ed.), *Psychology and the pro-*

motion of health (Swiss monographs in psychology, Vol. 2., pp. 170-177). Seattle: Hogrefe and Huber Publishers.

Terry, D. J., McHugh, T. A. & Noller, P. (1991). Role dissatisfaction and the decline in marital quality across the transition to parenthood. *Australian Journal of Psychology, 43,* 129-132.

Vaillant, C. O. & Vaillant, G. E. (1993). Is the U-curve of marital satisfaction an illusion? A 40-year study of marriage. *Journal of Marriage and the Family, 55,* 230-239.

Vasey, M. W. & Thayer, J. F. (1987). The continuing problem of false positives in repeated measures ANOVA in psychophysiology: a multivariate solution. *Psychophysiology, 24,* 479-486.

Wolf, W. (1987). *Alltagsbelastungen und Partnerschaft. Eine empirische Studie über Bewältigungsverhalten.* Bern: Huber

Wright, P. J., Henggeler, S. W. & Craig, L. (1986). Problems in paradise?: A longitudinal examination of the transition to parenthood. *Journal of Applied Developmental Psychology, 7,* 277-291.

Übergang zur Elternschaft und Folgen: Der Umgang mit Veränderungen macht Unterschiede*

Barbara Reichle und Leo Montada

1 Eine kognitive Emotionspsychologie der Bewältigung

Das Trierer Projekt zum Übergang zur Elternschaft wurde im Jahre 1987 zur Erprobung eines neuen bewältigungspsychologischen Forschungsansatzes begonnen. Dieser Ansatz versucht mittels einer Übertragung grundlagenwissenschaftlicher kognitiver Emotionstheorien auf die Bewältigungsforschung eine Konkretisierung und Differenzierung vorliegender Theorien: Plädiert wird

> ... für einen hohen Differenzierungs- und Spezifikationsgrad (der Emotionserfassung), für die generative Entfaltung der kognitiven Kernmodelle (der Emotionen), in bewußter Abhebung von der heutigen Streß- und Bewältigungsforschung. Wo liegen die Unterschiede? Belastende Emotionen charakterisieren spezifische Problemlagen, die Streß bedeuten können in dem Sinne, daß ihre „Bewältigung Anforderungen stellt, die die Ressourcen des Subjekts stark in Anspruch nehmen" (Lazarus, 1975, S. 250) oder überfordern. Man verzichtet auf relevante Informationen, wenn die Art des Problems, das in Gefühlen und in ihren Bedeutungsstrukturmodellen präzisiert ist, nicht konkretisiert wird. Streß ist unspezifisch konzipiert als Reaktion auf gefährliche und verlustreiche Veränderungen. ... eine Spezifikation des Problems [erbringt] Informationen ..., die relevant für Erklärung, Prognose und Intervention sind. Streß kann es geben wegen Ängsten, Wut, Haß, Schuld, Eifersucht, Trauer, Scham, Verzweiflung usw. Streß kann quantitativ vergleichbar sein, die Probleme, die sich in diesen Emotionen äußern, sind es in ihrer Struktur sicher nicht, und die „Bewältigungsformen" ... sollten auf diese Problemstrukturen hin spezifiziert werden. (Montada, 1989, S. 302-303.)

Nach diesem Entwurf wäre zu einer Untersuchung der Bewältigung eines Lebensereignisses zuerst die Spezifikation potentieller Probleme zu leisten, das heißt der Probleme, die im spezifischen Fall zu bewältigen sind. Sodann wäre zu bestimmen, worin sich eine erfolgreiche Bewältigung manifestieren sollte. Es wären also Indikatoren für eine erfolg-

---

* Die Datenerhebung zum ersten Meßzeitpunkt des Projektes wurde teilweise finanziell gefördert durch die Stiftung Volkswagenwerk (Institutsübergreifendes Modellvorhaben zur Förderung des wissenschaftlichen Nachwuchses in Entwicklungspsychologie) und das Land Rheinland-Pfalz (Wiedereinstiegsstipendium im Rahmen des Zweiten Hochschulsonderprogramms). Die Datenerhebung zum dritten Meßzeitpunkt erfolgte im Rahmen eines von der Deutschen Forschungsgemeinschaft geförderten Projekts unter Leitung von L. Montada (Sachbeihilfe Az.: Mo 391/5-1; Kennwort „Belastungen durch die erste Elternschaft"). Wir danken den Mitarbeiterinnen und Mitarbeitern der Jugend- und Versorgungsämter Köln, Trier und Saarbrücken für ihre unbürokratische und tatkräftige Hilfe bei der Stichprobenrekrutierung sowie den teilnehmenden erstmaligen Eltern für ihre Auskunftsbereitschaft.

reiche Bewältigung auszuwählen, globale Effektvariablen wie etwa Partnerschaftszufriedenheit, seelische Gesundheit, psychosomatische Beschwerden, mit deren Ausprägungsunterschieden eine gelungenere von einer weniger gelungenen Bewältigung unterschieden werden kann. Weiter wären in Übertragung kognitiv-emotionspsychologischer Befunde solche Kognitionen, Emotionen und Aktionen zu spezifizieren, die zu Unterschieden in den ausgewählten Effektvariablen führen sollten, beziehungsweise mit derartigen Unterschieden einher gehen sollten. In der Lebensereignisforschung haben sich etwa Einschätzungen der Valenz, der Erwartetheit, der Normativität, der Kontrollierbarkeit, der Erwünschtheit, der Gerechtigkeit, der Verantwortlichkeit für Ereignisse oder Probleme als bedeutsam im Hinblick auf eine bessere oder schlechtere Bewältigung erwiesen (vgl. Filipp, 1981; Montada, 1988, 1991, 1992) – wer die problematische Veränderung als ungerecht bewertet, weist auf globalen Anpassungsmaßen schlechtere Werte auf als jemand, der keine Ungerechtigkeit wahrnimmt. Sodann kann die kognitive Emotionspsychologie aufzeigen, welche spezifischen Emotionen und Aktionen mit derartigen Kognitionen einhergehen (vgl. z. B. Frijda, 1986; Mees, 1991; Ortony, Clore & Collins, 1988). Wer beispielsweise eine Ungerechtigkeit wahrnimmt, wird Empörung, Ärger, Enttäuschung verspüren und disponiert sein zu Vorwürfen. Diese Emotionen und Aktionen können schließlich eine globale Anpassung an die veränderte Lage eher erschweren; Emotionen und durch diese motivierte Aktionen fungieren somit als Verbindungsglieder zwischen Kognitionen und globalen Effektvariablen.

2 Partnerschaft nach dem Übergang zur Elternschaft: Der psychologische Umgang mit Lebensveränderungen macht einen Unterschied

Wie könnte nun eine Anwendung der skizzierten Bewältigungstheorie auf das Ereignis der Geburt eines ersten Kindes aussehen? Zuerst waren die zu bewältigenden Probleme im Kontext dieses Ereignisses zu spezifizieren sowie globale Effektvariablen zu selegieren, in denen sich junge Eltern mit günstigerem Bewältigungsverhalten von solchen mit ungünstigerem unterscheiden sollten.

2.1 Potentielle Probleme

Familiensoziologische Konzeptionen (vgl. den Überblick bei Schneewind, 1991) unterscheiden verschiedene Stadien des Familienzyklus unter anderem anhand von unterschiedlichen Rollen und Aufgaben. Übergänge im Familienzyklus sind somit markiert durch Rollen- und Aufgabenveränderungen. Mit solchen Rollen- und Aufgabenveränderungen gehen regelmäßig *Veränderungen in der Erfüllung von Bedürfnissen* einher – wenn beispielsweise der junge Vater Anteile an der Versorgung des Kindes übernimmt, ohne den Umfang seiner Erwerbs- und Haushaltstätigkeit zu reduzieren, wird er dafür auf seine Freizeit zurückgreifen und Bedürfnisse zurückstellen müssen, die er bisher in seiner Freizeit befriedigt hat. Gleiches gilt für die junge Mutter, die die Betreuung des Kindes in der Regel auf Kosten ihrer Erwerbstätigkeit leistet. Folglich werden Bedürfnisse weniger als bisher oder nicht mehr erfüllt werden, die zuvor mit der Erwerbstätigkeit erfüllt wurden (vgl. Reichle, 1994, zum Überblick). Derartige Veränderungen in der

Erfüllung von Bedürfnissen infolge von Aufgabenveränderungen haben wir als potentielle Probleme ausgewählt und untersucht.

2.2 Veränderung der Partnerschaftszufriedenheit

Weil Veränderungen der Partnerschaftszufriedenheit infolge der Geburt des ersten Kindes sowohl in der Soziologie als auch in der Psychologie vielfach beschrieben sind (vgl. die Überblicke bei El-Giamal, 1997; Gloger-Tippelt, 1988; sowie die anderen Beiträge in diesem Band), haben wir uns zur Wahl dieser Effektvariablen entschieden. Weitere von uns erfaßte Effektvariablen sind psychosomatische Beschwerden, Belastungserleben und Dimensionen der kindlichen Entwicklung – sie werden im folgenden aber nicht thematisiert werden.

Studien zum Übergang zur Elternschaft berichten überwiegend von einer Veränderung der Partnerschaftszufriedenheit zum Negativen. Welche Erklärungen gibt es für diesen Befund? Zu Beginn unserer Studie in der zweiten Hälfte der achtziger Jahre lagen überwiegend anglo-amerikanische Untersuchungen vor. Die damals vorliegenden Theorien lassen sich in vier Kategorien gliedern (vgl. Reichle, 1994). In einer ersten Kategorie von Theorien wird Unzufriedenheit mit der Partnerschaft auf verletzte Erwartungen oder auch auf Inkonsistenz zwischen Rollenorientierungen und tatsächlich realisiertem Rollenverhalten zurückgeführt, wobei die Unzufriedenheit durch Stressoren verstärkt und durch personale und soziale Ressourcen gemildert werden kann (Belsky, Ward & Rovine, 1986; Rollins & Galligan, 1978; Ruble, Fleming, Hackel & Stangor, 1988; Tomlinson, 1987). Belegt waren indes nur die Effekte verletzter Erwartungen.

Eine zweite Theorienfamilie konzentriert sich auf Macht als Erklärungskonstrukt: Koalitionsbildung zwischen den beiden weniger mächtigen Mitgliedern der Triade – Mutter und Kind – und Ausschluß des Vaters zerstöre das elterliche Subsystem und führe damit zu Unzufriedenheit (Aldous, 1978), oder finanzielle Abhängigkeit der Frau vom Mann reduziere die relative Macht der Frau und damit ihre Zufriedenheit mit der Partnerschaft (Blood & Wolfe, 1960; LeMasters, 1957; Meyerowitz & Feldman, 1967; Ryder, 1973; Waldron & Routh, 1981), oder eine im Vergleich zur Ernährerrolle geringere Wertigkeit der Hausfrauen- und Mutterrolle würden nach der Geburt eines Kindes zu einem Rückgang von Macht, Ansehen, Status der Frauen und damit zu Unzufriedenheit führen (Schneewind, 1983), womit eine Brücke zur ersten Kategorie von Theorien geschlagen war.

Ein dritter Theoriestrang fokussiert die partnerschaftliche Kommunikation: Zum Negativen veränderte Kommunikationsbedingungen, vor allem verursacht durch die Notwendigkeit zu schnellen und häufigen Entscheidungen, und dysfunktionale Attributionen der Kausalität des Elternschaftsstresses würden zu einer qualitativ schlechteren Kommunikation und damit einer Reduktion der Partnerschaftszufriedenheit führen (Vincent, Cook & Brady, 1981; Worthington & Buston, 1987). Die Forschergruppe um Cowan und Cowan (Cowan, Cowan, Coie & Coie, 1978; Cowan et al., 1985) spezifiziert die qualitativ schlechtere Kommunikation und ihre Auslöser: Nach den Befunden dieser Gruppe kommt es im Kontext der Neuregelung der elterlichen Rollenverteilung zu konflikthaften Auseinandersetzungen, einer Segregierung von Aufgaben und damit einer Entfremdung der Partner voneinander.

Ein vierter Theoriestrang ist eher persönlichkeitspsychologisch ausgerichtet und erklärt die reduzierte Partnerschaftsqualität mit Protektivität und daraus resultierender Überlastung eines Elternteils (LaRossa & LaRossa, 1981), mit mütterlichem Neurotizismus, Depressivität und einer dogmatisch-dominanten Überidentifikation mit der Mutterrolle, welche den Ehemann möglicherweise ausschließt und mit Zärtlichkeit und Kommunikation zwischen den Partnern interferiert (Engfer, Gavranidou & Heinig, 1988; vgl. auch Hopkins, Marcus & Campbell, 1984).

Befundvergleiche aus Quer- und Längsschnittstudien zur Partnerschaftsentwicklung legten schließlich unterschiedliche Erwartungen für quer- und längsschnittliche Zusammenhänge nahe: Baucom und Adams (1987) berichten aus einer Querschnittsanalyse eine positive Korrelation zwischen negativem Gefühlsausdruck und niedriger Partnerschaftszufriedenheit. Dieser Zusammenhang ist jedoch im Längsschnitt statistisch nicht bedeutsam. Gottman und Krokoff (1989) konnten im Querschnitt Zusammenhänge zwischen Unzufriedenheit einerseits und Meinungsverschiedenheiten sowie Ärger andererseits nachweisen. Im Längsschnitt erwiesen sich Meinungsverschiedenheiten und Ärger jedoch als Prädiktoren einer verbesserten Partnerschaftszufriedenheit. Diese Befunddifferenzen lenken die Aufmerksamkeit auf die Möglichkeit, daß Auseinandersetzungen zwischen den Partnern zwar belastend sind, aber langfristig auch zu einer positiven Gestaltung der Beziehung genutzt werden können.

Heute ist das Theorienangebot wesentlich differenzierter und die Befundlage empirisch weitaus besser abgesichert (vgl. dazu die Einzelbeiträge dieses Bandes und die Zusammenfassung am Ende dieses Kapitels). Zu Untersuchungsbeginn hatten wir nach den dargestellten Befunden und Theorien folgende Erwartungen: Gefährdet sein sollte die Partnerschaftszufriedenheit nach den zitierten Befunden besonders bei denjenigen erstmaligen Eltern, die besonderen Belastungen ausgesetzt sind, deren Realität sich nach der Geburt des Kindes anders als erwartet darstellt, die negative Lebensveränderungen infolge der Erstkindgeburt erleben, die ihre Lage mittels Verhaltensweisen zu korrigieren versuchen, die für Partnerschaften allgemein, also unabhängig vom Übergang zur Elternschaft, langfristig als beziehungsdysfunktional beschrieben und empirisch belegt sind (vgl. zum Überblick Gottman, 1994; Hahlweg, 1991).

2.3 Kognitionen, Emotionen und Aktionen als Verbindungsglieder zwischen Problemen und Partnerschaftszufriedenheit

Viele Emotionen (Ärger oder Enttäuschung über den Partner, Bitterkeit) und durch Emotionen motivierte Aktionen (z. B. Vorwürfe oder Rückzug) beruhen auf Verantwortlichkeitszuschreibungen (Montada, 1988, 1991): Grund für solche Emotionen und Aktionen hat man, wenn man Verantwortliche für die fragliche Lebensveränderung zum Negativen ausmachen kann – den Partner oder die Partnerin. Im Hinblick auf die Bewältigung von Veränderungen – so die Hypothese – sollten vor allem Bewertungen von negativen Veränderungen als ungerecht schwierig sein (Montada, 1988, 1991, 1992). In kognitiven Emotionsmodellen sind dies die konstitutiven Komponenten von Ärger, Enttäuschung, Empörung über andere: Verantwortlichkeitszuschreibung und Ungerechtigkeit. Diese Emotionen schließen Bemühungen um eine positive Gestaltung der Partnerschaft, etwa durch Appelle, Verhandeln, Relativieren der eigenen Position, Suche nach Rechtfertigungsgründen für das Handeln des Partners, Verzeihen usw. nicht aus, negative Aktionen, wie sie in der Partnerschaftsforschung beschrieben sind, liegen jedoch nahe. Aktiv-korrigierende Aktionen dürften auf längere Sicht die Beziehung weniger belasten als passive und Rückzugsaktionen.

Derartige Aktionen oder Aktionstendenzen finden wir auch in der grundlagenwissenschaftlichen kognitiven Emotionspsychologie, und zwar verschiedenen Emotionen und Kognitionen zugeordnet – beispielsweise gehören zu Ärger, Empörung und Enttäuschung Vorwürfe, Rückzug vom Partner, Selbstvorwürfe (vgl. z. B. Averill, 1978; Ferguson & Rule, 1983; Frijda, 1986; Mees, 1991; Mikula, 1987; Montada, 1992; Ortony et al., 1988; Schmitt, Hoser & Schwenkmezger, 1991; Steil, Tuchman & Deutsch, 1978). Lassen sich hingegen keine Verantwortlichen ausmachen, bleibt die Trauer über den Verlust oder die Einschränkung (vgl. z. B. Averill, 1968; Frijda, 1986; Mees, 1991; Ortony et al., 1988; Reisenzein, 1985; Weiner, 1986). Erscheint die negative Situation prospektiv nicht veränderbar, wird Hoffnungslosigkeit erlebt werden (Campbell, 1987; Ortony et al., 1988; Weiner, 1986).

Von denjenigen Eltern, die in den oben referierten Studien geringere Partnerschaftszufriedenheit nach der Geburt des ersten Kindes und häufigere Konflikte in der Partnerschaft berichten, kann deshalb angenommen werden, daß sie negative Lebensveränderungen erfahren haben, die sie teilweise als ungerecht bewerten und für die sie den Partner oder die Partnerin verantwortlich machen. Weiter kann angenommen werden, daß sie sich über ihren Partner oder ihre Partnerin ärgern, enttäuscht und empört sind und eher negativ agieren. Wer hingegen keinen Grund zu negativen Bewertungen der Veränderungen hat, oder für die negativen Veränderungen den Partner oder die Partnerin nicht verantwortlich macht, hat keinen Anlaß zu derartigem Ärger und folglich auch nicht zu negativen Aktionen und einer reduzierten Partnerschaftszufriedenheit – jedenfalls nicht aus diesem Grund. Solche Paare können sich leichter auf die Lösung der konkreten sachlichen Probleme konzentrieren, wie das Brüderl (1989) bei vielen erstmaligen Eltern beobachtet hat. Wer berichtet, problemfokussierte Copingstrategien zu benutzen, kommt mit dem Übergang zur Elternschaft besser zurecht als jemand, der emotionszentrierte Bewältigungsstrategien braucht.

Danach sollte die geplante eigene Studie der Bewältigung des Übergangs zur Elternschaft Zusammenhänge zwischen erlebten Einschränkungen erstmaliger Eltern, Bewertungen und Verantwortlichkeitsattributionen anläßlich dieser Einschränkungen, negativen partnerbezogenen Emotionen, entsprechenden Aktionen und der Partnerschaftszufriedenheit untersuchen. Zu kontrollieren waren soziodemographische Variablen sowie die Tendenz zu sozial erwünschtem Antworten, da die Geburt des ersten Kindes als freudiges Ereignis gilt, über welches negative Äußerungen eher unerwünscht sind. Ferner waren unspezifische Kognitionen zu kontrollieren, von denen in der einschlägigen Literatur Effekte auf die Partnerschaftszufriedenheit berichtet worden sind oder zu vermuten waren, z. B. Hilfen, Geplantheit des Kindes, eine im Sinne der Equity-Theorie ausgleichende positive Bilanzierung, die sowohl intraindividuell (Verhältnis eigener Gewinne zu eigenen Einschränkungen) als auch interindividuell (Verhältnis eigener Einschränkungen zu Einschränkungen des Partners) vorgenommen werden kann. Abbildung 1 zeigt schematisch das angenommene Wirkungsmodell sowie die zu den einzelnen Prädiktor- und Kriteriengruppen ausgewählten Variablengruppen.

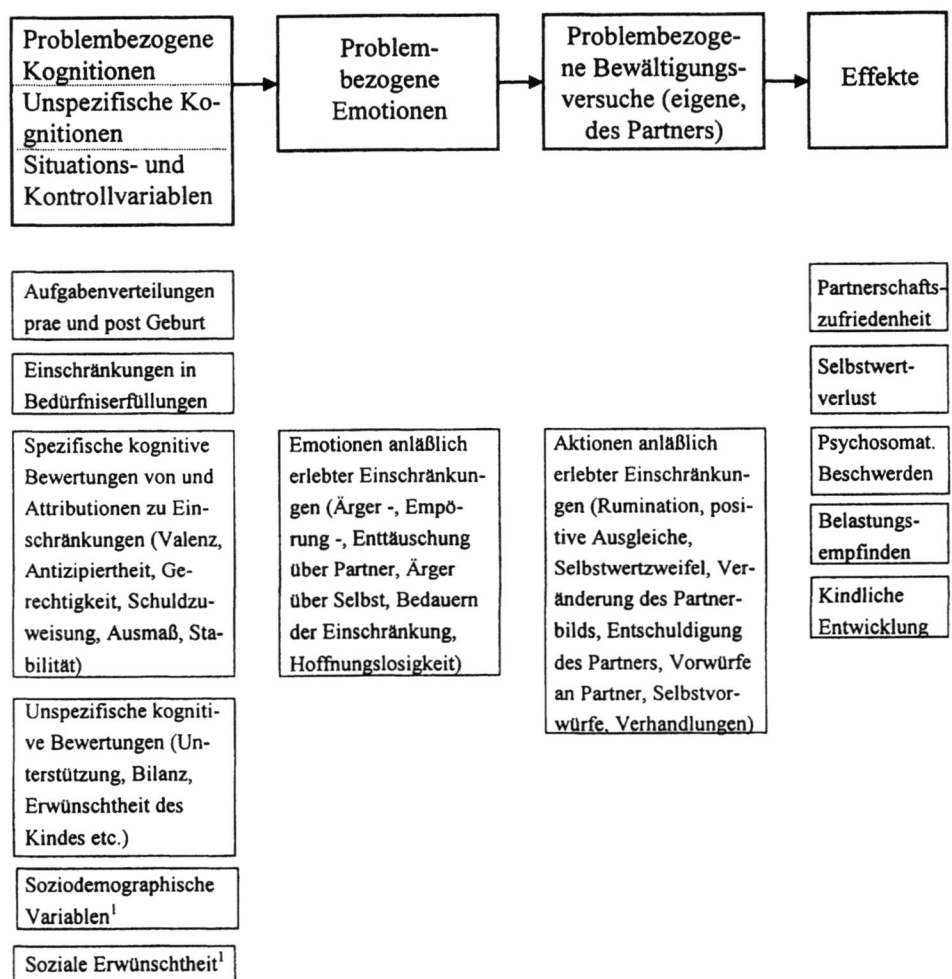

Abbildung 1: Hypothetisches Effektmodell (oben) und erfragte Variablengruppen (unten).

3 Methode

Die Untersuchung wurde längsschnittlich mit Fragebögen durchgeführt. Der erste Untersuchungszeitpunkt lag im Sommer 1989 am Ende des 3. Monats nach der Geburt, der zweite 2 Monate später, der dritte viereinhalb Jahre später im Frühjahr 1994.

---

[1] Diese Variablen sind den anderen Variablen dieser Spalte theoretisch vorgeordnet und nur aus Platzgründen in dieser Spalte rubriziert.

Die schließlich befragten Ersteltern wurden fast gänzlich über die Jugend- und Versorgungsämter in Köln, Saarbrücken und Trier rekrutiert, indem den Bescheiden über die Erziehungsgeldanträge erstmaliger Eltern eine Information über das Forschungsvorhaben und eine vorbereitete Antwortkarte beigelegt wurden. Eltern, die keinen Antrag auf Erziehungsgeld gestellt hatten oder die die gesetzlichen Voraussetzungen zum Bezug von Erziehungsgeld nicht erfüllt haben (z. B. Paare, bei denen beide Partner mehr als 19 Wochenstunden erwerbstätig sind) wurden somit nicht erfaßt. Allerdings haben im Befragungsjahr 97 % aller Eltern Erziehungsgeld bezogen (Statistisches Bundesamt, 1991a, S. 1).

Auf 914 verteilte Anfragen erfolgten 348 Interessensbekundungen per Antwortkarte. Wenn man davon ausgeht, daß nicht jede Anfrage ein Paar und damit zwei Personen erreicht hat, sondern die offizielle Rate Alleinerziehender in Rechnung stellt, sind dies 21 % Rücklauf auf unsere Anfrage. Den Fragebogen erhielten sodann diejenigen 270 Personen, die bis zum Stichtag ihre Interessensbekundung retourniert hatten, in einer Partnerschaft lebten und keine Mehrlinge bekommen hatten. Der Rücklauf zum ersten Untersuchungszeitpunkt betrug mit 198 von 270 verschickten Fragebögen 73 % (s. Tabelle 1). Die letztlich ausgewerteten Daten stammten zu t_1 von 190 Personen, 82 Männern und 108 Frauen; die Fragebögen von 8 Personen mußten wegen erheblicher Mängel von der Auswertung ausgeschlossen werden.

Tabelle 1: Stichprobe

	Sommer 1989 (t_1)	Herbst 1989 (t_2)	Frühjahr 1994 (t_3)
M (Alter Kind)	3 Monate	5 Monate	58 Monate
N (Erstelten) (% Rücklauf)	198 (73 %)[a]	153 (81 %)	128 (84 %)
n (Frauen)	108 (57 %)	86 (56 %)	75 (59 %)
n (Männer)	82 (43 %)	67 (44 %)	53 (41 %)
M (Alter Frauen)	27 Jahre	27 Jahre	32 Jahre
M (Alter Männer)	30 Jahre	31 Jahre	35 Jahre
n (Bildung < Abitur)	101 (53 %)	76 (50 %)	52 (41 %)
n (Bildung Abitur)	47 (25 %)	40 (26 %)	35 (27 %)
n (Bildung Hochschulabschluß)	41 (22 %)	37 (24 %)	41 (32 %)

[a] Gesamtrücklauf, auswertbare Fragebögen $n = 190$.

Da nach Stadienmodellen des Übergangs zur Elternschaft junge Eltern insbesondere im ersten Jahr nach der Geburt ihres Kindes eine Vielzahl rasch aufeinander folgender Veränderungen zu bewältigen haben, wurde zum Zweck der Vergleichbarkeit der Daten das Alter des Kindes bei der Erhebung konstant gehalten. Als erster Befragungszeitpunkt wurde das Ende des 3. Monats der Elternschaft gewählt, da zu diesem Zeitpunkt der sogenannte Baby-Honeymoon vorüber (vgl. Gloger-Tippelt, 1988, S. 98) und erste Routinen eingespielt sein sollten (vgl. Brüderl, 1989, Kapitel 3.1) sowie eine Wiederaufnahme der Erwerbsarbeit nach dem Mutterschutz möglich gewesen wäre.

Die zweite Befragung erfolgte 2 Monate später, einem Zeitpunkt, zu dem die neue familiäre Situation schon alltäglich geworden sein sollte. Hieran beteiligten sich 153 der angesprochenen 190 Personen (81 %). Die dritte Erhebung, mit der langfristige Verlaufsprognosen ermöglicht werden sollten, fand viereinhalb Jahre später statt. Der Rücklauf zu diesem Zeitpunkt betrug mit 128 von 153 verschickten Fragebögen 84 %. Die Teilnahme an t_1 und t_2 wurde mit 20 DM honoriert, die an t_3 mit 40 DM.

Tabelle 2: Erhebungsinstrumentarium

---

(1) Aufgabenverteilungen prae und post

(2) Veränderungen (Gewinne vs. Einschränkungen in der Erfüllung von 28 Bedürfnissen)

(3) Einschränkungsbezogene Kognitionen, Emotionen, Bewältigungsversuche (Aktionen) (nur t_2 und t_3)

(4) Verteilungsgerechtigkeit in Partnerschaften

(5) Unspezifische Kognitionen (Bilanzen, Geplantheit des Kindes, Hilfen, Temperament des Kindes usw.)

(6) Soziodemographische Variablen

(7) Soziale Erwünschtheit (Lück & Timaeus, 1969)

(8) Partnerschaftszufriedenheit (zu t_3 ergänzt um den PFB, Hahlweg, 1979)

(9) Psychosomatische Beschwerden (Gießener Beschwerdebogen, Brähler & Scheer, 1983, nur t_3)

(10) Belastungsempfinden

(11) Typische Verhaltensweisen d. Kindes (Gavranidou, Heinig & Engfer, 1987, nach Ludwig, 1985, nur t_3)

Hinsichtlich des Alters ist die Stichprobe repräsentativ für die Population der bundesdeutschen Erstelltern im Befragungsjahr 1989, hinsichtlich des Bildungsniveaus wohl nicht: Zwar liegen keine spezifischen Daten über die Bildungsabschlüsse von Erstelltern vor, so daß hilfsweise die Daten für die entsprechenden Altersgruppen in der gesamten Population herangezogen werden müssen (Statistisches Bundesamt 1991b). Danach sind in unserer Stichprobe Hauptschulabsolventen unter- und Abiturienten überrepräsentiert sowie männliche Hochschulabsolventen und weibliche Realschulabsolventinnen überrepräsentiert. Die Unterrepräsentation von Hauptschulabsolventen könnte unter anderem durch die aufwendige schriftliche Datenerhebung verursacht sein, wofür auch ein selektiver Ausfall bei den Haupt- und Realschulabsolventen von t_1 zu t_3 spricht.

Die Fragebögen aller drei Meßzeitpunkte sind in Tabelle 2 aufgelistet, gegliedert nach den in Abbildung 1 verzeichneten Variablengruppierungen. Insgesamt waren im ersten Fragebogenpaket 264 Items zu beantworten, im zweiten 294, im dritten 428 (skalenanalytische Ergebnisse s. Reichle, 1994).

4 Ergebnisse

4.1 Potentielle Probleme: Einschränkungen infolge neuer Aufgabenverteilungen

Das Hinzukommen eines neuen, vollständig abhängigen und sehr versorgungsbedürftigen Familienmitglieds bedeutet für die Eltern eine umfängliche neue Aufgabe. Zur Erfüllung dieser Aufgabe muß Zeit und Energie an anderen Stellen des bisherigen Aufgabenbudgets abgezweigt, die bisherigen Aufgaben müssen neu verteilt werden. In der Regel wird, zumindest in den ersten Lebensjahren des Kindes, die traditionelle Option gewählt, bei der die Frau ihre Erwerbstätigkeit zur Erfüllung der Versorgung des Kindes aufgibt (was zumindest während des Säuglingsalters des Kindes nicht aufwandsneutral ist, sondern weitere Einsparungen an anderen Stellen erfordert). Die Entwicklung der Aufgabenverteilung der untersuchten Stichprobe in den ersten viereinhalb Jahren der Elternschaft haben wir andernorts dargestellt (Reichle, 1996a). Zusammengefaßt gaben die jungen Mütter überwiegend ihre Erwerbstätigkeit auf, übernahmen den Hauptanteil an der Versorgung des Kindes, einen höheren Haushaltsanteil als vor der Schwangerschaft und reduzierten ihre Freizeit, und zwar in signifikant höherem Ausmaß als ihre Partner. Die Partner reduzierten ebenfalls ihre Freizeit und übernahmen auf Kosten ihrer Haushaltsbeteiligung kleine Anteile an der Versorgung des Kindes.

Mit diesen Aufgabenveränderungen gehen natürlicherweise Veränderungen in der Erfüllung von Bedürfnissen einher, die als Einschränkungen oder Zugewinne zu bewerten sind: Im 3. Monat der ersten Elternschaft berichteten die Frauen im Durchschnitt hochsignifikant stärkere erlebte Einschränkungen als die Männer, und zwar in allen im Ausbildungs- und Erwerbstätigkeitsbereich erfüllbaren Bedürfnissen (u. a. Zeit für Ausbildung bzw. Beruf, Kontakt zu Arbeitskollegen, berufliche Erfolge, finanzielle Unabhängigkeit vom Partner), in der Erfüllung des Schlafbedürfnisses, des Bedürfnisses nach Aufrechterhaltung der körperlichen Leistungsfähigkeit sowie nach gesellschaftlicher Partizipation. Männer erleben ebenfalls Einschränkungen in diesen Bereichen, jedoch in weit geringerem Ausmaß. Aus dem Partnerschaftsbereich ist bei beiden Geschlechtern die Erfüllung nur eines einzigen Bedürfnisses deutlich eingeschränkt, nämlich dem nach Sexualität. Frauen berichten zu diesem Zeitpunkt signifikante Zugewinne in der Erfüllung ihres Bedürfnisses nach Verständnis des Partners sowie nach Respekt und Anerkennung durch diesen (vgl. Reichle, 1994). Sieht man vom Ausmaß der Einschränkungen ab und betrachtet lediglich die Anzahl der eingeschränkten Bedürfnisse, findet man bei Frauen von 28 Bedürfnissen durchschnittlich 12 eingeschränkt, bei Männern 11 (Reichle & Montada, 1994), was bis ins fünfte Jahr der Elternschaft etwa gleich bleibt (Reichle, in Druck).

4.2 Problembezogene Kognitionen, Emotionen und Aktionen

Das Problempotential der berichteten Einschränkungen nach dem Übergang zur Elternschaft läßt sich aus den Bewertungen der Wichtigkeit dieser Einschränkungen vermuten.

Bei Frauen im dritten Elternschaftsmonat (t_1) fanden wir durchschnittlich 10 *wichtige* Bedürfnisse gegenüber der Zeit vor der Schwangerschaft eingeschränkt, bei Männern 8, im 50. Elternschaftsmonat bei Frauen 12, bei Männern 9 (Reichle, in Druck). Die Prävalenzen einiger Kognitionen und Emotionen zum ersten und letzten Meßzeitpunkt sind in Tabelle 3 verzeichnet (nach Reichle, 1995). Im dritten Elternschaftsmonat berichten zwischen einem Viertel bis weit über drei Viertel der Frauen bzw. einem Sechstel bis weit über drei Viertel der Männer negative Kognitionen und Emotionen. Nach viereinhalb Jahren sind diese Prozentsätze bei beiden Geschlechtern deutlich angestiegen, bei den Männern teilweise stärker als bei den Frauen. Lediglich die Prozentsätze für Bedauern der Einschränkungen sind etwa gleich geblieben.

Tabelle 3: Prävalenzen einschränkungsbezogener Kognitionen und Emotionen

	% Frauen t_1	% Frauen t_3	% Männer t_1	% Männer t_3
Ungerechtigkeit	55	65	29	52
Verantwortlichkeit Partner	35	49	22	38
Ärger über Partner	27	43	17	40
Enttäuschung über Partner	33	45	15	36
Bedauern der Einschränkung	87	89	73	79

Fragt man im Zusammenhang erlebter Einschränkungen nach Bewältigungsversuchen, werden vor allem Vorwürfe an den Partner bzw. die Partnerin genannt, gefolgt von Rückzug, Veränderungen des Bildes vom Partner (bei Frauen) sowie Verlust an Selbstwert. Konstruktive Aktionen hängen hingegen nicht mit Ärger zusammen (Reichle, 1997, Juni). Nach diesen Befunden darf den erlebten Einschränkungen durchaus ein Problempotential zugesprochen werden.

4.3 Partnerschaftszufriedenheit nach dem Übergang zur Elternschaft

Das Problempotential wird deutlicher, wenn man die Zusammenhänge zwischen Einschränkungen, Kognitionen, Emotionen und Aktionen in einem umfassenden Modell untersucht. Tabelle 4 gibt einen Überblick über die Ergebnisse ausgewählter querschnittlicher Pfadanalysen (Prozedur Regression in SPSSX) zu beiden Untersuchungszeitpunkten.

Tabelle 4: Ergebnisse ausgewählter querschnittlicher Pfadanalysen zur Vorhersage der Partnerschaftszufriedenheit von Frauen und Männern zu t_1 und t_2

QUERSCHNITT 3. MONAT (T_1)	FRAUEN	MÄNNER
2. Kriterium Partnerschaftszufriedenheit	$R^2 = .55$	$R^2 = .23$
Emotionen als Prädiktor	Enttäuschung über Partner	Ärger über Partnerin
Kognitionen als Prädiktor	--	--
Situations- und Kontrollprädiktoren	neg. intraindividuelle Bilanz unentgeltliche Hilfe Geplantheit des Kindes	--
1. Kriterium neg. partnerbez. Emotion	$R^2 = .73$ (Enttäuschung)	$R^2 = .57$ (Ärger)
Kognitionen als Prädiktor	Verantw.P. x Ungerechtigkeit	Verantw.P. x Ungerechtigkeit
Situations- und Kontrollprädiktoren	neg. innerpartnersch. Bilanz	--
QUERSCHNITT 5. MONAT (T_2)	**FRAUEN**	**MÄNNER**
3. Kriterium Partnerschaftszufriedenheit	$R^2 = .51$	$R^2 = .49$
Aktionen als Prädiktor	Rückzug Selbst Veränderung Partnerbild	Rückzug Selbst
Emotionen als Prädiktor	Hoffnungslosigkeit	Hoffnungslosigkeit
Kognitionen als Prädiktor	Ungerechtigkeit	--
Situations- und Kontrollprädiktoren	neg. intraindividuelle Bilanz Soziale Erwünschtheit	neg. intraindividuelle Bilanz unentgeltliche Hilfe
2. Kriterium Rückzug Selbst	$R^2 = .57$	$R^2 = .38$
Emotionen als Prädiktor	Ärger über Partner Hoffnungslosigkeit	Ärger über Partnerin
Kognitionen als Prädiktor	--	--
Situations- und Kontrollprädiktoren	höhere Schulbildung	--
2. Kriterium Veränderung Partnerbild	$R^2 = .39$	n.s. für Partnerschaftszufr.
Emotionen als Prädiktor	Ärger über Partner	--
Kognitionen als Prädiktor	--	--
Situations- und Kontrollprädiktoren	niedriges Alter	--
1. Kriterium Ärger über Partner	$R^2 = .53$	$R^2 = .23$
Kognitionen als Prädiktor	Verantw.P. x Ungerechtigkeit	Verantw.P. x Ungerechtigkeit
Situations- und Kontrollprädiktoren	--	--
1. Kriterium Hoffnungslosigkeit	$R^2 = .71$	$R^2 = .66$
Kognitionen als Prädiktor	prosp. Stabilität d. Einschr.	prosp. Stabilität d. Einschr. Verantw.P. x Ungerechtigkeit
Situations- und Kontrollprädiktoren	neg. intraindividuelle Bilanz geringe Σ Erwerbszeit beider	--

Querschnittlich hängt die Partnerschafts(un)zufriedenheit zum ersten Untersuchungszeitpunkt im dritten Elternschaftsmonat signifikant mit negativen partnerbezogenen Emotionen zusammen (bei Frauen Enttäuschung, bei Männern Ärger) sowie bei Frauen zusätzlich mit einer negativen intraindividuellen Bilanz von Einschränkungen und Gewinnen durch die Mutterschaft, geringer unentgeltlicher Hilfe sowie der Nicht-Geplantheit des Kindes. Die negativen partnerbezogenen Emotionen hängen bei beiden Geschlechtern mit Schuldvorwürfen für erlittene ungerechte Einschränkungen zusammen, bei Frauen zusätzlich mit einer negativen innerpartnerschaftlichen Bilanz, also der Sichtweise, mehr Einschränkungen erfahren zu haben als der Partner. Insgesamt lassen sich mit diesen Modellen 23 % und 55 % der Varianz der Partnerschaftszufriedenheit bei den Männern bzw. den Frauen aufklären.

Zum zweiten Untersuchungszeitpunkt im fünften Elternschaftsmonat wurden zusätzlich Bewältigungsversuche (Aktionen) erfragt. Damit ergibt sich ein differenzierteres querschnittliches Bild. Bei *Frauen* ist die Partnerschaftszufriedenheit umso geringer, je mehr Rückzug vom Partner stattgefunden hat, je mehr das eigene Bild vom Partner verändert wurde, je mehr Hoffnungslosigkeit empfunden wird, je mehr erlebte Einschränkungen als ungerecht bewertet werden, je negativer die eigene intraindividuelle Gewinn-Verlust-Bilanz ist, je schwächer ausgeprägt die eigene Tendenz zu sozial erwünschtem Verhalten ist. Der eigene Rückzug vom Partner ist umso stärker, je mehr Ärger über den Partner sowie Hoffnungslosigkeit empfunden wurde, und je höher die Schulbildung ist. Die Veränderung des Bildes vom Partner ist umso stärker, je mehr Ärger über den Partner erlebt wurde und je niedriger das eigene Alter ist. Ärger über den Partner erlebt, wer dem Partner Schuldvorwürfe für ungerecht empfundene Einschränkungen macht (vgl. auch Reichle, 1998). Hoffnungslosigkeit läßt sich aus einer Einschätzung der erlebten Einschränkungen als prospektiv permanent vorhersagen, aus einer negativen Gewinn-Verlust-Bilanz und einem geringen gemeinsamen Erwerbszeitbudget (operationalisiert als die Summe der Stunden, die beide Partner mit Erwerbsarbeit zubringen). 51 % der Varianz der Partnerschaftszufriedenheit der Frauen werden mit diesem Modell erklärt.

Bei den *Männern* spielt die Veränderung des Bildes von der Partnerin keine signifikante Rolle, aber der eigene Rückzug, Hoffnungslosigkeit, eine negative intraindividuelle Gewinn-Verlust-Bilanz sowie wenig Möglichkeiten zur Inanspruchnahme unentgeltlicher Hilfe. Der eigene Rückzug ist wie bei Frauen eine Funktion des Ärgers, und dieser eine Funktion von Schuldvorwürfen an die Partnerin für ungerechte Einschränkungen. Hoffnungslosigkeit läßt sich wie bei Frauen mit einer Einschränkungsbewertung als prospektiv stabil vorhersagen, zusätzlich aber auch mit Schuldvorwürfen an die Partnerin und Ungerechtigkeitskognitionen. 49 % der Varianz der Partnerschaftszufriedenheit der Männer werden mit diesem Modell erklärt.

Zusammenfassend haben sich querschnittlich bei beiden Geschlechtern in Übereinstimmung mit kognitiv-emotionspsychologischen Befunden Schuldvorwürfe an den Partner für ungerechte Einschränkungen als Prädiktoren für negative partnerbezogene Emotionen erwiesen. Diese Emotionen prädizieren keine konstruktiven Aktionen, sondern Rückzug vom Partner und Veränderungen des Bildes vom Partner. Zusammen mit Hoffnungslosigkeit anläßlich prospektiv stabiler Einschränkungen und einigen Kontrollvariablen sind diese Aktionen Korrelate einer geringen Partnerschaftszufriedenheit.

Die längsschnittlichen Befunde zur Vorhersage der Partnerschaftszufriedenheit im 5. Monat sind in den Abbildungen 2 und 3 verzeichnet. Während bei den Frauen über die Zeit die Partnerschaftszufriedenheit im 3. Monat den stärksten Effekt hat, direkt und indirekt über Rückzugsaktionen, gibt es bei den Männern keinen derartigen Effekt. Im Gegensatz zur Frauenstichprobe ist der Effekt nicht vermittelt über die frühere Partnerschaftszufriedenheit, sondern die negativen partnerbezogenen Emotionen zum ersten Zeitpunkt haben einen direkten Effekt auf den zum zweiten Zeitpunkt vorgenommenen Rückzug und von dort auf die Partnerschaftszufriedenheit. Bei Frauen gibt es zudem Effekte von der Nicht-Antizipiertheit der Einschränkung und einem als gering eingeschätzten Familieneinkommen, bei beiden Geschlechtern wirkt sich eine negative Gewinn-Verlust-Bilanz nachteilig auf die Partnerschaftszufriedenheit aus. Mit diesen Längsschnittmodellen lassen sich 66 % bzw. 48 % der Varianz in der Partnerschaftszufriedenheit aufklären.

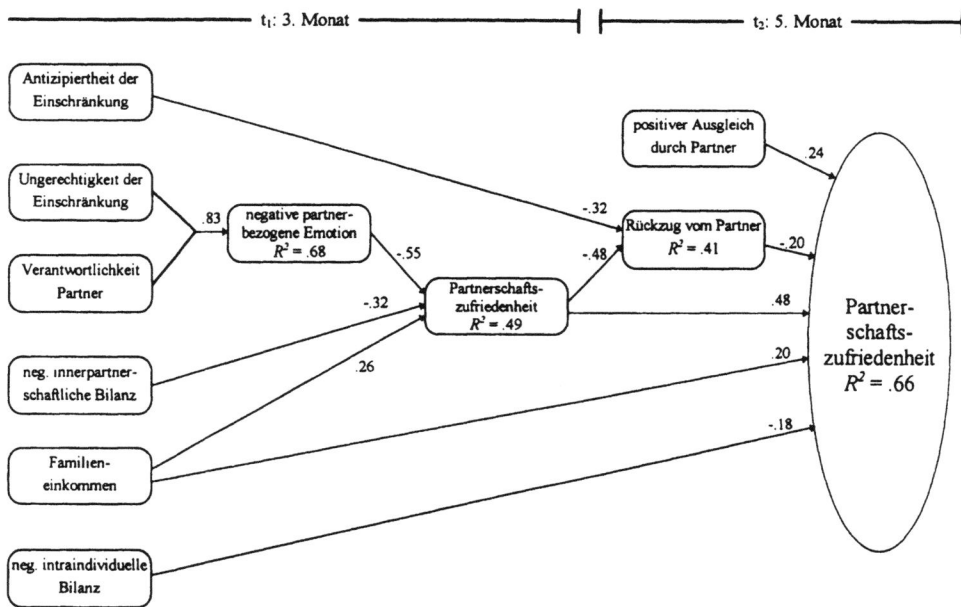

Abbildung 2: Längsschnittliche Vorhersage der Partnerschaftszufriedenheit der Frauen im 5. Monat der Erstelternschaft
(R^2 = adjustiertes R^2; Pfadkoeffizienten = *beta*; 62 ≤ *n* ≤ 89).

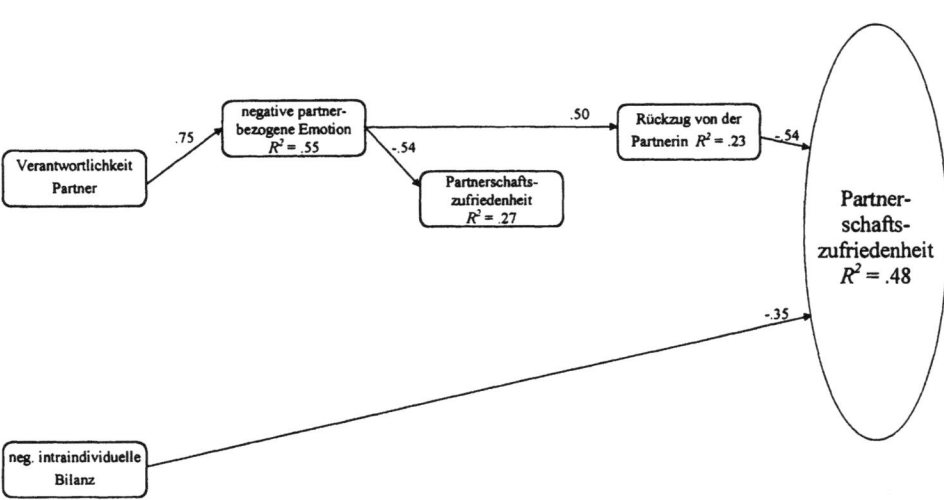

Abbildung 3: Längsschnittliche Vorhersage der Partnerschaftszufriedenheit der Männer im 5. Monat der Erstelternschaft (R^2 = adjustiertes R^2; Pfadkoeffizienten = *beta*; 45 ≤ n ≤ 64).

5 Zusammenfassende Bewertung

Angesichts der Anteile aufgeklärter Varianz und der statistischen Bedeutsamkeit der zentralen Kognitions- und Emotionsprädiktoren darf man sagen, daß sich die beschriebene kognitiv-emotionspsychologische Bewältigungstheorie in der quer- und längsschnittlichen Vorhersage der Partnerschaftszufriedenheit nach dem Übergang zur Elternschaft bewährt hat: Wer Probleme mit (1) Einschränkungen hat, die im Gefolge der Aufgabenneuverteilung nach der Geburt eines Kindes zwangsläufig auftreten, sie (2) negativ bewertet, vor allem als ungerecht empfindet, sie dem Partner anlastet, hat (3) Anlaß zu negativen partnerbezogenen Emotionen wie Ärger, Enttäuschung und Empörung. Im Querschnitt wie im Längsschnitt liegen dann (4) negative Aktionen nahe, von denen sich insbesondere der eigene Rückzug als nachteilig für die Partnerschaftszufriedenheit erwiesen hat. Im Gegensatz zu Befunden anderer Studien unterscheiden sich in unserer Stichprobe die aktionalen Korrelate der Partnerschaftszufriedenheit nicht von ihren aktionalen Prädiktoren. Der zusätzliche direkte Effekt von Ungerechtigkeit bei Frauen kann als Hinweis auf die relative Unterprivilegierung der Frauen im Familienkontext gedeutet werden, die sich unter anderem in signifikant liberaleren Gerechtigkeitsidealen der Frauen und signifikant mehr erlebten Inkonsistenzen zwischen präferierten und realisierten Aufgabenverteilungen manifestiert: Das Hausmann-Verteilungs-Modell, das Chancengleichheitsprinzip und das demokratische Verfahrensgerechtigkeitsprinzip schätzen Frauen signifikant gerechter ein als Männer. Konservative Prinzipien wie der Stichentscheid und traditionsgemäße Verteilungen bewerten Frauen hingegen als weniger gerecht als Männer (Reichle & Gefke, 1998). Darüber hinaus gibt es (5) andere Belastungsfaktoren, die sich negativ auf die Partnerschaftszufriedenheit auswirken können.

Zu den meisten dieser Theoriekomponenten liegen inzwischen auch Befunde aus anderen Studien aus dem deutschsprachigen Raum vor: Verlaufsuntersuchungen bzw. Vergleiche mit Normdaten sowie Eltern und Kinderlose vergleichende Verlaufsuntersuchungen haben ein Absinken der Partnerschaftszufriedenheit infolge des Übergangs zur Elternschaft bestätigt (vgl. Gloger-Tippelt, Rapkowitz, Freudenberg & Maier, 1995; Grant, 1992; Nickel, Quaiser-Pohl, Rollett, Vetter & Werneck, 1995; Petzold, 1990; Schneewind, Gotzler, Schlehlein, Sierwald & Weiß, 1996).

Zum Problempotential von (1) Einschränkungen, Aufgabenneuverteilungen und damit zusammenhängenden (2) Bewertungen und Einstellungen haben Rollett und Werneck (1994) gezeigt, daß die Vereinbarkeit entsprechender Rollenerwartungen und Einstellungen der jungen Eltern für die Bewältigung des Übergangs zur Elternschaft kritisch ist. Werneck (1998) hat für Väter belastende Effekte von Egalität nachgewiesen sowie Zusammenhänge zwischen selbstberichteten Glücksgefühlen von Vätern und einem traditionellen Frauenbild bzw. der Unemanzipiertheit ihrer Partnerinnen. Diese Befunde lassen sich vor dem Hintergrund von andernorts dargelegten Untersuchungen zum sogenannten Traditionalisierungseffekt in den Aufgabenverteilungen nach dem Übergang zur Elternschaft interpretieren (Reichle, 1996a): Im Vergleich zur traditionellen Verteilungsvariante ist die egalitäre zeit- und energieintensiver, für Frauen noch stärker als für Männer.

Die erhebliche Bedeutung (3) negativer partnerbezogener Emotionen bestätigen Ergebnisse der Studie von Schneewind et al. (1996): Väter mit einer verletzlichen oder labilen Beziehungspersönlichkeit (welche sich selbst im Gegensatz zu den Vätern mit einer stabilen Beziehungspersönlichkeit unter anderem als ärgerlich beschreiben) sind signifikant weniger generativ, sie bleiben weit häufiger bei der Einzelkindkonstellation als Väter mit einer stabilen Beziehungspersönlichkeit. Letztere sehen auch ihre Partnerschaftsentwicklung positiver als Väter der anderen Persönlichkeitstypen. Da entsprechende Zusammenhänge bei Müttern nicht nachzuweisen sind, folgern Schneewind et al. (1996), daß die Männer eher die Motoren der Familienbildung seien – sei es durch direkten Einfluß auf generative Entscheidungen oder durch die Vermittlung von Sicherheit über eine positive Selbst- und Partnerschaftswahrnehmung.

Zusammenhänge zwischen (4) negativen Aktionen, spezifisch dem wahrgenommenen Streitverhalten der Partnerin und dem Belastungserleben von Vätern berichtet Werneck (1997). In eine ähnliche Richtung weisen Befunde, die inzwischen von Wicki (in Druck) vorgelegt wurden: Paarkonflikte sind quer- und längsschnittlich stabil mit geringer Partnerunterstützung verbunden. Bereits für die Zeit der Schwangerschaft weist Bleich (1996) Zusammenhänge zwischen einem geringen emotionalen Zusammenhalt der Partner, hoher Konflikthaftigkeit und einer Situationseinschätzung als bedrohlich nach.

Einige der zuvor als (5) Kontrollvariablen bezeichneten Konstrukte haben in unserer Studie ebenfalls Effekte auf die Partnerschaftszufriedenheit – negative Bilanzierungen bei beiden Geschlechtern im Längs- und im Querschnitt, zu geringe Hilfe bei beiden

Geschlechtern im Querschnitt (vgl. auch entsprechende Zusammenhänge zwischen wahrgenommener sozialer Unterstützung und partnerschaftlicher Zärtlichkeit bei Ettrich & Ettrich, 1995), bei Frauen die Tendenz zu sozialer Erwünschtheit, höhere Schulbildung, niedriges Alter, ein umfängliches Erwerbszeitbudget von Frau und Mann, die Geplantheit des Kindes (einen entsprechenden Effekt berichtet Werneck, 1997, für Väter), schließlich auch ein als gering eingeschätztes Familieneinkommen im Längsschnitt.

Einen derartigen Effekt eines geringen Einkommens haben auch Wicki und Mitarbeiterinnen berichtet, und zwar im Querschnitt auf Belastungswahrnehmung (Wicki, Messerli & Zehnder, 1995) und im Quer- und Längsschnitt auf das individuelle Funktionieren, mit größerer Effektstärke bei den Frauen (Wicki, in Druck). Nach den Befunden von Bleich (1996) hängen schon während der Schwangerschaft finanzielle Belastungen mit Bedrohlichkeitseinschätzungen der Situation zusammen. Nach den Daten unserer Untersuchung birgt ein gering eingeschätztes Familieneinkommen ein ganz erhebliches Risikopotential: Über die Zeitspanne von viereinhalb Jahren ist diese Einschätzung ein signifikanter Prädiktor der Partnerschaftsauflösung (Reichle, 1996b). An diesem Effekt läßt sich einmal mehr die prädiktive Überlegenheit subjektiver Bewertungen gegenüber objektiven Daten ablesen: Objektiv *hat* sich die finanzielle Situation junger Eltern verschlechtert, da im Vergleich zum vorangegangenen Paarstadium weniger Einkommen erzielt wird. Objektiv *ist* die finanzielle Situation junger Eltern auch im sozialen Vergleich mit Kinderlosen schlechter: Nach Rost und Schneider (1995) haben Eltern rund 1000 DM monatlich weniger zur Verfügung als vergleichbare kinderlose Paare. Dies wird zwar deutlich wahrgenommen, anscheinend aber von drei Vierteln der betroffenen Paare mit einer Angleichung des Anspruchsniveaus bewältigt. Subjektiv problematisch ist diese objektive Schlechterstellung also nur für das verbleibende Viertel der Betroffenen, welches die Angleichung des Anspruchsniveaus nicht vornimmt – oder vielleicht für andere, wenn man sie während des Angleichungsprozesses befragt.

Somit dürfte das mit unseren Befunden gezeichnete Bild über unsere Stichprobe hinaus allgemeinere Gültigkeit beanspruchen. Eine gravierende Schwäche unseres Ansatzes liegt in der Auslassung des Persönlichkeitsbereiches, dessen Bedeutung vor allem die Untersuchung von Schneewind et al. (1996) aufgezeigt hat. Da wir über Längsschnittdaten verfügen, könnte ein Versuch der Kompensation dieser Auslassung, allerdings in einem eingeschränkten Bereich, mittels State-Trait-Untersuchungen (Schmitt & Steyer, 1993) partnerbezogener Ärgerreaktionen unternommen werden.

Nach dieser Diskussion unserer Befunde im Rahmen der einschlägigen Forschung wollen wir nochmals die Bewältigungsthematik aufgreifen. Was haben junge Eltern nach der Geburt eines Kindes zu bewältigen? Einschränkungen in der Erfüllung bisher erfüllter Bedürfnisse, reduzierte Handlungsmöglichkeiten, Probleme mit den neuen Aufgaben der Versorgung und Förderung ihres Kindes sind nicht alles. Diese primären Folgen der neuen Lebenssituation sind häufig assoziiert mit belastenden Gefühlen, etwa Ängsten um das Kind, Unsicherheiten wegen eigener Inkompetenzen, Trauer wegen der Verluste, aber auch Enttäuschung und Empörung über den Partner oder die Partnerin wegen der Verteilung von Aufgaben und Möglichkeiten, die subjektiv als ungerecht bewertet werden, oder wegen fehlender Responsivität bezüglich eigener Bedürfnisse, (unter anderem auch sexueller); auch Ärger über eigene Fehlentscheidungen ist zu nennen. Diese Gefühle belasten die jungen Eltern zusätzlich und sind zu bewältigen.

Wir haben uns konzentriert auf die partnerbezogenen belastenden Gefühle und gefunden, daß sie aus Verantwortlichkeitszuschreibungen und Ungerechtigkeitsbewertungen resultieren. Sie sind entscheidend für das Bild von den Partnern, für die erlebte Nähe und für die Zufriedenheit mit der Partnerschaft. Bewältigungsversuche müssen deshalb von diesen Emotionen ausgehen bzw. auf diese Emotionen bezogen sein. Einschränkungen, Verluste und Probleme gefährden als solche die Partnerschaft nicht. Wenn sie bewältigt oder gemeistert werden, bedeutet das jedoch noch nicht, daß die negativen partnerbezogenen Gefühle aufgehoben sind: Wenn die Verluste und Probleme alleine oder mit Hilfe Dritter bewältigt oder gelöst wurden, ist der Partner oder die Partnerin noch nicht „rehabilitiert".

Ansatzpunkte für die Bewältigung sind die den negativen Gefühlen zugrundeliegenden Kognitionen und Überzeugungen, also die den Partnern zugeschriebene Verantwortlichkeit und die normativen Überzeugungen, was eine gerechte Verteilung von Aufgaben und Möglichkeiten in der Partnerschaft wäre, was im Austausch zwischen den Partnern gerecht wäre und was als Rechtfertigung (und damit Entschuldigung des Partners, der Partnerin) akzeptiert werden könnte. Ein Bewältigungsversuch über eine Umbewertung der frustrierten eigenen Bedürfnisse (etwa nach beruflicher Arbeit oder Außenkontakten) oder eine palliative Bilanzierung von Einschränkungen oder Verlusten auf der einen Seite und Gewinnen auf der anderen Seite bedeutet noch keinen „Freispruch" für den Partner oder die Partnerin.

Deshalb plädieren wir dafür, Bewältigungshilfen nicht unspezifisch für „die Streßsituation" nach der Geburt des ersten Kindes zu konzipieren und anzubieten. Erst eine Diagnose der spezifischen erlebten Einschränkungen, Verluste und Probleme und der spezifischen damit assoziierten Emotionen erlaubt eine gezielte Hilfe. Die Bewältigung der Belastungen und Probleme durch das Kind ist noch keine Garantie gegen Scheidung, wie auch Scheidung als Versuch der Beendigung partnerbezogener Probleme noch keine Gewähr bietet für die Meisterung oder Bewältigung der kindbezogenen Probleme.

6 Literatur

Aldous, J. (1978). *Family careers. Developmental change in families.* New York: John Wiley & Sons.

Averill, J. R. (1968). Grief: Its nature and significance. *Psychological Bulletin, 70,* 721-748.

Averill, J. R. (1978). Anger. In R. A. Dienstbier (Ed.), *Nebraska Symposium on Motivation* (pp. 1-81). Lincoln: University of Nebraska Press.

Baucom, D. H. & Adams, A. N. (1987). Assessing communication in marital interaction. In K. D. O'Leary (Ed.), *Assessment of marital discord: An integration for research and clinical practice* (pp. 139-181). Hillsdale: Erlbaum.

Belsky, J., Ward, M. J. & Rovine, M. (1986). Prenatal expectations, postnatal experiences, and the transition to parenthood. In R.

Ashmore & D. Brodinsky (Eds.), *Thinking about the family: Views of parents and children* (pp. 119-145). Hillsdale: Erlbaum.

Bleich, C. (1996). *Übergang zur Erstelternschaft: Die Paarbeziehung unter Streß?* Frankfurt / Main: Verlag für Akademische Schriften.

Blood, R. O. & Wolfe, D. M. (1960). *Husbands and wives: The dynamics of married living.* New York: The Free Press.

Brähler, E. & Scheer, J. W. (1983). *Der Gießener Beschwerdebogen.* Bern: Huber.

Brüderl, L. (1989). *Entwicklungspsychologische Analyse des Übergangs zur Erst- und Zweitelternschaft.* Regensburg: Roderer.

Campbell, L. (1987). Hopelessness. A concept analysis. *Journal of Psychosocial Nursing and Mental Health Services, 25,* 18-22.

Cowan, C. P., Cowan, P. A., Coie, L. & Coie,

J. D. (1978). Becoming a family: The impact of the first child's birth on the couple's relationship. In W. B. Miller & L. F. Newman (Eds.), *The first child and family formation* (pp. 296-324). Chapel Hill: Carolina Population Center, The University of North Carolina at Chapel Hill.

Cowan, C. P., Cowan, P. A., Heming, G., Garrett, E., Coysh, W. S., Curtis-Boles, H. & Boles, A. J., III. (1985). Transitions to parenthood: His, hers, and theirs. *Journal of Family Issues, 6*, 451-481.

El-Giamal, M. (1997). Veränderungen der Partnerschaftszufriedenheit und Streßbewältigung beim Übergang zur Elternschaft: Ein aktueller Literaturüberblick. *Psychologie in Erziehung und Unterricht, 44*, 256-275.

Engfer, A., Gavranidou, M. & Heinig, L. (1988). Veränderungen in Ehe und Partnerschaft nach der Geburt von Kindern; Ergebnisse einer Längsschnittstudie. *Verhaltensmodifikation und Verhaltensmedizin, 9*, 297-311.

Ettrich, C. & Ettrich, K. U. (1995). Die Bedeutung sozialer Netzwerke und erlebter sozialer Unterstützung beim Übergang zur Elternschaft – Ergebnisse einer Längsschnittstudie. *Psychologie in Erziehung und Unterricht, 42*, 29-39.

Ferguson, T. J. & Rule, B. G. (1983). An attributional perspective on anger and aggression. In R. G. Geen & E. I. Donnerstein (Eds.), *Aggression: Theoretical and empirical reviews* (Vol. 1, pp. 41-74). New York: Academic Press.

Filipp, S.-H. (1981). Ein allgemeines Modell für die Analyse kritischer Lebensereignisse. In S.-H. Filipp (Hrsg.), *Kritische Lebensereignisse* (S. 3-52). München: Urban & Schwarzenberg.

Frijda, N. H. (1986). *The emotions*. Cambridge: Cambridge University Press.

Gavranidou, M., Heinig, L. & Engfer, A. (1987). Dokumentation der zu t_6 eingesetzten Erhebungsinstrumente. Arbeitsbericht Nr. 7 aus dem Forschungsprojekt zur „Entwicklung punitiver Mutter-Kind-Interaktionen im sozioökologischen Kontext". München: Staatsinstitut für Frühpädagogik und Familienforschung. (Fragebogen „Typische Verhaltensweisen des Kindes" nach Ludwig, T. B. (1985). Verhaltensstörungen bei Vorschulkindern. Frankfurt / M.: Fachbuchhandlung für Psychologie).

Gloger-Tippelt, G. (1988). *Schwangerschaft und erste Geburt. Psychologische Veränderungen der Eltern*. Stuttgart: Kohlhammer.

Gloger-Tippelt, G., Rapkowitz, I., Freudenberg, I & Maier, S. (1995). Veränderungen der Partnerschaft nach der Geburt des ersten Kindes. *Psychologie in Erziehung und Unterricht, 42*, 255-269.

Gottman, J. M. (1994). *What predicts divorce? The relationship between marital processes and marital outcomes*. Hillsdale: Erlbaum.

Gottman, J. M. & Krokoff, L. J. (1989). Marital interaction and satisfaction: A longitudinal view. *Journal of Consulting and Clinical Psychology, 57*, 47-52.

Grant, H.-B. (1992). *Übergang zur Elternschaft und Generativität. Eine ökologisch-psychologische Studie über die Bedeutung von Einstellungen und Rollenauffassungen beim Übergang zur Elternschaft und ihr Beitrag zur Generativität*. Aachen: Shaker.

Hahlweg, K. (1979). Konstruktion und Validierung des Partnerschaftsfragebogens PFB. *Zeitschrift für Klinische Psychologie, 8*, 17-40.

Hahlweg, K. (1991). Störung und Auflösung von Beziehung: Determinanten der Ehequalität und -stabilität. In M. Amelang, H. J. Ahrens & H. W. Bierhoff (Hrsg.), *Partnerwahl und Partnerschaft. Formen und Grundlagen partnerschaftlicher Beziehungen* (S. 152-171). Göttingen: Hogrefe.

Hopkins, J., Marcus, M. & Campbell, S. B. (1984). Postpartum depression: A critical review. *Psychological Bulletin, 95*, 498-515.

LaRossa, R. & LaRossa, M. M. (1981). *Transition to parenthood. How infants change families*. Beverly Hills: Sage.

LeMasters, E. E. (1957). Parenthood as crisis. *Marriage and Family Living, 19*, 352-355.

Lück, H. E. & Timaeus, E. (1969). Skalen zur Messung Manifester Angst (MAS) und sozialer Wünschbarkeit (SDS-E und SDS-CM). *Diagnostica, 15*, 134-141.

Mees, U. (1991). *Die Struktur der Emotionen*. Göttingen: Hogrefe.

Meyerowitz, J. H. & Feldman, H. (1967). Transition to parenthood. In I. M. Cohen (Ed.), *Family structure, dynamics and therapy* (pp. 78-84). New York: American Psychiatric Association.

Mikula, G. (1987). Exploring the experience of injustice. In G. R. Semin & B. Krahé (Eds.), *Issues in contemporary German social psychology. History, theories and application* (pp. 74-96). London: Sage.

Montada, L. (1988). Die Bewältigung von „Schicksalsschlägen" – erlebte Ungerechtigkeit und wahrgenommene Verantwortlichkeit. *Schweizerische Zeitschrift für Psy-*

chologie, 47, 203-216.
Montada, L. (1989). Bildung der Gefühle. *Zeitschrift für Pädagogik, 35*, 293-312.
Montada, L. (1991). Life stress, injustice, and the question „Who is responsible?" In H. Steensma & R. Vermunt (Eds.), *Social justice in human relations* (Vol. 2, pp. 9-30). New York: Plenum (Erstveröffentlichung 1986, Berichte aus der Arbeitsgruppe „Verantwortung, Gerechtigkeit, Moral" Nr. 38. Trier: Universität, Fachbereich I - Psychologie).
Montada, L. (1992). Attribution of responsibility for losses and perceived injustice. In L. Montada, S.-H. Filipp & M. J. Lerner (Eds.), *Life crises and experiences of loss in adulthood* (pp. 133-161). Hillsdale: Erlbaum.
Nickel, H., Quaiser-Pohl, C., Rollett, B., Vetter, J. & Werneck, H. (1995). Veränderung der partnerschaftlichen Zufriedenheit während des Übergangs zur Elternschaft. Kulturvergleichende Untersuchungen in vier Ländern. *Psychologie in Erziehung und Unterricht, 42*, 40-53.
Ortony, A., Clore, G. L. & Collins, A. (1988). *The cognitive structure of emotions*. Cambridge: Cambridge University Press.
Petzold, M. (1990). Eheliche Zufriedenheit fünf Jahre nach der Geburt des ersten Kindes. *Psychologie in Erziehung und Unterricht, 37*, 101-110.
Reichle, B. (1994). *Die Geburt des ersten Kindes – eine Herausforderung für die Partnerschaft. Verarbeitung und Folgen einer einschneidenden Lebensveränderung.* Bielefeld: Kleine.
Reichle, B. (1995). Lastenverteilung als Gerechtigkeitsproblem: Umverteilungen nach der Geburt des Kindes und ihre Folgen. *Berichte aus dem Zentrum für Gerechtigkeitsforschung an der Universität Potsdam, 2*, 145-155.
Reichle, B. (1996a). Der Traditionalisierungseffekt beim Übergang zur Elternschaft. *Zeitschrift für Frauenforschung, 14*, 70-89.
Reichle, B. (1996b). From is to ought and the kitchen sink: On the justice of distributions in close relationships. In L. Montada & M. J. Lerner (Eds.), *Current societal concerns about justice* (pp. 103-135). New York: Plenum.
Reichle, B. (1997, Juni). *Verantwortlichkeitszuschreibungen und Emotionslogiken in Partnerschaften: Der Ärger der Männer ist nicht der Ärger der Frauen.* Vortrag anläßlich der Tagung der Fachgruppe Sozialpsychologie in der deutschen Gesellschaft für Psychologie, Arbeitsgruppe „Soziale Verantwortung", Konstanz.
Reichle, B. (1998). Verantwortlichkeitszuschreibungen und Ungerechtigkeitserfahrungen in partnerschaftlichen Bewältigungsprozessen. In B. Reichle & M. Schmitt (Hrsg.), *Verantwortung, Gerechtigkeit und Moral* (S. 47-62). Weinheim: Juventa.
Reichle, B. (in Druck). Aufgabenverteilungen zwischen Frauen und Männern: Modelle, Bewertungen, Veränderungen. In U. Schultz & S. Leidemann (Hrsg.), *Frauen im Gespräch*.
Reichle, B. & Gefke, M. (1998). Justice of conjugal divisions of labor: You can't always get what you want. *Social Justice Research, 3*, 271-287.
Reichle, B. & Montada, L. (1994). Problems with the transition to parenthood: Perceived responsibility for restrictions and losses and the experience of injustice. In M. J. Lerner & G. Mikula (Eds.), *Justice in close relationships: Entitlement and the affectional bond* (pp. 205-228). New York: Plenum.
Reisenzein, R. (1985). Attributionstheoretische Beiträge zur Emotionsforschung und ihre Beziehung zu kognitiv-lerntheoretischen Formulierungen. In L. H. Eckensberger & E. D. Lantermann (Hrsg.), *Emotion und Reflexivität* (S. 75-97). München: Urban & Schwarzenberg.
Rollett, B. & Werneck, H. (1994). Veränderungen in der Partnerschaft beim Übergang zur Elternschaft. In H. Janig (Hrsg.), *Psychologische Forschung in Österreich. Bericht über die 1. Wissenschaftliche Tagung der Österreichischen Gesellschaft für Psychologie* (S. 183-186). Klagenfurt: Universitätsverlag Carinthia.
Rollins, B. C. & Galligan, R. (1978). The developing child and marital satisfaction of parents. In R. M. Lerner & G. B. Spanier (Eds.), *Child influences on marital and family interaction: A life-span perspective* (pp. 71-105). New York: Academic Press.
Rost, H. & Schneider, N. F. (1995). Differentielle Elternschaft – Auswirkungen der ersten Geburt auf Männer und Frauen. In B. Nauck & C. Onnen-Isemann (Hrsg.), *Familien im Brennpunkt von Wissenschaft und Forschung* (S. 177-194). Neuwied: Luchterhand.
Ruble, D., Fleming, A., Hackel, L. & Stangor, C. (1988). Changes in the marital relationship during the transition to first-time motherhood: Effects of violated expectations concerning division of household labor. *Journal of Personality and Social Psychology, 55*,

78-87.
Ryder, R. G. (1973). Longitudinal data relating marriage satisfaction and having a child. *Journal of Marriage and the Family, 35*, 604-608.
Schmitt, M., Hoser, K. & Schwenkmezger, P. (1991). Schadensverantwortlichkeit und Ärger. *Zeitschrift für Experimentelle und Angewandte Psychologie, 38*, 634-647.
Schmitt, M. & Steyer, R. (1993). A latent state-trait model (not only) for social desirability. *Personality and Individual Differences, 14*, 519-529.
Schneewind, K. A. (1983). Konsequenzen der Erstelternschaft. *Psychologie in Erziehung und Unterricht, 30*, 161-172.
Schneewind, K. A. (1991). *Familienpsychologie*. Stuttgart: Kohlhammer.
Schneewind, K. A., Gotzler, P., Schlehlein, B., Sierwald, W. & Weiß, J. (1996). Ergebnisse der psychologischen Teilstudie. In K. A. Schneewind, L. A. Vaskovics, P. Gotzler, B. Hofmann, H. Rost, B. Schlehlein, W. Sierwald & J. Weiß, *Optionen der Lebensgestaltung junger Ehen und Kinderwunsch. Verbundstudie-Endbericht* (Schriftenreihe des Bundesministeriums für Familie, Senioren, Frauen und Jugend, Bd. 128.1, S. 165-265). Stuttgart: Kohlhammer.
Statistisches Bundesamt. (Hrsg.). (1991a). *BMFuS Erziehungsgeld-Statistik 1989 vom 18.2.1991*. Unveröffentlichte Statistik, Statistisches Bundesamt, Wiesbaden.
Statistisches Bundesamt. (Hrsg.). (1991b). *Statistisches Jahrbuch 1991 für das vereinte Deutschland*. o. O.: Metzler/ Poeschel.
Steil, J., Tuchman, B. & Deutsch, M. (1978). An exploratory study of the meanings of injustice and frustration. *Personality & Social Psychology Bulletin, 4*, 393-398.
Tomlinson, P. S. (1987). Spousal differences in marital satisfaction during transition to parenthood. *Nursing Research, 36*, 239-243.
Vincent, J. P., Cook, N. & Brady, L. P. (1981). The emerging family: Integration of a developmental and social learning theory perspective. In J. P. Vincent (Ed.), *Advances in family intervention, assessment and theory* (Vol. 2, pp. 26-45). Greenwich: JAI Press.
Waldron, H. & Routh, D. K. (1981). The effect of the first child on the marital relationship. *Journal of Marriage and the Family, 43*, 785-788.
Weiner, B. (1986). *An attributional theory of motivation and emotion*. New York: Springer.
Werneck, H. (1997). Belastungsaspekte und Gratifikationen beim Übergang zur Vaterschaft. *Psychologie in Erziehung und Unterricht, 44*, 276-288.
Werneck, H. (1998). *Übergang zur Vaterschaft. Auf der Suche nach den „Neuen Vätern"*. Wien: Springer-Verlag.
Wicki, W. (in Druck). The impact of family resources and satisfaction with division of labour on coping and worries after the birth of the first child. *International Journal of Behavioral Development, 23*.
Wicki, W., Messerli, V. & Zehnder, D. (1995). Soziale und innerfamiliale Ressourcen beim Übergang zur Elternschaft. *Psychologie in Erziehung und Unterricht, 42*, 20-28.
Worthington, E. L., Jr. & Buston, B. G. (1987). The marriage relationship during the transition to parenthood. A review and a model. *Journal of Family Issues, 7*, 443-473.

Familiale Ressourcen in der Berner Studie zum Übergang zur Elternschaft: Explikation und Funktionen[*]

Werner Wicki

Die längsschnittlich angelegte Berner Studie zum Übergang zur Elternschaft wurde in den Jahren 1993 bis 1995 in der Stadt Bern und der umliegenden Region durchgeführt. Sie hatte erstens zum Ziel, aktuelle und möglichst repräsentative Daten über personale, inner- und außerfamiliale Ressourcen, über Belastung und Belastungsbewältigung sowie über das Befinden junger Eltern in den ersten beiden Jahren nach der Geburt des ersten Kindes zu erfassen. Zweitens wurde mit einem Teil der an dieser Untersuchung teilnehmenden Eltern ein spezifisches Angebot (Elterngesprächsgruppen) erprobt und evaluiert.

In diesem Beitrag kann ich nicht auf die Ergebnisse zu den Elterngesprächsgruppen eingehen. Eine ausführliche Darstellung des entwickelten Angebotes findet sich aber in Wicki, Dumont und Signer-Fischer (1995), Kurzfassungen und Resultate in Wicki (1997b, 1998a). Nachfolgend werden die theoretischen Grundlagen, die Methode und einige wesentliche Resultate der längsschnittlichen Fragebogenstudie vorgestellt.

1 Ressourcennutzung

Die Geburt des ersten Kindes wird heute als zentraler Übergang der Erwachsenenentwicklung betrachtet, der als Entwicklungsaufgabe normative Erwartungen erfüllt und persönliche Gratifikationen beinhaltet, aber auch – vor allem in bezug auf die Pflege des Neugeborenen – neue Aufgaben stellt, welche vom Elternpaar (mehr oder weniger gerecht) aufgeteilt und (mehr oder weniger kompetent) ausgeführt werden (Wicki, 1997b). Aus früheren Untersuchungen ist bekannt, daß viele Ersteltern vom Ausmaß der Veränderungen, die mit der Geburt des Kindes einhergehen, überrascht sind und die Umstellungen des Alltags nicht selten als belastend, oft auch als einschränkend erleben. Auch wenn der Übergang zur Elternschaft nicht notwendigerweise als Belastung oder gar als Krise erlebt wird, so dürfte aber doch zutreffen, daß er zu den subjektiv bedeutsamsten und gleichzeitig zu den aufwendigsten gehört. Kaum je sind biologisches Risiko (Geburt), emotionaler Ausnahmezustand (Angst bzw. Freude vor, während und nach der Geburt), Umstellung von Alltagsroutinen und biographische Passungsbemühungen so eng verknüpft wie bei diesem Übergang (vgl. z. B. die Übersichten in Brüderl, 1989; Gloger-Tippelt, 1988; Grant, 1992; Reichle, 1994; Werneck, 1998; Wicki, 1997b).

---

[*] Es handelt sich um das vom Schweiz. Nationalfonds unterstützte Projekt „Soziale, familiale und personale Ressourcen beim Übergang zur Elternschaft" (Nr. 11-36163.92). Ich danke Frau Dr. Jeannine Dumont und Frau lic. phil. Susy Signer-Fischer für die Projektmitarbeit. Dem Zivilstandsamt der Stadt Bern danke ich für die uns zur Verfügung gestellten Geburtsanzeigen. Meiner Frau, Silvia, und meinen Kindern Lea und Remo danke ich für die gemeinsamen Erfahrungen und Gespräche, die für diese Untersuchung in mancher Hinsicht wichtig waren.

Welche Ressourcen sind besonders hilfreich?

Aufgrund der vielschichtigen Prozesse und Wechselwirkungen, die den Übergang zur Elternschaft kennzeichnen, scheint es für dessen Untersuchung notwendig, einen theoretischen Rahmen auszuwählen, der sowohl innerpsychische wie auch mikro-, meso- und makrosystemische Prozesse abzubilden und womöglich zu verknüpfen vermag. In bezug auf letztere Prozesse stützte ich mich im Berner Elternschaftsprojekt auf die Arbeiten von Bronfenbrenner (1981, 1986) und Belsky (1984); im Hinblick auf die innerpsychischen Prozesse besonders auf die Coping- und Ressourcentheorien von Lazarus & Folkman (1984) und Hobfoll (1988, 1989).

In der Tradition der Familienstreß- und Bewältigungsforschung (z. B. McCubbin, Joy, Cauble, Comeau, Patterson & Needle, 1980; vgl. auch Wicki, 1997b) hat sich die folgende Ressourcentypologie bewährt: Es wird unterschieden zwischen (1) personalen Ressourcen, das sind persönliche Eigenschaften, Kompetenzen, Güter und Berechtigungen, (2) familialen Ressourcen, das sind wiederum Eigenschaften, Kompetenzen, Güter und Berechtigungen, die nun aber nicht den Einzelpersonen, sondern der Familie als ganzes zuzuordnen sind, sowie (3) außerfamilialen Ressourcen, das sind die außerhalb der Familie liegenden Hilfesysteme, wie z. B. Nachbarn, Verwandte, Freunde, Selbsthilfegruppen, Vereine und professionelle Helfer. Unabhängig vom Typ werden Ressourcen in dieser Forschungstradition (und auch in dieser Arbeit) als mögliche Hilfen betrachtet, die für die Bewältigung familienbezogener Aufgaben mehr oder weniger gut genutzt werden. Hobfoll (1989) ergänzt diese Überlegungen insofern als er annimmt, daß Coping nicht notwendigerweise zur Lösung aktueller Aufgaben eingesetzt wird, sondern (auch) auf die Erhaltung oder Vermehrung der Ressourcen ausgerichtet sein kann. Offen bleibt aber im Rahmen dieser Ansätze weitgehend, welche Ressource zur Bewältigung welcher Aufgabe besonders hilfreich ist. Je nach theoretischem Hintergrund hat man in der familienpsychologischen Forschung einmal Zusammenhänge mit diesen, einmal mit jenen Ressourcen nachgewiesen (vgl. Übersicht in Wicki, 1997b), was einerseits als Hinweis darauf verstanden werden kann, daß jeder Ressourcentyp relevant ist, andererseits aber auch den Eindruck einer gewissen Beliebigkeit vermittelt.

Die bisherige Forschung gibt allerdings Anlaß zur Annahme, daß *innerfamiliale* Ressourcen für *Erst*eltern eine besonders prominente Rolle spielen könnten. Viele Studien zeigen, daß die *gegenseitige emotionale und instrumentelle Unterstützung in der Elternbeziehung* (z. B. Crnic, Greenberg, Ragozin, Robinson & Basham, 1983; Holtzman & Gilbert, 1987; Levitt, Weber & Clark, 1986; Miller & Sollie, 1980) und die Beziehungsqualität zwischen den Eltern (z. B. Cowan & Cowan; 1996; Nickel, Quaiser-Pohl, Rollett, Vetter & Werneck, 1995; Schneewind et al., 1996) von besonderer Bedeutung für das Wohlbefinden der Eltern sind. Eigene querschnittliche Voruntersuchungen haben mehrfach gezeigt, daß gemeinsames Entscheiden und ein tiefes Konfliktneigungsniveau als Teilaspekte des Familienklimas in einem engen Zusammenhang mit der Bewältigung elternschaftsbezogener Aufgaben und dem Wohlbefinden der Eltern stehen. Solche innerfamiliale Ressourcen sind vermutlich deshalb besonders wichtig, weil sie für die flexible Anpassung des Paares – und die ist in dieser Familienphase besonders gefragt – die entscheidende Voraussetzung darstellen. Weder Bildung, noch die besten Ausweise, noch Gesundheit (personale Ressourcen) oder hilfsbereite Nachbarn und Verwandte (außerfamiliale Ressourcen) sind hilfreich, wenn das Paar nicht fähig ist, gemeinsame, gegenseitig befriedigende Entscheidungen zu fällen und sich gegenseitig in den übernommenen Aufgaben zu unterstützen. In der Berner Längsschnittstudie erwarteten wir deshalb einen deutlichen positiven Einfluß des gemeinsamen Entscheidens und der Partnerunterstützung und einen negativen Einfluß der Konfliktneigung des Paares sowohl auf die Bewältigung elternschaftsbezogener Aufgaben wie auch auf das Wohlbefinden der Mütter und Väter.

Wir wissen noch wenig über die Wechselwirkungen von Ressourcentypen auf die uns interessierenden Verläufe: Trifft es beispielsweise zu, daß geringe *inner*familiale Ressourcen durch *außer*familiale kompensiert werden können? Können Paare mit ausreichenden innerfamilialen Ressourcen überhaupt noch von außerfamilialen Ressourcen profitieren? Auch diesen Fragen sind wir in der Berner Studie nachgegangen.

2   Erwerbstätigkeit und Zufriedenheit mit der Aufgabenverteilung

Neben den im letzten Abschnitt vorgestellten, auf Mütter und Väter gleichermaßen zutreffenden Zusammenhängen gibt es ganz eindeutig auch Bedingungen und Einflußfaktoren, die für Mütter und Väter von Anfang an unterschiedlich sind. Einer dieser Unterschiede bezieht sich auf die Erwerbsbiographie. Ohne hier auf die konkreten Zahlen einzugehen (vgl. z. B. Wicki, 1997b), sei lediglich darauf verwiesen, daß in den deutschsprachigen Ländern die durch die Geburt des ersten Kindes bedingte Unterbrechung der Erwerbstätigkeit der Frau in den ersten Jahren der Elternschaft nach wie vor den Normalfall darstellt und Abweichungen davon, insbesondere das relativ häufig praktizierte Modell, wonach der Mann weiterhin vollzeitlich und die Frau teilzeitlich erwerbstätig ist, meistens mit einer Mehr(fach)belastung und Einschränkungen der Mutter, z. B. in Form von weniger Freizeit, einhergeht. Die Unterbrechung der Erwerbstätigkeit steht aber für viele Frauen im Widerspruch zu berufsbiographischen Plänen, oftmals steht überhaupt die Berufskarriere auf dem Spiel, und nicht wenige Frauen sehen sich zum Spagat zwischen Beruf und Familie (Brüderl, 1992) gezwungen. In diesem Zusammenhang ist die Feststellung relevant, daß die Gesundheit erwerbstätiger Ehefrauen durchschnittlich besser ist als die Gesundheit von Hausfrauen (Borchert & Collatz, 1992), sofern die Frage der Kinderbetreuung befriedigend gelöst ist (Stroebe & Stroebe, 1991).

Vor diesem Hintergrund ist die Annahme plausibel, daß die Zufriedenheit mit der Neuverteilung der Aufgaben in Haushalt, Erwerbstätigkeit und Kindesbetreuung insbesondere für die Mütter ein sehr wichtiger Einflußfaktor ist, sei dies in bezug auf die Entwicklung der Partnerschaft (Cowan & Cowan, 1992; Hackel & Ruble, 1992; MacDermid, Huston & McHale, 1990; Reichle, 1994, 1996; Ruble, Fleming, Hackel & Stangor, 1988), aber auch im Hinblick auf das elternschaftsbezogene Coping und das Wohlbefinden (Wicki, in print). Wir sind in unserer Studie der Frage nachgegangen, ob höhere diesbezügliche Zufriedenheitseinschätzungen – unter Einbezug der Angaben beider Elternteile – bei den Müttern die Häufigkeit von Sorgen bzw. negativer Stimmungen reduzieren und das elternschaftsbezogene Coping verbessern. Darüber hinaus gingen wir der Frage nach, wie innerfamiliale Ressourcen (s. o.) mit diesen Zufriedenheitseinschätzungen zusammenhängen.

Aufgrund bisheriger Befunde sind Moderatorhypothesen naheliegend: Nicht die Erwerbstätigkeit der Eltern per se, sondern erst deren Kombination mit einer Reihe zusätzlicher Variablen kann voraussagen, wie Hausfrauen und -männer auf der einen und Erwerbstätige auf der andern Seite mit Belastungen umgehen und wie wohl sie sich im Alltag fühlen. Die Einschätzung der aktuellen wirtschaftlichen Verhältnisse kann z. B. für die einen wichtig sein, für andere die berufliche Laufbahn, wieder andere stellen die kindlichen Bedürfnisse ins Zentrum ihrer Planung und sistieren berufliche Pläne (darunter viele, die sich das aufgrund der materiellen Situation auch leisten können) etc. Mit der Erfassung der aufgabenbezogenen Zufriedenheit haben wir in unserer Studie ein relativ pauschales Maß erhoben, in dem die Bewertung unterschiedlicher Aspekte bereits verrechnet ist. Unsere Hypothese war, daß Eltern (insbesondere Mütter) mit hoher aufgabenbezogener Zufriedenheit innerfamiliale Ressourcen höher einstufen und Belastungen in der Erziehung bzw. Elternschaft besser zu bewältigen vermögen.

3 Methodische Aspekte der Berner Elternschaftsstudie

3.1 Design und Stichprobe

Die beiden Datenerhebungen unserer Längsschnittuntersuchung fanden vom Juni bis Dezember 1993 und vom Juni bis Dezember 1994 statt. Die Befragten waren Ersteltern. Nach Möglichkeit wurden *beide* Elternteile – mit je separaten Fragebogen – befragt. Der erste Fragebogen wurde ausgefüllt, als die (erstgeborenen) Kinder 2 bis 6 Monate alt waren, der zweite Fragebogen 1 Jahr später. In der ersten Befragung erreichten wir 189 Mütter und 180 Väter. Bei der zweiten Erhebung erhielten wir von 91.5 % der Mütter und von 92.2 % der Väter gültig ausgefüllte Fragebogen zurück, was einer sehr geringen Dropout-Rate entspricht.

Wir kontaktierten die Probandinnen und Probanden größtenteils (53 %) durch eine von uns als *Elternbrief* bezeichnete schriftliche Information zur geplanten Untersuchung (mit beigelegten Anmeldetalons), die wir in Mütterberatungsstellen, in den Gebärabteilungen der städtischen Kliniken und bei frei praktizierenden Hebammen und Gynäkoginnen auflegten. Weitere Ersteltern (37 %) rekrutierten wir durch Zeitungsartikel und Annoncen. Schließlich fragten wir einige Ersteltern (10 %) direkt telefonisch an, ob sie unsere Fragebögen ausfüllen würden. Das war möglich, weil uns freundlicherweise die zivilstandsamtlichen Geburtsanzeigen zur Verfügung gestellt wurden (vgl. Fußnote 1). Das zweimalige Ausfüllen des Fragebogens wurde mit SFr. 30.– honoriert.

Zwischen den beiden Messungen wurden mit einer Teilstichprobe die oben bereits erwähnten Elterngesprächsgruppen durchgeführt, die anhand des quasi-experimentellen Designs evaluiert werden konnten.

In der Tabelle 1 finden sich die zum ersten Meßzeitpunkt erhobenen Angaben zum Alter, Zivilstand, Schulbildung, Erwerbstätigkeit und zur Familienstruktur.

Tabelle 1: Alter, Zivilstand, Schulbildung, Berufstätigkeit, Anzahl Wohnzimmer
(2 - 6 Monate nach Geburt des ersten Kindes)

	Mütter (n = 189)	Väter (n = 180)
Alter (M)	29 Jahre	31 Jahre
Alter des Kindes (M)	3.5 Monate	3.5 Monate
Verheiratet in erster Ehe (%)	85	88
Schulbildung (%)		
Primar-/Sekundarschule	44	40
Maturität (entspricht Abitur), Lehrerseminar	56	60
Erwerbstätigkeit (%)		
vollzeitlich	5	67
teilzeitlich	33	18
in Ausbildung	10	14
Hausfrau/-mann	74	11
Anzahl Wohnzimmer (M)	3.3	3.4

Der Anteil der Eltern mit höherer Schulbildung war mit 56 % (Mütter) resp. 60 % (Väter) im schweizerischen Vergleich klar überdurchschnittlich (Tab. 1). Bildungseffekte wurden deshalb statistisch kontrolliert. Die zum Meßzeitpunkt 2 erhobenen Angaben zur Erwerbstätigkeit sowie zur Geplantheit und Zufriedenheit mit der Aufgabenverteilung finden sich in Tabelle 2. Die Ziffern zur Erwerbstätigkeit reflektieren ungefähr die schweizerischen Verhältnisse: Nachdem die meisten Mütter die Erwerbstätigkeit im ersten Halbjahr nach der Geburt unterbrochen haben, nehmen sie diese im nachfolgenden Jahr etwa zur Hälfte wieder auf, aber nur sehr selten (5 %) vollzeitlich. Die Erwerbsquote der Erstväter ist demgegenüber – wie in der Gesamtbevölkerung – zu beiden Meßzeitpunkten wesentlich höher. Die Angaben zur Geplantheit der aktuellen Aufgabenverteilung (Tab. 2) in Haushalt, Kindbetreuung und Beruf hängen mit der diesbezüglichen Zufriedenheit zusammen: Je eindeutiger jemand der Ansicht ist, es werde realisiert, was schon früher so geplant war, desto zufriedener ist diese Person auch mit der getroffenen Lösung – χ^2 (4, n = 173) = 42, p = .000, für die Mütter und χ^2 (4, n = 166) = 47, p = .000, für die Väter.

Tabelle 2: Berufstätigkeit, Geplantheit und Zufriedenheit mit der Aufgabenverteilung (14 - 18 Monate nach Geburt des ersten Kindes)

	Mütter (n = 173)	Väter (n = 166)
Erwerbstätigkeit (%)[1]		
vollzeitlich	5.2	63.9
selbständig	4.0	12.0
teilzeitlich (50-99 %)	15.0	17.5
teilzeitlich (1-49 %)	26.0	2.4
Total erwerbstätig	*50.2*	*95.8*
in Ausbildung	8.7	7.8
arbeitslos	2.9	1.8
nicht erwerbstätig	35.8	3.0
Geplantheit der Aufgabenverteilung (%)		
nicht geplant	6.9	4.8
teilweise geplant	11.6	8.4
größtenteils geplant	45.1	52.4
völlig geplant	35.3	31.3
Aktuelle Zufriedenheit mit der Aufgabenverteilung (%)		
nicht zufrieden	1.7	1.8
teilweise zufrieden	17.3	13.3
größtenteils zufrieden	49.1	54.8
völlig zufrieden	30.6	28.3

[1] Mehrfachantworten waren hier möglich. Jemand konnte z. B. gleichzeitig in Ausbildung und erwerbstätig sein.

3.2 Instrument

Der *Berner Familien-Fragebogen für Erst-Eltern* wurde in einer Mütter- und einer Väterversion am Institut für Psychologie im Rahmen verschiedener Vorstudien entwickelt. Es handelt sich um ein recht schlankes, etwa 12 Seiten umfassendes Instrument, das in einer halben Stunde ausgefüllt werden kann.[1] Zur Konstruktion wurden zum einen bestehende Skalen adaptiert. Dies trifft auf die Familienklimaskalen zu Konfliktneigung, Zusammenhalt und Offenheit (Schneewind, 1987), auf einige Fragen zum sozialem Netzwerk (Sommer & Fydrich, 1991) und auf die Skala zu Sorgen und negativem Befinden (Gilomen, 1994; Grob et al., 1991; Hochuli, 1993) zu. Eine relativ starke Veränderung erfuhr die Zusammenhaltskala, die sich in unseren Vorstudien als zuwenig konsistent erwies. Deshalb reduzierten wir sie in ihrer Dimensionalität auf das Ausmaß gemeinsamen Entscheidens und Handelns. Zum anderen wurden einige Skalen im Rahmen

---

[1] Diese „Schlankheit" hat natürlich auch ihren Preis: Es fehlt z. B. ein Instrument zur Erfassung der Partnerschaftszufriedenheit.

von (studentischen) Vorarbeiten völlig neu konstruiert, weil keine geeigneten deutschsprachigen Skalen vorlagen. Dies trifft auf die Skalen zur instrumentellen außerfamilialen Unterstützung, zur emotionalen Partnerunterstützung (beide konstruiert in Anlehnung an Weinraub & Wolf, 1983), zur Belastungsbewältigung und zur Gratifikation zu, die in den Arbeiten von Messerli und Zehnder (1992; vgl. Wicki, Messerli & Zehnder, 1995), Munz und Rudin (1993), Schmid und Walther (1994) sowie Müller und Brunner (1994) eingesetzt, z. T. modifiziert, neu entwickelt und überprüft wurden.
Die zu den beiden Meßzeitpunkten eingesetzten Fragebögen waren inhaltlich zu einem großen Teil identisch, einzelne Fragen erübrigten sich bei der zweiten Messung, einige zusätzliche wurden aufgenommen. Eine ausführliche methodische Dokumentation, inkl. faktorenanalytische Resultate, finden sich im Forschungsbericht (Wicki, Dumont et al., 1995), Konsistenzangaben und Itembeispiele außerdem in Wicki (in print), so daß hier nur jene Skalen vorgestellt werden, auf die sich die nachfolgenden Ergebnisse beziehen. Als Maß für die innere Konsistenz der verwendeten Skalen werden jeweils zwei Cronbach-Alpha-Werte angegeben. Der erste der beiden Werte wurde auf der Basis der ersten Datenerhebung und der zweite auf der Basis der zweiten Erhebung berechnet.

- *Zusammenhalt* (α = .68/.67), 6 Items (nach Schneewind, 1987, von uns modifizierte Version), Bsp.: „Fast alles, was wir tun, unternehmen wir gemeinsam." Das Antwortformat ist dichotom (ja / nein).
- *Konfliktneigung* (α = .72/.78), 8 Items (nach Schneewind, 1987), Bsp.: „In unserer Familie sind wir selten richtig ärgerlich aufeinander." (neg. gepolt) Das Antwortformat ist dichotom (ja / nein).
- *Emotionale Partnerunterstützung* (α = .76/.70), 3 Items; Bsp.: „Mein Partner / meine Partnerin versteht, wie es mir als Mutter / Vater zumute ist." Fünfstufiges Antwortformat („trifft genau zu" bis „trifft nicht zu").
- *Finanzielle Ressourcen* (Einzelitem): „Das mir zur Verfügung stehende Geld ist ausreichend." Fünfstufiges Antwortformat („trifft genau zu" bis „trifft nicht zu").
- *Instrumentelle (außerfamiliale) Unterstützung* (α = .63/.60), 5 Items (2. Messung: 4 Items); Bsp.: „In meinen Aufgaben als Mutter / Vater werde ich von Verwandten praktisch unterstützt." Fünfstufiges Antwortformat („trifft genau zu" bis „trifft nicht zu").
- *Wunsch nach mehr Unterstützung und Anerkennung* (nur 2. Messung: α = .67, 4 Items); Bsp.: „Eine bessere Unterstützung in meinen Aufgaben als Mutter / Vater würde ich mir sehr wünschen." Fünfstufiges Antwortformat („trifft genau zu" bis „trifft nicht zu").
- *Elternschaftsbezogene Belastungsbewältigung* (α = .80/.81), 8 Items (2. Messung 7 Items); Bsp.: „Ich kann es so einrichten, daß sowohl meine wie auch die Bedürfnisse meines Kindes befriedigt werden." Fünfstufiges Antwortformat („trifft genau zu" bis „trifft nicht zu").
- *Sorgen und negatives Befinden* (α = .80/.83), 10 Items (nach Grob et al., 1991, und Hochuli, 1994, von uns modifizierte Version); Bsp.: „Ich fühle mich traurig und deprimiert." Fünfstufiges Antwortformat („immer" bis „nie").

4 Familiale Ressourcen – Umgang mit Konflikten, Familienzusammenhalt und Partnerunterstützung

Die Befunde zum Einfluß innerfamilialer Ressourcen gehören im Berner Projekt zu den am besten abgestützten. In einer neueren Arbeit (Wicki, in print) finden sich für Mütter und Väter vergleichbare LISREL-Modelle, die den Einfluß von Familienzusammenhalt (v. a. gemeinsames Entscheiden), geringer Konfliktneigung und emotionaler Partnerunterstützung (die gemeinsam das latente Konstrukt familiale Ressourcen messen) auf elternschaftsbezogene Belastungsbewältigung und die Häufigkeit von Sorgen und negativer Stimmung quer- und längsschnittlich belegen. Der längsschnittliche Einfluß der erwähnten Ressourcen war allerdings nur indirekt nachweisbar, nämlich indem Ressourcen sich längsschnittlich selber (positiv) beeinflußten und zu einem späteren Zeitpunkt wiederum querschnittlich (positiv) auf Coping und Befinden einwirkten. (Aufgrund der theoretischen Erwartungen *und* der längsschnittlichen Daten *sowie* dieses Typs Datenanalyse*methode* verwende ich hier ganz absichtlich diese *kausale* Formulierung). Im Falle verschiedener innerfamilialer Ressourcen scheinen tatsächlich einfache lineare Zusammenhänge mit dem individuellen Funktionieren von Erstelten, i. S. von Coping und Wohlbefinden zu bestehen. Dies trifft in unserer Studie auch auf die Einschätzung finanzieller Ressourcen zu, und zwar deutlicher bei den Müttern als bei den Vätern (Wicki, in print).

Im Hinblick auf die außerfamilialen Ressourcen sind unsere Befunde insofern negativ, als das bloße *Ausmaß* der wahrgenommenen Unterstützung durch Verwandte, Nachbarn und Freunde kaum mit Coping und negativem Befinden zusammenhängt. Allerdings haben wir an anderer Stelle den interessanten (Interaktions-)Befund berichtet, daß Mütter (nur) dann von außerfamilialer (instrumenteller) Unterstützung profitierten, wenn die emotionale Unterstützung durch den Partner relativ gering war (Wicki, 1998b).

Wie im ersten Kapitel ausgeführt, zähle ich Konfliktlösefähigkeiten,[2] gemeinsames Entscheiden und Handeln (dies entspricht hier dem Konstrukt *Zusammenhalt*) sowie emotionale Partnerunterstützung zu den zentralen familialen Ressourcen. Sie werden gemeinsam durch das Paar hergestellt und gepflegt. Obwohl diese Maße bei den Einzelpersonen erhoben werden, beziehen sie sich doch wesentlich auf das Paar*system* und nicht auf Merkmale der Einzelpersonen. Dies ist für die Konfliktneigung und den Zusammenhalt offensichtlich, da dort schon die Itemformulierungen auf die Beurteilung der Familie als ganzes zielen. Entsprechend hoch korrelieren auch die diesbezüglichen Wahrnehmungen der Partner (die betreffenden Korrelationen waren zu beiden Meßzeitpunkten $r \geq 55$). Die emotionale Partnerunterstützung ist demgegenüber etwas weniger deutlich als Systemvariable erkennbar. Tatsächlich ist auch der Zusammenhang zwischen den diesbezüglichen Wahrnehmungen der Partner zu beiden Meßzeitpunkten etwas weniger eng ($r = .39$, resp. $r = .36$). Einerseits ist einleuchtend, daß die Wahrnehmung, vom anderen unterstützt zu werden, im Sinne der Reziprozität dazu führt, daß die

---

[2] Konfliktlösefähigkeiten wurden mit der Familienklimaskala „Konfliktneigung" erfaßt. Hohe Werte auf dieser Skala verweisen auf die Tendenz des Paares, Konflikte unkontrolliert auszuagieren, mit Neigung zu Eskalation und wenig sachlicher Argumentation.

Person selbst mehr zu unterstützen motiviert ist. Auf der anderen Seite sind natürlich Ungleichgewichte ebenfalls denkbar: Die Partnerin findet, sie werde sehr gut unterstützt, er jedoch nimmt sich als wenig unterstützt wahr und vice versa. Diese Fälle sind aber – zumindest in Extremvarianten – in der vorliegenden Studie sehr selten. Längsschnittlich zeichnen sich alle drei Maße durch eine hohe Stabilität aus (für Konfliktneigung: $r_{Mütter}$ = .66 und $r_{Väter}$ = .51; Zusammenhalt: $r_{Mütter}$ = .71 und $r_{Väter}$ = .62; Partnerunterstützung: $r_{Mütter}$ = .45 und $r_{Väter}$ = . 52). Dies bedeutet, daß gute Startbedingungen (2 bis 6 Monate nach der Geburt) recht gute Prognosen erlauben für die Situation 1 Jahr später. Auf der andern Seite erhielten wir auch für die beiden Skalen *elternschaftsbezogenes Coping* und *Sorgen / negatives Befinden*, die sich beide durch familiale Ressourcen vorhersagen lassen (vgl. Kap. 1), hohe Stabilitätskoeffizienten (r = .57 bis .68).

Nun interessiert natürlich, ob sich das Niveau der einzelnen Maße im Zeitverlauf verschoben hat oder konstant geblieben ist. Die entsprechenden Analysen haben bemerkenswerterweise mit Ausnahme von *Sorgen / negatives Befinden*, wo nur ein negativer Trend ($p < .10$) festgestellt wurde, über alle hier zur Diskussion stehenden Maße signifikante ungünstige Veränderungen ergeben (vgl. Wicki, in print). Die Konfliktneigung nahm zu, während der Zusammenhalt ebenso abnahm wie die emotionale Partnerunterstützung; das elternschaftsbezogene Coping wurde ebenso pessimistischer beurteilt wie die Verfügbarkeit finanzieller Ressourcen. Ist dieses Resultat alarmierend? Wenn man das *Durchschnitts*niveau auf den betreffenden Skalen zum zweiten Meßzeitpunkt betrachtet, besteht wenig Anlaß zur Beunruhigung, wenn jedoch auf kleinere Gruppen am Rande der Verteilung fokussiert wird, eventuell doch.

Ich möchte diese Überlegung anhand einiger Befunde illustrieren, die ich anläßlich der 13. Tagung Entwicklungspsychologie der Deutschen Gesellschaft für Psychologie in Wien vorgelegt habe (Wicki, 1997a). Da in der Wiener Arbeitsgruppe die Partnerschaftszufriedenheit von Ersteltern im Vordergrund stand, analysierte ich meine Daten hinsichtlich des Verlaufs der Konfliktneigung und berücksichtigte hierzu die Wahrnehmungen beider Partner über beide Messungen. Mittels Clusteranalyse (Ward-Verfahren) identifizierte ich (anhand des Cubic Clustering Criterion) eine 4-Clusterlösung. Diese enthielt eine Gruppe von Paaren (Cluster 1) mit konstant sehr geringer Konfliktneigung ($n = 59$), eine Gruppe von Paaren (Cluster 2) mit anfänglich leicht erhöhter und weiter zunehmender Konfliktneigung ($n = 51$), eine etwas kleinere Gruppe (Cluster 3), worin die Mütter eine konstant mittlere Konfliktneigung, die Väter zuerst ebenfalls eine mittlere und später eine tiefere Konfliktneigung berichteten ($n = 35$) und schließlich die kleinste Gruppe (Cluster 4), die sich aus Paaren mit konstant sehr hoher Konfliktneigung zusammensetzte ($n = 15$). Wenn wir nun diese Gruppen miteinander hinsichtlich des elternschaftsbezogenen Copings vergleichen (ANOVA's, Tab. 3), so stellt sich heraus, daß dieses Coping im Cluster 4 tatsächlich auf ein kritisches Niveau absinkt, insbesondere bei den Müttern auf Mittelwerte unter 3 (auf einer Skala von 1 = minimales bis 5 = optimales Coping). Aus Tabelle 3 wird ersichtlich, daß sich die Gruppen mehrheitlich zu beiden Meßzeitpunkten unterscheiden (Tukey-Tests). Die Unterschiede zwischen Cluster 1 und 3 sowie 2 und 3 sind nicht signifikant. Weniger ausgeprägt, aber teilweise immer noch signifikant waren die Unterschiede zwischen den Vätern der Cluster 1 - 4 (Tab. 3). Ganz analoge Unterschiede haben sich in bezug auf *Sorgen / negatives Befin-*

den (als abhängige Variable) ergeben. Insgesamt weisen diese Ergebnisse darauf hin, daß eine leichte Erhöhung der Konfliktneigung noch nicht nachteilig sein muß. Emotionalere und gelegentlich auch einmal (verbal) härtere Auseinandersetzungen können ja auch dazu beitragen, eigene Bedürfnisse eher durchzusetzen. Ich meine, die absolut verstandesmäßige, jederzeit harmonische Familie ist nach meinen Daten *nicht* notwendig, um die anstehenden Probleme zu meistern und das Wohlbefinden der Eltern zu fördern.

Kommen wir aber zurück auf die oben gestellte Frage, ob die festgestellten Verläufe alarmierend seien: Ich meine, im allgemeinen sind sie es nicht. Im Cluster 4 wurden jedoch 15 Elternpaare mit einer kritischen Konstellation gefunden. Sie machen anteilmäßig knapp 10 % der befragten Familien aus.

Tabelle 3: Elterschaftsbezogenes Coping (1 = minimal bis 5 = optimal) in Zusammenhang mit dem Verlauf der Konfliktneigung

	Cluster1 ($n = 59$)	Cluster 2 ($n = 51$)	Cluster3 ($n = 35$)	Cluster4 ($n = 15$)	F $df = 3,156$	Sign. Einzelvergleiche Tukey-Tests ($p < .05$)
Mütter						
1. Messung (M)	3.9	3.4	3.6	2.8	10.9***	1 vs 2, 1 vs 4, 2 vs 4, 3 vs 4
2. Messung (M)	3.7	3.3	3.4	2.7	8.7***	1 vs 2, 1 vs 4, 2 vs 4, 3 vs 4
Väter						
1. Messung (M)	3.9	3.7	3.8	3.2	5.3**	1 vs 4, 3 vs 4
2. Messung (M)	3.6	3.4	3.7	3.0	4.5**	1 vs 4, 3 vs 4

Anmerkungen: Cluster 1: beide konstant sehr geringe Konfliktneigung. Cluster 2: beide anfänglich leicht erhöhte und weiter zunehmende Konfliktneigung. Cluster 3: Mütter konstant mittlere Konfliktneigung, Väter zuerst mittlere, dann geringe Konfliktneigung. Cluster 4: beide konstant sehr hohe Konfliktneigung.
** $p < .01$, *** $p < .001$.

5 Die Zufriedenheit mit der Aufgabenverteilung ist relevant

Die in der Einleitung kritisch diskutierten *direkten* Effekte der Erwerbsarbeit auf familiale Ressourcen und Wohlbefinden der Mütter sind in der Berner Studie kaum festzustellen; identifizierte *indirekte* Effekte legen eine Moderation durch innerfamiliale Ressourcen nahe (vgl. Wicki, 1998b). Das sei am folgenden Interaktionseffekt dargelegt: Die Tatsache, daß Mütter vollzeitlich arbeiten, war nur bei jenen Müttern mit der Wahrnehmung einer höheren Konfliktneigung verbunden, die gleichzeitig vom Partner wenig Unterstützung wahrnehmen. In der Gruppe der Mütter mit höherer Unterstützung durch den Partner spielte der Erwerbsstatus für die Einschätzung der Konfliktneigung keine Rolle.

Unsere Hypothese zum Einfluß der Zufriedenheit mit der Aufgabenverteilung auf familiale Ressourcen und elternschaftsbezogenes Coping ließ sich mit unseren Daten (2. Messung) anhand eines LISREL-Modells bestätigen (Wicki, in print). Im Falle der Väter fanden wir keinen *direkten* Effekt der Zufriedenheit mit der Aufgabenverteilung auf Sorgen und Coping.

Im Hinblick auf mögliche Einflüsse auf die Zufriedenheit mit der Aufgabenverteilung berücksichtigten wir im erwähnten LISREL-Modell die Einschätzung der finanziellen Ressourcen, in der Annahme, daß die Knappheit finanzieller Ressourcen von vornherein den individuellen Handlungsspielraum einschränkt und die Zufriedenheit mit der realisierten Aufgabenteilung meistens reduziert. Diesen Zusammenhang fanden wir empirisch bestätigt (Wicki, in print). Dieses Ergebnis legt nahe, daß Familien mit mehr materiellen Ressourcen auch mehr karrierebezogenen Handlungspielraum haben und z. T. auch Berufe gelernt haben, die vorübergehende Reduktionen der Arbeitszeit eher zulassen.

6 Chancen und Risiken

Der Übergang zur Elternschaft bietet sowohl Chancen als auch Risiken. Zunächst zu den Chancen: Ich habe schon darauf hingewiesen, daß dieser Übergang hochgradig normativ ist. Elternschaft wird als Bestandteil einer Normalbiographie erwartet. Das läßt sich schon daran erkennen, daß gewollt Kinderlose sich häufiger für ihren Status rechtfertigen müssen als Eltern für den ihrigen. Erst nach Vorweis besonders gewichtiger anderer Projekte, v. a. in Beruf, Kunst, Sport oder Religion, ist man (ungerechterweise) bereit, gewollte Kinderlosigkeit zu akzeptieren. Das Lösen der Entwicklungsaufgabe *Elternschaft* führt folglich zum befriedigenden Gefühl, diese Hürde gemeistert, entsprechende Erwartungen erfüllt zu haben.

Neben der Einlösung sozialer Erwartungen beinhaltet aber Elternschaft den Beginn und Aufbau einer neuen Primärbeziehung. Obwohl genau dieser Aspekt in den Studien, in denen der Wert von Kindern untersucht wird, als häufigster Grund *für* ein Kind angegeben wird (vgl. Übersicht in Wicki, 1997b), hege ich die Vermutung, daß er gleichzeitig zu den am meisten unterschätzten Aspekten gehört. Das Kind ist plötzlich da, es braucht die Eltern fast rund um die Uhr, vielleicht schreit es auch länger, als sich die Eltern das vorgestellt hätten. Es gibt in bezug auf die kindlichen Bedürfnisse keinen Verhandlungsspielraum. Und dies alles spielt sich vor dem Hintergrund einer sehr weitreichenden Zeitperspektive ab. Ich glaube, daß sich die Einsicht, welch *langfristiges* Projekt die Elternschaft wirklich ist, erst allmählich im Verlaufe der Jahre einstellt. Die Chance der Elternschaft besteht aber im *langfristigen* Aufbau dieser a priori asymmetrischen Beziehung. Eltern, denen der Aufbau einer durch Vertrauen und Wärme, Zuneigung und Respekt sowie Spaß und Kreativität geprägten Beziehung gelingt, haben mehr gewonnen, als sie sich zuvor erträumt haben – aber sie haben auch sehr viel gegeben.

Natürlich kann Elternschaft auch scheitern: wir sind also bei den Risiken. Es gibt viele Gründe dafür. Aus meiner Arbeit geht der Zusammenhang zwischen den im Paarsystem hergestellten (familialen) Ressourcen und der Kapazität, elternschaftsbezogene Probleme zu lösen, unmißverständlich hervor. Auch finanziell benachteiligte Familien sind erhöhten Risiken einer scheiternden Elternschaft ausgesetzt.

Eltern, die über Jahre mit wenig Ressourcen durchkommen müssen, brauchen professionelle Hilfe. Dabei denke ich nicht in erster Linie an Therapie, sondern eher an vielfältige Angebote (z. B. materielle Unterstützung, Kurse für Familienkommunikation,

Kontaktangebote, Quartier- und Mütterzentren, flexible Arbeitszeiten und andere Maßnahmen im Arbeitsmarkt, familienexterne Kinderbetreuung), die den unterschiedlichsten Bedürfnissen junger Familien entgegenkommen.

7 Literatur

Belsky, J. (1984). The determinants of parenting: A process model. *Child Development, 55*, 83-96.

Borchert, H. & Collatz, J. (1992). Empirische Analyse zu weiblichen Lebenssituationen und Gesundheit. In L. Brüderl & B. Paetzold (Hrsg.), *Frauenleben zwischen Beruf und Familie* (S. 189-209). Weinheim: Juventa.

Bronfenbrenner, U. (1981). *Die Ökologie der menschlichen Entwicklung*. Stuttgart: Klett.

Bronfenbrenner, U. (1986). Ecology of the family as a context for human development: research perspectives. *Developmental Psychology, 22*, 723-742.

Brüderl, L. (1989). *Entwicklungspsychologische Analyse des Übergangs zur Erst- und Zweitelternschaft*. Regensburg: S. Roderer Verlag.

Brüderl, L. (1992). Beruf und Familie: Frauen im Spagat zwischen zwei Lebenswelten. In L. Brüderl & B. Paetzold (Hrsg.), *Frauenleben zwischen Beruf und Familie* (S. 11-34). Weinheim: Juventa.

Cowan, C. P. & Cowan, P. A. (1992). *When partners become parents: the big life change for couples*. New York: Basic books.

Crnic, K. A., Greenberg, M. T., Ragozin, A. S., Robinson, N. M. & Basham, R. B. (1983). Effects of stress and social support on mothers and premature and full-term infants. *Child Development, 54*, 209-217.

Gilomen, K. (1994). *Schrei- und Schlafverhalten von Babys und mütterliches Wohlbefinden. Band II: Auswertung und Diskussion der Ergebnisse*. Unveröffentlichte Lizentiatsarbeit, Universität, Bern.

Gloger-Tippelt, G. (1988). *Schwangerschaft und erste Geburt. Psychologische Veränderungen der Eltern*. Stuttgart: Kohlhammer.

Grant, H.-B. (1992). *Übergang zur Elternschaft und Generativität. Eine ökologisch-psychologische Studie über die Bedeutung von Einstellungen und Rollenauffassungen beim Übergang zur Elternschaft und ihr Beitrag zur Generativität*. Aachen: Shaker.

Grob, A., Lüthi, R., Kaiser, F. G., Flammer, A., Mackinnon, A. & Wearing, A. J. (1991). Berner Fragebogen zum Wohlbefinden Jugendlicher. *Diagnostica, 37*, 66-75.

Hackel, L. S. & Ruble, D. N. (1992). Changes in the marital relationship after the first baby is born: Predicting the impact of expectancy disconfirmation. *Journal of Personality and Social Psychology, 62*, 944-957.

Hobfoll, S. E. (1988). *The ecology of stress*. Washington, D. C.: Hemisphere.

Hobfoll, S. E. (1989). Conservation of resources: A new attempt at conceptualizing stress. *American Psychologist, 44*, 513-524.

Hochuli, I. (1993). *Schrei- und Schlafverhalten von Babys und mütterliches Wohlbefinden. Band I: Fragebogenkonstruktion und Durchführung der Untersuchung*. Unveröffentlichte Lizentiatsarbeit, Universität, Bern.

Holtzman, E. H. & Gilbert, L. A. (1987). Social support networks for parenting and psychological well-being among dual-earner mexican-american families. *Journal of Community Psychology, 15*, 176-186.

Lazarus, R. S. & Folkman, S. (1984). *Stress, appraisal, and coping*. New York: Springer.

Levitt, M. J., Weber, R. A. & Clark, M. C. (1986). Social network relationships as sources of maternal support and well-being. *Developmental Psychology, 22*, 310-316.

MacDermid, S. M., Huston, T. L. & McHale, S. M. (1990). Changes in marriage associated with the transition to parenthood: Individual differences as a function of sex-role attitudes and changes in the division of household labor. *Journal of Marriage and the Family, 52*, 475-486.

McCubbin, H. I., Joy, C. B., Cauble, A. E., Comeau, J. K., Patterson, J. M. & Needle, R. H. (1980). Family stress and coping: A decade review. *Journal of Marriage and the Family, 42*, 125-141.

Messerli, V. & Zehnder, D. (1992). *Der Übergang zur Elternschaft. Evaluation eines Befragungsinstrumentes zur Erfassung innerfamilialer und sozialer Ressourcen beim Übergang von der Partnerschaft zur Eltern-

schaft. Unveröffentlichte Vordiplomarbeit, Universität, Bern
Miller, B. & Sollie, D. (1980). Normal stresses during the transition to parenthood. *Family Relations, 29*, 459-465.
Müller, S. & Brunner, A. (1994). *Wahrnehmung und Nutzung familialer und sozialer Ressourcen von Familien mit Kleinkindern.* Unveröffentlichte Vordiplomarbeit, Universität, Bern.
Munz, A. & Rudin, C. (1993). *Wahrnehmung und Nutzung familialer und sozialer Ressourcen von Familien mit Kleinkindern.* Unveröffentlichte Vordiplomarbeit, Universität, Bern.
Nickel, H., Quaiser-Pohl, C., Rollett, B., Vetter, J. & Werneck, H. (1995). Veränderung der partnerschaftlichen Zufriedenheit während des Übergangs zur Elternschaft. Kulturvergleichende Untersuchungen in vier Ländern. *Psychologie in Erziehung und Unterricht, 42*, 40-53.
Reichle, B. (1994). *Die Geburt des ersten Kindes - eine Herausforderung für die Partnerschaft.* Bielefeld: Kleine Verlag.
Reichle, B. (1996). From is to ought and the kitchen sink: On the justice of distributions in close relationships. In L. Montada & M. J. Lerner (Eds.), *Current societal concerns about justice* (pp. 103-135). New York: Plenum.
Ruble, D. N., Fleming, A. S., Hackel, L. & Stangor, C. (1988). Changes in the marital relationship during the transition to first-time motherhood: Effects of violated expectations concerning division of household labor. *Journal of Personality and Social Psychology, 55*, 78-87.
Schmid, D. & Walther, S. (1994). *Wahrnehmung und Nutzung familialer und sozialer Ressourcen bei Erst- und Mehrfacheltern* Unveröffentlichte Vordiplomarbeit, Universität, Bern.
Schneewind, K. A. (1987). Die Familienklimaskalen (FKS). In M. Cierpka (Hrsg.), *Familiendiagnostik* (S 232-255). Berlin: Springer-Verlag.
Schneewind, K. A., Vaskovics, L. A., Gotzler, P., Hofmann B., Rost, H., Schlehlein, B., Sierwald, W. & Weiß, J. (1996). *Optionen der Lebensgestaltung junger Ehen und Kinderwunsch* (Verbundstudie-Endbericht). Stuttgart: Kohlhammer.
Sommer, G. & Fydrich, T. (1991). Entwicklung und Überprüfung eines Fragebogens zur sozialen Unterstützung (F-SOZU). *Diagnostica, 37*, 160-178.
Stroebe, W. & Stroebe, M. (1991). Partnerschaft, Familie und Wohlbefinden. In A. Abele & P. Becker (Hrsg.), *Wohlbefinden* (S. 155-174). Weinheim: Juventa.
Weinraub, M. & Wolf, B. M. (1983). Effects of stress and social supports on mother-child interactions in single- and two-parent families. *Child Development, 54*, 1297-1311.
Werneck, H. (1998). *Übergang zur Vaterschaft. Auf der Suche nach den „Neuen Vätern".* Wien: Springer-Verlag.
Wicki, W. (1997a, September). *Konfliktneigung bei Erstelternpaaren – Vorhersage des Verlaufs in der Berner Erstelternstudie.* Unveröffentlichtes Manuskript zum Referat auf der 13. Tagung Entwicklungspsychologie, Wien.
Wicki, W. (1997b). *Übergänge im Leben der Familie.* Bern: Huber.
Wicki, W. (1998a) Gesprächsgruppen für Ersteltern. In Marie-Meierhofer-Institut für das Kind (Hrsg.), *Startbedingungen für Familien* (S. 233-247). Zürich: Pro Juventute Verlag.
Wicki, W. (1998b). Übergang zur Elternschaft: Methoden und Resultate der längsschnittlichen Fragebogenstudie und der Elterngesprächsgruppe. In A. Godenzi (Hrsg.), *Abenteuer Forschung* (S. 49-85). Freiburg, Schweiz: Universitätsverlag.
Wicki, W. (in print). The impact of family resources and satisfaction with division of labor on coping and worries after the birth of the first child. *International Journal of Behavioral Development, 23*.
Wicki, W., Dumont, J. & Signer-Fischer, S. (1995). *Funktion und Nutzung sozialer, familialer und personaler Ressourcen beim Übergang zur Elternschaft* (Forschungsbericht Nr. 1995-4). Bern: Universität, Institut für Psychologie.
Wicki, W., Messerli, V. & Zehnder, D. (1995). Soziale und innerfamiliale Ressourcen beim Übergang zur Elternschaft. *Psychologie in Erziehung und Unterricht, 42*, 20-28.

Autorinnen und Autoren

Anwer Karim, Mageda, Dipl.-Psych.; Universität Leipzig; Institut für Entwicklungspsychologie, Persönlichkeitspsychologie und Psychodiagnostik; Seeburgstr. 14-20; D-04103 Leipzig

Bleich, Christiane, Dr. phil. Dipl.-Psych.; Universität Hamburg; Psychologisches Institut I; Arbeitsbereich Sozialpsychologie; Von-Melle-Park 6; D-20146 Hamburg; bleich@public.uni-hamburg.de

El-Giamal, Muna, Dipl.-Psych.; Eschersheimer Landstr. 232, 60320 Frankfurt am Main; el-giamal.steck@rhein-main.net

Engfer, Anette, Univ.-Prof. Dr. rer. nat. Dipl.-Psych.; Universität - Gesamthochschule Paderborn; Institut für Psychologie; Warburger Str. 100; Postfach 1621; D-33098 Paderborn; engfer@psycho.uni-paderborn.de

Ettrich, Christine, Univ.-Prof. Dr. med.; Universität Leipzig; Klinik und Poliklinik für Psychiatrie, Psychotherapie und Psychosomatik des Kindes- und Jugendalters; Riemannstr. 34; D-04107 Leipzig

Ettrich, Klaus-Udo, Univ.-Prof. Dr. phil. Dipl.-Psych.; Universität Leipzig; Institut für Entwicklungspsychologie, Persönlichkeitspsychologie und Psychodiagnostik; Seeburgstr. 14-20; D-04103 Leipzig; ettrich@rz.uni-leipzig.de

Filipp, Sigrun-Heide, Univ.-Prof. Dr. phil. Dipl.-Psych.; Universität Trier; Fachbereich I - Psychologie; D-54286 Trier; filipp@uni-trier.de

Fthenakis, Wassilios E., Univ.-Prof. DDDr. Dipl.-Psych.; Staatsinstitut für Frühpädagogik; Prinzregentenstr. 24; D-80538 München; kl211aa@mail.lrz-muenchen.de

Gloger-Tippelt, Gabriele, Univ.-Prof. Dr. phil. Dipl.-Psych.; Universität Düsseldorf; Erziehungswissenschaftliches Institut; Abteilung für Entwicklungspsychologie und Pädagogische Psychologie; Universitätsstr. 1; D-40225 Düsseldorf; gloger-tippelt@phil-fak.uni-duesseldorf.de

Jurgan, Sabine, Dipl.-Psych.; Dobelweg 1; D-75433 Maulbronn

Kalicki, Bernhard, Dr. rer. nat. Dipl.-Psych.; LBS-Familien-Studie „Übergang zur Elternschaft"; Maximilianstr. 52; D-80538 München; lbs-familien-studie@extern.lrz-muenchen.de

Montada, Leo, Univ.-Prof. Dr. rer. soc. Dipl.-Psych.; Universität Trier; Fachbereich I - Psychologie; D-54286 Trier; montada@uni-trier.de

Nickel, Horst, em. Univ.-Prof. Dr. phil. Dipl.-Psych.; Berliner Str. 25; D-53340 Mekkenheim

Peitz, Gabriele, Dipl.-Psych.; LBS-Familien-Studie „Übergang zur Elternschaft"; Maximilianstr. 52; D-80538 München; lbs-familien-studie@extern.lrz-muenchen.de

Quaiser-Pohl, Claudia, Dr. phil. Dipl.-Psych.; Universität Magdeburg; Institut für Psychologie; Postfach 4120; D-39016 Magdeburg; claudia.quaiser@gse-w.uni-magdeburg.de

Reichle, Barbara, Dr. rer. nat. Dipl.-Psych.; Universität Trier; Fachbereich I - Psychologie; D-54286 Trier; reichle@uni-trier.de

Rollett, Brigitta, O. Univ.-Prof. Dr. phil.; Universität Wien; Institut für Psychologie; Abteilung für Entwicklungspsychologie und Pädagogische Psychologie; Liebiggasse 1 / 5; A-1010 Wien; brigitte.rollett@univie.ac.at

Rost, Harald, Dipl.-Soz.; Staatsinstitut für Familienforschung an der Universität Bamberg (ifb); Heinrichsdamm 4; D-96047 Bamberg; harald.rost@ifb.uni-bamberg.de

Ruge, Karoline, Dipl.-Psych.; Klinik Roseneck; Am Roseneck 6; D-83209 Prien am Chiemsee

Schneewind, Klaus A., Univ.-Prof. Dr. phil. Dipl.-Psych.; Universität München; Institut für Psychologie; Leopoldstr. 13; D-80802 München; schneewind@psy.uni-muenchen.de

Schneider, Norbert, Univ.-Prof. Dr. phil. Dipl.-Soz.; Universität Mainz; Fachbereich 12; Institut für Soziologie; D-55099 Mainz; schneider@uni-mainz.de;

Sierwald, Wolfgang, Dr. phil.; Universität der Bundeswehr München; Werner-Heisenberg-Weg 39; D-85579 Neubiberg; wolfgang.sierwald@unibw-muenchen.de

Werneck, Harald, Univ.-Ass. Mag. rer. nat. Dr. phil.; Universität Wien; Institut für Psychologie; Abteilung für Entwicklungspsychologie und Pädagogische Psychologie; Liebiggasse 1 / 5; A-1010 Wien; harald.werneck@univie.ac.at

Wicki, Werner, PD Dr. phil.; Universität Bern; Institut für Psychologie; Muesmattstr. 45; CH-3000 Bern 9; wicki@psy.unibe.ch

Bei Fragen zur Produktsicherheit wenden Sie sich bitte an:
If you have any questions regarding product safety,
please contact:

Walter de Gruyter GmbH
Genthiner Straße 13
10785 Berlin
productsafety@degruyterbrill.com